企业家犯罪分析与刑事风险防控

企业家犯罪分析与刑事风险防控

—— 2012—2013卷 ——

附《2012年中国企业家犯罪分析报告》

AN ANALYSIS OF ENTREPRENEUR CRIME AND PREVENTION OF CRIMINAL RISK

学术顾问　高铭暄　王　牧　储槐植　赵秉志
主　　编　张远煌　陈正云
主编助理　赵　军　周振杰

撰 稿 人（按姓氏音序排列）

操宏均	陈　捷	方　芳	傅跃建	高明华	郭理蓉
韩　晶	贺　丹	胡晓景	黄　海	孟祥微	梅传强
马　婕	廖　明	柳晞春	李山河	李曙光	李晓明
李荣楠	林思婷	刘俊海	刘广三	刘国庆	皮艺军
苏　然	王志强	王建平	严　励	杨　炯	张远煌
张　荆	张心向	张繁荣	张永强	张　锦	赵　军
赵武安	翟英范	周振杰	左坚卫		

北京大学出版社
PEKING UNIVERSITY PRESS

图书在版编目(CIP)数据

企业家犯罪分析与刑事风险防控.2012—2013卷/张远煌,陈正云主编.—北京:北京大学出版社,2013.12
ISBN 978-7-301-23751-9

Ⅰ.①企… Ⅱ.①张…②陈… Ⅲ.①企业家-刑事犯罪-研究报告-中国-2012—2013 Ⅳ.①D924.04

中国版本图书馆CIP数据核字(2014)第011885号

书　　　名:	企业家犯罪分析与刑事风险防控(2012—2013卷)
著作责任者:	张远煌　陈正云　主编
责 任 编 辑:	苏燕英
标 准 书 号:	ISBN 978-7-301-23751-9/D·3508
出 版 发 行:	北京大学出版社
地　　　址:	北京市海淀区成府路205号　100871
网　　　址:	http://www.yandayuanzhao.com
新 浪 微 博:	@北京大学出版社　@北大出版社燕大元照法律图书
电 子 信 箱:	yandayuanzhao@163.com
电　　　话:	邮购部62752015　发行部62750672　编辑部62117788 出版部62754962
印　刷　者:	北京大学印刷厂
经　销　者:	新华书店
	965毫米×1300毫米　16开本　26.5印张　397千字 2013年12月第1版　2013年12月第1次印刷
定　　　价:	56.00元

未经许可,不得以任何方式复制或抄袭本书之部分或全部内容。
版权所有,侵权必究。
举报电话:010-62752024　电子信箱:fd@pup.pku.edu.cn

要重视企业家犯罪现象的研究
（代序）*

高铭暄

2013年1月20日，主要依托北京师范大学法学院与刑事法律科学研究院的学术力量成立的北京师范大学中国企业家犯罪预防研究中心，发布了"中心"成立后的第一份《2012年中国企业家犯罪分析报告》（以下简称《企业家犯罪报告》）。据我所知，目前国内专门研究企业家犯罪问题的还很少，尤其是在高校成立专门的研究机构来研究企业高管人群的犯罪与预防问题，北师大的研究中心还是第一家。

在此，我就企业家犯罪研究的意义及其《企业家犯罪报告》的刑法学启示，发表几点看法。

一、开展企业家犯罪的专门研究具有重要的现实意义

就社会群体而言，企业家属于社会的高智商精英群体，他们的言行在社会中很有示范效应。在市场经济体中，企业家可以说又是最具有活力与创新性的市场要素。企业家的行为不仅关系到企业的发展和生死存续，而且其自身对社会的健康发展也肩负重任。1800年首次提出"企业家"概念的法国经济学家让·巴蒂斯特就曾指出：正是企业家使经济资源的效率得以提高。由此可见，企业家犯罪不仅仅意味着其个人累积的企业家技能作了反向作用的发挥，还预示着对社会和经济体健康运行的深度危害。

---

* 此序根据载于2013年2月18日《法制日报》的《企业家犯罪报告的刑法学启示》一文修改整理而成。

就我国而言,在推进社会主义经济市场化改革的过程中,企业家这一特殊群体的犯罪现象日益受到关注。企业家犯罪不仅会导致其自身的终局性失败,而且更关乎其身后企业的发展和企业职工的切身利益。从这个意义上,也可以说企业家犯罪对国家的经济秩序和社会稳定起着破坏作用。由此不难看出,对如何有效预防企业家犯罪进行专门研究,具有重大的现实意义。

但目前国内专门研究企业家犯罪问题的还很少,尤其是在高校成立专门的研究机构来研究企业家犯罪的预防问题,据我所知,北师大这个研究中心还是第一家。中心的成立顺应了实践的需要,也利于整合多学科的力量,不断推进企业家犯罪理论研究和预防实践的深入发展。经过认真阅读,在我看来,这份《企业家犯罪报告》,是一份很好的实证研究报告。报告无论在案例的统计方法上还是统计结果的延伸解读与分析方面,都体现了专业水准。报告的内容不仅为我们研究企业家犯罪问题提供了很好的研究素材,而且对有关企业治理的科学决策和促进企业法制建设,也有重要的参考价值。建议以后将报告译成英文,以便与国外同行交流,扩大影响。

同时,公开发布研究报告,十分有利于在学术界、实务界、媒体和公众之间建立良好的联系,促使社会各界共同关注企业家犯罪问题。在这里,我也希望这份《企业家犯罪报告》越做越好,为促进中国企业和企业家的健康发展,为推进我国市场经济法治建设的不断进步,多作贡献。

二、积极推进市场经济领域的刑事法治建设

党的十八大报告提出:要推进科学立法、严格执法、公正司法、全民守法。这不仅对刑事法治建设提出了更高要求,而且对正确认识和处理企业家犯罪问题也具有重要的现实指导意义。

科学立法,首先就要求刑法规范的设立客观反映所规范对象的规律和特点。以科学的标准衡量,与企业家犯罪紧密相关的市场经济领域的犯罪规定,在某些方面可能还存在与市场经济实践不够协调的地方。例如,对市场经济领域的刑事立法,究竟是采用刑法典模式好,还是刑法典与行政法等法律结合模式好,这就有一个规律性的认识问题。在这方面,报告提供了不少有益的反思。

面对市场经济活动模式与内容的不断变化,刑法典为了维护自身的稳定性与严肃性,往往采用概括立法的方式规定发生于市场领域中的犯罪,但这种立法方式,往往会带来刑事与民事(商事)边界不够清晰的问题。例如,我国1979年《刑法》有个著名的"口袋罪"——"投机倒把罪",把不少违反政策和规定的行为都往里面装。1997年《刑法》分解了该罪名,规定了生产、销售伪劣商品的系列罪名,侵犯知识产权的系列罪名,扰乱市场秩序的系列罪名,其中有一个就是《刑法》第225条的"非法经营罪",该罪罪状中有一项"其他严重扰乱市场秩序的非法经营行为"的概括性规定,使得"非法经营罪"又成为新的"口袋罪"。又如,2012年《企业家犯罪报告》显示,民营企业家犯罪触犯罪名最多的是非法吸收公众存款罪,而对该罪中"变相吸收公众存款"的规定如何理解,也是众说纷纭。尽管有司法解释出台,仍不断产生问题。立法上的这种不明确性,一定程度上为刑事司法扩张和过分介入市场领域,留下了制度上的缺口。

三、慎用刑事手段处理经济领域中的犯罪问题

党的十八大报告中明确提出,要深入推进政企分开。这表明,目前政府和市场、政府管理与企业自主经营的边界还是不够清晰的。在这种情况下,对于市场经济领域的刑法立法而言,如何给企业和企业家的活动空间画出高压线,才既利于维护基本的市场秩序,又利于保持市场的活力和鼓励企业家的创新精神,看来只有在充分尊重市场经济规律和坚守刑法的最后手段性原则基础上,才能作出正确的回答。

就司法公正而言,对民企和国企、国家财产和私人合法财产同等保护,是公正司法的必然要求。同时,公正司法也要求司法机关必须严格把握正常市场经济活动与犯罪的界限,要防止越位和越线。从《企业家犯罪报告》中有关企业家犯罪的罪名分布,尤其是民营企业家主要犯罪的罪名结构和发案方式中,可以看出,实践中一定程度上存在着用刑事手段干预经济纠纷和民事冲突的问题,或者说有刑事司法非法介入的问题。

以《企业家犯罪报告》中显示的民营企业家犯罪的主要罪名为例,非法吸收公众存款罪、诈骗罪与合同诈骗罪这三个罪名,占了其所触犯的全部73个罪名的1/3。而这三种案件,实践中大多是因为经济或

民事纠纷被所谓的"受害人"报案,从而形成刑事案件的,一般都存在着是犯罪还是合法的融资行为或正当经营行为的争论,都存在着政策界限的把握问题。对于这些问题,如果不严守定罪的法定标准,或者迫于某种压力,在认定上就可能出现偏差,扩大打击面。

考虑到我国社会和经济转型期的实际情况以及企业家犯罪的特点,对于企业家涉及市场经济领域的犯罪,应特别强调刑法的最后保障法定位。凡是能用民事手段、商事手段、行政手段解决的矛盾纠纷和一般违法问题,就绝不动用刑法手段。无论在立法还是司法上,对市场经济领域中的冲突和纠纷,不能轻易规定或轻易认定为犯罪。在没有穷尽非刑事手段之前,一定要慎用刑事手段。这应该是站在国家改革发展的大局,从长远着眼而得出的一个必然结论。

在研究中心的首部综合研究报告《企业家犯罪分析与刑事风险防控》即将出版之际,是为序。

高铭暄
2013 年 10 月 28 日于北师大

目 录

第一编　2012年中国企业家犯罪分析报告
　　中国企业家犯罪预防研究中心课题组　　1

前言　　3
第一部分　2012年企业家犯罪特征　　5
第二部分　2012年企业家犯罪人特征　　24
第三部分　2012年企业家犯罪"十大案例"　　31
第四部分　2012年企业家犯罪"十大罪名"与"十大风险点"　　47
第五部分　2012年企业家犯罪原因透视　　53

第二编　企业家犯罪成因透视（含企业家犯罪现象问题）　　65

中国企业家犯罪的文化进路
　　——历史性的抑商情结在现实中的展开　皮艺军　　67
民营企业家深陷融资犯罪背后的
　　制度诱因　张远煌　操宏均　　79
企业家犯罪与制度环境研究　张荆　马婕　　94
中国上市公司董事会治理指数
　　研究（2013）　高明华　方芳　苏然　　102
企业家行贿：公权力放大后助推的"恶质文化"　翟英范　　123
"官商勾结现象"的形成原因及对策探讨　郭理蓉　孟祥徽　　132
中国企业家犯罪成因分析
　　——以2012年媒体报道的245例企业家犯罪案例
　　　为样本　李山河　　143

近几年上海市国有企业家犯罪相关情况解读　严励　154
企业家犯罪的发展趋势与治理思路　李曙光　158
国有公司企业人员职务犯罪的特点、成因及
　　防治对策　赵武安　162
广东顺德企业家犯罪实证分析及防控对策
　　杨炯　李荣楠　操宏均　176

第三编　企业家犯罪中的罪与罚　193

行贿犯罪对市场经济的破坏与制度遏制
　　——兼论行贿犯罪档案查询制度对市场经济秩序的
　　　促进作用　柳晞春　195
P2P 网络借贷中的刑法问题探讨　左坚卫　204
民营企业集资犯罪的现状及防治对策　傅跃建　胡晓景　211
英国刑法中的商业组织不履行预防贿赂义务罪研究
　　——兼论英国法人刑事责任的转变与发展方向　周振杰　226
商业伦理与企业家刑事法律风险控制
　　——基于两例个案研究　赵军　241
混合所有制企业中的国家工作人员认定　贺丹　253
试析对刑事涉案企业家的涉案财产处置
　　——刑事司法中的公权异化与建构性的
　　　民刑关系　王志强　张锦　263

第四编　企业家犯罪典型案例评析　275

宋文代贪污、挪用公款案　左坚卫　277
徐明行贿案　赵军　281
邮储银行行长陶礼明案　贺丹　287
刘济源金融诈骗案　赵军　293
聂磊组织、领导、参加黑社会性质组织案　赵军　299
林春平涉嫌虚开增值税专用发票案　周振杰　304
呼运集团重大责任事故案　李山河　309

高乃则涉嫌伪造国家机关公文（侵占他人煤矿）案　廖明　312
吴英集资诈骗案　操宏均　317
郭传志涉嫌组织、领导传销活动案　操宏均　323

第五编　企业家刑事风险防控对策　329

中国企业家应切实增强刑事风险防控意识　张远煌　331
论医药企业如何规避商业贿赂风险　王建平　张繁荣　336
企业家刑事法律风险加大的现实困境、本体动因及防范立场
　　——基于刑法本我、自我与超我的三维解析　梅传强　张永强
　　　　　　347
企业及企业家刑事法律风险的防控
　　——从美国CCI案说开去　李晓明　363
企业家的法律风险、法律角色和法律思维　刘俊海　375
企业家刑事风险与罪责防范　张心向　379
公司治理监督机制缺失的法律危险　韩晶　383
关于我国企业家刑事法律风险防范的几点思考
　　　刘广三　刘国庆　391
私人银行业的洗钱法律风险分析及对策　陈捷　黄海　401

第一编 2012年中国企业家犯罪分析报告

中国企业家犯罪预防研究中心课题组*

---

* 中国企业家犯罪预防研究中心课题组,课题组负责人:张远煌,北京师范大学教授、博士生导师,法学院与刑事法律科学研究院党委书记,北京师范大学中国企业家犯罪预防研究中心主任。课题组成员:赵军,法学博士,社会学博士后,北京师范大学刑事法律科学研究院副教授;李山河,法学博士,北京师范大学刑事法律科学研究院讲师;贺丹,法学博士,北京师范大学法学院讲师;林思婷,北京师范大学法学院博士研究生;操宏均,北京师范大学法学院博士研究生。

前　言

一、报告的宗旨

客观反映中国企业家犯罪的基本现状和趋势，揭示中国企业及企业家存在的环境状况，为有效预防企业家犯罪现象和促进企业及企业家的健康成长提供决策参考和研究素材。

二、报告的案例来源

案例为课题组从人民网、新华网、中新网、新浪网、搜狐网、网易等大众网络媒体上公开报道的企业家犯罪信息中收集整理而成。案件收集的时间为 2012 年 1 月 1 日到 2012 年 12 月 31 日，总共 245 起案例，基本涵盖了本年度公共媒体报道过的企业家犯罪案件。

在 245 起案例中，220 起案件皆为真名报道，有 25 起案件（占全部案件的 10.2%）在报道过程中使用了化名或未使用全名；从发案地域分布地看，共涉及 25 个省、自治区和直辖市。

凡是能确认实际发生并能够反映基本统计信息的案例一律收集，但以下两种媒体案例不在收集之列：(1) 依托不具有合法企业资质实体所实施的犯罪案例；(2) 难以反映相应统计特征的媒体案例。

三、报告的统计指标

为了准确揭示媒体案例的统计特征，课题组从犯罪行为和犯罪人两方面，共设定了 22 项测量指标。其中，企业家犯罪测量指标 13 项，企业家犯罪人测量指标 9 项。

13 项企业家犯罪指标是：企业性质、发案地域、案发领域、案发原因、犯罪方式、涉案罪名、罪名数量、罪名结构、涉案数额、犯罪所得、共犯关系、处罚方式、罪刑交叉关系。

9项企业家犯罪人指标是:性别结构、年龄分布、受教育程度、企业职务、社会身份、涉案人数、共犯比例、共犯人际关系以及年终状态。

根据上述22项指标对案例逐个进行解析,然后通过SPSS20.0统计软件,将245起案例进行汇总,建立了"2012年企业家犯罪媒体案件数据库"。

四、报告的基本结构

本报告除前言外,共分五个部分:

第一部分　2012年企业家犯罪特征;

第二部分　2012年企业家犯罪人特征;

第三部分　2012年企业家犯罪"十大案例";

第四部分　2012年企业家犯罪"十大罪名"与"十大风险点";

第五部分　2012年企业家犯罪原因透视。

五、报告术语及其相关说明

1. 本报告中的"企业家",指企业内部高级管理人员,具体包括董事长、董事、总经理、企业的实际控制人以及财务总监等企业高管。

2. 本报告中的"犯罪"取其广义,在刑法评价意义上,包括"罪名认定成立"和"罪名认定尚待确定"两种情形,但在具体案例中,则明确区分为"犯罪"与"涉嫌犯罪"。

3. 本报告中的"企业家犯罪",是指企业家实施的与企业经营相关的犯罪,不包括企业家实施的与企业经营无关的犯罪。

4. 依托不具有合法企业资质实体所实施的犯罪未计入。

第一部分 2012年企业家犯罪特征

一、涉案企业性质与地域分布

(一) 涉案企业性质

在明确企业所有制类型的243例案件(其余两例案件的企业所有制类型不明,故予以排除)中,国有企业家犯罪或涉嫌犯罪的案件为85例,占243例案件的35%,民营企业家犯罪或涉嫌犯罪的案件为158例,占243例案件总数的65%(见图1-1)。

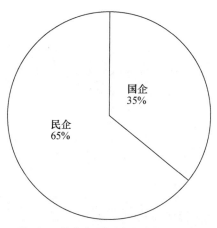

图1-1 涉案企业所有制类型分布图

与2011年度的媒体案例(《法人》杂志发布,下同)相比,民营企业家涉及的犯罪案件在绝对数和所占比例上都有明显提升(2011年民营企业家犯罪或涉嫌犯罪的案件为111例,占所有案件总数的56.8%)。

(二)涉案企业地域分布

从地域分布看,245 起案例所涉及的企业遍布于我国 25 个省、自治区和直辖市。

其中,北京(48 家涉案企业所在地)、广东(38 家涉案企业所在地)、浙江(28 家涉案企业所在地)和江苏(15 家涉案企业所在地)是涉案企业较为集中的地区(见表 1-1)。

表 1-1 涉案企业地域分布

地区	企业数量(家)	百分比
北京	48	19.6
广东	38	15.5
浙江	28	11.4
江苏	15	6.1
海南	10	4.1
重庆	10	4.1
陕西	10	4.1
湖北	9	3.7
湖南	9	3.7
山东	9	3.7
辽宁	8	3.3
甘肃	6	2.4
江西	6	2.4
福建	5	2.0
安徽	5	2.0
山西	5	2.0
云南	5	2.0
上海	4	1.6
四川	4	1.6
内蒙古	3	1.2
吉林	2	0.8
河北	2	0.8
宁夏	2	0.8
河南	1	0.4
黑龙江	1	0.4
合计	245	100.0

同时,在涉案企业所在城市的经济发展程度方面,也体现了比较显著的特征。在 245 起案例中,79 家涉案企业集中于北京、上海、广

州、深圳这四个一线城市,占到了涉案企业总数的 32.2%;另有 74 家涉案企业位于二线城市,占涉案企业总数的 30.2%;其余 92 家涉案企业则位于三线或四线城市(见表 1-2、图 1-2)。

表 1-2　涉案企业所在地经济发展情况

经济发展程度	涉案企业数量(家)	百分比
一线	79	32.2
二线	74	30.2
三线	43	17.6
四线	49	20.0
合计	245	100.0

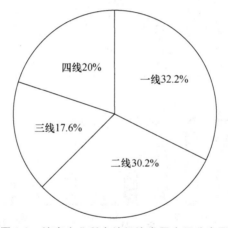

图 1-2　涉案企业所在地经济发展水平分布图

二、案发领域与案发原因

(一) 涉案企业的经营领域

在 245 例案件中,有 5 例案件涉案企业的主要经营领域不详,在其余 240 例案件中,有 44 家企业的经营领域主要涉及能源与矿产,占 240 例涉案企业总数的 18.3%;有 43 家企业的经营项目集中于金融投资领域,占总数的 17.9%;另有 38 家企业主要从事房地产经营或建筑行业,占所有涉案企业的 15.8%(见表 1-3)。

此外,其他涉案企业的经营领域分别依次集中在零售百货业、餐饮服务业、娱乐业、电子信息业、医药卫生业、物流运输业、粮油食品业以及制造业(见图1-3)。

表1-3 涉案企业主要经营领域

企业主要经营领域	数量(家)	百分比
能源矿产	44	18.3
金融投资	43	17.9
房产建筑	38	15.8
零售百货	25	10.4
餐饮服务	17	7.1
娱乐休闲	17	7.1
电子信息	13	5.4
医药卫生	12	5.0
物流运输	11	4.6
粮油食品	10	4.2
制造	10	4.2
总计	240	100.0

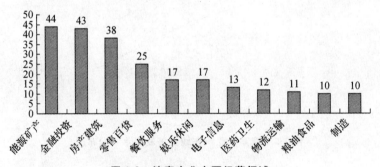

图1-3 涉案企业主要经营领域

(二) 涉案国企案发领域与案发原因

在85例国企企业家犯罪案件中,有69例案件提及了该企业的案发领域,主要集中在财务管理(31例)和招投标(13例)领域(见表1-4)。

表1-4 涉案国企的案发领域

案发领域	案件数量(例)	百分比
财务管理	31	44.9
招投标	13	18.8

(续表)

案发领域	案件数量（例）	百分比
融资	7	10.1
人事调整	5	7.2
贸易	4	5.8
物资采购	3	4.3
证券	3	4.3
工程承揽	2	2.9
产品质量	1	1.4
合计	69	100.0

在85例国企企业家犯罪案件中，有69例案件提及了该企业案发原因，其中相关机构调查是国企案发的最主要原因，共涉及案件35例，占69例案件的50.7%。其他原因分别为举报、串案、被害人报案、自首、媒体揭露以及资金链断裂（见表1-5）。

表1-5 涉案国企的案发原因

案发原因	案件数量（例）	百分比
相关机构调查	35	50.7
举报	12	17.4
串案	11	15.9
被害人报案	5	7.2
自首	3	4.3
媒体揭露	2	2.9
资金链断裂	1	1.4
合计	69	100.0

（三）涉案民企的案发领域与案发原因

在158例民企企业家犯罪案件中，提及案发领域的案件共有129例，其中融资、财务管理和贸易是民企案发的主要领域，其余领域则分别为产品质量、工程承揽、招投标、安全生产、证券和物资采购领域（见表1-6）。

表 1-6 涉案民企的案发领域

案发领域	案件数量(例)	百分比
融资	47	36.4
财务管理	38	29.5
贸易	23	17.8
产品质量	6	4.7
工程承揽	4	3.1
招投标	4	3.1
安全生产	4	3.1
证券	2	1.6
物资采购	1	0.8
合计	129	100.0

115例关于民企企业家犯罪的案例中提及了案发原因。与国企企业家案发原因有所不同的是,民企案发的最主要原因是被害人报案,其次是相关机构调查,其他则分别为举报、串案、资金链断裂、发生事故、媒体揭露以及自首(见表1-7)。

表 1-7 涉案民企的案发原因

案发原因	案件数量(例)	百分比
被害人报案	37	32.2
相关机构调查	32	27.8
举报	15	13.0
串案	9	7.8
资金链断裂	9	7.8
发生事故	7	6.1
媒体揭露	3	2.6
自首	3	2.6
合计	115	100.0

三、涉案罪名与罪名结构

在245例案例中(其中两例案件的企业所有制类型不明),共涉及80个具体罪名。其中,85例国企企业家犯罪或涉嫌犯罪案件共涉及30个具体罪名;158例民企企业家犯罪或涉嫌犯罪案件共涉及73个具体罪名。

(一)国企企业家涉案的具体罪名与罪名结构

在85例国企企业家涉及的30个罪名中,主要包括:受贿罪39例、贪污罪24例、挪用公款罪8例、挪用资金罪5例、滥用职权罪3例、诈骗罪3例;职务侵占罪、非法吸收公众存款罪、单位行贿罪、内幕交易罪、泄露内幕信息罪、非国家工作人员受贿罪(共犯)、私分国有资产罪、巨额财产来源不明罪各两例;集资诈骗罪,故意伤害罪,故意杀人罪,寻衅滋事罪,生产、销售伪劣产品罪,组织、领导、参加黑社会性质组织罪,侵犯商业秘密罪,聚众斗殴罪,票据诈骗罪,未公开信息交易罪,非法经营罪,强奸罪,伪造公司、企业印章罪,帮助伪造证据罪,妨害作证罪,非法持有枪支、弹药罪各1例。

上述30个罪名中,主要罪名的分布情况见表1-8:

表1-8 国企企业家主要涉案罪名

涉案罪名	案件数量(例)	占国企涉案总罪数(114例)百分比
受贿罪	39	34.2
贪污罪	24	21.1
挪用公款罪	8	7.0
挪用资金罪	5	4.4
滥用职权罪	3	2.6
诈骗罪	3	2.6
总计	82	71.9

(二)民企企业家涉案的具体罪名与罪名结构

158例民企企业家犯罪案件共涉及73个罪名。其中,以共犯形式涉及的罪名有3个:贪污罪、受贿罪和挪用公款罪。73个罪名的具体分布为:

非法吸收公众存款罪31例、职务侵占罪与诈骗罪各15例、合同诈骗罪13例、集资诈骗罪11例、行贿罪8例;挪用资金罪,虚开增值税专用发票罪,非国家工作人员受贿罪,组织、领导、参加黑社会性质组织罪各7例;故意伤害罪6例,非法拘禁罪、寻衅滋事罪各5例;受贿罪(共犯)、强迫交易罪、非法经营罪各4例;贪污罪(共犯),挪用公款罪(共犯)、单位行贿罪、抽逃出资罪、重大责任事故罪、虚报注册资本罪、信用卡诈骗罪、骗取贷款罪、故意杀人罪、爆炸罪、组织、领导传销活动罪、故意毁坏财务罪、组织卖淫罪、逃税罪、妨害公务罪、抢劫罪、敲诈勒索罪、容留他人吸毒罪、生产、销售有毒、有害食品罪各3例;非法买卖枪支、弹药罪、聚众斗殴罪、生产、销售伪劣产品罪、隐匿销毁会计凭证罪、侵犯商业秘密罪、非法持有枪支、弹药罪、对非国家工作人员行贿罪各2例;贷款诈骗罪、贩卖毒品罪、内幕交易罪、走私罪、包庇罪、容留、介绍卖淫罪、私分国有资产罪、虚开发票罪、出售非法制造的发票罪、非法采矿罪、破坏生产经营罪、销售假冒注册商标的商品罪、放火罪、绑架罪、赌博罪、非法倒卖土地使用权罪、侵犯著作权罪、开设赌场罪、窝藏罪、金融凭证诈骗罪、买卖国家证件罪、票据诈骗罪、保险诈骗罪、妨害作证罪、拒不支付劳动报酬罪、伪造国家机关证件罪、假冒注册商标罪、欺诈发行股票罪、违规披露重要信息罪、伪造金融票证罪、故意销毁会计凭证罪各1例。

上述73个罪名中,主要罪名的具体分布情况见表1-9:

表1-9 民企企业家十大涉案罪名

罪名	案件数量(例)	占民企涉案总罪数(251例)百分比
非法吸收公众存款罪	31	12.3
职务侵占罪	15	6.0
诈骗罪	15	6.0
合同诈骗罪	13	5.1
集资诈骗罪	11	4.4
行贿罪	8	3.2
挪用资金罪	7	2.8
虚开增值税专用发票罪	7	2.8
非国家工作人员受贿罪	7	2.8
组织、领导、参加黑社会性质组织罪	7	2.8
总计	121	48.2

四、企业家犯罪所得与处罚关系

(一) 国企企业家犯罪所得与处罚关系

贪污罪、受贿罪和挪用公款罪是国企企业家涉案的主要罪名。其犯罪所得与处罚关系如下:

1. 受贿罪

受贿罪为国企企业家所触犯的第一大罪名。在 39 例涉及该罪的企业家犯罪案件中,32 例报道涉及了犯罪所得。其中,犯罪所得最少的为 8 万元,最多的为 4 747.99 万元,犯罪所得金额共计20 311.798 4 万元(见图 1-4)。

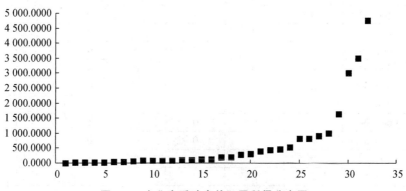

图 1-4 企业家受贿案件犯罪所得分布图

从图 1-4 不难看出,32 例案例中的 22 例(占 32 例案件数的 68.8%)案件的犯罪所得小于 460 万元,22 例案件犯罪所得平均为 43.68 万元。

从处罚特征看,在 30 例涉及犯罪所得的受贿案件中,判决执行的为 20 例。犯罪所得与刑期的交互关系见表 1-10:

表 1-10 受贿罪犯罪所得与处罚关系

犯罪所得 (万元)	刑期						合计
	7 年以下有期徒刑	8—10 年有期徒刑	11—15 年有期徒刑	16—20 年有期徒刑	无期徒刑	死缓	
12.850 0	0	0	1	0	0	0	1
13.400 0	0	1	0	0	0	0	1

(续表)

犯罪所得 （万元）	刑期						合计
	7年以下 有期徒刑	8—10年 有期徒刑	11—15年 有期徒刑	16—20年 有期徒刑	无期 徒刑	死缓	
20.0000	0	0	1	0	0	0	1
40.0000	1	0	0	0	0	0	1
87.0000	0	0	1	0	0	0	1
95.0000	0	0	1	0	0	0	1
96.0000	1	0	0	0	0	0	1
135.4000	0	1	0	0	0	0	1
284.0000	0	1	0	0	0	0	1
300.0000	0	1	0	0	0	0	1
400.4200	0	0	1	0	0	0	1
450.0000	0	0	0	1	0	0	1
460.0000	0	1	0	0	0	0	1
530.0000	0	0	1	0	0	0	1
810.0000	0	0	0	2	0	0	2
910.0000	0	0	1	0	0	0	1
1 645.0000	0	0	0	0	1	0	1
3 000.0000	0	0	0	0	0	1	1
3 497.9384	0	0	0	0	1	0	1
合计	2	5	7	3	2	1	20

表 1-10 显示，受贿罪的犯罪所得与刑期之间并没有表现出明显的相关关系。

2. 贪污罪

在 24 例涉及贪污罪的企业家犯罪案件中，22 例案件报道涉及了犯罪企业家的犯罪所得。在 22 例案件中，犯罪所得最少的为 3.98 万元，最多的为 6 500 万元，犯罪所得金额共计 26 743.8630 万元（见图 1-5）。

从图 1-5 可看出，22 例案件中的 16 例（占 22 例案件总数的 72.7%）案件中，犯罪所得在 700 万元以下，16 例案件的平均犯罪所得为190.37万元。

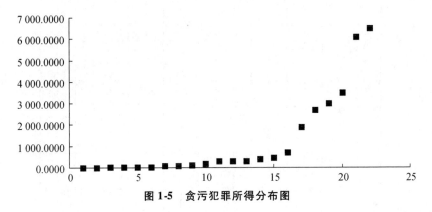

图 1-5 贪污犯罪所得分布图

从处罚特征看,在 24 例贪污或涉嫌贪污犯罪的案件中,已经判决 15 例,犯罪所得与刑期的交互关系见表 1-11。

表 1-11 显示,与受贿罪不同,企业家贪污所得与判处的刑期基本体现了正相关关系。

3. 挪用公款罪

在 8 例涉嫌挪用公款罪的案件中,8 例案件都提及了涉案金额,其中涉案金额最小为 10 万元,最大为 6 500 万元。由于案件基数小,从中难以得出有关涉案金额具有统计意义的数据,在此仅将涉案金额予以列明(见表 1-12)。

在挪用公款罪的涉案金额与刑期方面,由于只有 4 例案件已经审理完毕,案件基数较小,无法在此基础上得出犯罪所得与刑期的相互关系。在此仅列明该 4 例案件的涉案金额与刑期的交互关系(见表 1-13)。

(二)民企企业家犯罪所得与处罚关系

与国企企业家不同,非法吸收公众存款罪、职务侵占罪、诈骗罪和合同诈骗罪是民企企业家犯罪或涉嫌犯罪最集中的罪名。其犯罪所得与处罚关系如下:

1. 非法吸收公众存款罪

在 158 例民企企业家犯罪案例中,非法吸收公众存款罪为第一大罪名,共计 31 例,占案件总数的 19.6%。同时,该罪还表现出了明显的地域特征(见表 1-14)。

表 1-11 贪污罪犯罪所得与处罚关系

犯罪所得(万元)	拘役或缓刑	刑期						合计
		10年以下有期徒刑	11—15年有期徒刑	16—20年有期徒刑	无期徒刑	死缓	死刑	
3.9800	1	0	0	0	0	0	0	1
34.0000	0	1	0	0	0	0	0	1
87.0000	0	0	1	0	0	0	0	1
100.0000	0	0	0	1	0	0	0	1
110.0000	0	0	1	0	0	0	0	1
176.2000	0	0	0	0	1	0	0	1
314.0000	0	0	1	0	0	0	0	1
400.4200	0	0	1	0	0	0	0	1
450.0000	0	0	0	0	1	0	0	1
700.0000	0	0	0	1	0	0	0	1
2700.0000	0	0	0	1	0	0	0	1
3000.0000	0	0	0	0	1	1	0	1
3497.9384	0	0	0	0	0	1	0	1
6100.0000	0	0	0	0	0	0	1	1
6500.0000	0	0	0	0	0	0	1	1
总计	1	1	4	3	3	2	1	15

表 1-12 挪用公款罪涉案数额

国企挪用公款罪案例编号	涉案数额(万元)
1	10.0000
2	100.0000
3	129.0000
4	306.0000
5	1 600.0000
6	1 900.0000
7	2 051.0000
8	6 500.0000

表 1-13 挪用公款罪涉案金额与刑期方面的交互关系

涉案金额(万元)	刑期				合计
	7年以下有期徒刑	8—15年有期徒刑	16—20年有期徒刑	死刑	
10.0000	1	0	0	0	1
100.0000	0	0	1	0	1
2 051.0000	0	1	0	0	1
6 500.0000	0	0	0	1	1
总计	1	1	1	1	4

表 1-14 非法吸收公众存款罪的地域分布

省份	案件数量(例)	百分比
浙江	8	25.8
江苏	6	19.4
广东	4	12.9
山东	4	12.9
福建	2	6.5
江西	2	6.5
安徽	1	3.2
北京	1	3.2
内蒙古	1	3.2
山西	1	3.2
陕西	1	3.2
合计	31	100.0

表 1-14 显示,浙江、江苏是非法吸收公众存款罪的高发地区。这可能与当地民营企业传统的融资方式有关。

在涉案金额方面,31 例案件中有 27 例报道了非法吸收公众存款的涉案金额。其中,最小涉案金额为 600 万元,最大涉案金额为 35 亿元。由于涉案金额相差过于悬殊,且数据并未正态分布,因此平均值无法体现统计意义。

在民企企业家涉嫌非法吸收公众存款罪的案件中,没有案件报道提及犯罪所得,无法得出民企企业家非法吸收公众存款罪的犯罪所得与刑期之间的关系。

在涉案金额与刑期的交互关系方面,仅有 2 例涉嫌非法吸收公众存款罪的案件已审理完毕。在涉案金额为 1.6 亿元的案件中,犯罪企业家被判处有期徒刑 7 年零 6 个月;在涉案金额为 1.9 亿元的案件中,犯罪企业家被判处有期徒刑 4 年,并处罚金 10 万元。

2. 职务侵占罪

在 15 例民企企业家涉嫌职务侵占的案件中,有 13 例案件报道涉及了犯罪所得。其中,犯罪所得金额最小为 25 万元,最大金额为 5 942 万元。

同时,15 例涉嫌职务侵占的案件中,有 10 例已审理完毕。犯罪所得和刑期之间表现出了明显的相关关系(见表 1-15)。

表 1-15 职务侵占罪犯罪所得与处罚关系

犯罪所得 (万元)	刑期				合计
	7 年以下 有期徒刑	8—10 年 有期徒刑	11—15 年 有期徒刑	16—20 年 有期徒刑	
25.0000	1	0	0	0	1
50.0000	1	0	0	0	1
74.0400	3	0	0	0	3
90.0000	2	0	0	0	2
383.0000	0	1	1	0	2
5 604.4200	0	0	0	1	1
总计	7	1	1	1	10

3. 诈骗罪

在 15 例民企企业家涉嫌诈骗罪的案例中,没有提及犯罪所得,但有 13 例提及了涉案金额。其中,涉案金额最小为 100 万元,最大为 10 亿元。

在涉案金额与刑期的交互关系方面,只有 4 例案件已审理终结。因数据量过小,在此仅将这 4 例案件的判决结果列表说明(见表 1-16)。

表 1-16 民企企业家诈骗罪涉案金额与刑期

涉案金额 (万元)	刑期				合计
	10 年以下 有期徒刑	11—15 年 有期徒刑	16—20 年 有期徒刑	无期徒刑	
100.0000	0	1	0	0	1
113.0000	1	0	0	0	1
518.0000	0	0	1	0	1
70 800.0000	0	0	0	1	1
总计	1	1	1	1	4

4. 合同诈骗罪

在 13 例合同诈骗案件中,9 例案件提及了涉案金额,其中涉案金额最小为 26 万元,最大为 2 亿元。具体涉案金额见表 1-17。

表 1-17 民企企业家涉嫌合同诈骗罪的涉案金额

案件编号	涉案金额(万元)
1	26.0000
2	50.0000
3	130.0000
4	170.0000
5	1 300.0000
6	5 000.0000
7	8 070.0000
8	16 000.0000
9	20 000.0000

在合同诈骗罪的涉案金额与刑期的交互关系方面,仅有 1 例案件审理完毕,无法得出有效统计数据。在这一涉案金额为 8 070 万元的案件中,犯罪企业家被判处无期徒刑,并处没收个人全部财产。

5. 集资诈骗罪

11 例民企企业家涉嫌集资诈骗罪的案例都提到了涉案金额。其中,最小涉案金额为 480 万元,最大涉案金额为 34.5 亿元。因涉案金额相差悬殊,且数据并非正态分布,统计平均值意义不大,在此仅以列表形式显示 11 例集资诈骗罪的涉案金额(见表 1-18)。

表 1-18 民企企业家集资诈骗罪涉案金额

案件编号	涉案金额(万元)
1	480.0000
2	600.0000
3	1 360.0000
4	10 000.0000
5	10 011.0000
6	12 000.0000
7	60 000.0000
8	77 339.5000
9	80 000.0000
10	345 000.0000
11	388 600.0000

在 11 例集资诈骗案件中,有 2 例案件报道提及了犯罪所得,其中 1 例案件的犯罪所得为 38 246.5 万元,与表 1-18 中的案件 8 为同一案件,另有 1 例案件的犯罪所得为 83 000 万元,与表 1-18 中的案件 10 为同一案件。

在集资诈骗罪的涉案金额与刑期的关系方面,有 6 例案件已审理完毕。6 例案件的涉案金额与刑期的关系,如表 1-19 所显示:

表 1-19 集资诈骗罪涉案金额与刑期

涉案金额 (万元)	刑期			合计
	15 年以下 有期徒刑	死缓	死刑	
480.0000	1	0	0	1
1 360.0000	1	0	0	1
10 011.0000	0	1	0	1
12 000.0000	0	1	0	1
77 339.5000	0	1	0	1
345 000.0000	0	0	1	1
总计	2	3	1	6

五、涉案人数与共犯关系

在85例国企企业家犯罪案件中,82例案件报道了涉案人数,共计268人。其中,单独犯罪的43例,2人共同犯罪的18例,3人共同犯罪的6例,4人共同犯罪的9例。除单独犯罪的43人外,共同犯罪中涉及的作案人数合计为225人(见表1-20)。

表1-20　国企企业家犯罪案件涉案人数

作案人数	案件数量(例)	作案总人数	案件百分比	人数百分比
1	43	43	52.4	16.0
2	18	36	22.0	13.4
3	6	18	7.3	6.7
4	9	36	11.0	13.4
5	1	5	1.2	1.9
6	1	6	1.2	2.2
8	1	8	1.2	3.0
14	1	14	1.2	5.2
28	1	28	1.2	10.4
74	1	74	1.2	27.6
合计	82	268	100.0	100.0

在已知共犯关系的38例案件中,上下级共同犯罪的18例,占38例案件总数的47.4%;商业伙伴和同级同事共同犯罪的案件各7例;朋友关系与家庭成员共同犯罪的各3例(见表1-21)。

表1-21　国企企业家共同犯罪案件中的共犯关系

共犯关系	案件数量(例)	百分比
上下级	18	47.4
商业伙伴	7	18.4
同级同事	7	18.4
朋友	3	7.9
家庭成员	3	7.9
合计	38	100.0

在155例民企企业家犯罪案件中,均报道了涉案人数。其中,单独犯罪的54例,2人共同犯罪的22例,3人共同犯罪的20例,4人以上共同犯罪的59例,犯罪人数总计1 034人。除去单独作案的54例

案件中的54位企业家外,101例共同犯罪中作案人数合计为980人(见表1-22)。

表1-22 民企企业家犯罪案件涉案人数

作案人数	案件数量(例)	作案总人数	案件百分比	人数百分比
1	54	54	34.8	5.2
2	22	44	14.2	4.3
3	20	60	12.9	5.8
4	7	28	4.5	2.7
5	8	40	5.2	3.9
6	5	30	3.2	2.9
7	3	21	1.9	2.0
8	1	8	0.6	0.8
9	1	9	0.6	0.9
10	3	30	1.9	2.9
11	1	11	0.6	1.1
12	3	36	1.9	3.5
14	1	14	0.6	1.4
15	2	30	1.3	2.9
16	2	32	1.3	3.1
17	4	68	2.6	6.6
18	1	18	0.6	1.7
19	1	19	0.6	1.8
20	4	80	2.6	7.7
22	1	22	0.6	2.1
23	1	23	0.6	2.2
24	1	24	0.6	2.3
28	1	28	0.6	2.7
31	1	31	0.6	3.0
32	1	32	0.6	3.1
33	1	33	0.6	3.2
36	1	36	0.6	3.5
41	2	82	1.3	7.9
44	1	44	0.6	4.3
47	1	47	0.6	4.5
合计	155	1 034	100.0	100.0

在已知共犯关系的96例案件中,40例是上下级共同实施的,商业伙伴共同实施的案件数量为26例,家庭成员共同实施16例,同级同

事与朋友共同实施的案件数量分别为 9 例和 5 例(见表 1-23)。

表 1-23 民企企业家共同犯罪案件中的共犯关系

共犯关系	案件数量(例)	百分比
上下级	40	41.7
商业伙伴	26	27.0
家庭成员	16	16.7
同级同事	9	9.4
朋友	5	5.2
合计	96	100.0

六、企业家涉案的年终状态

我们对 245 例案件进行了持续关注和追踪,根据媒体的持续报道,最终汇总了 240 例案件的年终状态(有 5 例案件的年终状态不详)。

在 2012 年 12 月 31 日能显示案件确定状态的 240 例案件中,22 例已经立案,26 例已对涉嫌犯罪的企业家采取刑事拘留措施,24 例案件中的嫌疑人被批准逮捕,9 例案件处于审查起诉阶段,46 例案件正在审理过程中,103 例案件已审理完毕交付执行;另有刑满释放 1 例,被"双规"2 例,在逃 4 例(见表 1-24)。

表 1-24 企业家犯罪案件的年终状态

案件年终状态	案件数量(例)	百分比
立案	22	9.0
刑事拘留	26	10.6
批准逮捕	24	9.8
审查起诉	9	3.7
一审	46	18.9
二审	3	1.2
判决执行	103	42.0
刑满释放	1	0.4
"双规"	2	0.8
在逃	4	1.6
状态不详	5	2.0
总计	245	100.0

第二部分 2012年企业家犯罪人特征

一、涉案企业家人数

在全部涉案的272名企业家中,案件已审结并执行判决的犯罪企业家总数为119人,案件数为104例(含刑满释放1例);已被正式调查(包括纪检委立案调查、公安机关立案侦查、已进入检察机关审查起诉和法院审理程序)的企业家人数为152人(其中1位涉案企业家在审查起诉阶段死亡,予以排除),案件数量为141例。

在119名犯罪企业家中,国企企业家为56人,民企企业家为63人;在141例涉嫌犯罪中,有两例案件的企业所有制类型不详,其余139例案件中,涉嫌犯罪企业家共计149人,其中国企企业家51人,民企企业家98人(见表1-25)。

表1-25 涉案企业家人数

	犯罪		涉嫌犯罪		总计
	国企	民企	国企	民企	
人数(人)	56	63	51	98	268
案件数(例)	45	59	40	99	243

注:2例案件的企业所有制类型不明,故而涉嫌这2例案件的3名企业家未计入表中。

二、企业家犯罪案件涉案人数与共犯人际关系

(一)企业家犯罪案件涉案人数

在245例案例中,有239例案例(其中2例案件中企业所有制类型不详)提及了涉案人数。其中,企业家单独作案的案件数为98例,占239例案件的41.0%,其余141例案件为共同犯罪。在98例单独犯罪的案件中,国企企业家单独犯罪人数为43人,占98人总数中的

43.9%,民企企业家单独犯罪人数为 54 人,占 98 例单独犯罪案件总人数 98 人的 55.1%。

表1-26 企业家单独犯罪或共同犯罪统计

	单独犯罪		共同犯罪		总计(例)
	案件数(例)	百分比	案件数(例)	百分比	
国企	43	43.9	39	27.9	82
民企	54	55.1	101	72.1	155
总计	97	100.0	140	100.0	237

在明确涉案人数的 239 例案件中,涉案人数总计为 1 305 人。在 141 例共同犯罪案件中,涉案人数总计 1 207 人,其中 1 例案件涉案人数最多的 74 人,平均每例共同犯罪的涉案人数为 8.56 人。在 141 例共同犯罪案件中,2 人共同犯罪的为 41 例,3 人共同犯罪的为 26 例,4 人共同犯罪的为 16 例,5 人共同犯罪的为 9 例,6 人共同犯罪的为 6 例(见表 1-27)。

表1-27 共同犯罪涉案人数统计

作案数量(人)	案件数量(例)	作案总人数	案件百分比	人数百分比
2	41	82	29.1	6.8
3	26	78	18.4	6.5
4	16	64	11.3	5.3
5	9	45	6.4	3.7
6	6	36	4.3	3.0
17	4	68	2.8	5.6
20	4	80	2.8	6.6
7	3	21	2.1	1.7
10	3	30	2.1	2.5
12	3	36	2.1	3.0
8	2	16	1.4	1.3
14	2	28	1.4	2.3
15	2	30	1.4	2.5
16	2	32	1.4	2.7
28	2	56	1.4	4.6
41	2	82	1.4	6.8
9	1	9	0.7	0.7
11	1	11	0.7	0.9

(续表)

作案数量(人)	案件数量(例)	作案总人数	案件百分比	人数百分比
18	1	18	0.7	1.5
19	1	19	0.7	1.6
22	1	22	0.7	1.8
23	1	23	0.7	1.9
24	1	24	0.7	2.0
31	1	31	0.7	2.6
32	1	32	0.7	2.7
33	1	33	0.7	2.7
36	1	36	0.7	3.0
44	1	44	0.7	3.6
47	1	47	0.7	3.9
74	1	74	0.7	6.1
总计	141	1 207	约 100.0	约 100.0

(二) 共犯人际关系

在 141 例共同犯罪案件中,共犯关系明确的案件为 135 例。其中,企业家与下级共同犯罪是最常见的共犯关系,其次为商业伙伴共同犯罪(见表 1-28、图 1-6)。

表 1-28 共犯人际关系类型

共犯人际关系	案件数量(例)	所占案件百分比
上下级	58	43.0
商业伙伴	34	25.2
家庭成员	19	14.1
同级同事	16	11.8
朋友	8	5.9
合计	135	100.0

上下级共同犯罪与商业伙伴共同犯罪作为企业家共同犯罪的基本人际关系特征,体现出基于不正当利益输送关系而相互配合、相互包庇等行为特征,具有较大的社会危害性与隐蔽性。

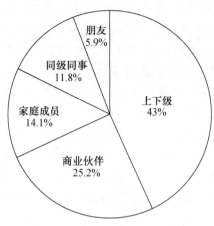

图 1-6 共犯关系分布示意图

三、涉案企业家的性别与年龄

在 245 例案例中,涉案企业家性别明确的为 244 例。其中,男性企业家人数为 216 名,包括 81 名男性国企企业家和 133 名男性民企企业家(另有 2 名男性企业家的企业所有制类型不详);女性企业家人数为 28 名,其中国企女性企业家 4 名,民企女性企业家 24 名。涉案的男女企业家性别比参见图 1-7:

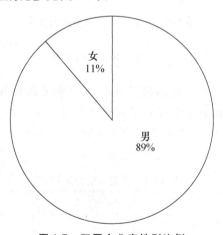

图 1-7 犯罪企业家性别比例

在年龄特征方面,年龄特征明确的 101 例(另有 1 例案件企业的所有制类型不详)案例中,企业家犯罪人的平均年龄为 47.16 岁,同时年龄中值为 47。这表明,该平均年龄具有较显著的统计意义。需指出的是,42 岁的企业家犯罪人的数量最多,共 8 人。国有企业家犯罪人主要集中在 50—60 岁,共计 18 人;民营企业家犯罪人主要集中在 40—50 岁,共计 30 名(见图 1-8)。

40 名国有企业家犯罪人平均年龄为 51.82 岁,60 名民企企业家犯罪人平均年龄为 44.10 岁,国有企业家犯罪的平均年龄显著高于民营企业家。最年轻的国有企业家犯罪人年龄为 35 岁,最年轻的民营企业家犯罪人为 27 岁。年龄最大的国有企业家为 65 岁,年龄最大的民营企业家为 68 岁。

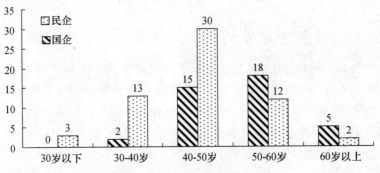

图 1-8 犯罪企业家年龄段分布图

四、涉案企业家的受教育程度

在 245 例案件中,媒体报道涉及企业家受教育程度的案例为 74 例。统计表明,国有企业家犯罪人的受教育程度普遍高于民营企业家犯罪人。由于提及企业家学历的案例较少,无法从中统计出更有意义的数据,在此仅列表予以说明(见表 1-29)。

表 1-29 企业家受教育程度

受教育程度	国有企业家人数	民营企业家人数
文盲、半文盲、小学肄业	—	2
小学毕业	—	8

(续表)

受教育程度	国有企业家人数	民营企业家人数
初中毕业	—	7
高中、中专、职高	2	7
大专、本科及研究生	29	19
总计	31	43

五、涉案企业家的职务与社会身份

在245例案件中,提及企业家在企业内职务的案例为244例,其中总经理职务的企业家为150名,占全部案件的61%左右;董事长职务的企业家为68名;实际控制人12名;董事11名;总工程师或总会计师3名(见图1-9)。

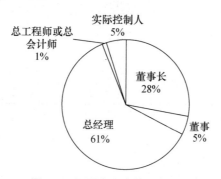

图1-9 犯罪企业家的职务分布图

在社会身份方面,2012年媒体报道的企业家犯罪案件中,可以核实姓名的犯罪或涉嫌犯罪的企业家中,有较高社会身份的共计20名,包括人大代表7名(全国人大代表1名,省人大代表2名,市人大代表4名),政协委员5名(全国政协委员1名,省政协委员1名,市政协委员3名)以及荣获市级以上荣誉称号的8名,合计占272名犯罪或涉嫌犯罪企业家总数的7.4%;拥有人大代表、政协委员身份的人数为12名,占272名企业家犯罪人总人数的4.4%

六、企业家犯罪人年终处罚状况

企业家犯罪人除刑满释放的1例外,在245例企业家涉嫌犯罪案件中,案件审理完毕,犯罪人被交付执行的案件为103例。

其中,判处拘役或缓刑的5例,判处3年以下有期徒刑的9例,判处3年以上7年以下有期徒刑的23例,判处7年以上10年以下有期徒刑的11例,判处10年以上15年以下有期徒刑的19例,判处15年以上20年以下有期徒刑的11例,判处无期徒刑的12例,判处死刑缓期两年执行的10例,判处死刑立即执行的4例(见表1-30)。

表1-30 企业家犯罪人年终处罚状况

处罚情况	案件数量(例)	百分比
拘役或缓刑	5	4.8
3年以下有期徒刑	9	8.7
4—7年有期徒刑	23	22.1
8—10年有期徒刑	11	10.6
11—15年有期徒刑	19	18.3
16—20年有期徒刑	11	10.6
无期徒刑	12	11.5
死缓	10	9.6
死刑	4	3.8
合计	104	100.0

第三部分 2012年企业家犯罪"十大案例"

笔者对收集的245例媒体案例,综合考虑犯罪的危害程度、涉案金额、宣告刑、影响面、典型性、社会关注度、研究价值、犯罪类型以及案件的时效性等多项指标,分为民企和国企,评选出"年度十大企业家犯罪案例",进一步反映了民企与国企企业家犯罪的不同特点。

一、2012年十大民营企业家犯罪案例

1. 刘济源涉嫌金融诈骗案

案情概要 刘济源,上海全福投资管理有限公司董事长、总经理,"齐鲁银行案"主犯,于2012年12月25日开庭受审。起诉书称,从2002年起,刘济源产生骗取银行信贷资金的想法。随着企业资金出现巨大亏空,刘济源诈骗手段逐步升级,从骗取银行贷款转为直接诈骗企业。刘济源以支付高额利息、好处费等方式,引诱企业到其指定的以此银行办理定期存款,而后采用虚假质押手段,以骗贷的方法从银行诈骗巨额资金。起诉书指控其20项涉嫌犯罪事实,其中涉案金额最多的达40亿元,最少也有1 000万元。被刘济源涉嫌诈骗的企业包括阳光财险、阳光人寿、生命人寿、正德人寿等金融机构,也包括枣庄矿业集团、淄博矿业集团等大型国有企业。根据起诉书涉案金额统计,齐鲁银行案涉案金额高达101亿余元,其中涉嫌诈骗银行100亿元,涉嫌诈骗企业1.3亿元,案发后追回赃款79亿余元,实际损失高达21亿余元。刘济源全案共形成1 883本案卷,卷宗数量之多,在中国司法史上罕见。该案还引出了系列"反腐副产品",一批金融机构、大型国企高管以及政府官员,在该案查处过程中被追究刑事责任。

入选理由 齐鲁银行案涉案金额之大,涉案官员之多,在金融诈骗类案件中十分罕见,该案折射出当前我国金融业以及大型国企管理

上存在诸多问题。首当其冲的是银行内控机制的漏洞、风险考核的缺陷以及金融监管的乏力。首先，相对大型商业银行而言，中小银行的管理水平较低，往往成为金融犯罪的高危侵害对象。其次，银行业的恶性揽储乱象，为刘济源这类金融掮客提供了生存土壤。最后，大型国企巨额存量现金的管理漏洞，以及政府主管部门对国企老总的非正常影响力也在本案中有所暴露。因此，如何完善国企监管机制、提高国企自身管理水平，以及如何消减政府主管部门对企业的不当影响，都是由本案反映出的目前亟待破解的难题。

2. 吴英集资诈骗案

案情概要 原浙江本色控股集团有限公司法人代表吴英，以支付高额利息和高额回报为诱饵，大量非法集资，并用非法集资款先后注册多家公司。后为掩盖巨额负债事实，吴英隐瞒真相，采用给付高息或高额投资回报，用非法集资款购置房产、投资、捐款等方法，进行虚假宣传，给公众造成经济实力雄厚的假象，继续骗取社会资金。在负债累累的情况下，吴英仍对非法集资款随意处分和挥霍。2009年12月18日，金华市中级人民法院以集资诈骗罪判处吴英死刑立即执行，剥夺政治权利终身，并处没收个人财产。该判决于2012年1月18日被浙江省高级人民法院维持原判。2012年4月20日，最高人民法院未核准吴英死刑立即执行，将该案发回浙江省高级人民法院重审。2012年5月21日，浙江省高级人民法院重新审理此案并作出终审判决，以集资诈骗罪判处吴英死刑，缓期二年执行，剥夺政治权利终身，并处没收个人全部财产。

入选理由 吴英案最终未被最高人民法院核准死刑立即执行，而是发回浙江省高级人民法院重审后改判死缓，该案可能成为今后对集资诈骗罪这类非暴力犯罪慎用死刑的裁量标杆。在《刑法修正案（八）》废除不以生命安全为指向的非暴力犯罪死刑的情况下，立法者可能基于集资诈骗罪社会危害特别大的担忧，仍然保留了该罪的死刑配置。吴英案引发了经济界、法律界、企业界、学术界的大讨论，成为中国法治进步的一个契机。本案的死刑适用，不仅为在司法层面积极限制非暴力犯罪死刑尤其死刑立即执行的适用积累了经验，而且也为逐步推动从立法上最终废除非暴力犯罪死刑积累了宝贵的民意基础。

同时,吴英案的改判,是司法机关理性回应民意、不断增大司法透明度的一个范例,并在一定程度上加快了国家疏导规范民间资本市场的步伐。

3. 徐明涉嫌行贿案

案情概要 徐明于1992年创建了大连实德集团,任大连实德集团总裁。2005年,徐明曾在"福布斯中国富豪榜"上排名第八。2011年,在胡润机构发布的首个《东北财富报告》中,徐明以130亿元资产位列第五。2012年3月15日,新华社下属的《财经国家周刊》透露,徐明因涉嫌经济案件被相关部门控制。而徐明案发的直接导火索就是重庆市原副市长王立军被查处。经查,在王立军任职重庆期间,徐明出资人民币285万余元在北京购置两套住房送给该高官一直系亲属,事后王立军接受徐明请托,指令有关部门,将已羁押的潘某、王某、张某释放。

入选理由 徐明是近年来"落马"的民营企业家的一个缩影。从2003年上海首富、农凯集团董事长周正毅被捕,到2010年中国首富、国美电器前主席黄光裕锒铛入狱,再到如今身陷囹圄的徐明,一些知名企业家"落马"背后的权贵阴影挥之不去。在中国现实的政商生态中,某些民营企业家将攀附政治权贵寻找靠山作为其发家致富的捷径,认为无论是获取资金、项目,还是得到地块、矿山,只要有相关"领导关照",就能一路绿灯。但依靠这种手法生存发展的企业家,也面临着巨大的刑事风险,一旦其所攀附的权贵倒台,便很难置身事外。整肃吏治、营造良好的市场经营环境,无疑是政府的责任,但作为企业家,唯有自觉遵循市场基本法则,寻求不依附于权力的商道,才能得以远行。

4. 陈奕标涉嫌贷款诈骗案

案情概要 陈奕标,广东华鼎担保有限公司法人代表、广东省创富融资担保有限公司实际控制人。2012年3月13日,公安经侦部门相继以涉嫌贷款诈骗罪刑事拘留华鼎公司7名高管,该案不仅让数百中小企业主陷入被银行追债的困境,而且还引发了广东担保业前所未有的"大地震"。据广州市公安局侦查证实,华鼎公司和创富公司以提供担保为由,主导贷款企业大量使用虚构贷款项目、贷款用途等手段,骗取银行贷款,并实际占用数额巨大的资金,造成巨大损失。官方统计显示,涉及华鼎、创富贷款担保的中小企业有 446 家。被陈奕标截留挪用的资金约 19 亿元。目前,陈奕标已被罢免省人大代表资格,并因涉嫌贷款诈骗罪被公安机关立案侦查。

入选理由 陈奕标,曾担任广东省青联委员、省人大代表等社会职务,获得过北京市东城区"首都荣誉市民"称号,多次捐助希望工程,多次受到表彰,在广东担保业界红极一时。这位被媒体称为"玩转政企关系的企业家",其违规经营时间跨度之大、涉及面之广、违规经营金额之巨,都具有相当大的代表性。同时,本案不仅再次显示出监管机构的缺位与失效,放贷银行风险防范及规避机制的失灵,而且也反映出受损小企业在融资困局中的无奈与无助,值得反思。

5. 郭传志涉嫌组织、领导传销活动案

案情概要 自 2011 年 10 月份开始,温州炬森科技有限公司,通过其经营的百业联盟网站和百业易购网站,以营销返利形式进行传销活动。该公司法人代表、董事长郭传志组织策划了以省或市、县为单位发展总代理(代理),由代理发展商家,商家发展会员,会员发展新会员的传销模式。整个促销返利大多为虚假消费,会员与商家之间没有真实的购物交易,会员只上交购物消费款给商家,商家再将该款上交总公司,最后由总公司以 500 元为一个分红点每天返还 1.1 元给会员。同时,总公司按照一定比例,给代理商、商家、会员进行消费额返还。该案涉及浙江、福建、江西、上海、广东等省、市,会员上万人,总金额可能突破了 30 亿元。2012 年 6 月 6 日,郭传志等人因涉嫌组织、领导传销活动罪被立案侦查。

入选理由 与非法传销相关的犯罪活动在最近几年呈高发态势,2009 年《刑法修正案(七)》将组织、领导传销活动罪作为一个新增罪名纳入刑法,以强化刑事规制力度。郭传志案充分体现了非法传销所具有的迷惑性强、扩散性大、危害面广和难以及时发现的基本特征。此类案件一旦东窗事发,被害人大多人财两空、求救无门,留下严重的社会后遗症。鉴于此,避免传销犯罪最根本的途径在于预防。结合典型案例充分揭露传销的实质和手法,让更多的人知道传销的危害,以

免深陷其中难以自拔。因此，揭露传销的危害，不失为重要的预防途径。

6. 聂磊组织、领导、参加黑社会性质组织案

案情概要 1983年9月，聂磊因抢劫罪被判处有期徒刑6年，两年后改判拘役6个月；1986年7月，又因斗殴被劳动教养3年；1992年8月，再次因抢劫罪被判处有期徒刑6年；1995年聂磊出狱后，以"狱友"、邻居、亲属为主，成立了多家房地产公司，并开办了红星游乐城、震泰游戏厅、福满多娱乐城等娱乐场所，聚敛大量财富，期间多次实施违法犯罪行为。1999年7月、2000年4月和10月，聂磊及其手下多次在娱乐场所与他人发生斗殴，并进行枪战，导致一人死亡、多人重伤的严重后果，聂磊事后均采用"用钱安抚"等手段使被害人及其家属放弃对聂磊的控告。自2000年起，聂磊开办的公司逐渐向赌博、色情等行业渗透，开设新艺城夜总会，组织妇女卖淫，非法牟利5000余万元；同时开设地下赌场，非法获取暴利。另查明，聂磊在其经营的娱乐场所贩卖毒品。"聂磊案"涉案人员达209人，聂磊本人被检察机关指控犯有组织、领导、参加黑社会性质组织罪，故意伤害罪，非法持有枪支弹药罪，组织卖淫罪，贩毒罪，寻衅滋事罪，敲诈勒索罪等多项罪名。2012年3月20日，"聂磊涉黑案"32名主犯由青岛市中级人民法院一审公开宣判。主犯聂磊数罪并罚，被判处死刑立即执行，2012年8月20日二审维持原判。

入选理由 一名"劳释人员"能成为一位拥有数家公司的商人，本是时代赋予的幸运，但聂磊始终没有褪去"黑帮老大"的本色，脱胎换骨为守法经营、公平竞争的现代企业家。在公司经营上，他游走于"黑白两道"之间，在他所认定的"灰色地带"疯狂掘金；在行为模式上，始终以"打打杀杀"、逞凶斗狠、重金收买等手段为牟利开道，肆意打击竞争对手，进行非法垄断。这些都充分体现了现阶段我国涉黑犯罪的基本特征。同时，本案直接导致十余名公安民警被查处，其中不乏充当帮凶和"保护伞"的青岛市高级警务人员。本案再次证明，涉黑犯罪的滋生和发展与"官(警)匪勾结"之间具有伴生性。"打黑除恶"只有与从严治警、从严治吏一同推进，方能真正遏制涉黑犯罪的蔓延。

7. 高宏震涉嫌非法经营案

案情概要 2012年3月26日,湖北联谊实业集团及公司高管涉嫌非法经营案在湖北省黄石市中级人民法院公开开庭审理。该案是新中国成立以来全国首例"典当业务致刑案",被媒体称为"中国典当第一案"。

2009年10月,国家审计署武汉特派办根据举报,对联谊公司资金使用情况进行专项审计,随后根据审计报告启动了相关法律程序。据检察机关指控:联谊集团未经银监会批准,伙同武汉雪正投资有限公司或单独从事非法金融业务活动,为此其相继成立投资公司及典当公司从事放贷业务。其中,2007年10月25日至2009年5月8日,联谊集团与雪正公司按照事先约定的出资与分红比例,利用湖北民生典当有限公司印章及格式合同,共同向17家公司、企业发放贷款,累计放贷25 270万元,获取利息1 832.549855万元;2008年3月20日至2010年12月25日,联谊集团又利用湖北民生典当有限公司印章及格式合同,单独向55家公司、企业发放贷款,累计放贷总金额173 150万元,其中有5 482.94万元是银行信贷资金,收取利息6 401.44万元,其中银行信贷资金部分利息收入为131.88万元。

入选理由 联谊公司创始人高宏震曾带领企业连续9年闯入全国民营企业500强,集团资产2009年底达16亿元,年创利税近亿元。其主营业务为钢铁贸易,是全国11家特大型钢厂的代理商,在全国钢铁贸易行业名列第四。这样一位民营大企业的掌门人,因非法经营而受刑事追究,令人深思。采用典当为依托发放贷款,以企业贷款的方式获取放贷资金,在高宏震眼里,这些"擦边球"都只是"违规"而非"违法",更非"犯罪"。这表明,现实中一些企业家虽是经营高手,但法律意识却比较淡薄。对于那些力图走得更远的企业家而言,如何评估和预测某些"探索性"盈利业务的法律风险尤其是刑事法律风险,是其经营决策中必须解决的前提性问题。同时,对于国家和社会而言,如何理性看待和审慎处理制度转型中的各种"试水",以顺应不断深化市场机制改革的大趋势,也是当前不容回避的重大课题。

8. 高乃则涉嫌职务侵占罪

案情概要 2009年11月,府谷县庙沟门镇余家伙盘煤矿的实际出资人,从陕西省工商局行政管理信息中心查询得知:余家伙盘煤矿股东在出资人不知情的情况下,已变更为陕西兴茂侏罗纪煤业镁电(集团)有限公司董事长高乃则等人;股东变更登记的主要依据为2008年8月庙沟门镇政府出具的余家伙盘煤矿实际投资人证明,该证明上的印鉴后被证实为虚假。高乃则由余家伙盘煤矿的承包经营者转变为企业股东,完成了对这个价值过亿元煤矿的侵占。此事件因涉及府谷县相关公职人员,纪检部门已正式介入调查。

入选理由 高乃则曾跻身2011年福布斯富豪榜,最近三年连续以巨额捐赠登上胡润慈善榜。然而,这位曾轰动一时的"陕西首富"和"陕西首善",却"出人意料"地通过伪造证明等方式,实施了涉嫌"霸占"他人煤矿的行为。本案的代表性在于:反映了在某些富豪企业家存在的外在情节与内在人格分裂的现象。在某些企业家看来,一面做善事收获良好的公众形象,一面不择手段地获取各种非法利益,两者不但不矛盾,反倒是相辅相成、相得益彰。但在现代法治社会,行善并不能折抵作恶的罪行,"恃财傲法"必将咎由自取。

9. 林春平涉嫌虚开增值税专用发票案

案情概要 林春平,温州商人,中国春平集团董事长。林春平自称2011年6月收购了特拉华州美国大西洋银行,后改名为新汇丰银行,成为首家温商控股银行。经新华社记者调查确认:林春平的USA NEW HSBC FEDERATION CONSORTIUM INC(美国新汇丰联邦财团)在特拉华州没有金融牌照;特拉华州美国大西洋银行不存在。随后,林春平即因涉嫌特大虚开增值税发票犯罪潜逃,后于2012年6月9日被警方抓获归案。经查:自2011年以来,林春平利用以自己和他人名义注册的温州哈同商贸有限公司、温州双频实业有限公司、温州中寿进出口有限公司、温州唐古实业有限公司、辽宁锦州中富公司等公司,通过分布在全国各地的中介人,向广东、福建、江苏、上海、湖南等全国22个省、市的企业虚开增值税专用发票,并收取开票额4%至6%的开票手续费,虚开金额数亿元,税额高达上亿元,给国家造成几千万元的税款损失。此外,林春平实际控制的温州中寿进出口有限公司,还从他人处购买了一百余份海关完税凭证,并予以抵扣税款约人民币 1 亿余元。

入选理由 近年来,虚开增值税专用发票犯罪呈现专业化、企业化、规模化趋势。有的犯罪企业家为牟取巨额非法利益,专门聘请开票人员、财务人员,利用伪造的海关完税凭证抵扣进项税额,对外承接虚开增值税专用发票业务,一旦案发,涉及虚开金额往往数以亿元计,给国家造成巨额税款损失。国家对增值税专用发票的管理制度,仍有完善的余地。值得注意的是,这类犯罪企业家往往十分注重企业及其自身形象的包装,以降低被查处的风险。这种掩饰犯罪的手法,在本案中也反映得比较充分。

10. 李淑琴生产、销售伪劣产品、骗取贷款案

案情概要 2008 年 4 月,李淑琴注册成立了海洋石化(前身是四川省中石化实业有限公司兰州分公司)并任董事长,挂靠于四川中石化名下,主营溶剂油、燃料油、重油、沥青等石油化工产品批发业务。据指控,2010 年 9 月至 2011 年 2 月期间,李淑琴在海洋石化无成品油经营许可证和仓储许可证的情况下,购进价值 4 322 万余元的国标 0# 柴油 5 090 吨,后李淑琴又通过他人从新疆等地购进价值 2 272 万余元的碳十馏分、凝析油 STX 半成品原料、燃料油等 4 250 余吨。随后,李淑琴指使油库生产主任傅军国将正品柴油与上述化工产品按比例勾兑制成劣质 0# 柴油共 3 629 余吨。此外,为了给海洋石化筹集资金,2011 年 4 月 15 日,陈宇樑与李淑琴先后分别与中信银行深圳分公司、青岛中远国际货运有限公司完成了"综合授信""最高额保证"等一系列签约,约定了 1.05 亿元的最高贷款金额,并将其虚报的价值 7 224 万余元的 9 256 吨 0# 柴油作为质押,交予青岛中远公司监管。同年 5 月 16 日,陈宇樑以深圳市港兰进出口公司名义,获取中信深圳银行对其发放的 5 000 万元贷款。2012 年 7 月,白银市中级人民法院一审判决李淑琴犯生产、销售伪劣产品罪和骗取贷款罪成立,数罪并罚处有期徒刑 17 年,其余 5 名从犯分别被判处 1 至 7 年有期徒刑。

入选理由 消费者属分散个体,维权成本通常很高,故生产、销售伪劣产品只要未引发致死、导致伤残的严重后果,制假、售假者刑事法

律风险被引爆的概率相对较低;加之生产、销售伪劣产品利润可观,近年来该类犯罪的案值呈上升趋势。本案作为公安部2011年度全国"亮剑行动"的十大精品案件(甘肃),其涉案金额之高已非前几年查获的那些作坊式制假窝点可比。由此,对生产、销售伪劣产品犯罪的打击,主要还要依靠各职能部门加大执法和查处力度,尤其是要建立起能有效破除地方保护主义的打假机制。同时,骗取贷款罪在司法实务中的适用,也预示着国家对金融管理秩序的强化。因此,对于有些企业因经营需要而采取骗取贷款后及时归还"打擦边球"的运营手法,将面临很大的刑事法律风险。

二、2012年十大国有企业家犯罪案例

1. 宋文代贪污、挪用公款案

案情概要 被媒体称为"黄金大盗"的宋文代,在担任内蒙古乾坤金银精炼股份有限公司董事长、总经理期间,利用职务之便,通过预留、低价收购乾坤公司股权等手段,非法获取乾坤公司股份517万多股,将股份溢价1000多万元非法占为己有。2002年下半年到2003年1月间,宋文代挪用乾坤公司1000万元资金为自己注册成立公司。同时,宋文代在与莫力达瓦达斡尔族自治旗政府签订投资协议中,将莫力达瓦达斡尔族自治旗国土资源局为乾坤公司投资发放的、面积为2.9万亩土地的19个国有土地使用证的使用权人,变更为自己公司名下,将土地向外出租耕种并收取租金。8年间,宋文代共计收取租金1700多万元,并占为己有。2005年3月至2007年12月期间,宋文代利用职务便利,挪用乾坤公司公款300万元用于注册成立圣坤公司,并将乾坤公司购买的某金矿以圣坤公司名义非法转卖,贪污2500多万元。2005年年底到2006年,宋文代以投资办厂为名,挪用赤峰某高新技术产业开发区管委会借给乾坤公司的800万元公款,以自己亲戚的名义注册成立公司和进行经营活动,同时将乾坤公司价值1200多万元的黄金等财物非法占为己有。经审理,法院判决宋文代犯贪污罪,判处死刑,剥夺政治权利终身,并处没收个人全部财产;犯挪用公款罪,判处有期徒刑9年;数罪并罚,决定执行死刑,剥夺政治权利终身,并处没收个人全部财产。

入选理由 近年来,各地为招商引资出台了许多优惠政策。有的地区甚至给各级领导"人人头上压指标",实行"招商引资一票否决"。还有的地方为了招商,不惜突破国家政策法规,把土地、矿产等资源作为吸引投资的筹码。宋文代正是利用地方的"招商政策",最终将由地方政府为招商引资而划拨土地的使用权、低价转让的金矿据为己有。此外,乾坤公司作为内蒙古重点培育的企业,曾被评为"中国黄金行业之首",最红火时,年度营业额达30亿元。但就是这样一个国有企业,却因管理混乱、监管缺位,为宋文代贪污、挪用公款提供了便利,并最终导致这一"黄金企业"濒临绝境。本案的警示意义在于:地方政府的招商引资应严守政策法规的底线。企业科学管理,强化监管,才是稳定发展的前提。

2. 周永刚贪污、职务侵占、挪用资金案

案情概要 2001年至2005年,周永刚在任国有控股企业辽宁省大连港地产集团有限公司董事长期间,伙同财务总监何水杨利用职务之便,采取收入支出不入账、隐匿公司债权、账外资金不纳入审计评估等手段,贪污公款6100余万元。企业改制后,周永刚又伙同何水杨私自将公司资金800万元借给他人注册验资使用。此外,两人采取不记账的手段,将公司账外资金人民币66万余元,兑换成美元存入个人账户予以侵占。2012年1月,大连市中级人民法院一审认定,周永刚构成贪污罪、职务侵占罪、挪用资金罪,数罪并罚,一审判处死刑,缓期二年执行。

入选理由 周永刚贪污、挪用公款并实施职务侵占案,是大连市人民检察院2011年重点查办的大要案之一。该案无论作案手法,还是共犯关系,在国有企业家犯罪案例中都比较典型。本案所凸显的问题是:企业的财务主管很难独立履行法定职责,一旦一把手产生犯罪意图,财务主管以及具体财务人员很难对手握重权的企业负责人形成实质性的监督制约。不仅如此,财务人员在很多案例中都不得不默认犯罪的发生,甚至最终积极参与到犯罪中去。如何让企业财务人员依法履行职责,对违反财务制度和法规的企业负责人形成有效制衡,对预防企业家犯罪至关重要。

3. 中国农业银行副行长杨琨涉案被查

案情概要 杨琨,曾任中国农业银行股份有限公司执行董事、中国农业银行副行长、农银汇理基金管理公司董事长、农银金融租赁有限公司董事长。2012年5月30日,杨琨在边境被控制,后由中纪委带走协助调查。这是国有银行股改上市之后,被调查级别最高的银行高管。2012年7月13日,杨琨辞去农业银行执行董事、农行副行长及董事会相关专门委员会委员的职务。据媒体报道,杨琨被调查,可能涉及多宗案件。其一,杨琨可能与北京市朝阳区地产项目"蓝色港湾"的实际控制人王耀辉案有关,王耀辉多次以旗下蓝色港湾物业资产进行抵押,从农行拿到巨额贷款,并涉嫌对杨琨个人进行利益输送;其二,杨琨还可能与大连实德董事长徐明案有关,徐明除向王立军行贿住房两套外,还涉嫌其他经济案件;其三,杨琨与中国人民解放军总后勤部原副部长谷俊山过从甚密,谷已于2012年春节期间被免职。不过,截至目前,农业银行及相关部门并未再就此事进行说明。

入选理由 杨琨是继国家开发银行副行长王益、中国建设银行行长王雪冰、中国建设银行行长张恩照之后,涉案级别最高的金融系统官员之一。其所涉案情之复杂,牵扯关系之众多,引发了金融界及整个社会的极大关注。同时,透过本案和其他类似案例,也可看出,作为调配资金这一社会核心资源的中枢,金融系统的经营风险防控问题和贪腐防控问题仍比较严峻,应引起社会各界的高度关注,并积极探索有效的防控对策。

4. 邮储银行行长陶礼明涉案被捕

案情概要 2012年6月11日,中国邮政集团(下称中邮集团)和邮储银行发布公告,称邮储银行行长陶礼明、邮储银行资金营运部金融同业处处长陈红平,因涉嫌个人经济问题正在协助有关部门调查。2012年12月底,陶礼明被正式批捕。财新记者经多个消息源证实,牵出陶礼明涉案的线索源于陈明宪(湖南省交通运输厅党组书记、副厅长)案。在2009年到2010年间,邮储银行曾为湖南高速相关建设项目违规发放贷款。在此期间,陶礼明的弟弟向湖南高速索贿1 000多万元。记者从金融主管部门和邮储银行内部了解到,陶礼明案涉嫌非法集资、违规高息放贷,且收受巨额贿赂等犯罪。

入选理由 一方面,邮储银行在同业中存贷比相对较低,现金流充裕,存款余额大,在信贷紧缩形势下,邮储银行必然成为融资市场的宠儿;另一方面,该行放贷能力和风险控制水平不足,相应内控机制、激励机制不健全,在信贷业务中案发具有相当的必然性。另外,该行单一、国有的法人治理结构,易于导致相关决策程序缺乏控制,本案涉案主体系该行"一把手"就是明证。对于金融机构来说,合理的风险控制、科学的决策程序是防范此类犯罪的关键。

5. 张润明受贿、贪污、巨额财产来源不明案

案情概要 张润明,曾任山西省阳泉煤矿集团升华实业分公司(以下简称"阳煤集团")总经理、运输部部长,阳泉市矿区第八届人大代表等职。据该案二审法院认定:从2004年9月至2010年2月,被告人张润明在担任山西阳煤集团升华实业分公司总经理、运输部部长期间,利用职务之便,在购买水、电表、土建安装、购置职工工装、室内装修、租赁工程机械、承揽工程和在干部提拔任用过程中,单独收受多人贿赂共计716万元,与其子共同受贿36万元。任职期间,张润明先后为阳煤集团新景矿、开元矿、五矿、新元矿,承揽运输装卸工程,通过多结算费用等手段,贪污21万元。张润明另有人民币2 723万元、美金1 676元,不能说明合法来源。二审法院以受贿罪、贪污罪、巨额财产来源不明罪数罪并罚,判处张润明无期徒刑,剥夺政治权利终身,并处没收财产人民币310万元。同时,其有关亲属也被依法追究刑事责任。

入选理由 一名国有企业的领导在任七八年,就能积累起三四千万元的不法财产,这固然与资源、能源型国企强大的经济实力和丰厚利润有一定关联,但该案不仅再次印证了国企老总权力监督制约机制的缺失,还反映了建立国企领导财产申报公示制度的必要性和紧迫性。制度不彰,受损的首先是企业利益和国家利益。

6. 杨治山涉嫌内幕交易案

案情概要 杨治山曾任南方证券研究所电力、煤炭行业研究部经理,国信证券研究部联席主管(研究总监),电力行业首席分析师,长期

从事电力行业的分析工作。案发时任中信证券研究部总监、电力行业首席分析师、漳泽电力独立董事、漳泽电力薪酬与考核委员会委员。2011年6月2日,山西省政府确定由"同煤集团"与"漳泽电力"通过资产重组实现双方煤电联营。杨治山作为漳泽电力独立董事,参与了之前资产重组的论证过程,属内幕信息知情人。2011年4月,杨治山在履行工作职责中知悉内幕信息后,于4月15日指使李某在上海某营业部开立证券账户,4月19日、28日,杨治山借用李某账户,共计买入漳泽电力股票268.25万股,买入金额约1500万元。在知悉证监会开始调查后,杨治山在漳泽电力股票复牌前夜即2011年10月28日子时,以跌停板价格倾仓申报卖出所有股票,当天开盘后四分钟内全部成交,亏损82.8万元,意图以此减轻法律制裁。2011年11月,证监会对杨治山涉嫌利用内幕信息交易"漳泽电力"股票行为立案稽查。2012年2月,证监会将该案移送公安机关查处。2012年4月,杨治山被公安机关刑事拘留。

入选理由 该案的查获表明,只要监管部门认真履行职责,对股票异动情况严密监控,就能够筛查出在关键时点从事大额交易的嫌疑账户。即便内幕交易人借用他人账户交易,也无法完全消除涉案资金的流动痕迹以规避法律制裁。对于内幕信息的知悉者而言,把握好自己的职业操守至关重要。同时,在巨大利益诱惑面前,应时刻谨记蕴含其中的刑事风险。

7. 呼运集团管理人员涉嫌重大责任事故案

案情概要 2012年8月26日凌晨2点40分许,陕西延安境内的包茂高速公路化子坪服务区南出口73米处发生特大交通事故,一辆呼和浩特市运输集团公司的宇通牌双层卧铺客车,与河南孟州市第一汽车运输有限公司一辆解放牌重型罐式半挂车(装有甲醇)发生追尾事故,造成甲醇泄漏、客车起火,36人遇难,3人受伤。2012年9月6日,因涉嫌重大责任事故罪,事故大客车所在单位呼和浩特运输集团的8名管理人员被公安机关刑事拘留。

入选理由 这起特大伤亡事故折射出一系列与交通运输安全相关的代表性问题。其一,双层卧铺客车在特定线路长途客运市场上的需求旺盛,能有效降低运营成本,但安全性差,一旦发生事故,伤亡极为惨重;其二,交通运输部为保障客运安全,曾推行凌晨禁驾停车休息制度,但实践中并未严格执行;其三,大型客运企业对个体客车的"挂靠管理"可降低企业运营成本,但容易导致安全事故风险的失控与放大;其四,以超载对冲高额运输成本的司机,为逃避监管转而在夜间疲劳驾驶,夜间、凌晨因此成为高速公路恶性交通事故的高发时段。对于这些诱发恶性安全事故的隐患,均需找到妥善应对方案。

8. 戴晓明涉嫌经济犯罪案

案情概要 2012年8月18日前后,成都市政府最重要的投融资平台——成都工业投资集团有限公司,其董事长戴晓明因严重违纪和经济问题被纪检部门"双规"。据接近案件调查的人士披露,戴晓明被"双规"的直接原因是经济问题,首当其冲是由于在中石油彭州项目上的诸多纠葛。该项目是成都为改变能源工业体系结构,专门针对石化项目招商引资的重点项目,项目在2008年初完成立项,但却在"5·12"汶川大地震后,因环境问题受到质疑。成都工业投资集团有限公司为这个项目提供了巨额启动资金和融资担保,戴晓明则利用自己多年积累的政界关系以及在成都金融领域的影响力,为该项目的推展做人际"勾兑"。在这一过程中,戴晓明、中石油四川方面少数中层,以及成都政界和金融界关键节点的某些权力人物实现了"权与利"的结合。据悉,戴晓明在接受调查期间,检举揭发了多条贪腐线索。

入选理由 戴晓明案暴露出一些地方投融资平台的软肋。地方投融资平台一般从属于当地国资委,较易成为当地政府、主要领导行政意志和行政工具的延伸。其负责人一般具有横跨政商两界的双重身份,政治权力与金融资本在他们身上实现了某种程度的融合。这样一种角色扮演,使他们容易成为当地政商两界权力资本勾兑、融通的关键人物。在一定意义上,戴晓明案发以及其后所引发的成都政商两界的"地震",就是这种政治权力与金融资本融合的产物。如何看待政府投融资平台,如何监管政府投融资平台,如何实现政府投融资平台的廉洁与高效,都值得深入探究。

9. 罗金宝涉嫌受贿案

案情概要 罗金宝,曾任铁道部运输局副局长、呼和浩特铁路局宣传局长、北京铁路局党委书记、乌鲁木齐铁路局局长;曾荣获山西省"五一"劳动奖章、山西省优秀企业家、大同市特等劳动模范称号;是第十届、第十一届全国人民代表大会代表。罗金宝涉嫌受贿案于2012年12月25日在哈尔滨市中级人民法院开庭审理。据检方指控,2005年5月至2010年6月,罗金保在任石家庄—太原客运专线筹备组组长、呼和浩特铁路局局长、乌鲁木齐铁路局局长等职务期间,利用职务便利,先后收受中国中铁股份有限公司、中国铁建股份有限公司所属10个集团公司以及王浩生、申公元、贾国琪等单位和个人贿赂款物折合人民币共计4 700余万元。

入选理由 作为"铁道部窝案"中受贿金额相对较低者,罗金宝案折射出当前政商生态的严峻。与其他国家工作人员受贿多以非国有主体为对象不同,罗金宝所收受的4 700余万元财物,大部分来源于国企,甚至是同一系统的国企。这其中囊括了中铁二十局、中铁隧道局、中铁建电气化局、中铁二十一局、中铁二十二局、中铁十局、中铁十一局、中铁一局、中铁电气化局、中铁十二局等十余家"铁字头"重量级国企。本案既反映了某些国企老总"不收就破坏了'潜规则',就难以在官场立足"的心理定势,也反映了在一些社会领域,腐败犯罪还比较严重。这表明,遏制腐败、努力营造良好的市场秩序,才是减少企业家犯罪的根本路径。

10. 李兴涉嫌受贿案

案情概要 在延长石油系列腐败案中,延长石油集团原副总工程师李兴涉嫌受贿案是最早开庭审理的。63岁的李兴,于1965年作为知青下乡插队到陕北,后进入陕西延长石油集团公司工作,先后担任延长石油集团油田股份公司副总经理、延长石油集团公司副总工程师,案发3年前退休。经查明:2006年至2007年,当时主管基建工程的李兴,因帮助西安新晃制冷设备有限责任公司田某承揽工程,先后收受其30万元"感谢费"。2006年,在负责修建延长油田家属楼期间,李兴收受陕西万嘉企业集团公司董事长张某飞"好处费"500万元。"延长石油窝案"作为一宗发生在国企的系列腐败案,涉及多名高管,相关查证工作仍在进行。

入选理由 李兴在其职业生涯的末期开始受贿,在退休3年之后受审,具有一定的典型意义。李兴曾在庭审中供述,在工作的前35年,他都是认认真真干事,清清白白做人,曾受过3次工伤,定为四级残疾。直到2005年,当了20多年正处级干部的他因升职无望,才在朋友的劝说下开始受贿。如何防止"59岁现象",成为反腐败工作难以绕开的课题。同时,李兴在其退休3年之后被追究刑事责任,对那些认为只要安全隐退即可"软着陆"的人来说,更是敲响了警钟。

第四部分　2012年企业家犯罪"十大罪名"与"十大风险点"

一、2012年企业家犯罪"十大罪名"

在所统计的245例企业家犯罪媒体案例中，共涉及80个可识别的罪名。对同一案件在不同程序中被认定为不同罪名的，以当年最后程序所认定的罪名为准。在同一案例中，数人触犯同一罪名的，计为1例，并以罪名适用频次为基本标准，从80个罪名筛选出适用率最高的10个罪名。

1. 贿赂犯罪

67例，占全部245例案例的27%。其中受贿类犯罪52例，行贿类犯罪15例，共同构成了企业家犯罪最为常见的类型。

在52例受贿类犯罪中，受贿罪43例，非国家工作人员受贿罪9例。受贿类犯罪是企业家犯罪适用频率最高的罪名之一，也是国企企业家犯罪最为常见的罪名。与民营企业家不同，国企老总们代表国家管理经营国有资产，其权力行使具有公共事务管理的性质。正因如此，国企老总们利用合法垄断的优势，陷于钱权交易的风险较高，受贿罪是他们所面临的首要风险罪名。另一方面，当民营企业发展到一定阶段，所有权与管理权出现分离时，民企高管的受贿现象也开始显现。

在15例行贿类犯罪中，行贿罪8例，单位行贿罪5例，对非国家工作人员行贿罪2例。透过这组数据，可解读出值得注意的两层含义：一是在13例行贿案例中，行贿的对象均为国家工作人员，表明商业贿赂犯罪的主要原因仍然是公权寻租。二是贿赂犯罪作为对合犯，无行贿就无受贿，行贿犯罪的案例数大大小于受贿犯罪的案例数，表明我国的反腐刑事政策仍然是侧重于分化瓦解、重点打击受贿犯罪。这在客观上是否会强化某些企业家搞"潜规则"和权力"勾兑"的心理倾向与行为模式,值得进一步观察和反思。

2. 非法集资类犯罪

45例。其中非法吸收公众存款罪33例,集资诈骗罪12例。由此,非法集资类犯罪成为2012年关注度最高、社会影响最大的企业家犯罪之一。一方面,银行贷款政策不利于民营企业,民营企业合法融资渠道狭窄,资金需求缺口巨大;另一方面,股市持续低迷、房市调控、CPI高位运行、银行存款负利率等因素叠加,致使民间资本保值压力增大,急需投资渠道。在民间资本市场供需两旺,而相关疏导性制度安排又缺失的情况下,非法集资类犯罪高发就具有了一定的必然性。

3. 侵吞资产类犯罪

44例。其中(国企)贪污罪27例,(民企)职务侵占罪17例。如果没有良好的制度制约,面对自己管理、经手、支配的企业财物,总会有人动心。无论国企还是民企,严格的财务及资产管理都十分必要。事实上,民企发展必然经历"个体户"向现代公司的转型,作为"法人"存在的公司,必须向社会独立承担责任,公司也因而具有了"公"的性质,上市公司在这一点上表现尤为明显。以此为背景,发生在民企的职务侵占犯罪,特别是民企老板、投资人的职务侵占犯罪,将会成为一个值得关注的企业刑事法律风险点。

4. 欺诈类犯罪

38例(不含集资诈骗罪)。其中,诈骗罪18例,合同诈骗罪13例,信用卡诈骗罪和骗取贷款罪各3例,贷款诈骗罪1例。如果加上12例集资诈骗犯罪,欺诈类犯罪成为企业家犯罪案例中发生率最高的犯罪类型。企业家犯罪作为智力型犯罪的主要表现形式,在方式上更多地表现为围绕经济利益"智取"而非"力夺"。欺诈类犯罪居多,符合该领域人群犯罪的一般规律。由此,防欺诈也成为商战中的要务。

5. 挪用类犯罪

23例。其中(国企)挪用公款罪11例,(民企)挪用资金罪12例。挪用类犯罪的查处率通常低于贪污、职务侵占等侵吞资产类犯罪的查处率,相当比例的挪用行为因事后归还而未被发现或追究。然而在充满商机的市场经济条件下,资金的真正价值在于使用、流转而非简单的持有、占有或所有。一次短期的资金周转就有可能带来巨额利润,资金的使用权在相当程度上比资金的所有权更有价值。高收益和相对较低的被查处风险,使得挪用类犯罪无论在国企还是在民企中,都较为常见。

6. 组织、领导、参加黑社会性质组织罪

8例。所有案件只涉及民营企业家。民营企业作为经营性经济实体,有固定的员工,有组织结构,有一定的经济实力,往往也有地域或行业影响,并且在现行体制下,难免与有关公职人员有些关系。如果企业在经营过程中又出现某些持续性的违法行为,在认定标准又掌握不够严格的情形下,该企业从形式上看,就较容易齐备"黑社会性质组织"的构成要件。涉黑犯罪构成的这一主体特征,一定程度上反映出相关立法的科学性,值得进一步审视。

7. 虚开增值税专用发票罪

7例。案件全部由民营企业家实施。有的犯罪企业家为牟取巨额非法利益,专门聘请开票人员、财务人员,利用伪造的海关完税凭证抵扣进项税额,对外承接虚开增值税专用发票业务,涉及虚开金额数动辄上亿元,造成数以千万计的国家税款损失。虚开增值税专用发票犯罪呈现专业化、企业化、规模化趋势。

8. 出资类犯罪

6例。所有案件只涉及民营企业家。其中,抽逃出资罪3例,虚报注册资本罪3例。无论是国企还是民企,在设立之初虚报注册资本、虚假出资,或在公司设立后抽逃出资在实践中并不少见。但民营企业家因出资类犯罪被查处的概率,是否真正高于国企老总,有待进一步观察。

9. 重大责任事故罪

3例。工程质量问题、食品药品安全问题、安全生产问题无小事。一旦发生责任事故,往往导致群死群伤,不仅涉案企业家自身将承担责任,一个企业也可能就此倒闭。强化安全意识,加大在预防责任事故方面的必要投入,应成为企业和企业家节制非理性追逐利润心理的基本理念与行为导向。

10. 滥用职权类犯罪

3例。滥用职权的罪名以往更多适用于国家机关工作人员,与企业家似乎无缘。但随着刑法的完善以及严肃执法,国有公司、企业滥用职权,徇私舞弊低价折股、出售国有资产,背信损害上市公司利益等针对企业家的滥用职权类罪名条款,也开始在司法实践中发挥效力,这就要求企业家在经营过程中更为审慎地履行自己的职责。

二、2012年企业家犯罪"十大风险点"

依据对245例企业家犯罪媒体案例的统计,有203例能够识别出具体的刑事风险点。这些刑事风险点分布于企业运行的各个环节,其中排名前十的刑事风险环节如下,无论从企业家角度还是社会角度看,都应予重点防范。

1. 财务管理

发生在财务管理环节的企业家犯罪69例,其中国企31例,民企38例。无论对于国企还是民企,财务管理环节的漏洞都是高危刑事风险点,这直接导致贪污、职务侵占以及挪用公款、挪用资金犯罪的高发。完善企业财务管理制度对于国企、民企都是迫切任务。

2. 企业融资

发生在企业融资环节的企业家犯罪54例,其中国企7例,民企47例。该组数据在一定程度上凸显了民企的融资困境,大量非法吸收公众存款、集资诈骗、贷款诈骗以及骗取贷款犯罪由此引发。另外,融资领域罪案高发,尤其是非法集资类案件高发,也反映出民间资本急需投资出口、民间融资借贷市场亟待疏导规范的现实。

3. 贸易

发生在贸易环节的企业家犯罪28例,其中国企4例,民企24例。正所谓商场有风险,入市须谨慎。即便是具有合法身份的企业,在贸易往来中也可能不守信用甚而实施诈骗犯罪。这其中不乏在一定地域、行业内"声名显赫"、很有"实力"的大公司。因而,在贸易往来中,严格依正常商业流程谨慎行事,冷静面对各种商业机会,是防范此类犯罪的关键。

4. 招投标

发生在招投标环节的企业家犯罪17例,其中国企13例,民企4例。两类企业家在该领域的犯罪方式不尽一致。在招投标过程中,居于招标一方的国企老总、高管多实施了受贿犯罪,为中标而参与串标、围标的民企老总则多实施了行贿犯罪,双方在整体上形成某种对象分布(少部分案件例外)。实践证明,实行招投标并不意味着可以杜绝该领域的权钱交易,招投标的具体规则与流程还需继续改进。

5. 产品质量

发生在产品质量环节的企业家犯罪7例,其中国企1例,民企6例。2012年度产品质量类犯罪案件更多发生在食品及药品安全领域。这反映了执法、司法机关对民生问题的关注日益强化,企业家应用"以人为本"的意识节制"唯利润主义"的惯性,对涉及民众生命、身体健康以及环境安全的刑事风险加倍防范。

6. 工程发包承揽

发生在工程发包承揽环节的企业家犯罪6例,其中国企2例,民企4例。受中华人民共和国《招标投标法》的限制,发生在工程直接发包、分包环节的权钱交易数额相对较小,但该环节仍是预防工程建设领域腐败犯罪的薄弱环节。同时,发生在这一环节的腐败犯罪,往往会因对冲贿赂成本而降低工程质量,这为日后发生工程质量事故埋下了隐患。建筑工程发包、分包环节的透明化,亟待进一步强化。

7. 人事任用

发生在人事任用环节的企业家犯罪5例,全部为国企企业家,均为受贿罪。国有企业在权力结构上与政府部门类似,"官场潜规则"在国企同样有效,国企也存在"吏治腐败"问题。与此形成鲜明对比的是,民企在人事任用上的"权力勾兑"极少发生。国企改革任重道远。

8. 证券交易

发生在证券交易环节的企业家犯罪5例,其中国企3例,民企2例。近年来股票市场低迷,股民怨声载道,主管部门加大了打击内幕交易等证券犯罪的力度。从案件查办过程看,该类犯罪虽具有一定的隐蔽性,但只要线索浮现,查证并不困难。对于监管部门,应时刻监控股票异动等异常情况;对于内幕信息知悉者,则应始终坚守职业道德的底线。

9. 物资采购

发生在物资采购环节的企业家犯罪4例,国企3例,民企1例。物资采购从计划经济时代起,就一直是企业运营过程中一个较为重要的贪腐风险点。与政府采购不太一样,企业物资,尤其是某些特殊生产设备异质性较强,实行公开招标、比价难度较大,这就为企业老总和高管们收受回扣创造了空间。"阳光化"采购,是防范此类犯罪的必由之路。

10. 安全生产

发生在安全生产环节的企业家犯罪 5 例,国企 1 例,民企 4 例。民企相对于国企,更加重视成本控制以增强市场竞争力。但安全生产投入不足,则是民营企业的一大软肋。一旦发生重大安全生产事故,企业家本人的刑事风险也由此引发。

第五部分　2012年企业家犯罪原因透视

2012年度企业家犯罪统计数据，不仅提供了描述和分析企业家犯罪现象的重要实证根据，也折射出影响我国企业家犯罪的主要环境因素（尤其是制度性环境）和个体性因素。

在市场经济体中，企业家是最具有活力与创新性的市场要素。1800年首次提出"企业家"概念的法国经济学家让·巴蒂斯特指出：正是企业家使经济资源的效率得以提高。由此，企业家犯罪不仅仅意味着其个人所累积的企业家技能反向作用的发挥，还预示着对社会和经济体健康运行的深度危害。

就企业家犯罪而言，固然存在着无节制地追求利益的非理性倾向和法律意识淡漠等个体性原因，但就犯罪规律而言，企业家犯罪和其他犯罪一样，决定其存在状况和变化趋势的最基本和最重要因素，始终是企业家置身于其中的社会环境。在不忽视企业家犯罪的个体性因素的同时，更加正视并客观分析影响企业家犯罪的环境因素，既是有效预防企业家犯罪的基础所在，也是借以明确社会改革方向与路径，不断推进市场经济法治化进程和促进社会健康发展的重要前提。

一、融资类犯罪比重大，凸显民企融资难

在2012年企业家犯罪案件所涉罪名中，融资类罪名所占比重大是一个突出特征。在统计的245例案件中，仅非法吸收公众存款罪（33例）和集资诈骗罪（11例），就占了全部案件数的近1/5。更值得关注的是，触犯这两项罪名的犯罪人全部是民营企业家，这两项罪名涉及的案例数，在本报告统计的2012年民营企业家犯罪的158例案件中，所占的比例超过了1/4。事实上，非法吸收公众存款罪与集资诈骗罪并不代表企业家融资类犯罪的全部，另有大量的融资类犯罪是以合同诈骗罪定罪处刑的，骗取贷款罪、贷款诈骗罪、票据诈骗罪、保险

诈骗罪、金融凭证诈骗罪、挪用资金罪等，也与企业融资问题直接相关，如果将这些罪名也计入，融资类犯罪在2012年企业家所涉全部犯罪中排名第一。

这一统计结果无疑是我国当前民企融资难的又一个明证。在我国金融市场中，民营企业整体上看规模较小，中小企业居多，内部治理不尽规范，加之我国的证券市场、金融市场发展不尽完善，民企通过上市、发债以及商业银行贷款等方式取得融资的渠道较为有限。

民营企业融资难的第一个表现是贷款难。2011年4月，中国企业家调查系统发布的《资本市场与中国企业家成长：现状与未来、问题与建议——2011·中国企业经营者成长与发展专题调查报告》显示：国有企业相对于民营企业更容易获得优惠贷款。而根据中国人民银行2013年1月发布的2012年社会融资规模统计数据，人民币贷款占整个2012年社会融资规模的52.1%，企业债券占14.3%，非金融企业境内股票融资占1.6%。这样，留给民营企业的融资空间就很小。

民营企业融资难的第二个表现是民间融资的法律风险高。民营企业往往采用民间借贷的方式进行融资。近年来，随着民营经济的快速发展，对资金的需求量加大，民间借贷从熟人之间的直接融资发展到易于累积风险的间接融资模式，当资金链断裂时，极易引发区域性金融风险，一些企业家因此入罪。在融资类犯罪的定罪处理中，一个广受争议的焦点是如何划定集资诈骗、非法融资与民间借贷的界限。2012年的吴英案已经成为一个法治事件。合理界定民间金融的法律关系和处置原则，建立民间借贷明确的法律保障，已经成为政府与社会的共识。2012年央行发布的《金融业发展和改革"十二五"规划》已凸显政府对民营企业的支持导向。当然，这些支持措施作用的展现与充分发挥，还都有待于未来的时间检验。

可以预见的是，融资类犯罪现象的遏制和消除，有赖于多层次的资本市场和融资市场的发展，有赖于政府对民营企业、中小企业融资扶植力度的加大，也有赖于法律规则的完善与明晰。

二、受贿罪突出隐现企业家角色错位

2012年企业家犯罪中的另一个突出特点是：由国企企业家作为主体的受贿案件39例，在本报告统计的全部国企企业家涉及的114例案件中,占34.2%,高居国有企业家涉罪罪名的榜首。

国企企业家受贿犯罪的高发,表现出企业家的角色错位。这种角色错位体现在两个层面:

(1) 由于国有经济在某些行业的垄断地位导致的角色错位。我国的许多行业,例如土地、矿产、资源、能源、交通、通讯、水电油气、金融、保险、医疗、教育、出版电视等行业,仍旧处于国有企业的垄断控制之下,资源没有进行市场化的公平分配。国有企业对经济资源的掌握和控制,使得企业的管理者获得了类似于政府官员的经济控制力,从而具有了利用这种控制力进行设租和寻租的条件;而在当其他市场经济主体想要获得相应经济资源时,又会产生对国有企业家的贿赂动机。两相结合,受贿犯罪就容易多发。

(2) 国有企业家对自身的国有资产管理的角色认识错误,将其管理下的国有企业作为个人谋取私利的工具。由于国有企业中固有的产权问题和委托代理关系,使得国有企业中的企业家的利益可能与企业的利益不一致,国有企业中的企业家利用其对国有企业的管理职权,收受贿赂,谋取个人利益,实际上是将国家利益私有化了。

另一个不应被忽视的问题是影响企业家受贿犯罪的隐性法律因素。我国刑法中存在对不同企业家的同一行为根据企业的所有制形态,进行不同性质定罪量刑的做法。如企业家同样实施窃取企业资产或者收受他人贿赂行为,如该人属于国企企业家,则会涉及贪污、受贿罪,如为民营企业家,则会构成职务侵占罪或非国家工作人员受贿罪,两者在量刑上存在较大区别。然而,现实中越来越多的国有企业通过上市、重组等方式实现其股份结构的多元化,经济的发展给这种以所有制性质区分定罪的做法带来了一定挑战,刑法中相关罪名的设立与罪刑结构如何适应这种不断变化的形势值得思考。

三、企业家犯罪与政府官员犯罪的伴生现象明显

2012年引发关注的政府官员犯罪案件之一是铁道部部长刘志军案件。这一案件不仅涉案官员位高权重,更为重要的是,该案集中展现出特定行业中企业家与政府官员犯罪的伴生现象。在2012年被媒体曝光的犯罪企业家或者企业家被刑事调查的案件中,至少有中铁集装箱运输有限公司董事长罗金保、中铁电气化局集团总经理刘志远、

山西煤炭进出口集团董事长杜建华、山西商人丁书苗等人牵涉其中。这种伴生现象,反映出中国权力与资本的不正当结合关系,其反映出的深层体制性或制度性因素值得深思。

在经济转型期,政府与市场的边界不够清晰,政府部门或地方政府直接掌握和控制着土地、矿产资源、税收优惠、行业准入、公共基础设施建设等一系列重要经济资源与制度资源,导致企业家经营活动对政府权力的依赖。这正是一些领域容易产生企业家犯罪与政府官员犯罪的伴生现象的重要原因。实践中,这种伴生现象表现为政府官员的职务犯罪背后往往存在企业家犯罪的推波助澜,或者企业家犯罪后潜藏着政府官员职务犯罪的支撑。

四、企业家犯罪高发环节暴露出企业内部管理制度混乱

内部管理制度的缺陷,是导致企业家犯罪的重要原因。在对企业家犯罪领域的统计中,无论是国有企业抑或民营企业,财务管理领域都是犯罪案件高发的领域。对于作为营利性组织的企业而言,财务管理是企业的基本制度之一,基于完善的财务制度,企业才有可能实现对现金流的有效控制,从而通过经营行为获得利润。本应作为企业生命线的财务管理制度,却成为犯罪高发区,这一现象暴露出企业内部管理制度的混乱。

这种混乱主要表现在三个方面:

(1)企业的公司治理结构虚化。公司已经成为我国企业中的主流组织形式,公司制企业均已建立起比较完善的股东会、董事会、监事会、经理制度。然而,现实中这种治理结构对企业家的监控是十分弱化的。徒有虚名的法人治理结构,难以实现对企业家的监督,给企业家犯罪提供了制度空间。企业家涉嫌贪污、侵占类犯罪案件表明,企业家的权力范围包括财务管理、人事管理及行政管理等方面,但在企业内部没有任何的约束,这就为其实施贪污侵占类犯罪行为提供了机会。

(2)企业中广泛存在"一把手"监督失控的现象。处于企业中核心地位的企业家,往往对企业有绝对的控制权,对于企业重大决策、人事安排、财务调配有不容置疑的决定权和处置权。企业家犯罪在表现

形式上往往是上下级相互配合的"窝案",这也从一个侧面说明了企业中上级意志的不受监督性。

(3)企业对营利的追求导致对风险控制机制的放松。企业往往会建立起一套营利考核机制,据此对不同部门进行绩效考核。例如在银行中,对于存贷款数额的考核机制的强调,往往超过了风险控制机制的监督,这导致了工作人员相互配合,在形式上满足风险控制制度的要求,不进行认真细致的审核,正是导致骗贷案件发生的重要原因。

五、国企、民企企业家罪名差异,显现市场公平竞争不足

前面统计显示,2012年占国有企业家罪名总数约七成的六大罪名,依次为受贿罪、贪污罪、挪用公款罪、挪用资金罪、滥用职权罪和诈骗罪。而对民营企业家而言,所触犯罪名在数量上排名靠前的十个罪名依次为非法吸收公众存款罪、职务侵占罪、诈骗罪、合同诈骗罪、集资诈骗罪、行贿罪、挪用资金罪、虚开增值税专用发票罪、非国家工作人员受贿罪,以及组织、领导、参加黑社会性质组织罪。相对于国企企业家的职务犯罪,民营企业家的融资类犯罪、涉税类犯罪与涉黑犯罪异常突出。

(1)这种罪名的差异,表现出我国因所有制差别而导致的民营经济发展的弱势地位。在我国,一直以来存在着强调公有财产的保护,而比较忽略对私有财产权保护的现象,直到2004年,保护私有财产权才写入我国宪法。在法律执行中,因所有制而形成的国家(集体)财产优先于私人、民企利益的观念并未彻底消除。由于民营经济在发展上滞后于国有经济,两种不同所有制经济在获取信贷、市场准入等方面的能力也有较大差别。相对于国有企业,民营经济的利润率往往更低。2013年1月,全国工商联发布的数据显示,500强民营企业盈利总和与国有五大银行相当,纳税总额与净利润总和相当。原材料成本上升、用工成本上升、人才缺乏、税费负担重和资金成本上升,进一步挤占了民营企业的利润率。这种外在形势,可以看做是民营企业家更有可能倾向于采用包括犯罪行为在内的短期行为以获取经济竞争优势的助推器。

(2)不排除部分企业家,特别是民营企业家犯罪,是由于旧有制

度不适应经济发展而导致的企业家"原罪"。我国正处于从计划经济向市场经济过渡的深度转型期,经济结构、社会体制、利益结构都面临着重大而剧烈的调整与变动。在这一过程中,部分适应旧有计划经济的体制、制度与市场经济的发展不相吻合,这必然导致一些经济行为往往以突破旧有规则的方式进行。而民营企业家由于缺乏在旧有机制下的资源,更有可能采用"创新"方式进行经济活动。这些在市场经济环境下即使是正常的经济行为,但在未及时修改的制度框架中,就有可能被判定为违法甚至是犯罪。改革开放初期,有力图开拓经营门道的私营企业家,因"投机倒把罪"的设立而落入法网;如今,非法经营罪等罪名的适用,也不时出现当年"投机倒把罪"的影子。

六、涉案企业分布不均,反映出企业家犯罪与经济和执法因素的关联性

2012年的企业家犯罪统计数据显示,从涉案企业的行业特征来看,涉案企业高度集中在能源与矿产、金融投资、房地产经营或建筑行业;从地域上看,高度集中于浙江和江苏等地。

(1)这一数据反映出我国经济发展在行业和地区间发展的不平衡。犯罪高发的能源、金融、房地产等行业,所需资金量大,对于经济的拉动作用较大,垄断性较强。这些行业目前在我国经济发展中仍占有主导地位。而以信息技术、节能环保、生物技术、高端装备制造等为代表的战略性新兴产业尚处于培育和发展期。而在地域上,犯罪集中的浙江与江苏等地是我国民营经济发展的重镇。在全国工商联发布的《2012中国民营企业500强榜单》中,浙江省入围企业为172家,江苏省入围企业为108家。

(2)不均衡的数据分布与法律执行因素具有相关性。如涉黑犯罪、商业贿赂犯罪等数量与结构特征,均与某一时期不同地方的刑事打击重点与力度直接相关。例如,在涉案企业地域分布中排名第一位的北京市和第二位的广东省,在2012年均加大了对经济犯罪的打击力度。据新华网报道,2012年,北京市公安局经侦系统共计破案10 240余起,抓获犯罪嫌疑人9 850余人,同比分别上升了2.8倍和2.5倍。在广东省,2012年全年开展的"三打两建"活动,对企业家犯罪数量的上升也有直接影响。据深圳市人民检察院2012年6月统

计,截至2012年6月底,深圳共批捕欺行霸市、制假售假、商业贿赂三类案件653件1 142人,起诉294件478人,批捕、起诉三类案件数均占全省的1/5。

七、罪名结构与发案方式,反映出刑事手段介入市场经济领域的泛化倾向

2012年企业家犯罪有关罪名结构与发案方式的统计表明,人们对运用刑事手段解决市场经济领域问题的方式依然迷恋,并因此导致刑事手段介入市场经济领域的泛化倾向。

(1) 不少所谓的受害人寄希望于通过刑事手段解决经济纠纷,往往将经营中的纠纷作为刑事案件报案。2012年在158例民企企业家犯罪案例中,有37例为受害人报案,占总案发原因的32.2%,其中诈骗罪、合同诈骗罪、非法吸收公众存款罪等大都是受害人报案。在上述民企企业家犯罪的案例中,非法吸收公众存款罪、职务侵占罪、诈骗罪和合同诈骗罪,是民企企业家犯罪或涉嫌犯罪最集中的罪名。其中,非法吸收公众存款罪31例,占案件总数的19.6%;诈骗罪15例,占案件总数的9.5%;合同诈骗案件13例,占案件总数的8.2%。3个罪名占总案例数的37.3%,也即民企企业家犯罪罪名的1/3多集中于上述3个罪名。而这三种案件,实践中往往是因为经济纠纷被"受害人"报案从而形成的刑事案件,大多存在是犯罪还是合法的融资行为或是正当的经营行为的争论与界限的把握问题。

(2) 就执法而言,司法机关能否恪守刑法谦抑精神,严格把握正常市场经济活动与犯罪的界限,直接决定是否迫于形势或某种压力,将相关涉众的民事、经济纠纷当做犯罪案件处理的现实可能性。如果逾越刑法应有的干预范围,一些纠纷和冲突可能暂时、表面上得到了解决,但这种处理方式对于法律的权威和司法的公信力,直至社会稳定,都是危害巨大的。从企业家犯罪的罪名分布,尤其是民营企业家主要犯罪的罪名结构特征中,可以窥测出执法过程一定程度上存在的刑事手段干预市场经济领域的泛化问题。

(3) 就刑法立法而言,我国对于市场经济犯罪采用刑法典的立法模式,这种模式有其科学性,但也存在缺陷,如把刑事犯与行政犯放在一起规定,容易模糊相互之间的界限。加之我国刑法对于犯罪的规

定,主要采用定量模式而非定性模式,也即违法与犯罪的区别主要在于严重程度不同,而非行为类型的差异,严重违法即为犯罪。这种立法特点,导致违法行为与犯罪行为的表现形式都是一样的,区别仅在于量的不同,也就容易混淆罪与非罪的界限。上述问题由于市场经济领域犯罪的特点,又被进一步放大。面对市场经济活动模式与内容的不断变化,刑法不得不采用概括立法的方式,以尽可能适应经济社会的发展,维护刑法的稳定性,但这一做法又不可避免地增加了立法的模糊性,导致企业家犯罪的罪与非罪、刑事与民事边界的不清晰。例如,为了消解1979年《刑法》"投机倒把罪"这一"口袋罪",1997年《刑法》取消该罪,规定了"非法经营罪",但该罪罪状中"其他严重扰乱市场秩序的非法经营行为"这一概括条款的规定,使得"非法经营罪"又成为新的"口袋罪"。再如,作为2012年民企企业家犯罪触犯罪名最多的非法吸收公众存款罪,对"非法吸收公众存款或者变相吸收公众存款"如何理解,也是众说纷纭,莫衷一是。尽管有司法解释出台,但仍不断产生问题,大有"剪不断,理还乱"之势。

企业家犯罪基本上属于市场经济领域的犯罪,对于该类犯罪的刑事政策的确定,大体上决定了对于该类犯罪惩处与预防的概貌与基本走向。我国现阶段实行"宽严相济"的刑事政策,这一政策当然适用于企业家犯罪。但由于市场领域和企业家犯罪的特殊性,对于该类犯罪的刑事政策应该在"宽严相济"刑事政策的前提下予以特定化、具体化,也即应进一步明确"宽严相济"刑事政策在市场经济领域犯罪中的具体运用。

市场经济大体上属于民商事经济法律关系,主要涉及私法领域。而刑法属于公法领域,是对重要权益实施保护的最后手段,因而刑法在进入这一私法领域时必须谨慎,必须固守其谦抑精神。否则,刑法就可能成为经济、社会发展的阻碍力量。我们曾经把长途贩运当做投机倒把犯罪处理,刑法客观上站到了经济社会发展的对立面,历史的教训必须记取。须知,任何一种经济形式或者活动的性质如何,需要时间和实践去检验、识别,在经济学家都难以对一种新出现的经济形式或者活动是否有利于生产力的发展下论断时,立法者、司法者对此更不应作出仓促的判断,应尽量保持慎重与谦抑,尽量"无为而治",在没有穷尽刑事手段之外的民事、经济等其他一切手段的前提下,不应轻易动用刑事手段。

在市场化改革不断推进的过程中,对于市场经济领域犯罪的刑法规则和刑法适用而言,政府与市场、企业家的边界到底在哪里,对于企业家的活动空间应如何画线,是理论界和实务界都难以回避的重大现实问题。

八、背信犯罪的高发,折射出企业家精神的缺失

在法律理论上,背信犯罪是对企业管理者违背其对企业以及投资者的信义义务,包括忠实义务和勤勉义务,利用其职务地位谋取私利,从而危害企业以及投资人利益的犯罪行为的统称。在更广泛的意义上,企业家罔顾其承担的社会责任实施的犯罪行为也可以归于此类。2012年在企业家犯罪所涉及的罪名中,违背企业家应有的信义义务的罪名不在少数,如贪污、受贿、侵占、挪用、滥用职权、制假售假、环境污染、信息欺诈、内幕交易,等等。

企业家精神的核心内涵是创新、诚信与责任,背信犯罪的大量存在,折射出当下企业家群体中企业家精神的缺失。当企业家实施背信犯罪时,就违背了其作为受托人管理企业资产的基本责任与义务,违背了诚信原则,从而使企业家的创新精神成为无源之水、无本之木。

企业家精神的缺失,有其复杂的社会历史与现实制度成因。

(1)社会上普遍存在的对企业家的道德质疑,影响到企业家对自我价值和社会责任的认可度。在历史上,我国一直奉行重农抑商的社会经济政策,将商人与商事行为视为败坏道德风气的根源,如《吕氏春秋》中认为:"民舍本而事末则好智,好智则多诈,多诈则巧法令,以是为非,以非为是。"这种历史传统造成了在观念上对商人的歧视心理,人们一向存有"无商不奸"的道德判断。在现实中,改革开放以来出现的贫富差距加大等现象,也促成了社会较普遍的仇富心理,社会大众对于先富起来的企业家,存有一种普遍的对其致富手段的合法性、依法纳税、诚信经营等方面的怀疑和否定的心态。同时,部分企业在经营中存在的无序竞争等方面的问题,也加重了公众对企业家的道德质疑。

(2)市场经济失范,使企业家对诚信经营的信心不足。由于市场经济发展不完善,许多行业中存在大量的"潜规则",企业家缺乏通过

诚信经营获取利润的信心，这也在很大程度上影响到企业家精神的形成。中国企业家调查系统发布的《2012·中国企业家成长与发展专题调查报告》显示，在对关于企业的经营环境的调查中，近六成（59%）的企业家同意"不少企业家对进一步深化市场化改革信心不足"这一说法，超过七成（73.1%）的企业家同意"目前愿意做实业的企业家越来越少"这一说法。这表明，企业家对企业经营环境的信心不足，缺乏发展的动力，这直接导致了企业家通过短期行为包括犯罪行为攫取利益的倾向。

九、企业家自身法律意识淡薄，是其犯罪的重要个体性原因

在注重分析企业家犯罪的诸多环境因素的同时，也应当指出，企业家自身法律意识尤其是刑事法律风险意识淡薄，也是目前导致企业家犯罪的重要个体性原因。

2012年7月2日，检方对美籍华人博士梁某伟以非法吸收公众存款罪提起公诉。指控梁某伟成立公司以投资有高回报为由，从事商铺等物业租赁、买卖的投资，变相吸收公众存款高达6354万余元，最终造成数十名被害人损失共计5919万余元。梁某伟和其律师则辩称，因不懂中国法律才导致其涉嫌犯罪。

对非专业人士而言，不懂法十分正常，但缺乏基本的法律意识尤其是最基本的刑事法律意识，则难以成为辩解的理由。透过梁某伟辩称不懂法而犯罪的个案，可以看到的是在企业家群体中，法律意识淡薄具有一定的普遍性。

作为例证，一个基本的事实是：改革开放三十多年来，企业运营的法治化趋势显著提升，聘请法律顾问，设立专门的企业法务部门，已成为企业规范化运作的基本特征之一。但这些法务人员更多的只是专注于解决企业经营中的民商事法律问题，对企业尤其是企业家所面临的刑事法律风险，往往疏于应有的认识和有针对性的防范。实践中，很少有企业家在经营活动中聘请刑事法专家为自己提供帮助，只是在东窗事发之后，才想到请刑事法专家或擅长刑事诉讼的律师，但此时为时已晚。

在2012年能明确教育背景的74例案件所涉及的74名企业家

中,具有大专、本科及研究生教育背景的共48名,占大多数,良好的受教育经历,理应养成一定的法律意识。但在相关案件中,当事人辩称不懂法、不知法,或者在经营活动中,不明确自己行为的性质,习惯于按照"潜规则"去寻找商机或获得竞争优势,对可能招致的法律风险毫无警惕和防范的,不在少数;而在企业内部,决策程序不规范、财务管理混乱等现象大量存在,再辅之以企业家为追求利润而在获利的策略和手段上,更为讲究策略和手段的灵活性和有效性,而忽视其正当性的自然心理趋势,使得一些企业家长期游走于法律风险的边缘。

而在各种法律风险中,能够导致企业和企业家终局性败局的,无疑是刑事法律风险。对企业家而言,刑事风险并没有想象得那样远。这种风险,横向跨越于民企和国企,纵向则贯穿于企业的设立、经营乃至破产清算的全过程。在全面深入推进法治建设已成为时代强劲主旋律的形势下,对企业家而言,如何努力增强自身的法律意识,如何在思想和行为模式上秉持和践行"市场经济就是法治经济"的基本理念,在领导和管理企业运行过程中,时刻警惕法律风险尤其是刑事风险的高发环节,把法律风险尤其是刑事风险的防控,纳入企业风险防控体系之中,无疑已成为关乎企业家自身能否远行,以及企业能否持续健康发展的重大现实问题。

第二编 企业家犯罪成因透视
（含企业家犯罪现象问题）

中国企业家犯罪的文化进路

——历史性的抑商情结在现实中的展开

皮艺军[*]

一、企业家犯罪的定势与格局

在本文中,笔者把企业家定义为商业活动的主体。虽然企业家也可能是工程技术或是科技人员,但本文设定他们的"越轨"活动,只是发生在商品社会的交换领域,而不是研发和生产领域。把中国社会的商品经济和商业伦理对企业家犯罪的影响,视为这类犯罪的历史文化成因的源流。企业家是国企和民企的企业家的统称,本文中统称的企业家群体,正是这两大在互动中保持博弈关系的群体。这两个群体的生存方式是非常不同的。国企占有主导地位,民企的企业家的行为方式除了他自有的和自在的特征,还在相当大程度上取决于国企以及相关制度体系对民企施加的影响。这种影响所产生的结果,便限定并左右着当今中国民间企业家的生存状态。进一步讲,当前更值得加大力度加以考察的群体,不是国企,而是民企。透过民企看国企,透过国企看制度、看政府、看国家。民企最为鲜明地体现出,在社会主义条件下生存发展或是消亡的企业家们在这个社会中的历史角色。

从2012年中国企业家犯罪报告中①,你可以清楚地看到这样一个由"国企与民企"构成的"差序格局":受贿罪在国有企业企业家中位

---

* 皮艺军,中国政法大学教授。
① 参见《2012年中国企业家犯罪媒体案例分析报告》,载《法人》2013年第3期。

居首位,依次是贪污罪和挪用公款罪;而触犯"非法吸收公众存款罪"和"非法集资罪"的,全部是民营企业家。国企、民企所犯的其他种类的犯罪类型,都是与他们的特定身份和地位密不可分的。根据笔者提出的相似行为分析法[2],我们可以把国企和民企的行为作一个还原。国企代表的是"国家""政府""公家"的身份和行为,而民企代表的是"民间""个体"和"私人"的身份和行为。二者的行为模式在形式上不论发生多大的变化——例如民企的行为总是带有民间和个体的特征——都是相似的,都带有其特定身份的烙印。

由于身份特征,决定了双方不同的行为模式。以下所作的分析,都可以从这种象征意义的格局作为切入点,可以发现这样一种制度化格局:"官尊民卑,公尊私卑;官进民退,公进私退;国企受宠,民企受挤;国企旱涝保收,民企自负盈亏;国企亏损免责,民企风险自担"。在这样的格局之下,企业家犯罪也相应地形成了下列基本定势,即"国企依权恃财滥用,民企白手起家、越轨偷生;国企寻租,民企交租;民企行贿,国企受贿;国企无偿借贷,民企违规融资"。这种犯罪定势是与上述制度性格局相对应的,也是由这种制度性格局所决定的。

这种格局下所滋生出来的"官本位"是最重要的价值取向。国企与民企双方的角色地位其实并不属于平等的交易,国企老板代表着"官",民企老板代表的是"民",古时的官尊民卑的格局并没有改变。这种交往中的不平等、地位差异、身份歧视随处可见。"官尊民卑"所产生的直接后果就是民众对官府的敬畏、顺从和依附。新中国成立前,中国商业活动基本上也都是在"大政府"的格局下仰人鼻息,唯权力指向是瞻。时至今日,在中国企业家犯罪现象的背后,仍然能够窥探到这种"官本位"思想的影子。万达集团董事长王健林郑重声称:"万达是个走市场的企业,不是走人脉的企业。我们不勾结政府,不搞政商结盟。"[3]此语既是为了表明自己的企业与政府之间的清白关系,同时也恰恰反衬出当前部分中国企业与政府的非正当"结盟"。某些国

---

[2] 参见皮艺军:《相似行为分析法》,载《犯罪学研究论要》,中国政法大学出版社2001年版。

[3] 载2013年10月10日新华网。

企与政府你我不分,国企老板摇身一变即可成为政府官员。

历史上的重农抑商思想,在现实中似乎已经嬗变成为重商轻农。但"重商"只是形式上的或是功利上的重视,其实质是重钱重利,而不是实质上的和价值上对商品经济和商业伦理的认可与尊重。对企业家的尊重,是对他们经济地位的尊重,是追求企业的经济效益,其实也是一种对功利的尊重。在现实中,贪官对于民营企业家送钱行贿所抱的心态是:"我收你钱,是看得起你","反正你的钱也不是好来的,不收白不收","收你的钱,是因为我给了你挣钱的机会"。

在企业家犯罪的格局中,我们可以清楚看到,民企与国企在整个经济体系地位悬殊,不平等现象较为突出。权力滥用、权利不对等、政府对国企人事及商业活动的不当干预、政府对国企、民企的双重标准,所有这些都是这种权力寻租的集中体现。2012年在中国企业家犯罪中,国企受贿在国企犯罪114例案件中占34%,居各类犯罪之首。[④] 行贿的则大都是民企所为。在犯案的国有企业老板和政府官员看来,有求于他们的民营企业家不过是自己的小金库,随叫随到,随取随有。另一方面,民营企业家融资类犯罪,反映出的是这一群体在资金贷款和资源上的相对匮乏。

二、抑商情结的历史表征

"抑商"这种现象得以发生的历史渊源何在?这种自古至今遗传下来的文化因子,是不是仍然在影响着现代化的中国政治和经济制度的设计理念,这是值得深入解析的。因为,在一个文化古国中出现的任何现代化课题,都不可避免地与她的历史文化中强有力的遗传复制能力和文化基因保持着内在的血缘上的趋同性。正因如此,意欲解开中国企业家犯罪的乱象死结,其实是要先解开新旧文化冲突的死结才可归正途。如果把社会的政治、经济的演变和民族进化都归结为特定的文化现象,对于当代企业家犯罪根源的追问,将会涉及如下文化现象。

由于中国文化的演进,从古代到现代,始终保有超乎寻常的稳定,在两千年的进化过程中,甚至发生在迄今为止的三十年的外发型变

---

④ 参见《2012年中国企业家犯罪媒体案例分析报告》,载《法人》2013年第3期。

革,其中裹挟进国内来的外来文化因子,也仍然没有促使这些历史文化基因发生本质的变异,没能促使其丧失本质的属性。而儒家文化中类似抑商情结这种历史文化因子,至今仍然在发挥其内在的效力。直到今天,依然对中国人的生产生活方式产生着重大影响,这是进行历史文化分析的现实性需求。把这种文化分析方法引用到企业家犯罪原因的研究中,依然是一个不可小觑的独特视角。

重农抑商,这一理念只有追溯中国企业文化的历史渊源才可以理解。从词义上看,"重农"易于理解。"抑商",则不仅包含着"轻商""贬商"的主观上的负面否定含义,而且还包括在政策制定上、法律禁限上对工商加以打压的含义。自汉朝开始,行重农抑商政策,但"抑商情结"在历史上基本是一以贯之的,如《秦简》中的商人受限、刘邦的《贱商令》、汉武帝时盐铁官营和"算缗令"、三国两晋的《晋令》、唐朝的《选举令》⑤,等等。农业主业,商业末业。不许商人穿丝绸,购买土地科以重税,不许做官,限制政治权力,违者重罚。并将商人迁到边远地区戍守。对经商观念、商业活动、商业行为和商人身份进行了长期的和严厉的打压与管束。在这些政策法令的背后,我们可以清楚地窥见绵延不绝的抑商情结。这就决定了中国社会的商业活动,在 20 世纪 80 年代之前相当漫长的历史时期,大都处于被压抑的、畸形的、边缘化的缓慢发展之中。中国历史上的商业活动,与其说是在经营发展,不如说是在夹缝中苟活。

抑商情结的淡化,提出重商恤商思想,明朝在这方面的做法在中国古代王朝中可能是绝无仅有的。由于放弃了"抑商"政策,在张居正和高拱等人的推动下,明朝时期,中国的工商业得到了前所未有的空前发展,成立了历史上第一家银行、可以借贷和异地还款。矿山、造船、火器、造纸、印刷、织布产业和各地的官窑如雨后春笋般生长出来。抑商思想被丢弃和重商政策成为国策,不仅大大推动了明朝的工商业发展和商品经济的繁荣,更为深沉的历史意义,是掀起了民本主义的浪潮,倡导"非君"思想,冲击了封建皇权,市民力量壮大,催生出李时珍、宋应星、徐光启、徐霞客和方以智五位科学巨星以及大批的科学家,还出现了汤显祖这样世界水平的剧作家。明朝万历年间这次生机

---

⑤ 参见袁媛:《中国商人历史地位的变迁及原因分析》,载《甘肃农业》2005 年第 6 期。

勃发的工商业革命和科学振兴,是中国封建王朝最后一次辉煌。在浓重而令人窒息的阴霾中嗅到的这一丝清新气息,很快就云散烟灭了。到清雍正年间,官府坚决打压了民间强烈要求采矿的奏请,回到了"养民之道唯在劝农务本"的老路上去了。重农抑商的思想由此一直持续到 20 世纪后半期。这段断断续续的"抑商情结"所殃及的,就是中国的商品观念诞生的艰难与商品经济发展的高度迟缓。然而,政治开明—商业兴旺—国家强盛—科技进步—巨匠辈出,这五者之间的联动关系是饶有兴味的,特别是中国古代最后一次商业兴旺所产生的历史意义,更是值得高度关注的。

作为一个西方人,韦伯第一次明确指出了中国儒家文化与商品经济之间的关系。他认为,重农轻商,用传统规则限制竞争,是中国商品经济发展的内在阻力。资本主义在传统中国城市和行会中找不到着力点。⑥ 这也就提出,为什么在中国不可能出现西方那种资本主义的问题。当韦伯将儒教的思想特质拿来和基督教比较时,他毫不留情地指出,中国人在儒教的熏陶下,根本无法产生"自传统因袭解放出来而影响行为的杠杆"。换句话说,西方因为基督新教倡导依上帝的旨意来改造与支配现世,导致旧有的传统不断遭受新的挑战,理性化的动力源源不断,终于创造出现代资本主义的崭新局面。相对的,中国儒教帝国始终自以为处在最文明的阶段,拒斥创新的尝试,在知识上不仅没有朝向新科学进展,还容忍甚至妥协于种种迷信和不合理的制度安排,即使"儒教"的理性主义有着清醒的内涵,但在道教和民间宗教的渲染下,中国好似一座"魔术花园",截断了理性化的可能性,而让中国由领先而致落后西方。韦伯由此得出结论,证明一个宗教或文化的处世态度,会关系到历史的进程,在西方,如果物质条件缺乏精神条件配合,它的演变说不定会和中国一样,因为人们总是那么习惯维护代代相传的行为模式,除了基督教的教义之外,世界各大文明都找不到类似的内在紧张和创新动力。⑦

重农抑商是为权力服务的,只不过是中国封建社会专制集权制度

---

⑥ 参见顾忠华:《韦伯〈新教伦理与资本主义精神〉导读》,广西师范大学出版社 2005 年版,第 96 页。

⑦ 参见同上书,第 100 页。

下最重要的统治方略之一。统治者通过经济体制和产业结构的强制性压制手段,有效地达到了政治统治的目的。即使发展工商业,古代的官企也远比民企的效益高,如官窑造瓷、盐业、冶铁、丝绸都是官企胜于民企。被打压的民企当然无法焕发出内在的创造力。那些发达起来的民间商家,也不会放弃向官府投靠,武则天之父和李渊父子在太原起兵,就得到了木材商人武氏相助。当然,武氏并没有做赔本的买卖,这桩交易最终造就了中国女皇武则天。做红顶商人是古时商人无法割舍的夙愿。

韦伯认为,中国自秦始皇统一天下之后,在政治制度上建立了中央集权式的"家产官僚制"统治,两千年来没有发生根本的改变,所谓的"家产官僚制",是指皇帝的家族拥有绝对的统治权,在一人之下的是金字塔的官僚组织,这些官僚并非世袭,而是经过考试晋用,但他们对皇帝有着忠诚义务,像"家奴"般帮助皇帝管理庞大产业。中国官员逐渐形成一个特权阶层,他们的行政权力常常被用来增加个人和家族的声望和财富,因此,特别抗拒会危害到他们既得利益的改革。[8]

在中国,自由平等的商品交换才有可能产生上述理念。在这个过程中,是排斥强权干预和专制垄断的。因此,国企中的国家干预、政府干预、资源垄断、权力本位的倾向,虽然是其本质特征,有其合理性,是国家经济发展的权宜之计,但应当受到有效限制。如美国历史法学家梅因所述:"所有进步社会的运动,到此处为止,是一个'从身份到契约'的运动。"[9]

让民营经济参与到自由和平等的竞争之中,恢复企业家之间的身份平等,创造良性成长的制度环境,才有可能催生出中国社会的中产阶级及其现代价值观。20世纪70年代之前,中国商品经济犹如死水微澜一般,而同样受儒家文化熏染的亚洲四小龙却悄然崛起,引发出儒家文化与现代资本主义的大讨论,同时对韦伯上述断言的强烈质疑。儒教工业文明和儒家文化圈里的亚洲四小龙的经济腾飞,其实并没有破除韦伯有关儒家与清教文化的论断。日本虽然同样受儒家文

---

[8] 参见顾忠华:《韦伯〈新教伦理与资本主义精神〉导读》,广西师范大学出版社2005年版,第97页。

[9] 〔英〕梅因:《古代法》,沈景一译,商务印书馆1995年版。

化的影响,但与中国的情况有着天壤之别。美国环太平洋研究所所长弗兰克·吉布尼认为,日本取得(经济)成功的真正原因,乃是将古老的儒家伦理和战后由美国引入的现代经济民主主义糅合在一起,并加以巧妙运用。日本是东西合璧的"儒家资本主义"。[10] 在这一点上,中国对西方经济民主主义的接纳是抱有十分审慎态度的,中国儒家文化对商业经济的影响仍然占主导地位。

三、重农抑商的后果

从企业家犯罪中,笔者"无意"中发现了在其背后深藏着的文化因子和研究进路,即中国文化中的"抑商"现象。可以作出如下假设:在古代中国,"抑商",不是一种经济政策,而是统治方略和制度安排。抑商,贬抑的不是商人,而是为了压制商业活动所带来的政治上的不安定、社会开放和人财物流动所带来的失序、个人自由度的加强形成与国家的抗衡、社会阶层分化和社会组织独立所导致的失控、藏富于民所带来的"财政危机"。时至今日,古代"抑商"已经积淀成为一种文化,进而对当代中国经济发展产生着影响。这才是讨论"抑商"情结最根本的用意所在。

在工业革命之前,农业是决定命脉的经济基础,中国社会由于地缘关系,导致社会系统对外界的隔绝与封闭,必然要求自给自足的自然经济,从而排斥个体或是地区之间的商品交换。商品经济的发达所带来的社会效益和经济效益是:商品经济要求社会开放、自由交易、利益驱动、物质刺激、人财物大流动、个性解放,等等。农业是稳定的,而商业是不稳定的。自古就有"无农不稳,无工不富,无商不活"的说法。在中央集权的封建政治体制之下,商业活动的以上效能被看做是危害统治的不安定因素,有可能产生负面影响:商业交换活动破坏了农民依附土地的生存方式,导致生存地理空间的转换;破坏了小农经济条件下的自耕农,以及农民对地主的人身依附关系,从而冲击了被看做是最重要的社会管治手段的户籍制度。同时,商业活动的发展和经济的富足,必然导致民主和权利意识的提升,这当然是统治阶级不能容忍的。工商业活动被抑制最主要的是出于政治上的考量。即民营企

---

[10] 参见程超泽:《走出山坳的中国》,海天出版社1995年版,第110页。

业家拥财自重,与官府分庭抗礼。或是向主张权利的民众仗义疏财,给予经济资助。商品经济所促成的工商业发展和企业家地位的提高,对经济有利,但同时也增加了政治上的巨大风险。抑商情结一天不得到消解,这种风险就一天无法消除。除了上述政治和社会管控方面的考量,抑商情结,成为中国工商业长期萎靡不振的思想基础。从古时的"无商不奸""逢商必奸""重利轻义",到现代的"割资本主义尾巴""宁要社会主义的草,不要资本主义的苗"等一系列价值观念,重农抑商现象对中国价值体系建构的影响,以及可能产生的直接后果,就是压制了商品社会条件下底线价值观念的产生和发展,造成了中国社会的价值体系发生严重的后滞乃至停滞状态。这种后滞和停滞,其实是一种在社会转型过程中出现的失范和价值紊乱。中国当代社会在伦理价值方面出现的断裂、分化、无序,最根本的原因,就是急剧发展的商品经济活动所升发的崭新的底线价值和普适价值,极大地冲击了横贯中国两千年历史的传统价值。而新的价值体系,必然要在新的经济基础和生产关系的土壤之上,孕育滋生出中国未来的崭新的价值体系。虽然由于历史文化的惯性,新的价值体系必然是本土化的,但其中所生发出来的普适价值和公德意识,都是中国传统中所不曾包含的。

社会的价值选择是由知识分子加以总结和归纳的,知识分子的社会地位是一个社会理性化程度的重要标志。历史的巧合时常就是历史的必然。马克斯·韦伯曾在《儒教与道教》一书中指出,"阶层是我们所说的宗教信仰的最重要的体现者"。在谈及追求宗教的心理特征方面,他把知识分子和工商业者、骑士阶级和农民区别开来,认为"知识分子始终是理性主义的体现者,工商业者(商人和手工业者)至少可能是理性主义的体现者"。[11] 书生与商人在历史上的地位都是受到贬抑的。按南怀瑾的说法,书生排在下九流之末位,乞丐则是第十位。[12]而管子提出的"士农工商"[13]的历史性定位,是按照社会贡献大小清楚

---

[11] 参见〔德〕马克斯·韦伯:《儒教与道教》,王容芬译,商务印书馆1995年版,第19页。

[12] 参见南怀瑾:《南怀瑾与彼德·圣吉——关于禅、生命和认知的对话》,上海人民出版社2007年版,第189页。

[13] 引自《管子·小匡》。

地划分顺序的,从制度上将商人的地位加以边缘化了。按照韦伯的推论,这两大群体应当成为商业社会中营造价值伦理体系的中坚力量。

因此,可以看到这样一个逻辑选择,韦伯提出清教伦理选择了资本主义,为其发展灌注了精神内涵。而资本主义的发展则进一步将清教伦理,转变为现代的商业伦理,即资本主义精神。其中的内容大致包括:(1)营利是生活的最终目的。获利不是人生幸福的手段,而是人生的最终目的。(2)劳动是一种绝对的自身目的,是一项天职。不论从事任何职业,他都应对此负有责任和义务。(3)企业家精神。主要是创新精神,并节制有度,讲究信用,全心全意投身于事业,并对已经取得的成功永不满足。而获利的欲望,对营利、金钱的追求,本身与资本主义不相干。[14] 可见,韦伯对于资本主义精神的概括,其实也就是对现代企业家精神的一个概括。当然,西方企业家之所以信奉并践行这种资本主义精神,仍然与清教伦理对他们世界观的深刻影响密切相关。中国的企业家缺乏这种宗教精神的预设和影响,而更多地受儒学抑商情结的干扰,现代商业伦理的形成,只能在商业活动中逐渐加以培养,并认定这样做符合卡尔·马克思的生产关系决定上层建筑的论断。从当前中国商业伦理的失范和企业家犯罪的现状来看,相同或是类似的生产关系,并没有滋养出合理有序的商业伦理。用以抵制失范与犯罪,是否与中国社会对于普适性的底线价值和宗教精神的误认相关,这是一个与抑商情结相联结的重大课题。

四、价值理念上的三位一体

当今中国社会的价值现状可以做这样形象化的定位,即呈现出三位一体的状态:第一部分是已成碎片化但仍然弥漫于社会生活底层的传统私德观念;第二部分是社会主义政治制度所塑造的价值理念;第三部分是在三十多年商品经济活动中形成或是传习的现代商业伦理和价值理念。可谓之为"三位一体"。将三者分别以"黄土地""红色政党"和"开放的海洋"为借喻,这三位一体可以喻之为"红黄蓝"。当今中国人的价值观念,正是不可避免地体现出这种三色共存相间的

---

[14] 参见〔德〕马克斯·韦伯:《新教伦理与资本主义精神》读书报告,载百度文库/教育专区。

状态。

这三种共存的色彩，不再泾渭分明，而已经不同程度地混杂在一起，你中有我，我中有我。虽然在个人层面上，三种间色的成分各有不同，但是从宏观上看，总体的和起主导作用的仍然是"黄色的"本土文化和"红色的"政党文化，迄今为止，二者产生的功效对于社会发展的走向是决定性的，同时，这二者对于在商品经济条件上新生的、"蓝色的"商业伦理所产生的影响是压倒性的。质言之，在弘扬传统、一党执政和商品经济三种情势并存的情势下，三色文化应当是以合理的方式存在的。但是，如果在商品经济条件下，压制或是忽略商业伦理的成长——比如党政不分和行政权滥用二者同时存在，就会导致党对经济的直接干预——对于商业活动健康发展所带来的负面影响将是灾难性的。

在现实中不难发现，由于缺少健康的商业伦理，中国人的社会角色和职业操守，很少是质地鲜明而严格的，常常是混沌不清的，职业行为表现为：各个阶层和各种岗位都不能恪尽职守、安守本分，干什么不像干什么的，缺乏职业操守。当代企业家犯罪的文化背景和价值理念是由以上三种间色所构成的，换言之，对于红黄蓝三种文化之间的相互博弈作出深度描述，确实是一个具有挑战性的题目。

人类社会的底线价值得以产生所依赖的基础之一，来自于人类社会中的商业运作和商品交换活动。商品交换活动中所形成的商业伦理逐渐成为人类底线价值系统中的核心部分。与社会生产生活方式休戚相关，须臾不可离弃。它们是：规则、契约、公平、诚信、自由、自主、独立、竞争、功利、交换、共情、互助、双赢、共生。试简析以上几个理念：

规则：可以把中国人虚化和泛化的道德观念具象化，并与现实生活和法治相链接；

契约：可以使得中国人从人与人的情感依赖，转变为人身之外的规则约束；

公平：交换活动的基本准则，以及理解超越身份的平等；

诚信：有助于帮助中国人识别和摒弃来自政治文化生活中的不诚信，等等。

在此无须进一步解释这些理念，如果需要多作解说，它们就称不上是人类社会的底线价值。需要进一步解释的不是这些理念本身,而是这些理念在当今社会中的存在和分布状态。

这是商业伦理中 14 个最核心的价值观。如果进行"换算",我们可以发现这些商业伦理观与人类普适性的底线价值理念完全相通。这是极为重要的一个"换算",这个换算使得我们看清了当代中国重建价值体系和呼唤普适价值的基本路径——保证商业伦理和价值理念的健康发展,这是全民价值体系建立的基础。据此,可以断言,如果一个特定社会中的商业交换活动不发达,抑或是商品交换活动高度频繁,但是并没有形成健全的良性的商业伦理,这样的社会中就很难形成现代社会所需要的价值体系和社会资本。因为,健全的社会需要健全的商业伦理作为商业活动的游戏规则,盲目鼓励商业行为,采取过度行政或是制度性歧视等做法,压制和排挤自主产生的、有效的商业伦理,这个社会中的商业活动的秩序就很难建立,很难形成一个具有此组织功能的、开放的、公平的交易平台。

由于这些普适的价值观本身就是在人类商品交换活动中产生的,所以,这些价值观的存在、变化与缺失都可能作为分析企业家行为选择的一个参照系。

从总体上看,由于商品经济的匮乏与晚熟,以上理念在中国社会生活中同样是匮乏与陌生的。中国人是在近三十年才开始在现实生活的"挤迫"下,逐渐认识和理解这些理念的。在这一理念中,"农业"与"商业"产生了博弈,前者与后者之所以存在冲突,取决于中国政治、经济和文化的特质。这种特质与社会特定历史阶段中的如下因素高度相关:政治制度的民主程度、个体的权利保障、政治经济文化的地缘关系、经济类型、社会开放程度、民族的文化特质。当前中国的社会价值重建将何去何从?在重农背景中产生和发展的儒家文化,与在重商条件下产生的现代价值观,二者之间同样存在着不易调和的重大冲突。

以上普适价值和公民意识、纳税人意识的基本前提条件是什么呢?马克斯·韦伯在《新教伦理和资本主义精神》一书中,将"资本主义精神定义为一种拥护追求经济利益的理想"。"若是只考虑到个人对于私利的追求,这样的精神并非只限于西方文化,但是这样的个人——英雄般的企业家——并不能自行建立一个新的经济秩序(资本主义)"。"这种精神必定来自某种地方,不会是来自单独的个人,而是来自整个团体的生活方式。"当一种生产方式滋养出与之相适应的特定价值理念的时候,人为的、形而上的、制度化的干预有可能是致命的,有可能使得这些自发产生的理念发生异化和畸变,变得不伦不类,变得愈发的边缘化。

马克思曾经指出:"商人对于以前一切都停滞不变,可以说由于世袭而停滞不变的社会来说,是一个革命的要素……他应当是这个世界发生变革的起点。"[15]商品经济带给我们的绝不仅仅是物质化的商品,而是人类普适价值的植根和繁衍。中国社会中深入骨髓的抑商情结,还能够与势在必行的现代商业伦理抗争多久呢?!

结语

1. 抑商是为统治秩序和权力服务的。这也就成为当前企业家犯罪中地位、权力和资源不平等的根源之一。抑商情结是当前企业分层、权力、权利和资源不对等的制度和政策设计的历史和思想的根源。当今企业家犯罪的原因、动机、类型特征都可以从抑商情结中找到解释。

2. 抑商情结可以解释当前中国社会价值紊乱的历史原因。同样,商业伦理和普适价值的缺失,是中国企业家犯罪的主观动因。中国社会所需要的普适价值是现代商品经济的应然成果。中国既然选择了开放搞活的商品经济,就不应拒绝,也不可能拒绝新的生产方式催生的商业伦理以及与之同源同体的普适价值。商业伦理、宗教伦理、普适价值三者之间的关系是当前中国社会所面临的最为严峻的一种价值选择。

3. 国企与民企的多种犯罪,其实质是制度性缺陷所造成的,是商业社会中的"逼良为娼"。如果缺陷依旧,这种犯罪就不可能匿迹。如果只强调对企业家犯罪的打击,而不进行制度性改革,最终必将出现打不胜打的窘境,不能从根本上解决中国企业家犯罪问题。

---

[15] 转引自〔德〕马克思:《资本论》(第3卷),人民出版社1975年版,第1019页。

民营企业家深陷融资犯罪背后的制度诱因

张远煌　操宏均[*]

充足的资金对于保障企业正常运行的重要性不言而喻,然而随着企业生产链条的拉长,经营领域的拓宽,以及一些长期投资项目的启动,导致前期的投资并不能获得立竿见影式的回报,进而使得大量的前期投入资金沉淀,出现资金周转梗滞现象。于是,如何聚集充足的资金,以保障自己的企业正常运营成为众多企业和企业家面临的重大难题,即融资问题。所谓融资(Financing),即为支付超过现金的购货款而采取的货币交易手段,或为取得资产而集资所采取的货币手段。[①]

相对于国有企业而言,由于受到繁琐的程序和极为严苛资格门槛等客观条件的限制,大量的民营企业在融资时,很难分得"一行三会"金融格局下的一杯羹。所以为了筹集充足的运行资金,一些企业家甘愿冒着非法定融资途径本身所隐含的种种风险进行融资,于是一个又一个民营企业家因为融资问题身陷囹圄,从早期的沈太福,到之后的孙大午、唐万新,再到前两年的吴英,再到前不久刚刚被执行死刑的曾成杰,我们不得不对此进行反思。我们的民营企业家为什么会在融资犯罪问题上呈现出这种"前赴后继"式的奇怪现象呢?

---

[*] 张远煌,北京师范大学教授、博士生导师,北京师范大学法学院与刑事法律科学研究院党委书记,北京师范大学中国企业家犯罪预防研究中心主任;操宏均,北京师范大学法学院刑法学博士研究生。

① See John Eatwell, Murray Milgate, Peter Newman. The New Palgrave: A Dictionary of Economics, vol. 2. The Macmillan Press limited, 1987, p. 3600.

一、民营企业家深陷融资犯罪之现状透视

通过对近 20 年来企业家犯罪现象的梳理，其中 1990—2008 年 221 例、2009 年 95 例、2010 年 155 例、2011 年 220 例，2012 年 245 例②，中国企业家犯罪数量的这种逐年递增趋势，无不表明企业家犯罪现象已经成为当下人们不得不关注的重点问题。到底是哪些企业家在犯罪？这些企业家又是在犯什么罪？以及他们为什么要实施这些犯罪？等等。带着这些问题，结合有关机构和个人对企业家犯罪现象的前期研究成果，进一步提炼分析。我们发现，在企业家犯罪的罪名结构中，相对国有企业家犯罪罪名主要集中于受贿罪、贪污罪、挪用公款罪、私分国有资产罪、滥用职权罪、玩忽职守罪等职务犯罪而言，民营企业家犯罪则更多涉及我国《刑法》第三章中规定的破坏社会主义市场经济秩序类犯罪。③ 这种鲜明的犯罪范围划分，不仅进一步凸显出国有企业家与民营企业家在我国市场经济运行中主体身份的差异，也反映出行为主体的价值取向的非一致性。

在整个民营企业家犯罪体系中，又是以融资类犯罪最为突出。所谓融资类犯罪，是指非法从事融资活动，严重侵害金融市场机制与投资者权益，根据《刑法》规定应当予以刑事处罚的犯罪行为。④ 根据我国《刑法》对融资犯罪行为规制的情况来看，主要涉及第 160 条欺诈发行股票、债券罪，第 175 条骗取贷款罪，第 176 条非法吸收公众存款罪，第 179 条擅自发行股票、公司、企业债券罪，第 192 条集资诈骗罪，第 193 条贷款诈骗罪，等等。另外，根据 2010 年 11 月 22 日最高人民法院公布的《关于审理非法集资刑事案件具体应用法律若干问题的解释》，我们不难发现，在实践中还有相当部分的融资类犯罪，是以合同

---

② 需要指出的是，企业家犯罪数量在 1990—2008 年间基本上也是呈现逐年增长的趋势，1990—2008 年，各年度具体数据请参见王荣利：《企业家犯罪基本情况统计与分析》，载《法人》2009 年第 1 期；2009、2010、2011 年数据分别来源于王荣利：《2009、2010、2011 年度中国企业家犯罪报告》，分别载《法人》2010、2011、2012 年第 1 期；2012 年数据来源于北京师范大学中国企业家犯罪预防研究中心课题组：《2012 年中国企业家犯罪媒体案例分析报告》。

③ 关于各年度企业家犯罪各具体罪名的数量，请参见上述注解的相关文献。

④ 参见谢杰：《论融资犯罪金融风险的刑事控制》，载《新疆警官高等专科学校学报》2012 年第 2 期。

诈骗罪、票据诈骗罪、保险诈骗罪、金融凭证诈骗罪、挪用资金罪、非法经营罪等定罪处刑的。

为进一步揭示我国民营企业家融资类犯罪的具体状况,我们对20多年来的企业家犯罪案例进行了梳理。具体来讲,目前我国民营企业家融资犯罪状况具有如下几个方面的特点:

第一,因融资犯罪落马的民营企业家人数在整个民营企业家犯罪体系中所占比例很大,20多年的详细情况见表1。不难发现,在整个民营企业家犯罪体系中,融资类犯罪所占比例基本上呈现逐年递增趋势,且2012年仅非法吸收公众存款罪、集资诈骗罪、贷款诈骗罪、骗取贷款罪4个罪名就已接近三成。

表1 1990—2012年民营企业家融资类犯罪中的四大突出罪名情况

年份	罪名确定案例总数	非法吸收公众存款罪		集资诈骗罪		贷款诈骗罪、骗取贷款罪		三者合计	
		案例数	占总数比例	案例数	占总数比例	案例数	占总数比例	案例合计	比例
1990—2008	122	6	4.91%	7	5.74%	6+0	4.91%	19	15.57%
2009	43	22*		51.2%*				22	51.2%
2010	60	4	6.67%	7	11.67%	3+0	5%	14	23.33%
2011	109	10	9.17%	13	11.93%	5+0	4.59%	28	25.69%
2012	158	31	19.62%	11	6.96%	1+3	2.53%	46	29.11%

说明:① 1990—2008年的数据是根据王荣利先生公布的各具体犯罪案件逐个累计统计所得,具体参见王荣利:《1990—2008年中国民营企业负责人犯罪案件》,载《中国商人》2010年Z1期,第48—54页。② 关于2009年数据,由于统计者是将这三种罪名与各种诈骗、传销、非法经营、抽逃出资、偷税等罪的经济类案件一并统计,共计22例,所以此数据不具有可比性。具体参见王荣利:《2009年度中国企业家犯罪报告》,分别载《法人》2010年第1期。③ 2010、2011年数据分别来源于王荣利:《2010、2011年度中国企业家犯罪报告》,分别载《法人》2011、2012年第1期;2012年数据来源于北京师范大学中国企业家犯罪预防研究中心课题组:《2012年中国企业家犯罪媒体案例分析报告》。

第二,就民营企业家融资犯罪这一类罪而言,又是以非法吸收公众存款罪、集资诈骗罪尤为突出。例如,据统计,在2012年因为非法吸收公众存款罪而落马的民营企业家更是"跃居"民营企业家犯罪之首,如表2所示。

表 2　2012 年民营企业家十大涉案罪名

罪名	案件数量(例)	占民企涉案总罪数(251 例)的百分比
非法吸收公众存款罪	31	12.3%
职务侵占罪	15	6.0%
诈骗罪	15	6.0%
合同诈骗罪	13	5.1%
集资诈骗罪	11	4.4%
行贿罪	8	3.2%
挪用资金罪	7	2.8%
虚开增值税专用发票罪	7	2.8%
非国家工作人员受贿罪	7	2.8%
组织、领导、参加黑社会性质组织罪	7	2.8%
总计	121	48.2%

注：此表来源于北京师范大学中国企业家犯罪预防研究中心课题组：《2012年中国企业家犯罪媒体案例分析报告》，第 9 页。

第三，民营企业家融资犯罪，往往涉案人数众多、金额巨大，极易引起次生犯罪、群体性事件。如在上海"必得利"公司集资诈骗、非法经营案中，犯罪嫌疑人采取随机拨打电话的方式，向社会公众推销未上市公司股票，共骗得 252 人购买股票 430 余万股，诈骗金额达 2 000余万元。⑤ 统计资料显示，自 2011 年以来，仅仅 1 年多的时间，温州地区至少有 10 名从事资金掮客行业的人自杀，200 名以上企业主和放贷人出逃。2011 年下半年以来，仅龙湾区一个区，因民间借贷资金链断裂，800 余家民间担保、寄售行、投资公司等已基本停业，全区倒闭企业39 家，企业主出逃 41 人，涉及资金 43 亿元，放高利贷的放贷人出逃21 人，涉及资金 35.9 亿元。另据统计数据表明，2011 年下半年至今，温州市公安机关共立案侦查非法集资类犯罪案件 105 起，涉案金额128 亿元，涉案犯罪嫌疑人 144 名，目前已刑事拘留 107 人。在打击暴力讨债等次生犯罪方面，全市目前共立案因民间借贷引发的非法拘禁案

---

⑤ 参见 2006 年 11 月 23 日，在公安部通报打击和防范涉众型经济犯罪有关情况发布会上，公安部经济犯罪侦查局副局长高峰情况通报，载 http://www.law-lib.com/fzdt/newshtml/yjdt/20061124085055.htm。

件87起,打击查处133人;故意伤害案件35起,打击查处44人。⑥

第四,就此类犯罪地域分布与发案领域来看,民营企业家融资犯罪多发生在东、南部沿海发达城市,如2012年31例民营企业家涉嫌非法吸收公众存款罪中,浙江、江苏、广东成为此类犯罪的高发区域,分别为8例、6例和4例。⑦另外,此类犯罪涉及的领域较广,正在从传统的,比如房地产、矿产资源、农业、林业等领域,向投资理财、私募股权,包括一些理财产品等一些新型领域转变,空间也在从实体向网络逐步发展。⑧

第五,针对该类犯罪较为突出,实践中偏向于"从严"的政策导向。2013年4月26日,在国新办就防范打击非法集资有关工作举行的新闻发布会上,最高人民法院刑二庭副庭长苗有水介绍:从2011年司法解释(《关于审理非法集资刑事案件具体应用法律若干问题的解释》)生效以来,全国法院一共受理非法集资犯罪案件4293件,这个统计数字包括四个罪名,第160条、第176条、第179条和第192条的罪名,结案3552件,结案的3552件中对4170名犯罪分子判处了刑罚,其中判处重刑(5年以上有期徒刑至死刑)的犯罪分子共有1449人,重刑率是34.75%,这个重刑率和经济犯罪领域中的其他犯罪相比算是比较高的,这反映了人民法院依法从严打击非法集资犯罪的行动和决心。

二、民营企业家深陷融资犯罪的制度诱因

(一)传统犯罪原因论难以有效解释民营企业家融资犯罪现象

对犯罪现象的解释,始终是犯罪学研究中一个不可或缺的重要组成部分,在解释民营企业家融资犯罪时,我们能否借用18世纪的古典

---

⑥ 参见《温州107人涉嫌非法集资被刑拘》,载《北京晨报》2012年3月12日,第A18版。

⑦ 关于2012年各省份民营企业家涉嫌非法吸收公众存款罪的具体数量,请参见北京师范大学中国企业家犯罪预防研究中心课题组:《2012年中国企业家犯罪媒体案例分析报告》,第13页。

⑧ 参见2013年4月26日,在国新办就防范打击非法集资有关工作举行的新闻发布会上,公安部经济犯罪侦查局副局长刘文玺答记者问,载http://www.china.com.cn/zhibo/2013—04/26/content_28655562.htm。

犯罪学派基于"自由意志"假设而进行的"快乐和痛苦"的功利性权衡理论呢？抑或借用19世纪的实证主义学派基于"行为人中心"，而将注意力集中于犯罪个体的探索呢？实践表明，在解释此类犯罪现象时，我们传统的犯罪原因论都只具有历史沿革上的意义。因为从研究机构对民营企业家融资类犯罪所得（或者涉案金额）与判处刑期的关系来看，两者并不能体现出这种"快乐和痛苦"的证成模式。例如，《2012年中国企业家犯罪媒体案例分析报告》（以下简称《报告》）中就提到过两例非法吸收公众存款的涉案金额与刑期的交互关系，其中在涉案金额为1.6亿元的案件中，犯罪企业家被判处有期徒刑7年零6个月；在涉案金额为1.9亿元的案件中，犯罪企业家被判处有期徒刑4年，并处罚金10万元。同样的，在集资诈骗罪方面也是如此，如表3所示：

表3 集资诈骗罪涉案金额与刑期

涉案金额（万元）	刑期			合计
	15年以下有期徒刑	死刑缓期	死刑立即执行	
480	1	0	0	1
1 360	1	0	0	1
10 011	0	1	0	1
12 000	0	1	0	1
77 339.5	0	1	0	1
345 000	0	0	1	1
总计	2	3	1	6

注：此表来源于北京师范大学中国企业家犯罪预防研究中心课题组：《2012年中国企业家犯罪媒体案例分析报告》，第14页。

另外，从犯罪人自身来看，如此之多的民营企业家因为融资犯罪而落马，难道是这些落马的民营企业家携带了"天生犯罪人"的基因吗？在事实面前，这个疑惑不攻自破。根据1999年国际金融公司（IFC）对中国北京、成都、广东顺德、浙江温州等地600多家民营企业的调查显示，中国民营企业从其诞生直至后续发展过程中，融资主要依靠自己解决（如表4所示），所以，中国的民营企业家在难以通过体制内融资途径获取资金时，就只能通过体制外的途径进行融资，即非正式⑨融资途径。而非正式,则意味着没有获得官方的认可,处于法定金融体系之外,并且与正式的融资活动存在竞争甚至对抗性。所以,非正式融资往往成为现行制度规制的对象。因为"国家制造的金融制度一旦出现,便同时表明其他非国家制造的金融制度属于非正式的制度安排。不管这种非正式的金融制度多么符合制度演进的一般逻辑与下层结构的金融需求,最终都要成为正式金融制度的整合对象"。⑩由此可见,在一定程度上,民营企业家选择通过具有一定风险的非法定途径进行融资,确是一种无奈之举。

表4 自我融资是中国民营企业的主要融资方式(被调查企业的份额)(%)

经营年限\融资方式	自我融资	银行贷款	非金融机构	其他渠道
3年以下	92.4	2.7	2.2	2.7
3~5年	92.1	3.5	0	4.4
6~10年	89.0	6.3	1.5	3.2
10年以上	83.1	5.7	9.9	1.3

资料来源:转引自尼尔·格雷戈里、斯托伊安·塔涅夫:《中国民营企业的融资问题》,赵红军、黄烨青译,载《经济社会体制比较》2001年第6期。

所以,无论是理性犯罪人的假设,还是"天生犯罪人"的论断,都难以解释当前民营企业家融资犯罪高发的现象。为此,我们必须另辟蹊径,寻找有效的回答。"犯罪学的现代学派在对犯罪行为作出反应方面开拓了新领域,发现了罪行被害人及正式的和非正式的社会监督,并且不仅仅看到社会监督的犯罪预防任务,而且也对它们所起的促使犯罪的作用作批判性评价。"⑪于是,探索具有主观评价的"社会反应"

---

⑨ 按照 Cole and Slade 的解释,一个国家的金融体系通常包括两部分:一是正式的、被登记、被管制的和被记录的部分,简称正式部分;二是非正式的、未被登记的、未被管制的和未被记录的部分,简称非正式部分。See Cole, David C. and Slade, Betty F, "Reform of Financial Systems," in *Reforming Economic Systems in Developing Countries*, edited by Dwight H, Perkins and Michael Roemer, Cambridge, MA: Harvard Institute for InternationalDevelopment, 1991, pp. 313-315。

⑩ 张杰:《中国金融制度的结构与变迁》,中国人民大学出版社2011年版,第5页。

⑪ 〔德〕汉斯·约阿希姆·施奈德:《犯罪学》,吴鑫涛、马君玉译,中国人民公安大学出版社1991年版,第101页。

与作为社会事实的"犯罪行为"间的相互关系,成为一种潮流。

(二)制度诱因是解释此类犯罪高发的密匙

正是在这种背景下,社会反应犯罪学理论[12]有力地揭示了不当的制度设计对一些犯罪的生成具有不可推卸的责任,因为长期以来,我们习惯了在刑法框架内单纯以作案人为中心、沿着"行为人—环境"的路径解释犯罪,进而得出的结论更加倾向于"天生犯罪人"。然而事实表明,不当的制度设计会在一定程度上"陷人入罪"。因此,笔者认为,当前民营企业家融资犯罪高发,是我国相关制度的欠科学所致。具体来讲,民营企业家融资犯罪的制度诱因主要表现为以下几个方面:

1. 现有融资制度设计致使民营企业融资存在制度性歧视

当前我国市场经济日趋完善、法制日益健全,也许把"融资"说成一种垄断权有点偏激。但是,在目前我国金融体制仍然以银行贷款为主导的严格监管下的高度集中的金融体系,并且以大中型国有企业服务为初衷而建立起来的股票市场,从根本上排斥了中小企业。繁琐的审查批准程序,以及高标准的门槛限制,使得大量的民营企业先天性地被排除在"一行三会"格局之外,导致法定融资资源分配不公平,进而使正式融资方式沦为一些企业的特权或是专利。2000年国际金融公司对上海等6个城市商业银行及分支机构的抽样调查结果显示,我国民营企业,无论是中小型企业,还是规模较大的企业,在向银行申请贷款时,被拒绝的比率都很高。无论是处于初创阶段的民营企业,还是发展处于成熟阶段的民营企业,在向银行申请贷款时,遭到拒绝的比率也是高得惊人,如表5所示。

---

[12] 当代社会反应犯罪学理论于20世纪60年代发端于北美地区,而后波及英国和欧洲大陆。社会反应(social reaction)亦称作社会监督(social supervision),一般北美地区国家多使用"社会反应",而欧洲大陆国家多使用"社会监督",两者实际上意思相同。所谓社会反应犯罪学理论,并不是一个单一的犯罪学派,而是强调犯罪行为与犯罪组织、社会规则之间的相互关系,并以标签理论、权力冲突理论和批判犯罪学理论为核心的社会学和社会心理学理论的统称。

表 5　银行对企业贷款申请的拒绝情况（%）

	申请数量	申请次数	拒绝数量	拒绝数量百分比	拒绝的次数	拒绝次数百分比
按企业规模分类：						
<51 人	736	1 537	478	64.95	1 213	78.92
51～100 人	360	648	203	56.39	375	57.87
101～500 人	159	507	65	40.88	224	44.18
>500 人	46	152	12	26.09	37	24.34
合计（按照规模）	1 301	2 844	758	58.26	1 849	65.01
按企业的年龄：						
<2 年	72	127	55	76.39	92	72.44
2～4 年	296	805	182	61.49	395	49.07
4～5 年	352	1 239	163	46.31	582	46.97
5～8 年	263	963	131	49.81	441	45.79
>8 年	237	729	92	38.82	255	34.98
合计（按照年龄）	1 220	3 863	623	51.07	1 765	45.69

数据来源：转引自杨思群：《中小企业融资》，民主与建设出版社 2002 年版，第 75 页。

一方面，就国有企业融资来看，无论是在政策上，还是在相关制度保障措施上，都具有相当大的优越性。例如，在《主办银行管理暂行办法》（银发〔1996〕221 号）第 2 条中，更是将"主办行的主要服务对象"明确规定为"国有大中型法人企业"。有研究表明，尽管一些民营企业的不良贷款数额远远小于国有企业，但是前者在获取银行贷款方面却远远少于后者，如下表 6 所示。

表6 不同所有制企业获得贷款的情况

	国有企业	集体企业	股份制企业	三资企业	私营企业	个体企业
贷款户数（万户）	12.49	9.92	1.15	0.95	0.9	9.78
贷款余额（亿元）	6 749	1 628	628	526	94	35
不良贷款占不良贷款总额比率(%)	70	7.2	—	4.42（三者共计）		
占其贷款额比(%)	44.64	13.4	—	29.07（三者共计）		

数据来源：陈志强：《我国中小企业发展及国有商业银行金融服务状况的调查》，载《改革》1999年第1期。

另一方面，即便是能够获得金融机构的贷款，民营企业付出的成本也往往高得惊人。根据有关调查显示，就全国而言，民营企业平均每获得100万元正规金融机构贷款的申请费用接近4万元，各地存在一些差异，有的差异还很大。农户和个体工商户被寻租的境遇更加糟糕，平均每1万元贷款的申请费用接近600元。这意味着，企业一次性直接支付的费用大约占本金的4%，而农户与个体工商户支付的费用约占6%。同时值得关注的是，当前银行和信用社对企业、农户的贷款多以1年以内的短期贷款为主，这表明，几乎每年企业和农户都必须多支出4%~6%的利息。再加上3%到5%的贷款申请之外的费用支出，企业贷款和农户贷款的所有成本折合为追加利率大约都是9%（分别是4%+5%和6%+3%）。另外，由于中央银行允许农村信用社贷款利率上浮50%，银行对中小企业贷款利率可以上浮30%，这样一来，1年期企业贷款和农户贷款利率基本在6%和7%的水平，加上两类租金，企业和农户实际承受的利率大约在15%~16%之间！这才是正规金融市场信贷的真实价格。[13] 由此可见，民营企业家是通过高额的成本获取银行贷款的，诚如有人认为的："我国有些地方向银行贷

---

[13] 参见谢平、陆磊：《中国金融腐败研究：从定性到定量》，载吴敬琏主编：《比较》（第8辑），中信出版社2003年版，第17—18页。

款如同民间借高利贷"。⑭

另外,就世界范围内民营企业融资情况来看,中国私营中小企业的融资难问题非常突出,远远高出一些发达国家和亚洲新兴工业国家。世界商业环境调查数据库显示,在中国,民营中小企业融资"没有困难"的企业占10.7%;有"轻微困难"的企业占8.0%;有"中等困难"的企业占12.0%;有"较大困难"的企业占69.3%。而同一量化指标下的数据,在很多发达国家和亚洲新兴工业国家却与中国的情形完全不同,如在葡萄牙,中小企业融资"没有困难"的企业占47.9%;有"轻微困难"的企业占31.5%;有"中等困难"的企业占16.4%;有"较大困难"的企业占4.1%。⑮

总而言之,我国当前的融资制度无论是在形成初期,还是在后续的改革发展过程中,政府的初衷都是在解决国有企业的资金供应和治理结构的完善,以及降低国企融资风险的大背景下进行的。同时,由于国有银行与国有企业的刚性信贷联系,导致了大量的不良债权,然而随着时间的推移,金融风险也迅速积累。之后,为了进一步分散风险,政府于是又主导塑造了以股票市场为核心的证券市场,以期给国有企业提供新的筹资渠道,部分地把原来由信贷市场实现的货币性金融支持转换为由股票市场实现的证券性金融支持。因此,自始至终,在政策导向以及相关制度设计上并没有将民营企业,尤其是中小型民营企业充分纳入体系设计中。但是改革开放以来,我国民营企业得到了迅速发展,成为国民经济中的一个重要组成部分,为整个社会进步、经济发展等作出了突出贡献。然而在融资等方面,民营企业并没有获得与国有企业同等的待遇,而是处于夹缝之中求生存。因此,改进现有融资制度势在必行。

2. 民间融资的制度性排斥,导致一些民间融资行为因为不合制度设计而构罪

现实中,大量私营企业无法从"惜贷"的商业银行那里获得贷款,

---

⑭ 廖保平:《从金融腐败看体制缺陷》,载《香港大公报》2005年7月20日。

⑮ 还有其他发达国家和亚洲新兴工业国家,如法国、德国、意大利、新加坡、菲律宾等有关具体数据。参见阎竣:《私营中小企业主融资行为研究》,武汉大学出版社2012年版,第5页。

然而获取充足的资金又是企业正常运行的刚性需求,按照经济学的供需理论——有需求就有供给,于是大量的民间资本成为民营企业家融资的主要对象,进而催发了民间融资市场的形成。诚如有人认为的:"没有民间借贷,就没有温州的民营企业。2011年,温州民间借贷市场的资金额达到1 100亿元,占当时全市借贷市场资金比重达20%。就民间借贷规模而言,近10年增长了2.4倍以上。不仅如此,这1 100亿元民间借贷资金中,只有40%进入实体经济,其余全部流入民间借贷市场。"⑯

而就全国范围来看,民间借贷规模更是空前的。据中央财经大学《地下金融资本调查报告》课题组的估计,目前我国民间金融的规模已经是正规金融规模的1/3,全国地下信贷规模大约在7 400亿元到8 300亿元之间。央行对这一数值的估算则达到9 500亿元,约占GDP的6.96%。⑰

由此可见,如此庞大的民间资本游离于正式融资体系之外,如果不能加以有效的引导,必然会引发巨大的社会波动。正如前文所说的,因为民间融资在一定程度上与现有的融资制度存在竞争甚至对抗性,就决定了它必然成为现有制度的规制对象。不可否认,我国刑法不仅对发行债券、证券、贷款等法定的融资行为进行规制,同时也对一些非法定融资行为如民间借贷集资、吸收公众存款等行为进行规制。但是从司法实践的办案统计数据来看,我们的制度安排更加倾向于对一些非法定融资行为进行规制,即对没有获得现行制度认可的一些融资行为的规制。例如公安部统计数据显示,2008年至2010年,全国公安机关破获非法集资类案件5 000余起;2011年1月至9月,全国立案非法集资类案件1 300余起,涉案金额达133.8亿元。⑱ 由此可见,以民间借贷行为为典型的民间融资行为,由于其没有获得现行融资制度的认可,因此只要它一出问题,就会必然被标签为非法吸收公众存款罪、集资诈骗罪,而在刑事司法实践中被广泛且深度地予以适用。反观发行、

---

⑯ 许经勇、任柏强:《温州民间借贷危机与温州金融综合改革的深层思考》,载《农村金融研究》2012年第8期。

⑰ 参见阎金明:《中小企业融资的国际经验及政策选择》,载《经济界》2006年第6期。

⑱ 参见徐凯、鄢建彪、张有义:《致命的集资》,载《财经》2012年第6期。

擅自发行债券、证券等融资行为，由于通过发行债券、证券等方式融资是现有融资制度所认可的，所以只有当行为从根本上触及国家的融资制度底线，如欺诈等会引发信任危机时，国家才会对其动用刑罚。并且在刑事处遇上，两者即便都已构罪，对前者的处罚也往往重于后者。

因此，这种鲜明的反差，实际上在一定程度上反映了官方在融资制度设计的价值导向上是排斥非法定融资行为的（事实表明，民间融资行为在一些方面也是具有积极作用的，如填补了部分小企业的资金需求缺口，促进了企业和经济的发展，在一定程度上提高了社会的整体福利水平，等等）。所以，只要这种以民间融资行为为代表的非法定融资行为一触及现有融资制度就会招致排斥。于是就会出现从本质上同为融资犯罪，但是行为的表现形式分属两个不同视域进而遭到差别性刑事处遇的现象，而这种现象，深刻地反映出立法机关在基于平等保护融资市场各方合法利益而制定的融资犯罪刑法规范适用过程中，出现了明显倾向法定融资市场保护的失衡，而法定融资市场，实际上是以金融垄断为基础的利益集中平台。

3. 后金融时代下的刑事调控过于宽泛，显现刑事金融保障制度存在严重越位

通过前文论述，我们不难发现，刑法之所以将融资犯罪纳入其调控范畴之中，就在于它对我国刑法所保护法益的侵害，即对于金融垄断利益和投资者利益的侵害。但是实践表明，在融资活动中，行为人的融资行为常常与"债权"型财产关系高度重合，所以从表面上来看，行为人在金融市场直接吸收公众投资者资本的行为确实是对融资垄断的侵害，但其行为本质上就是平等交易主体基于意思自治原则而形成的市场契约行为。既然是市场契约，就意味着交易双方需就风险各自分担。然而，融资市场这种风险的形成，往往是由于多方面原因导致的，将本来因为政府行政监管缺失、被害人非合理预测（如行为人承诺存在明显不合理而被害人依旧投资）等因素形成的风险，全部转移到行为人身上，显然有违公平、正义。

同时，基于这种契约关系形成的矛盾纠纷，决定了在解决争端的方式方法上必然存在刑事前置手段[19]行为，如民事诉讼、行政处罚等，

---

[19] 此处刑事前置手段，是指在运用刑法规制之前的一些手段，如民事诉讼、行政处罚等。

而不是一出现纷争就援引刑法条文进行罪名标定。显然,当前司法实践中在处理一些融资纠纷时,往往未能很好地坚守刑法谦抑性的根本原则。例如在"孙大午非法吸收公众存款案"中,仅仅是因为孙大午这种融资方式与现行融资制度存在冲突,就对其进行刑事规制。因为从1996年到2003年,在长达8年的融资活动中,储户和大午集团从未发生信用纠纷,同时,孙大午吸收存款的利息、用途均不存在违法情形,甚至在孙大午案发后也没有出现储户挤兑,储户非但没有出现投资损失,反而有相当数量的投资者获利。在"曾成杰集资诈骗案"中,也存在类似情况,"他没有使用暴力和欺诈手段获得别人的财产,融资活动是当事人之间自愿的交易行为;他也没有违反自己当初的许诺,即使在政府政策改变之后,他仍然与出资人重新谈判达成新的还款协议"[20],诸如此类。并且这些融资犯罪案件都具有明显的同质性特点:融资时间跨度长、融资行为的地区性影响深远、融资者经营与提供存款者投资规模大、融资监管在案发前集体缺位。[21] 由此可见,用刑法来规制这种行为,实际上是用刑法替代了以金融风险预防与控制为核心的行政监管,扩大了刑法的打击面,也导致本应该运用行政监管等刑事前置手段干预的合法化路径被堵塞。

另外,现行刑法在融资犯罪刑法条文设置上和司法认定方法上,也为刑法强力介入融资市场提供了方便。例如,在对"非法占有目的"的认定上,尽管2010年最高人民法院《关于审理非法集资刑事案件具体应用法律若干问题的解释》第4条[22]进行了详尽罗列,但是司法实践中,基于权力控制与金融垄断的制度性保护,往往根据事后造成的损

---

[20] 《张维迎谈企业家对曾成杰之死兔死狐悲:我们还有良知》,载 http://finance.ifeng.com/a/20130824/10516171_0.shtml。

[21] 参见谢杰:《论融资犯罪金融风险的刑事控制》,载《新疆警官高等专科学校学报》2012年第2期。

[22] 2010年最高人民法院《关于审理非法集资刑事案件具体应用法律若干问题的解释》第4条第2款规定:"使用诈骗方法非法集资,具有下列情形之一的,可以认定为'以非法占有为目的':(一)集资后不用于生产经营活动或者用于生产经营活动与筹集资金规模明显不成比例,致使集资款不能返还的;(二)肆意挥霍集资款,致使集资款不能返还的;(三)携带集资款逃匿的;(四)将集资款用于违法犯罪活动的;(五)抽逃、转移资金、隐匿财产,逃避返还资金的;(六)隐匿、销毁账目,或者搞假破产、假倒闭,逃避返还资金的;(七)拒不交代资金去向,逃避返还资金的;(八)其他可以认定非法占有目的的情形。"

失倒推"非法占有目的",从而倾向于将造成较大损失的案件认定为集资诈骗罪,而损失较小的案件认定为非法吸收公众存款罪。然而,实践中资金无法归还与市场风险、经营判断失误等原因存在联系,一律将造成集资款无法收回的行为推定其具有非法占有的目的,显然有失偏颇。因此,现阶段在处理融资犯罪时采用的这种以政策化危险为导向的刑事归责模式,在一定程度上也助长了刑法强力介入融资市场行为。

企业家犯罪与制度环境研究

张 荆 马 婕[*]

企业家犯罪在国际犯罪学研究领域,被称为"白领犯罪"(White-Collar Crime)的一种类型,美国著名犯罪学家苏哲兰(Sutherland Edwin H)教授在20世纪30年代末首次提出了"白领犯罪"的概念,并将研究领域规范为企业犯罪、职业犯罪和政府机构犯罪。与"街头犯罪"[①]相比,"白领犯罪"研究起步晚,而且研究步履蹒跚,建树甚少,主要原因是这类犯罪多是法人犯罪、技术犯罪、权力犯罪,也可称其为贵族犯罪或精英犯罪,社会调查困难,管理系统、技术路径、权力结构复杂等,使这一研究举步艰难。但是"白领犯罪"在现代社会,特别在今天的信息时代,研究的价值日益凸显。北京师范大学中国企业家犯罪预防研究中心发布的《2012中国企业家犯罪媒体案例分析报告》(以下简称《报告》)指出,国有企业家贪污犯罪最高金额为6 500万元,假设一名高水平的扒手每天能偷到2 000元,全年无休假也要偷上90年。白领犯罪给社会造成的财产损失远非一般街头犯罪可比。此外,"企业的污染犯罪""银行的金融犯罪""政府的暴力犯罪"等,对人们的生命财产造成的危害,也比一般的街头犯罪更强烈。

一、国有企业家与民营企业家犯罪的特点分析

《报告》的调查数据显示,国有企业家的受贿、贪污、挪用公款等贪

---

[*] 张荆,北京工业大学人文学院法律系主任、教授;马婕,北京工业大学人文学院硕士研究生。

[①] 街头犯罪,指杀人、盗窃、抢劫、强奸等传统的犯罪类型。

腐犯罪最为严重,发布的82例国有企业家犯罪中,受贿罪占34.3%,居第一位;贪污罪占21.3%,居第二位;挪用公款罪占7%,居第三位;其次是挪用资金罪、滥用职权罪等。与国有企业家相比,民营企业家的犯罪类型有所不同,从121例案件分析,非法吸收公众存款罪居第一位,占12.6%;诈骗罪、职务侵占罪居第二位,各占6%;其次是合同诈骗罪、集资诈骗罪、行贿罪等。为什么都为企业家,国营和民营的犯罪类型却出现如此大的差异呢?不妨分析一下以下几个案例。

(一)国有企业家案例分析

2013年8月26日,中石油集团副总经理兼大庆油田总经理王永春涉嫌违纪接受调查。距离消息公布仅一天时间,国资委和中国石油天然气股份有限公司于27日下午宣布,中石油集团副总经理李华林、股份公司副总裁兼长庆油田分公司总经理冉新权、中石油股份公司总地质师兼勘探开发研究院院长王道富等3人,同样涉嫌严重违纪,正接受组织调查。9月1日,国家监察部宣布,国务院国资委主任、党委副书记蒋洁敏涉嫌严重违纪,正接受组织调查。一周内,5名高管同时被查,不仅在石油系统,在国企系统反腐中也实为罕见。

中国的石油生产按产业链划分为上、中、下游三部分:上游的主要任务为勘探、开发、生产;中游的主要任务为石油储运;下游的主要任务为炼油、化工、销售。石油产业链基本上为国企所垄断,垄断格局形成的初衷是为了保障国家战略性资源的稳定,但长期的垄断带给了企业管理者更多的寻租及权钱交易空间。在油田勘探开发过程中,国企有很多外包的服务项目和工程招投标项目,油田的对外承包一般分两种模式:一种是将部分油田的相关工程"发包"给民营企业,例如长庆油田;另一种是低品位油气田的对外转包,大庆油田的部分业务就属于此模式。前者在勘探和产能建设、招投标的过程中,由于工程量巨大,石油企业必须引入社会钻井、试油等民营工程队伍;想要中标,无论该队伍的资质完备与否,人脉支持在当下显得尤为重要。后者则呈现出另一种"风气",虽然低品位油气田的质量不高、产量较低,但这些油井依然有丰厚的价值,王永春任职过"一把手"的吉林油田,就在国内率先试点将部分低品位油田区块实施特殊合作开采政策。2010年以来,部分国内油田均采取这种政策,"实现了"一个类似于"石油企业→低品位油田→相关联的工程公司→民营企业→个人"的层层转包交易链条;在上述过程中的各个环节,必定存在你争我夺、靠关系抢油田的不公平竞争现象,这些都为贪腐的滋生提供了温床,也逐渐成为腐败的重灾区。

通过分析上述4名中石油被查高管的工作经历发现,这些"一把手",都曾经负责过上游勘探开发业务以及部分下游的销售采购事宜,掌握着业务处置权,而正是这些权力,让他们拥有了较大的寻租空间。总体来说,国企内部组织体系较为复杂、垂直管理层级过多,每一层级"一把手"的权力过大,长官意志,说一不二。加之国企具有"铜墙铁壁"般的垄断性,依附于行政权力获取丰厚资源和财富,通过"分包""转包"获取大量"回扣",而且内部监督机制因依附于权力中心,基本处于失灵状态。导致单位内领导带头贪腐,多人合伙,只要一人被查便导致整个管理层被"连窝端"、全军覆没。这是高管与贪腐相关联的贪污、受贿、挪用公款等犯罪成为国企主要犯罪类型的制度性原因。

(二) 民营企业家案例分析

1. 吴英案分析

2007年3月16日,原浙江本色控股集团有限公司法人代表、被称为"亿万富婆"的吴英,因涉嫌非法吸收公众存款罪被逮捕;2012年5月,浙江省高级人民法院以集资诈骗罪判处其死刑,缓期两年执行。期间经法院审理查明,吴英在2006年4月成立本色控股集团有限公司以前,即以每万元每日35元、40元、50元不等的高息或每季度分红30%、60%、80%的高投资回报为诱饵,集资达1400万元;随后,她继续以高息和高额回报为诱饵,大量非法集资,并用非法集资款先后虚假注册了多家公司、购置房产、投资、捐款等,进行虚假宣传,给社会公众造成其有雄厚经济实力的假象,骗取社会资金,最高达人民币7.7亿余元。看似事业风光、紧跟商业节奏,被称为"财富天使"的吴英最终折翼。

近年来,我国民营经济出现了超常发展的态势,民营、个体企业迅猛增加,对信贷资金的需求急剧加大,而基层金融机构受上级有关制度的限制,对民营经济的信贷支持远远达不到其需求。2012年4月,新浪财经频道通过微博举办了一期"博鳌微研讨",金融体制改革成为讨论焦点。民营资本进入金融行业机会过少、民营企业金融需求无法得到相关支持与满足成为一大问题，特别是在金融资源分配方面，金融机构的信贷投放量与实际的市场特点不符。而国有企业依靠政府支持、国家实力做大做强，资金链在一定程度上有可靠保障，由于金融的国有垄断特点，信贷的天平依旧倾向于国企。但与此同时，多数民营企业在成立阶段把握"小而精"的策略，其实对于信贷需求并不高，但这种不高的要求仍未得到满足，常常出现"贷不到款"的问题。当民营企业家试图做大做强的时候，由于政府限制企业融资渠道单一、狭窄，民间集资便成为其融资的基本手段。2008年以来，受世界"金融风暴"的冲击，全国民营企业的非法集资案件频发，除了"金融风暴"的大背景外，也与银行对国有企业和民营企业不同的放贷政策，制度性歧视，民间融资途径的体制性排斥有关。例如，浙江是国内民营经济最发达的地区之一，受"金融风暴"的影响，出现中小企业融资困难，资金链断裂，由此引发非法集资类案件爆发。据浙江省公安厅统计，2008年，该省共立案非法吸收公众存款案近200起，集资诈骗案40多起，其中共立案1亿元以上非法吸收公众存款案17起，涉案金额近百亿元。②

2. 徐明案

徐明是近年来"落马"的民营企业家的一个缩影。2012年3月15日，新华社下属的《财经国家周刊》透露，徐明因涉嫌经济案件被相关部门控制。经查，2009年4月，王立军在担任重庆市公安局局长期间，他的一个直系亲属调北京某部门工作，因为没有房子，收受大连实德集团有限公司董事长徐明出资人民币285万余元在北京购置的两套住房，并以其岳父名义办理了购房手续。同年7月，王立军接受徐明的请托，指令下属部门将已羁押的潘某、王某、张某予以释放。徐明是最大的行贿人，涉案金额达2 000万元。一些民营企业家攀附官员，通过各种手段贿赂官员，以使企业站稳脚跟，得到更广阔的发展空间。

---

② 参见《民营企业非法集资案频发 专家建议拓宽融资渠道》，载 http://www.chinanews.com/cj/cj-ylgd/news/2009/08 09/1809950.shtml。

3. 民营企业家涉黑案件表明,企业生存环境恶劣

黑社会性质组织犯罪是一种严重危害社会的犯罪活动。在竞争激烈的商品社会,"出售保护"是黑社会组织发展的传统手段。当民营企业负责人在事业上与他人结仇、埋下恩怨的时候,不去求助法律,求助正式的社会控制系统,而是求助黑社会性质组织的帮助,首先是通过谈判、商谈等方式寻求私了,无果后便以暴力或暴力相威胁。另外,一些企业家自身素质修养并不高,没有受过良好的教育,易犯"交友不慎"的错误。袁宝璟案件便是这种制度环境的反映。

黑社会性质组织在为一些民营企业家提供"保护"的同时,自身也在寻找"保护伞"。分析近年来被摧毁的黑社会性质组织,绝大多数都有"保护伞",差别在于"保护伞"的大小,有实力的黑社会性质组织甚至会形成一个巨大的社会网络,背靠地位很高的官员。如聂磊案,共涉及青岛市政法委副书记、青岛市公安局部分分局局长、团委书记、大队长等30余名公务人员。民营企业家涉黑案件,一方面说明,部分民营企业的社会地位较低、不受重视,受行业垄断的挤压,生存与发展的空间有限,申请、审批环节繁琐,受各种制度的排斥明显;另一方面说明,攀附政治势力或企求黑社会性质组织的帮助,目的是为了避免、减少企业"被害"的风险,改善企业的生存环境。

二、企业家犯罪与制度环境的差异

从统计数据和案例可以推测,国企和民企所处的制度环境差异甚大。国企具有一定的垄断性,它依附于行政权力获取丰厚资源和财富,尽管近年来国企改革引进了一些先进的管理手段,但旧有"家长制"仍镶嵌其中,"一把手"的权力过大,说一不二,企业内部缺少监督和制衡,致使国企"一把手"及高管的犯罪类型突出表现为与贪腐相关联的受贿、贪污、挪用公款等。

由于民营企业与国有企业的制度环境差异,民企缺少资源和资金,缺少公权力的优势,一些民营企业家只有通过行贿、非法吸收民众存款等,才能获取资源和资金。具体分析如下:

1. 制度环境重压下的企业家铤而走险

由于制度环境的不公平、不统一,民间融资途径受到体制性排斥,以及银行业的政策性歧视,缺少资源和公权力优势的一些民营企业家

通过行贿、非法吸收公众存款等获取资源和资金成为无奈之事，特别是在2008年"金融风暴"以后，民营企业的生产经营趋向困境，企业家们对未来的经济走势不予确定、信心不足，更多影响则表现在产品出口及企业的直接融资方面。不少民企的资金链断裂，致使一些民营企业家铤而走险，从事违法犯罪活动，民营企业家因融资问题而走上犯罪道路的事实可见制度环境的一斑。

2. 与黑社会势力结盟

从相关数据统计看，2012年，民企中有17例涉黑案件，就是说，一些民营企业家在通过公权力无法解除困境时，会企求黑社会的帮助，进一步说明了民营企业生存环境的险恶。

3. 制度环境重压下的企业责任感弱化

在2011年年底举行的中国民营企业峰会上，民营企业的投资环境差、税负重、信贷渠道受阻、企业项目审批繁琐等话题，成为诸多民营企业家发言的聚焦点。这一系列制约因素，在一定程度上削减了企业家的积极性和社会责任感，引起了一些民营企业家的"逃离"。

按道理说，合理的市场经济应当不分企业的大小、所有制性质，共享资源，一律平等竞争，但我国的市场经济确实存在着制度性歧视和不平等，由此造成了国营和民营不同身份的企业家生存环境的差异，导致掌控资源和权力的国企老总和高管的犯罪多为受贿、贪污、挪用公款等，而寻求资源、企求权力的民营企业家的犯罪多为行贿、非法吸收公众存款、非法集资、诈骗等。

除了制度环境外，"贪欲"也是企业家犯罪的内在原因。以近年来企业家贪污受贿为例，其数额逐年增大，从最初的几万元、几十万元、上百万元，到2012年达到了上千万元。《2012中国企业家犯罪媒体案例分析报告》公布的数据显示，国有企业家2012年最高受贿金额4747.99万元，全部受贿案件中每案平均犯罪所得43.7万元；贪污犯罪最高金额为6500万元，每案平均犯罪所得190.4万元。贪欲具有无止境和扩张性的特点，抑制贪欲的办法是企业家信念、良知和守法底线，如果企业家失去做人的基本信念和基本追求，不愿坚守法律底线，贪欲就会横流。许多白领犯罪者在寻找犯罪原因时，喜好强调自己不懂法，但大量的犯罪学研究表明，他们更多是轻视法律，认为地位和金钱可以摆平他们的违法犯罪，或者认为，犯罪并不是自己不好，而是法律制定得不好。

犯罪学家在为"白领犯罪"下定义时,普遍认为,这是由受人尊敬的企业家、商人和专业人员所为的犯罪,它的基本特征是违反了授权责任和诚实信用原则。他们将人民和国家托付给的权力滥用,违背了企业职工、纳税人和投资者对他们的信任,利用职务和地位以谋取私利或谋取小集团的利益,因此也把它称为"违背信用的犯罪",如贪污受贿、滥用职权、侵占挪用、制假售假、信息诈骗、内部交易、污染环境等。

三、防控企业家犯罪的对策建议

1. 有效制约权力

应当对国有企业"一把手"的权力加以限制,完善权力配置和监督制约机制,让国企"一把手"认识到,他们不是企业的所有者,而是代表国家和民众管理国有企业的 CEO。要让国有企业家的权力通过民主程序,在阳光下运行。另外,应严格执法,不可因为国有企业存在"政府背景"或"政治身份"而从量刑上区别对待,出现"国企轻、民企重"的司法不公,坚持法律面前人人平等,司法公正的天平不可倾斜。

2. 推行国有企业家阳光防腐措施

根据国有企业家贪腐犯罪高发的地域分布状况,可在重点地区试行企业家信息公开和财产申报制度;规定任何人都不得开设匿名账户,各企业领导者、公司老总及团体的收入、财产、银行和其他信贷账户的货币资金、有价证券、财产性债务债权等信息,每年都应在官网公示或交予大众媒体,强化社会公众对企业家收入情况的监督。当然,该措施在试行中切忌流于形式,在使其发挥作用之前,务必要认真分析我国现阶段及各地方的实际情况,因地制宜,试行针对性强、大众可接受及认可的措施和办法,取得成功经验后再扩大推广,才会有事半功倍的效力。

3. 完善制度环境

应当说,改善企业家生存的制度环境是预防和抑制企业家犯罪的治本之策,良好的制度环境也能有效地保护企业家人才。制度环境的改善需要进一步的体制变革,逐渐形成平等、公平竞争的市场环境,打破资源垄断,以及行政对企业的过度干涉,铲除垄断者"寻租"和非垄断者"送租"的制度性土壤。在目前企业的制度环境尚无更大改观的状态下,首先需要建立一种保护机制,在民营企业的合法经营遭受重大挫折和困难时,应该得到类似于国有企业式的国家保护或社会保护,避免民营企业家的铤而走险。同时应该认识到重视民营企业就是重视民族工业,就是保障劳动人口的充分就业。

4. 完善相关法律和机制

国家还需要进一步完善市场和企业管理的相关法律,厘清公法和私法的调整范围,避免因罪与非罪、刑事与民事的边界不清,导致刑事手段过度干预市场,或企业家经济犯罪的"红线"不清,误入犯罪歧途。因此,建议应构建一系列企业家经济犯罪防控机制。

5. 建立专业的企业贪腐防控队伍

专业队伍直接受各地方纪委管理与领导;人员可由纪委工作人员、优秀企业家代表或社会精英组成。从法律、法规上赋予其一定的权力,接受市民举报和调查,在执行公务时,任何人不得抗拒或妨碍。同时,该队伍也担任着预防、教育的角色,他们可以走进社区、企业基层,帮助人民群众、企业职工提高对贪腐犯罪的认识,争取全民积极支持和参与贪腐防控工作;严格考察大中小企业的工作规范及程序,查找企业中存在的财务审计漏洞,及时召开座谈会、通气会,有针对性地提出贪腐防控建议,努力改变贪腐犯罪赖以生存的文化和制度环境。

6. 强化企业家的职业信念

自古以来,儒家就有"仁、义、礼、信、忠、正、俭、廉"等道德修养的评价标准;管子也曾提出:"礼义廉耻,国之四维,四维不张,国乃灭亡。"宋代真德秀《西山政训》中记载:"万分廉洁,只是小善一点,贪污便为大恶不廉之吏,如蒙不洁,虽有他美,莫能自赎。"企业家应当自觉传承中国道德文化的传统美德,"礼义廉耻"的职业信念。职业信念和道德需要培训,可通过定期培训、职业教育等方式,激活企业家内在的"诚实信用"和"社会责任感"。例如,新加坡每年举办20多场社会道德教育活动,特别针对各级政府官员以及企业家,使他们用实际行动维持其廉洁、正直的企业家形象和社会地位。对优秀企业家需进行褒奖,作为楷模典范,组成巡讲团,不仅要走到各个企业当中去,更应充分利用新媒体技术,通过互联网视频对话、廉政广告传播等多种方式,勤沟通、多互动,弘扬企业的廉洁之风。

中国上市公司董事会治理指数研究(2013)[*]

高明华 方 芳 苏 然[**]

一、引言

随着公司治理研究的深入,作为现代公司治理核心的公司董事会,其治理效率与效果,也日益成为人们关注的重点领域。关于董事会治理,目前尚没有一个明确的定义。西方学者从不同的理论视角对董事会治理的性质和内容进行研究,主要形成了以下几种不同的观点:委托代理理论认为,董事会作为股东的代理人,其主要职责是监督管理者,使其为股东利益最大化而工作;利益相关者理论认为,董事会不仅要关心股东利益,还应关注股东之外的其他利益相关者的利益;现代组织理论认为,董事会的主要作用是承担受托责任、监督经理层、参与战略决策与政策制定;阶级霸权理论认为,董事会应基于社会地位和影响力选择合适的董事,并确保它的连续统治。中国学者关于董事会治理也未形成一个统一的定义,不同学者从不同角度解析董事会治理的含义,不过有一点则是共识,即认为董事会治理是关于董事会科学决策和监督的一些机制设计和制度安排。

笔者认为,董事会治理是董事会作为治理主体,如何通过一系列

---

[*] 课题来源:国家社科基金重点项目(12AZD059)"深入推进国有经济战略性调整研究";中央高校基本科研业务费专项(重大)"中国公司治理分类指数系列"。

[**] 高明华,北京师范大学公司治理与企业发展研究中心主任,北京师范大学经济与工商管理学院教授、博士生导师;方芳,北京师范大学经济与工商管理学院讲师;苏然,北京师范大学经济与工商管理学院博士生。本研究其他贡献者还有:张会丽、谭玥宁、杜雯翠、张瑶、宋盼盼、张祚禄、黄晓丰、杨一新、钟益、付亚伟等。

正式或非正式制度安排,通过有效治理,实现委托人的利益诉求和公司的可持续发展。主要内容包括:

(1) 董事会作为代理人,如何做到对委托人尽职尽责?

(2) 董事会作为决策者,如何做到科学决策?

(3) 董事会作为监督者,如何做到监督到位而不会被经营者(被监督者)所干扰?

(4) 董事会作为利益主体,如何做到既有动力又不被利益所"俘虏"(激励与约束)?

目前理论界存在着把董事会治理泛化的现象,即把董事会治理混同于或基本混同于公司治理。尽管董事会治理通常被认为是公司治理的核心,但核心不是全部。除了董事会治理之外,还有股东治理(投资者权益保护)、监事会治理等范畴。不同的主体,因职责不同,治理的内容也不同,需要区别对待。

由于对董事会治理含义的认识不同,关于董事会治理评价的研究也不尽相同。在既有的研究中,董事会治理评价通常只是作为公司治理整体评价的一部分,专门针对董事会治理进行评价的研究很少,这使得对董事会治理的评价缺乏系统性和全面性。

现有涉及董事会治理评价的研究主要存在以下问题:

(1) 在既有评价研究中,普遍存在着将不属于董事会治理范畴的指标作为董事会治理评价指标的现象,如把股东治理纳入其中。

(2) 部分研究是针对董事会业绩进行评价,而董事会业绩评价的内容是董事会的业绩而不是董事会运行的有效性,评价是董事会自身而不是独立的第三方机构,即董事会业绩评价基本上是自我评价,而董事会业绩又往往体现为公司财务业绩,这已脱离了董事治理评价。

(3) 指标体系不成熟。一些评价研究尽管指标较多,但其中很多指标可行性差,且具有一定的主观性。

(4) 具体指标赋值标准不公开或者不明确,无法进行比较和验证。

(5) 评价样本量小,只限于部分抽样,缺乏连续性和可比性,无法形成面板数据,很难作长期的跟踪和比较研究,且小样本无法反映董事会的治理全貌。

本文力求克服既有研究存在的问题,把董事会作为主体,评价其治理的效率和效果,即本着董事会治理是公司治理的一部分而不是公司治理的全部的原则,回归"董事会"的治理,而剔除其他"主体"的治理。为了避免问卷调查等方法的主观性和不连续性,本文设计了一套客观、详细、专业、可行性强的董事会治理评价指标体系,并建立了中国上市公司董事会治理指数数据库,通过搜集沪深两市全部上市公司年报、证监会和公司网站等公开数据进行打分和评价,且赋值标准完全公开,从而建立起一个通用的董事会治理评价模型。这种评价具有可验证性、可重复性和连续性,能够对上市公司数据进行长期跟踪,从而能够更真实和全面地反映中国上市公司董事会治理的发展过程。

二、董事会治理指标体系

本文以董事会治理质量评价为核心,以《上市公司治理准则》为基准,综合考虑《公司法》《证券法》《关于在上市公司建立独立董事制度的指导意见》等国内有关上市公司董事会治理的法律、法规,以及《OECD公司治理准则(2004)》和标准普尔公司治理评价系统等国际组织有关公司治理的准则指引,借鉴国内外已有的董事会评价指标体系,从董事会结构、独立董事独立性、董事会行为和董事激励与约束四个维度,对董事会治理质量进行评价。

1. 董事会治理评价指标的设计原则如下:

(1) 科学性。指标的选取要全面、客观,根据公司董事会治理的特点和性质,以及有关公司董事会治理的准则、法律制度的规范要求选择评价指标,每一个指标的选取都有依据,而像董事会规模和董事会会议次数等有争议的指标,只作为分析指标,不纳入指标体系。

(2) 系统性。指标体系的设计要综合考虑公司董事会治理的各个方面,避免单一因素导致的片面性。

(3) 可比性。指标定义要明确,赋值标准公开,统计口径一致,计算方法统一。

(4) 操作性。指标数据必须能够公开可得,数据搜集和指标赋值可以通过公司的年报、证监会和公司的网站等公开资料实现,而像非独立董事(执行董事和外部非独立董事)的出席率、董事会现场会议比例等数据缺失比较严重的指标,只作为分析指标,不纳入指标体系。

(5) 持续性。指标设计必须有利于对中国上市公司董事会治理进行长期跟踪调查,连续发布,以真实记录中国上市公司董事会治理的发展历程。

具体而言,本文设计的董事会治理指标体系包含董事会结构、独立董事独立性、董事会行为和董事激励与约束4个一级指标、37个二级指标。其中董事会结构类指标包括11个二级指标,独立董事独立性类指标包括10个二级指标,董事会行为类指标包含7个二级指标,董事会激励与约束类指标包括9个二级指标,参见表1。

2. 董事会结构指标(参见表1)

董事会结构指标可以衡量董事会成员构成和机构设置情况,侧重从形式上评价董事会结构的有效性,包括编号1—11的11个二级指标。其中指标"1.外部董事比例"和"2.有无外部非独立董事",衡量董事会成员构成中独立董事和外部董事情况。指标"3.两职合一"和"4.董事长是否来自大股东单位",衡量董事长的独立性。指标"5.有无小股东代表(是否实行累积投票制)"和"6.有无职工董事",衡量董事会中有无小股东和职工等利益相关者代表。由于很多公司没有明确说明哪位董事是小股东代表,而累积投票制是反映小股东参与治理的重要指标。因此,可以用指标"是否实行累积投票制"代替指标"有无小股东代表"。指标"7.董事学历"和"8.年龄超过60岁(包括60岁)的董事比例",衡量董事成员的学历和年龄构成。指标"9—11是否设置审计、薪酬、提名委员会",衡量的是董事会下设专门委员会的情况,在专门委员会中,审计、薪酬和提名3个委员会是最为重要的。

3. 独立董事独立性指标

独立董事独立性指标衡量独立董事专业素质和履职情况,主要从形式上评价独立董事的独立性,包括指标编号12—21的10个二级指标。曾考虑把独立董事是否担任专门委员会召集人,以及专门委员会中独立董事比例作为指数计算指标,以此反映独立董事独立作用的发挥,但由于数据缺失比较严重,所以主要作为分析指标。指标"12.审计委员会主席是否由独立董事担任"之所以单独提出来,是因为审计委员会的设置主要是为了提高公司财务信息的可靠性和诚信度,提高审计师的独立性,防范舞弊或其他违规和错误等。对于审计委员会来说,它的独立性可以说是确保审计委员会有效性的前提,审计委员会

表 1 董事会治理指标体系

一级指标	二级指标	评价标准
董事会结构（1—11）	1. 外部董事比例	A. 独立董事比例≥2/3,1 分 B. 独立董事比例<2/3,外部董事比例≥2/3,0.7 分 C. 1/2≤外部董事比例<2/3,0.35 分 D. 外部董事比例<1/2,0 分
	2. 有无外部非独立董事	有,1 分;无,0 分
	3. 两职合一	是,0 分;否,1 分
	4. 董事长是否来自大股东单位	是,0 分;否,1 分
	5. 有无小股东代表（是否实行累积投票制）	是,1 分;否,0 分
	6. 有无职工董事	有,1 分;无,0 分
	7. 董事学历	A. 高中及以下或未披露,0 分 B. 专科,0.35 分 C. 本科,0.7 分 D. MBA,1 分 E. EMBA,1 分 F. 其他类型硕士,1 分 G. 博士,1 分
	8. 年龄超过 60 岁（包括 60 岁）的董事比例	≥1/3,0 分;<1/3,1 分
	9. 是否设置审计委员会	是,1 分;否,0 分
	10. 是否设置薪酬委员会	是,1 分;否,0 分
	11. 是否设置提名委员会	是,1 分;否,0 分

(续表)

独立董事独立性(12—21)	12. 审计委员会主席是否由独立董事担任	是,1分;否,0分;未披露,0分	
	13. 独立董事中有无财务专家	有,1分;无,0分	
	14. 独立董事中有无法律专家	有,1分;无,0分	
	15. 独立董事中有无其他企业高管	有,1分;无,0分	
	16. 独立董事中是否有人曾就职于政府部门或人大、政协(人大、政协可以是现任)	是,0分;否,1分	
	17. 独立董事是否担任本公司董事长	是,1分;否,0分	
	18. 在多家公司担任独立董事的情况(包括本公司)	A. 只有1家,1分; B. 2~3家,0.5分; C. 4家及以上,0分	
	19. 独立董事会实际出席率	按实际出席率直接赋值	
	20. 独立董事年津贴是否超过10万元(税前,不包括10万元)	是,0分;否,1分	
	21. 是否详细披露独立董事过去3年的任职经历	A. 详细披露,1分; B. 笼统披露,0.5分; C. 未披露,0分	

(续表)

董事会行为（22—28）	22. 内部董事与外部董事是否有明确的沟通制度	是,1分;否,0分	
	23. 投资者关系建设情况	A. 关于投资者关系建设没有任何说明,0分 B. 只说明有《投资者关系管理制度》,但没有具体内容,0.5分 C. 详细披露投资者关系沟通细节或接待措施,1分	
	24. 是否存在董事会提交的决议事项或草案被股东大会撤销或者否决的情况	是,0分;否,1分	
	25. 是否有规范的《董事会议事规则》	是,1分;否,0分	
	26. 财务控制	笔者同期"财务治理指数(FC)"①的得分转化为[0,1]的得分区间,即FC/100	
	27. 董事会是否有明确的高管考评和激励制度	是,1分;否,0分	
	28. 是否披露股东大会股东的出席率	是,1分;否,0分	

中国上市公司董事会治理指数研究(2013)　109

（续表）

29. 执行董事薪酬是否与其业绩相吻合	根据笔者同期"高管薪酬指数"②中"激励区间"进行判断，如激励适中，则得1分；过度或不足，则得0分	
30. 股东诉讼及赔偿情况	A. 有股东诉讼且有赔偿，0分 B. 有股东诉讼但无赔偿，0.5分 C. 无股东诉讼，1分	
31. 董事会成员是否遭到监管机构的处罚或谴责	是，0分；否，1分	
32. 是否有明确的董事考核薪酬制度	是，1分；否，0分	
33. 是否公布董事考评/考核结果	是，1分；否，0分	董事激励与约束(29—37)
34. 是否披露董事薪酬情况	A. 逐一披露，1分 B. 笼统披露，0.5分 C. 无披露，0分	
35. 是否有董事会会议记录或者董事会备忘录	是，1分；否，0分	
36. 是否有与董事行为准则相关的规章制度	是，1分；否，0分	
37. 独立董事是否明确保证年报内容的真实性、准确性和完整性或存在任何异议	是，1分；否，0分	

注：① 笔者同期完成的《中国上市公司财务治理指数报告2013》，从财权配置、财务控制、财务监督和财务激励四个方面评价上市公司财务治理水平，其中财务控制包括8个二级指标，主要考察企业的财务权力执行过程，包括企业是否有一个健全合理性控制体系和风险控制体系等。
② 笔者同期完成的《中国上市公司高管薪酬指数报告2013》，以调整后的高管薪酬与营业收入的比值作为高管薪酬合理性评价标准，并按照1/4分位数法将所有上市公司分为激励适中和激励过度三类。由于执行董事均为公司高管，高管薪酬与执行董事薪酬基本上是等价的。

主席由独立董事来担任相对另外两个委员会来说更重要。指标"13—16. 独立董事中有无财务专家、法律专家、其他企业高管、曾任职于政府部门或人大、政协的人",反映独立董事的背景及来源。指标"17. 独立董事是否担任本公司董事长",反映独立董事作用的发挥和董事长参与决策和监督的独立性。指标"18. 在多家公司担任独立董事的情况",反映独立董事的投入程度,同时在多家公司担任独立董事可能会限制独立董事时间和精力的安排。指标"19. 独立董事董事会实际出席率",是反映独立董事履职情况的非常重要的指标。创业板的上市公司全部没有披露独立董事出席率,此指标作为惩罚性指标作0分处理。指标"20. 独立董事年津贴是否超过10万元",从报酬上反映独立董事独立于公司的情况。独立董事要保证其独立性,就不应该以从公司领取报酬为目的,津贴只是对独立董事履职的一种象征性鼓励,跟公司规模或利润无关。10万元年津贴标准的制定是参考了纽交所10万美元年津贴的相关规定。指标"21 是否详细披露独立董事过去3年的任职经历",反映董事会对独立董事任职情况的披露是否详细,以使股东尤其是中小股东能够判断独立董事是否满足独立性的基本要求。

4. 董事会行为指标

董事会行为指标侧重从实质上衡量董事会的实际履职情况,主要是相关制度的建立及其执行情况,包括编号22—28的7个二级指标。其中指标"22. 内部董事和外部董事是否有明确的沟通制度",反映外部董事信息获取及其与内部董事沟通制度的建设情况。指标"23. 投资者关系建设情况",反映董事会作为投资人的代理人对投资者关系的重视和维护情况。指标"24. 是否存在董事会提交的决议事项或草案被股东大会撤销或者否决的情况",反映董事会的决策质量和违反股东意志情况。指标"25. 是否有规范的《董事会议事规则》",衡量董事会运作的规范性。《上市公司治理准则》对此有明确规定,其中第44条明确指出,"上市公司应在公司章程中规定规范的董事会议事规则,确保董事会高效运作和科学决策"。指标"26. 财务控制",反映董事会对公司内部控制和风险控制的监督和执行情况。《OECD公司治理指引准则》对此给予了特别强调,该准则指出:"董事会应确保公司的会计、财务(包括独立的审计)报告的真实性,确保恰当的控制系到位,特别是风险管理系统、财务和运作控制,确保按照法律和相关标准执行。"指标"27. 董事会是否有明确的高管考评和激励制度",反映董事会关于高管考评制度的建立情况,因为对高管的考评是董事会的重要职能。指标"28. 是否披露股东大会股东的出席率",反映董事会作为股东大会的召集人,对股东大会召开效果的披露情况。

5. 董事激励与约束指标

董事激励与约束指标,衡量董事激励和约束制度的建立和执行情况,主要从实质上评价董事激励与约束机制,尤其是约束机制的有效性,包括编号29—37的9个二级指标。其中指标"29. 执行董事薪酬是否与其业绩相吻合",考察执行董事薪酬激励的合理性。执行董事是公司的经营者,经营者的薪酬必须与其贡献相对应,对此,标准普尔公司治理评价系统中有明确说明,即薪酬应该与绩效匹配(Performance based pay)。指标"30. 股东诉讼及赔偿情况",考察股东诉讼对董事会的约束作用,因为股东有权对自己的代理人的行为提出诉求,而作为代理人的董事会,也必须满足股东的利益诉求,对其委托人不能有任何欺瞒行为。指标"31. 董事会成员是否遭到监管机构的处罚或谴责",考察政府监管机构对董事的约束作用,董事会必须自觉接受政府监管机构的监督。指标"32. 是否有明确的董事考核或薪酬制度""33. 是否公布董事考评/考核结果""34. 是否披露董事薪酬情况",考察董事薪酬制度的建立和执行情况。《OECD公司治理准则》《标准普尔公司治理评价系统》,以及中国的《上市公司治理准则》对于董事薪酬制度都有相关规定。中国《上市公司治理准则》第72条规定:"董事会、监事会应当向股东大会报告董事、监事履行职责的情况、绩效评价结果及其薪酬情况,并予以披露"。指标"35. 是否有董事会会议记录或者董事会备忘录",考察会议记录等文字资料对董事的约束作用。董事会会议记录或董事会备忘录一旦经董事会通过,便对董事具有法律约束力。中国《上市公司治理准则》第47条规定:"董事会会议记录应完整、真实,董事会秘书对会议所议事项要认真组织记录和整理,出席会议的董事、董事会秘书和记录人应在会议记录上签名,董事会会议记录应作为公司重要档案妥善保存,以作为日后明确董事责任的重要依据。"指标"36. 是否有与董事行为准则相关的规章制度",考察董事行为准则等制度对董事的约束作用。《OECD公司治理准则》中指出:"董事会应该具有很高的伦理标准。为了使董事会目标清楚而且切实可行,公司应建立基于专业标准和更广泛行为准则的规章制度。"指标"37. 独立董事是否明确保证年报内容的真实性、准确性和完整性或不存在异议",考察独立董事对董事会的约束作用。《OECD 公司治理准则》明确指出:"董事会应该对财务报告系统的真实性承担最终责任。"该指标对独立董事自身(涉及明晰责任问题)和董事会整体均具有约束作用。

三、董事会治理指数计算方法

董事会治理指数指标体系中的 37 个二级指标的得分区间都为 [0,1],按赋值方法可以分为三类。

第一类是 0—1 变量,使用该种赋值方法的指标有 28 个,包括指标 2、3、4、5、6、8、9、10、11、12、13、14、15、16、17、20、22、24、25、27、28、29、31、32、33、35、36、37,这类指标以董事会的有效性作为判断依据,有利于董事会有效性得 1 分,否则 0 分,例如指标"3. 两职合一",董事长和总经理两职合一不利于董事长独立性的发挥,本指标如果选"是",则赋值 0 分,否则赋值 1 分。

第二类是程度变量,按照某个指标的质量高低对指标分层赋值,使用该种赋值方法的指标有 7 个,包括:指标"1. 外部董事比例",从高到低分为独立董事比例≥2/3(1 分)、独立董事比例<2/3,外部董事比例≥2/3(0.7 分)、1/2≤外部董事比例<2/3(0.35 分)和外部董事比例<1/2(0 分)四个层级。指标"7. 董事学历",从低到高分为高中及以下或未披露、专科、本科、研究生以上 4 个层级,分别赋值 0 分、0.35 分、0.7 分和 1 分,每个董事分别赋值后求平均值。指标"18. 在多家公司担任独立董事的情况",分为只有 1 家、2~3 家和 4 家及以上三个层级,分别赋值 1 分、0.5 分和 0 分,每个独立董事单独赋值后求平均值。指标"21. 是否详细披露独立董事过去 3 年的任职经历",分为详细披露(详细披露哪年在何单位任何职,1 分)、笼统披露(只笼统说明"曾任",0.5 分)和未披露(0 分)三个层级。指标"23. 投资者关系建设情况",分为关于投资者关系建设没有任何说明(0 分)、只说明有《投资者关系管理制度》,但没有具体内容(0.5 分)和详细披露投资者关系沟通细节或接待措施(1 分)三个层级。指标"30. 股东诉讼及

赔偿情况",分为有股东诉讼且有赔偿(0分)、有股东诉讼但无赔偿(0.5分)和无股东诉讼(1分)三个层级。指标"34.是否披露董事薪酬情况",分为逐一披露(1分)、笼统披露(0.5分)和无披露(0分)三个层级。

第三类是年度变量,包括指标"19.独立董事董事会实际出席率"和"26.财务控制"。

为了避免主观性偏差,本文计算董事会治理指数时所涉及的所有一级指标和二级指标都设置为等权重。首先针对某个一级指标内的所有二级指标进行等权重计算,然后对所有一级指标进行等权重计算,以此得出董事会治理指数。

董事会治理指数的具体计算方法如下:

(1)二级指标打分:根据赋值标准对每个上市公司的37个二级指标 $B_i(i=1,2,\cdots\cdots 37)$ 单独赋分,其中 B26 调用笔者同期"财务治理指数"中"财务控制分项指数(FC)"得分,B29 调用笔者同期"高管薪酬指数"中"激励区间"数据。

(2)计算四个一级指标:对隶属于同一个一级指标的二级指标的得分进行简单平均,并转化为百分制,得到四个一级指标得分,即董事会结构分项指数、独立董事独立性分项指数、董事会行为分项指数和董事激励与约束分项指数。

(3)总指标得分:四个一级指标(董事会结构、独立董事独立性、董事会行为和董事激励与约束)的得分简单平均,得到上市公司董事会治理指数。

具体计算公式如下:

$$BS = \frac{1}{11}\sum_{i=1}^{11} B_i \times 100$$

$$BI = \frac{1}{10}\sum_{i=12}^{21} B_i \times 100$$

$$BB = \frac{1}{7}\sum_{i=22}^{28} B_i \times 100$$

$$BIR = \frac{1}{9}\sum_{i=29}^{37} B_i \times 100$$

$$CCBI^{BNU} = \frac{1}{4}(BS + BI + BB + BIR)$$

其中,BS(Board Structure)代表董事会结构分项指数,BI(Board Independent Directors' Independence)代表独立董事独立性分项指数,BB(Board Behavior)代表董事会行为分项指数,BIR(Board Incentives and Restraints)代表董事激励与约束分项指数,$CCBI^{BNU}$代表中国上市公司董事会治理指数。

四、董事会治理指数评价结果

本文的评价样本为沪深 A 股,包括主板、中小企业板和创业板上市的所有公司,由于 2012 年 9 月份以后中国证监会暂停了 IPO,至目前未有新增的上市公司,而 2012 年 IPO 的 A 股上市公司缺乏一个完整会计年度的信息披露,因此,本文删除了这部分上市公司,最终得到了 2012 年度董事会治理指数评价样本共 2 314 家公司。

(一)董事会治理指数整体分布

在 2 314 家样本上市公司中,董事会治理指数最大值为 71.4341,最小值为 27.6082,平均值为 51.9522,中位值为 52.2890,标准差为 6.7161。就整体而言,全部样本的绝对差距较大,最大值高出最小值 43.8259,但数据的离散程度不大,集中在 51.9522 ± 6.7161 之间,即 45.2361 与 58.6683 之间。2012 年度,上市公司总体董事会治理指数分布数据情况如表 2 所示:

表 2　2012 年度上市公司总体董事会治理指数分布情况

指数区间	公司数目(家)	百分比	累计百分比
[0,20]	0	0.00	0.00
[20,30]	1	0.04	0.04
[30,40]	106	4.58	4.62
[40,50]	742	32.07	36.69
[50,60]	1 198	51.77	88.46
[60,70]	266	11.50	99.96
[70,80]	1	0.04	100.00
[80,100]	0	0.00	100.00
总计	2 314	100.00	

由表 2 可见,中国上市公司董事会治理指数基本符合正态分布。

董事会治理指数分值在50—60分之间的上市公司最多,占比为51.77%。值得关注的是,只有267家上市公司的董事会治理指数分值高于60分,占比为11.54%。这说明,大部分上市公司的董事会治理指数不及格(以60分为及格线),中国上市公司董事会治理水平大部分仅仅停留在满足监管要求的程度上,优化改进董事会治理的公司少之又少,中国上市公司董事会治理整体水平堪忧。

(二) 不同地区董事会治理指数比较

客观地看,中国各地区间的经济发展水平存在明显的差异或梯度,因此,有必要对各地区上市公司的董事会治理指数进行区域比较。本文将中国的经济区域划分为东部、西部、中部和东北四大地区,四个地区上市公司董事会治理指数总体情况如表3所示:

表3　2012年度不同地区上市公司董事会治理指数比较

排序	区域	公司数目	平均值	中位值	最大值	最小值	标准差
1	东部	1 486	52.2066	52.5183	71.4341	27.6082	6.7930
2	西部	347	52.0921	52.5983	69.2857	32.5711	6.4626
3	中部	351	51.2506	51.6743	67.8663	30.3001	6.5867
4	东北	130	50.5665	50.7887	64.7204	33.9096	6.6139
	总体	2314	51.9522	52.2890	71.4341	27.6082	6.7161

由表3可知,各地区上市公司董事会治理平均指数由大到小分别为东部(52.2066)、西部(52.0921)、中部(51.2506)和东北(50.5665)。总体来看,董事会治理指数的区域间差异不是很明显。东部和西部地区上市公司所占比重分别为64.22%和15%,董事会治理水平略高于总体均值;中部地区和东北地区上市公司所占比重分别为15.17%和5.62%,董事会治理水平略低于总体均值。西部地区上市公司董事会治理水平略高于中部和东北部,这可能与该地区公司上市普遍较晚有关,因为公司上市越晚,受到的制度监管越严格。

2012年,沪深两市上市的东部地区公司样本共计1 486家,董事会治理指数均值为52.2066。东部地区省份、直辖市上市公司董事会治理指数排名由高到低依次为:广东、福建、江苏、浙江、天津、北京、海南、山东、河北、上海。沪深两市上市的中部地区公司样本共计351家,董事会治理指数均值为51.2506。中部地区省份上市公司董事会治理指数排名由高到低依次为：江西、安徽、湖南、河南、湖北、山西。沪深两市上市的西部地区公司样本共计 347 家，董事会治理指数均值为 52.0921。西部地区省份、直辖市上市公司董事会治理指数排名由高到低依次为：贵州、宁夏、新疆、云南、四川、甘肃、广西、陕西、西藏、内蒙古、重庆、青海。沪深两市上市的东北地区公司样本共计 130 家，董事会治理指数均值为 50.5665。东北地区省份上市公司董事会治理指数排名由高到低依次为：黑龙江、辽宁、吉林。

（三）不同行业董事会治理指数比较

由于各行业自身特性所致，不同行业之间上市公司董事会治理水平也存在很大差异。因此，有必要对行业间的上市公司董事会治理指数进行比较，以了解董事会治理的行业差异。用各行业上市公司董事会治理指数的平均值来代表各行业的上市公司董事会治理指数，然后将各行业的上市公司董事会治理指数按照从高到低的顺序排名，结果见表 4。

从表 4 可以看出，上市公司董事会治理水平最好的三个行业是教育（60.4969）、金融业（56.2024）、住宿和餐饮业（54.2591）。但需说明的是，教育行业在国内仅有 1 家上市公司，因此无法代表整个行业的水平。董事会治理水平最差的三个行业是卫生和社会工作（47.3709）、信息传输、软件和信息技术服务业（49.3109）和综合（50.3377）。同样需要注意的是，卫生和社会工作样本只有 3 家，也很难反映该行业上市公司的董事会治理水平。在所有行业中，董事会治理指数高于总体均值的行业有 10 个行业，分别是教育，金融业，住宿和餐饮业，建筑业，文化、体育和娱乐业，交通运输、仓储和邮政业，租赁和商务服务业，房地产业，水利、环境和公共设施管理业，农、林、牧、渔业。董事会治理指数低于总体均值的行业有 8 个行业，分别是制造业，采矿业，批发和零售业，电力、热力、燃气及水生产和供应业，科学研究和技术服务业，综合，信息传输、软件和信息技术服务业，卫生和社会工作。

整体来看，各行业内董事会治理水平存在较大不同，但没有反映出一定的规律性。在董事会治理水平相对较高的行业中，有的行业所受的管制程度相对较高，对公司治理的要求也有较明确的规范要求，

表 4 2012年度不同行业上市公司董事会治理指数比较

排名	行业名称	公司数目(家)	平均值	中位值	最大值	最小值	标准差
1	教育(P)	1	60.4969	60.4969	60.4969	60.4969	n/a
2	金融业(J)	41	56.2024	56.5369	67.8676	45.7337	5.4177
3	住宿和餐饮业(H)	12	54.2591	54.9888	65.4886	36.6401	7.6532
4	文化、体育和娱乐业(R)	20	53.3846	55.7696	63.8388	35.9100	7.6303
5	建筑业(E)	56	53.2887	53.4639	68.9403	30.6746	7.5849
6	交通运输、仓储和邮政业(G)	77	53.0746	52.7106	71.4341	36.8813	6.4459
7	租赁和商务服务业(L)	21	52.9163	63.6147	60.8131	41.1855	5.1664
8	房地产业(K)	142	52.6711	53.6179	66.0087	35.3813	5.6940
9	水利、环境和公共设施管理业(N)	23	52.5111	52.9678	65.3120	35.8335	7.7711
10	农、林、牧、渔业(A)	36	52.1836	52.4566	62.4892	42.3548	5.1956
11	制造业(C)	1466	51.8823	52.1267	69.9062	30.3001	6.7285
12	采矿业(B)	57	51.7153	52.1289	67.5064	35.8514	7.3910
13	批发和零售业(F)	150	51.5817	52.0139	68.4686	36.5138	6.3936
14	电力、热力、燃气及水生产和供应业(D)	77	51.3189	52.8373	65.0383	34.1488	6.6334
15	科学研究和技术服务业(M)	9	51.1267	54.8065	56.8164	41.6969	5.9057
16	综合(S)	22	50.3377	51.9366	59.2106	37.7205	6.8774
17	信息传输、软件和信息技术服务业(I)	101	49.3109	50.0179	65.4244	27.6082	7.4020
18	卫生和社会工作(Q)	3	47.3709	45.7828	51.2388	45.0911	3.3675
	总体	2314	51.9522	52.2890	71.4341	27.6082	6.7161

比如金融业；有的行业市场竞争程度较高，需要通过强化公司治理提升企业的竞争力，如建筑业。在董事会治理水平相对较低的行业中，有的行业的发展对技术、资源或人才等的依赖尤其强烈，如信息传输、软件和信息技术服务业，相应的，对公司治理的要求反而降低了；有的行业尽管受到较强的管制，但对公司治理的要求却不像金融业那样严格，如电力、热力、燃气及水生产和供应业。

（四）不同所有制董事会治理指数比较

按照所有制类型将上市公司划分为五种类型，这五类公司的董事会治理指数表现出明显的差异，如表5所示。

表5 2012年度不同所有制上市公司董事会治理指数比较

排序	所有制类型	公司数目（家）	平均值	中位值	最大值	最小值	标准差
1	国有弱相对控股公司	308	53.1609	53.5479	68.1613	31.6191	6.2516
2	国有强相对控股公司	384	52.5190	52.6971	69.2857	30.3001	6.7749
3	国有参股公司	386	51.8411	52.1517	71.4341	32.5711	6.6917
4	国有绝对控股公司	276	51.5340	51.3598	67.5064	34.1488	6.3612
5	无国有股份公司	960	51.5027	51.8483	69.9062	27.6082	6.8929
	总体	2 314	51.9522	52.2890	71.4341	27.6082	6.7161

注：参照《股份有限公司国有股股东行使股权行为规范意见》第5条的规定，结合实际情况，我们对五种所有制类型的界定是：A. 国有绝对控股公司：公司第一大股东是国有股东，且持股比例 $x > 50\%$；B. 国有强相对控股公司：公司第一大股东是国有股东，且持股比例 $30\% < x \leq 50\%$；C. 国有弱相对控股公司：公司第一大股东是国有股东，且持股比例 $x \leq 30\%$；D. 国有参股公司：有国有股东，但国有股东不符合上述三条标准；E. 无国有股份公司：是上述四种情形以外的公司。在上述五类公司中，最后两类其实就是典型的非国有或民营上市公司。

从表5可以看出，国有弱相对控股公司和国有强相对控股公司的董事会治理水平相对较好，无国有股份公司、国有绝对控股公司和国有参股公司的董事会治理水平相对较差。具体而言，国有弱相对控股上市公司样本有308家，指数均值为53.1609，在所有制类型中排名第一;国有强相对控股上市公司样本有384家,指数均值为52.5190,高于总体均值(51.9522);国有参股上市公司样本有386家,指数均值为51.8411,略低于总体均值;国有绝对控股上市公司样本有276家,指数均值为51.5340,低于总体董事会治理指数均值;无国有股份上市公司样本有960家,指数均值为51.5027,在五种所有制类型排名中垫底。由此可知,股权集中度高的上市公司,即无国有股份公司(纯民营控股)和国有绝对控股公司,其董事会治理水平相对较低,这说明,股权相对多元化,是提高公司董事会治理水平的比较有效的方式。

根据所有制性质,我们可以将国有绝对控股公司、国有强相对控股上市公司和国有弱相对控股公司,视为国有控股上市公司,则国有控股上市司总数为968家,董事会治理指数均值为52.4424;将无国有股份公司和国有参股公司合并统称为非国有控股公司,总数为1 346家,董事会治理指数均值为51.5998。将两者进行比较,如表6所示。

表6 2012年度国有和非国有控股上市公司董事会治理指数比较

控股类型	公司数目(家)	平均值	中位值	最大值	最小值	标准差
国有控股公司	968	52.4424	52.6971	69.2857	30.3001	6.5189
非国有控股公司	1 346	51.5998	51.9346	71.4341	27.6082	6.8350
总体	2 314	51.9522	52.2890	71.4341	27.6082	6.7161

由表6所知,国有控股公司与非国有控股公司的董事会治理指数差距不大,均值相差不超过1。国有控股公司董事会治理指数均值略高于总体均值,而非国有控股公司董事会治理指数均值略低于总体均值。董事会治理指数的最大值和最小值均来自非国有控股公司。

我们进一步将国有控股公司按照实际控制人划分为中央国有企业和地方国有企业,扣除未披露以及最终控制人不清晰的27家上市公司,最终得到941家样本公司数据。其中最终控制人为中央国有企业的国有上市公司,总数为337家,董事会治理指数均值为51.8783。最终控制人为地方国有企业的国有上市公司,总数为604家,董事会治理指数均值为52.6971。将两者进行比较,如表7所示。

表 7　2012 年度按最终控制人划分的国有上市公司董事会治理指数比较

最终控制人	公司数目（家）	平均值	中位值	最大值	最小值	标准差
中央国有企业	337	51.8783	52.0851	68.1613	30.3001	6.7125
地方国有企业	604	52.6971	53.2133	69.2857	31.6191	6.3947
总体	941	52.4039	52.6957	69.2857	30.3001	6.5186

注：国有控股上市公司样本共有 968 家，剔除最终控制人为非国有企业的公司 8 家，没有明确说明最终控制人的公司 19 家，最终样本是 941 家。

由表 7 所知，最终控制人为中央国有企业的国有上市公司与最终控制人为地方国有企业的国有上市公司，两者之间的董事会治理指数差距并不明显，后者指数均值略高于总体均值，而前者指数均值略低于总体均值。董事会治理指数的最大值来自最终控制人为地方国有企业的国有上市公司，最小值来自最终控制人为中央国有企业的国有上市公司。

（五）不同证券板块董事会治理指数比较

上市公司选择的上市板块不同，不同交易所对上市公司的要求也略有不同，这可能导致董事会治理水平的差异。因此，笔者将沪深两市主板（A 股）及创业板上市公司的董事会治理指数进行对比，结果如表 8 所示。

表 8　2012 年不同证券板块上市公司董事会治理指数比较

排序	证券板块	公司数目（家）	平均值	中位值	最大值	最小值	标准差
1	深市中小企业板	646	54.6867	54.6304	69.9062	36.4092	5.3936
2	深市主板（不含中小企业板）	470	52.8235	53.0254	68.6499	33.4095	6.0153
3	沪市主板	917	51.1380	51.2063	71.4341	30.3001	6.8604
4	深市创业板	281	46.8658	47.0750	65.3120	27.6082	6.6597
	总体	2 314	51.9522	52.2890	71.4341	27.6082	6.7161

由表 8 可知,深市中小企业板上市公司的董事会治理指数(54.6867)要明显好于深沪主板(分别是 52.8235 和 51.1380)和创业板上市公司(46.8658),深市主板也明显高于沪市主板,深市中小企业板和深市主板上市公司的董事会治理指数均值,都高于总体均值(51.9522),且标准差较小;而沪市主板和创业板的董事会治理指数都低于总体均值,且标准差较大,说明沪市主板和创业板的上市公司董事会治理水平有待改善。整体上看,深市主板和中小企业板上市公司的董事会治理水平明显好于沪市上市公司,这部分说明:一方面,对于相对成熟的主板而言,深交所对所辖公司的监管力度大于上交所;另一方面,随着公司达到成熟规模,股本增大,董事会治理的作用有弱化倾向。创业板上市公司董事会治理水平明显低于其他板块的公司,这也正说明,在中国小微企业中,家族或个人治理仍是主流治理模式,董事会治理意识还没有有效建立起来。

五、结论

董事会治理作为解决股东与经理人之间代理问题的关键性制度,在公司治理机制中发挥着极其重要的作用。董事会治理的质量,是决定一个公司未来业绩好坏和股权回报的重要指标,也是防范企业家犯罪的重要屏障。科学合理的董事会治理评价系统,对于完善董事会制度建设,规范经营者行为,降低投资者信息不对称、完善资本市场、提升上市公司竞争力等方面,都起着至关重要的作用。本文从董事会结构、独立董事的独立性、董事会行为及董事激励与约束四个方面入手,构建了包含 4 个一级指标和 37 个二级指标的上市公司董事会治理评价体系,计算了沪深两市 2012 年度共计 2 314 家上市公司(有少量必要的扣除)的董事会治理指数,并分别从地区分布、行业属性、所有制性质以及上市板块等多角度,全面评价了中国上市公司董事会治理水平。研究发现,中国上市公司董事会治理指数基本符合正态分布,绝大多数上市公司董事会治理指数处于不及格的区间,占比高达 88.46%,董事会治理质量令人担忧。具体而言,东部和西部地区上市公司董事会治理水平较高,但董事会治理指数的区域间差异并不是很明显;教育、金融业、住宿和餐饮业的董事会治理水平较高,而卫生和社会工作、信息传输、软件和信息技术服务业,以及综合行业的董事会治理水平较低;股权集中度较低的上市公司其董事会治理水平相对较高,且国有控股公司董事会治理水平略高于非国有控股公司,但总体来说差距不大;深市中小企业板和主板上市公司的董事会治理水平明显好于沪市主板上市公司,而创业板上市公司的董事会治理水平最低。

企业家行贿：公权力放大后助推的"恶质文化"

翟英范[*]

本文所说的企业家是指民营企业家，这里所讲的公权力，是指社会的公共权力。公权力放大，指的是公权力异化后掌握公权力的人利用公权力所赋予的职能，将公权力转化为以权谋私的工具，进而在自己所掌握的公权力之内，将这些公权力进行交换、滥用所获得的权力延伸。"恶质文化"在这里仅指与行贿有关的、通过非正当途径进行权钱交易的行为。

一、企业家犯罪是权力异化的结果

在现实生活中，企业家行贿已成为普遍现象。10年前，《中国改革》期刊上发表过一篇短评，读后令人深思。该文作者在看到几个名噪一时的企业家相继被告上法庭后颇有一番感慨：只要是一个正常的企业家，在一个秩序良好的社会中做生意，大部分恐怕都不会上赶着去干行贿、收买官员、胡乱吹牛那种乱七八糟的事，因为，这些事在一个有理智的人看来总是掉份儿的。他认为，造成这些现象的根本原因是体制问题："一些权力部门掌握着社会最重要资源的分配权。资源是有限的，谁得到这些资源，谁就有挣钱的可能，而对一些官员来说，他分配给谁都是社会的，人家凭什么会分给你呢？""做生意的许多步骤都在行政管制之下，从开始办执照，到纳税，到门前三包，到贸易经营权，到资本市场，莫不如此。"于是乎，"在一些企业家看来，要做挣钱

---

[*] 翟英范，河南警察学院教授，学报主编。

的生意,除了结识几个官场朋友做靠山,还有别的选择吗?而这些朋友、靠山又岂是吃素的?"①

时至今日,这种现象非但没有改观,反而愈演愈烈,有更多的企业家被押上了被告席,这个问题不能不引人深思。企业家通过行贿改变了市场经济的游戏规则,不仅造成了极大的社会不公,也从根本上损害了消费者的利益。但是,在现有的社会生态环境中,如果简单地把这种现象产生的原因归结到企业家身上,确实有失公允。贿赂犯罪产生的原因是权力异化所产生的结果,"由于权力以人和意志的存在为前提,且具有不平等性,权力在一定社会条件下便可成为一种谋取私利的手段,一种可交换物。尽管权力本身并不是用来交换的,但在权力失控的条件下,掌权者便可凭借权力的意志性和不平等性,从权力对象中获取利益,使权力像一件可以买卖或交换的商品一样进入流通领域。无论什么样的权力,一旦进入流通领域作为交换的对象,便演化为一种交换物"。②

二、公权力放大,是民营企业家行贿的根本原因

民营企业家犯罪的种类有很多,但仅就行贿案件而言,无不和公权力有着密切的关系。众所周知,企业家行贿的背后都伴随着官员的身影,而在民营企业家的意识里,普遍存在着"不行贿就做不成生意"的共识。从最近几年暴露的贪腐案件,就可以证明权力和企业家犯罪的关系:河南省委常委王有杰案、河南省交通厅四任厅长贪腐案、国家开发银行原副行长、证监会原副主席王益被"双规"、四川省委副书记李春城案,等等,都和民营企业家有着千丝万缕的联系。"民营企业家行贿官员,这其中的确有出于主动的原因,为了给自己捞好处,但确实也有一部分是出于无奈的。""现在,往往是官员落马带出民营企业家行贿问题,然后,民营企业家又带出更多的受贿官员。"③从反腐过程中所揭发出来的案件可以看出,这种例子比比皆是。造成这种现象存

---

① 姚中秋:《企业家行贿的背后》,载《中国改革》2002年6月13日。
② 彭辅顺、谭志军:《贿赂犯罪的权力分析》,载《山东警察学院学报》2005年第3期。
③ 赵丽、赵晨曦:《企业家犯罪背后常现官员腐败身影》,载《法制日报》2011年6月11日,第004版。

在的原因,无论是从体制的角度还是从经济运行机制的角度看,都和公权力的放大有着直接关系。

在现有经济运行机制下,个别政商结合的现象,在本质上和政府部门定位不清、公权力未受约束、被一些官员无限放大有关。

(1) 企业行为是由企业主导的,但这些行为必须通过公权力才能实现。公权力被放大后,势必助长和增加对企业的约束力,导致企业不能按照自身的运行规律进行正常的运转。在现实社会中,企业要想发展壮大,搞好同公权力部门的关系,自然成为企业的首选。

(2) 从一些贪腐案件可以看出,政府的公权力常常被贪腐官员所利用、交换、转换成个人的私权利。即是说,公权力是由长官意志决定的,而长官为展现自己意志的合法性,都是打着一级党的组织或者政府的旗号,高歌发展经济、招商引资、环境保护、科学发展等来实现自己的目标的。但这些行为是否经过科学的论证,民主决策则很少有人考证,更无人实施监督。这种长官意志不仅给一些贪官,也给一些民营企业造成了很大的可操作空间。

(3) 民营企业的发展和企业自身的公关能力有很大的关系。企业家要完成自己的企业行为,关节点是政府公关行为,只要打通少数有实际公权力的官员等关节点即可。打通关节点的过程,肯定会导致大量的"企业行为",而这些行为本身是通过行贿来实现的。

(4) 企业间的博弈,进一步推动了公权力的放大。企业间的相互竞争不是在市场,而是表现在同公权力关系的亲疏方面,这就造成了企业家之间的隐性激烈博弈,最终结果可想而知。

(5) 企业行为的成功很多情况下是通过非企业人士完成的。在企业运行中,可以发现很多非企业人士的身影,这些非企业人士大都和某些公权力中的长官有着密切关系,专门从中收取所谓的"中介费",在投标中大都是这种人所推介的企业中标。这种非企业人士通过注册公司,或打着其他企业的幌子,或参与其他企业的投标等形式,从中收取好处费。这种行为不仅损害了国家、集体的利益,也损害了民众和民营企业家的利益。

在现有社会生态下,政府向市场经济体制转型要经历三个阶段:"一是依法行政阶段;二是责任政府阶段;三是最终的理想目标——法治政府阶段。"④ 就目前的情况看,人们倾向于认为我国正处于第二个阶段,而实际情况远非如此,第一阶段依法行政的目标远远没有实现。民营企业虽然通过30多年的发展,在社会上获得了相当大的优势,但和政府部门的权力相比,依然处于绝对劣势。而资本缺乏规范、正当、使利益最大化的途径,只有选择和一些官员建立利益共同体的方式才能谋求发展,权力与资本的结合必然成为现实。在目前的情况下,我们要有效地阻断权力与资本的结合,依法行政依然是目前的最佳选择。在大力推进依法行政的基础上,推动科学行政和社会监督,减少行政长官对经济活动的介入和参与,实行谁参与谁承担道德风险和法律责任的制度,堵塞贪官的发财途径。

三、一些传统礼仪文化异变成"恶质文化"

在世界文明史上,中国有着礼仪之邦的美誉。在传统的节日里,亲朋好友相互探视、互送礼品成为关系亲疏和观察人间冷暖的重要节点。探视父母、长辈以示孝道,探视亲朋好友以示友谊,探视领导以示尊重,探视有隙者以示和解,等等。这种礼仪在中华民族几千年的发展史中,作为传统美德的重要组成部分,对社会的和谐起到了不可低估的作用。然而,时至今天,随着社会大环境和人们思想观念的改变,这些优良的传统美德,被一些腐败分子、投机者等用来进行权钱交易等不法勾当。从这个角度讲,民营企业家不能不说是最大的受害者和最大的受益者之一。为什么这种传统的礼仪文化在今天会转变成"恶质文化",并成为一种人们见怪不怪的情由,这和行政运行机制的不规范,使公权力集中在少数人手里是分不开的。

从大量的贪腐案件可以看出,大批腐败官员的落马,都和民营企业家有关,而这些落马的腐败官员,大都和自己手中的权力资源有着直接关系,这些资源包括干部任免权、行政审批权、土地开发权和各种资源利用权,等等。企业家要把这种资源变成自己手中的金钱或者资产,必然会催生许多由上述礼仪转化来的"企业行为",以此来实现上述目的。而问题是对民营企业家而言,有这种"企业行为",并不一定

---

④ 赵丽、赵晨曦:《企业家犯罪背后常现官员腐败身影》,载《法制日报》2011年6月11日,第004版。

会得到这些资源,而没有这些"企业行为",肯定得不到这些资源。对民营企业家来讲,每得到一种资源,事先都要计算好给对方付多少提成,即人们常说的几个"点",这些"点"都是计入企业成本的。如果一个中标的项目被转包了几次,最终实施该项目的企业利润就会大打折扣。因为每转包一次,就有几个"点"被中间人拿去。经过层层盘剥的项目,使施工企业或者单位为了生存,不得不在质量上大打折扣。损失最终由消费者承担。在贪腐案件中,无论是抓到贪官牵出犯罪的民营企业家,还是发现犯罪的民营企业家牵出贪官,无不和这种"企业行为"的运行方式有关。当某种行为方式被借助光明正大的理由进行无限的放大后,受益者本身又将其作为心安理得的回报时,问题的性质就发生了质的变化。权力本身成为交易的工具,没有被监督的权力会被进一步放大,而传统的礼仪文化被行贿受贿者所利用,发展成为赤裸裸进行交易的"恶质文化"。导致这种"恶质文化"产生和发展的根本原因,与公权力的过度集中不无关系。它不仅增加了领导干部的风险,更增加了民营企业家犯罪和企业自身的风险。

礼仪文化演变成恶质文化和公权力的助推有极大的关系,通过对下面几个方面的分析,我们可以对其有一个大致的了解:

(1)通过对大量贪腐案件的分析可以看出,在某些党政部门和企事业单位,公权力实际上掌握在少数官员手里,从某种意义上讲是少数官员掌握着私营企业存亡的命脉。无论是这些部门自身的经济行为,或者是本地区的经济行为,都是由这些官员或者更高一级的官员说了算,领导一句话就能改变事物的发展方向,无论多么科学的论证,在领导面前都显得苍白无力。而无论是哪一级的官员,都是受到更上一级领导的充分信任的,因此部下无人敢于挑战其权威,一切皆由领导说了算已成为惯例。尽管党中央一再强调集体领导和民主集中制,但从绝大多数贪腐案件来看,这种领导体制并没有真正得到贯彻。

(2)由于第一个问题的客观存在,如何和官员打交道就成为民营企业家的必修课。一届党委或者政府领导换届,与企业的正常运作本无多大的关联,专心搞好自己的企业就是对当地党和政府的最大支持。然而现实的情况是:每有新官员上任,最繁忙和担心的就是那些民营企业家,真可谓是有人欢喜有人愁。这些企业家为了自己的发展,会调动全国的关系网,绞尽脑汁,通过各种途径结识新上任的官员及其秘书、司机、家人和各种亲朋好友,并通过这些人设法和新任官员建立良好的关系,目的在于使自己企业的日子能过、好过、做大做强。能否实现这种目标,关键在于这门必修课学得如何。能使这些民营企业家和官员建立良好关系的中间人,或者让民营企业家和官员进行直接交往,或者是自己作为中介人,实行利益均沾。这种利益链的建立,不仅扶持了一些民营企业家,也催生了大量的假公司、假企业。这些假公司、假企业凭借自己在利益链上的重要环节,参与各种竞标和资源的分配,造成大量经济活动中的不公平竞争。

(3)到这里我们可以看出,民营企业不仅要行贿贪官,还要被一些假公司、假企业所盘剥。这种现象又进一步助推了"恶质文化"的发展,使企业运行中潜规则盛行,暗箱操作成为民营企业家行为的普遍现象。因此,人们在日常交往中可以发现,在一些私营企业家和官员交往中,有一个不言自明的潜规则,叫做"花多大的钱办多大的事"。而在官场中,同样存在着对民营企业家的砝码:"我也可以让你干,也可以不让你干,还可以让你干不成"。这种潜规则和暗箱操作,不仅使一些民营企业家走上犯罪道路,也毁掉了一些官员。

四、民众对政府行为、员工对民营企业的监督

为什么民营企业家会如此大胆地行贿,贪官会如此大胆地受贿?因为缺乏两个监督:民众对政府行为的监督和员工对民营企业的监督。

(1)政府决策缺乏透明度、民众没有知情权,对政府行为的监督更无从谈起。不能否认,近些年关于民生问题公开征集民众意见的情况常见于报端,诸如煤、电、气是否涨价、涨多少,公交车是否改线,地铁票如何定价、定多少,等等,表面上看政府决策透明了、民主了,但实际上,在开发、拆迁、改制、新农村建设、城镇化、重大项目的招投标等重大问题上,缺乏公开和透明,这就造成了决策上一定的可操作性,出现了本来明文规定不能做的事情,经过一些人的运作又变成了下大力气要去做的事情;其他民营企业做不成的事情,某家民营企业又能做成的现象,使群众产生了很多质疑。从贪官腐败的例子可以看出,他们就是有效地利用这种不透明,拿着公权力和一些私营企业家进行交换。原河南省委常委、郑州市委书记王有杰在担任漯河市委书记期间,打着招商引资的旗号,将蓝天宾馆低价卖给河南鸿基房业有限公

司董事长鲍义军,收受贿赂72万元;为河南高鑫金属矿业有限公司获贷500万元、减免征地及承建费912万元,并通过警方追讨被骗资金150万元后,该公司董事长高复东回报王有杰64万元;为其儿子任董事、注册资本只有5万港元的香港兆泽投资公司,100%收购了注册资本为2.46亿元的河南裕达置业有限公司。后者曾因建设郑州第一高楼、有"中国第四座摩天大厦"之称的郑州裕达国贸大厦而名噪一时,公司号称总资产21亿元人民币,等等。⑤ 还有更多的贪官都是打着政府的旗号和一些民营企业家进行权钱交易,这些交易之所以能够得逞,都和政府决策的不透明有着直接关系。

我们可以用公式来表示:政府决策的不透明+贪官对政府的不透明=贪官的受贿额度+企业利润。如果用简单的一句话来概括就是:政府决策的不透明是造就贪腐官员的沃土良田。如果王有杰所做的这些事情是公开的、透明的,让群众有知情权,上述情况根本就不可能发生。

(2) 从上述所谈的透明度和知情权问题,我们不禁要问,贪官们为何能够得心应手地实现自己的目标? 答案是缺乏对领导干部的监督。任何政府部门都公开承诺接受群众监督,任何领导都声称欢迎群众监督。但现实中非但群众无法监督,也不敢监督,否则将要面临无法承受的压力。贪官所造就的是溜须拍马者的天堂,这就是在贪腐案件中窝案发生的背景。在王有杰案发生后,有记者采访当地干部,有人就说早知道他会出事,只是早晚的问题。2013年10月17日被中纪委"双规"的南京市委副书记、市长季建业之所以能够得心应手地为自己捞取好处,同样得益于监督的缺失。在季建业被"双规"后,江苏省政府的一名官员说:"季建业的落马并不令人惊讶。"扬州一装饰公司老总表示:"在他落马之前,谁敢对当权的市委书记说什么。"⑥在这种背景下,非但贪官、贪官的亲属和民营企业家勾结能够捞到利益,那些溜须拍马者也有好处,这就是贪腐案件中的"拔出萝卜带出泥"的效应。

(3) 贪官受贿、民营企业家行贿,大批的资金运作与流动,何以在

---

⑤ 参见邓红阳:《贪官为何一拎就是一串》,载《法制日报》2007年3月2日第005版。
⑥ 赵士勇:《季建业仕途往事》,载《华夏时报》2013年10月19日,第001版。

暗箱操作下能够完成？除了贪官的胆大妄为和非法民营企业家的精心运作之外，对民营企业的监督缺失是重要因素。无论是国企还是其他集体企业、民营企业，职工根本无法对企业的资金运行进行监督，而政府在保证税收的情况下，对民营企业的财务和资金运行状况更是放任自流，从而造成了民营企业家毫无顾忌地随意使用和转移资金进行自己的企业行为。企业家的能量有多大，与掌握公权力的官员的远近有着直接关系。钱如何挣、如何花、给谁花，职工是没有知情权的，知情权只掌握在少数几个人手里。

五、企业行贿，公权力放大后助推的恶质文化

从上述分析得知：一些优良的传统礼仪文化在今天已经沦为一些民营企业家行贿和一些官员受贿、索贿的"恶质文化"，原有的礼仪文化的本色在这些人心目中已荡然无存。

（1）导致企业家行贿不断增多和加大的根本原因是公权力被滥用。解决公权力被滥用的问题，关键在干部制度的设计上。如果不解决对干部，尤其是对各级党政部门"一把手"的监督问题，就不能铲除贪官产生的温床，这些贪官还将损害党和政府的肌体，伤害人民群众的感情。

（2）民营企业家行贿和民营企业家法律意识淡薄无关，而是和企业发展受阻于公权力和企业自小做大所形成的隐性文化有关。在形成规模的民营企业中，基本上都有法律顾问和律师，对民营企业的企业行为是否违法，不仅这些法律顾问、律师心知肚明，即使是民营企业家也十分明了。如果说民营企业家法律意识淡薄，就是作出这种结论的人自己也不相信。根本的问题在于，如果不和大小官员建立密切的关系，企业的生存和发展就会步履维艰。而这种密切的关系是建立在金钱关系之上的，这是不言自明的事实。而这已成为民营企业自小做大的隐性文化，似乎和法律意识淡薄没有多大的关系。

（3）人脉关系、熟人社会、民营企业家和官员之间的游戏规则是助推这种现象产生的直接原因。这种游戏规则被正直的民众所掌握，可形成社会的和谐与稳定；被别有用心的人所利用，诸如被贪官和非法民营企业家、假企业家所利用，就会侵害国家和民众的利益，给社会埋下不稳定的隐患。从大量的贪腐案件可以看出，贪官和非法的民营

企业家、假企业家之间的勾结和这种复杂的关系网有着直接关系。

（4）公权力运行中的市场行为超越了市场经济所带来的巨大利润，导致了企业家敢冒风险的意识和侥幸心理大增。大量的贪腐案件还说明了一个问题：公权力在运行过程中，贪官和民营企业家之间的行为也变成了一种市场行为。这种交易比社会主义市场经济中的正常交易活动所带来的利润要大得多，贪官们的亲属和好友只要注册一个假公司，通过各种非法途径就能获取大量的利润。这种获取利润的方式，促成了更多假公司的建立，也促使一些民营企业家通过各种途径，千方百计地和官员建立各种关系，以求分得一杯羹。

可以毫不夸张地讲，民营企业家行贿是公权力被无限放大后所形成的"恶质文化"，而贪腐案件的发生，正是贪官利用这种"恶质文化"为自己捞取非法利益的温床。要铲除这种温床，必须限制公权力的滥用，使那些贪官无机可乘。要使贪官无机可乘，必须作好干部制度的顶层设计，靠制度、业绩选拔人和使用人，这样群众才能监督、才敢监督，才可避免"早知道他早晚会出事"的事后感叹。尽管限制公权力不被滥用有一段很长的路要走，但也只有这样，才能遏制民营企业行为中的潜规则和暗箱操作，促使民营企业家从通过权力运作获得利润，转向真正地通过市场运作赚取利润，才能有效地控制民营企业家行贿现象的发生和蔓延。

"官商勾结现象"的形成原因及对策探讨

郭理蓉　孟祥微[*]

官商勾结现象在我国商业活动领域屡见不鲜，权力与资本的不正当结合，严重扭曲了市场竞争机制，吞噬着我国经济发展的成果。通过总结 2012 年经媒体报道的企业家犯罪案件的特点，《2012 中国企业家犯罪媒体案例分析报告》指出，企业家犯罪与政府官员犯罪的伴生现象非常明显，政府高官的落马，往往牵扯出一系列企业家的贿赂犯罪。企业家与官员通过商业贿赂，违背法律规范、市场规则进行"合作"，瓜分商业活动产生的利润，从而形成了关系紧密的利益共同体。这种现象并不仅仅源于我国现行法律的疏漏，而且更深程度地根植于我国社会转型阶段尚存的制度缺陷。本文将从"理性经济人"的角度出发，分析影响官商利益同盟形成的因素，再结合我国现阶段的经济、法律等社会现实，分析官商勾结愈演愈烈的原因，最后对如何打破官商利益共同体提出若干粗浅建议。

一、影响"官商勾结现象"形成的因素分析

经济活动的参与者一般符合"理性经济人"的特征，即追求自身利益的最大化，并以此作为行为选择的导向。企业家与官员进行钱权交易的过程，也与普通的交易行为类似，企业家出让一定的利益作为贿赂，换取权力控制下的交易机会、资源配额，而官员则通过权力的行使取得企业家出让的利益，企业家或官员是否实施贿赂行为，在很大程

---

[*] 郭理蓉，北京师范大学刑事法律科学研究院副教授；孟祥微，北京师范大学刑事法律科学研究院硕士研究生。

度上也是基于收益与成本间的权衡。现假定参与钱权交易的企业家和官员均为"理性经济人",将现实中复杂的关系进行抽象和简化,得到双方的决策模型。[①]

从企业家的角度,如果选择支出一定财物或其他利益(记作 M)向官员行贿,从而获得更多的交易机会或公共资源,由此取得的收益记作 I。由于行贿既违背公平竞争的道德要求,也违反相关法律、法规,有可能案发而受到制裁。被制裁的可能性记作 k,而制裁包括两方面内容:一是法律上的成本如刑罚、行政处罚(记作 X);二是道德代价,如遭到社会谴责、声誉受损等(记作 Y),因此企业家最终所得为 $I-M-(X+Y)k$。如果选择不行贿,可能会丧失在权力支配下的交易机会与资源,这时取得的收益记作 I_0,同时因不行贿而获得的利益如道德满足、社会声誉等记作 R,企业家最终所得为 I_0+R。当行贿所得大于不行贿所得,即 $I-M-(X+Y)k > I_0+R$ 时,企业家更倾向于作出行贿的选择。

从官员的角度,如果选择贿赂,可以获得的收益即为 M,受贿行为同样会被制裁(可能性记作 k),并由此产生法律成本(X)和道德代价(Y)。官员受贿最终所得为 $M-(X+Y)k$。如果选择不受贿,可获得的道德满足、社会声誉等利益记作 R。当受贿所得大于不受贿所得,即 $M-(X+Y)k > R$ 时,官员更倾向于受贿。

虽然实际情况更为复杂多变,但上述模型仍能够大致反映出影响官商利益同盟形成的主要因素及其作用方式:

(1)收益 I 与 I_0 的差额。当差额越大时,行贿与正当竞争相比越具有吸引力,官员权力寻租的空间也就越大,受贿收益也就越多。因此,收益差额是形成官商利益同盟的根本驱动力。

(2)法律成本 X 和道德代价 Y。两者在企业家和官员两方的作用方向一致,均为抑制形成利益同盟的因素。

(3)受制裁的可能性 k。在企业家、官员两方的作用方向一致,且直接影响到成本 X、Y 的实现。K 越大时,意味着贿赂行为成本越高,利益同盟越不易形成。

(4)选择适法行为的利益 R。对企业家、官员双方都属于抑制同

---

① 参见谢明:《浅析行贿受贿行为》,载《北京行政学院学报》2005 年第 1 期。

盟形成的因素，R 越大，意味着贿赂行为的机会成本越高。

我国当今严重的"官商勾结"现象与上述因素密切相关，下面将结合社会现实分析这些因素在我国经济活动中的具体情况，探讨官商利益同盟形成的原因。

二、"官商勾结"形成的原因分析

（一）市场体系不完善和制度缺陷，造成了贿赂与否间的巨大收益差值

1. 政府代替市场进行资源配置形成价格落差

我国正处于由计划经济向市场经济转变的阶段，而市场经济改革不可能一步到位。目前我国资源配置中存在市场和政府两大主体，政府与市场的边界并不清晰。土地市场、资本市场包括证券期货等生产要素市场仍未完全形成，政策性因素对生产要素价格的影响，超过了市场机制的自发调节作用，各类资源也因此拥有了行政控制性价格和市场价格两种价格，并形成了价格落差。而价格落差所产生的巨大利润空间，为资本与权力的不正当结合提供了根本动力。

2. 监督制度缺失使行政权力高度集中，使得企业家通过行贿手段攫取利润成为可能

在市场体系尚不完善的今天，经济环境存在着"人治和法治交叉混合的状态"，但由于监督机制匮乏、公司治理结构虚化，政府部门和国有企业内部的审批权、决策权往往集中于"一把手"手中。[②] 而行政定价与市场价格的价格落差，诱使官员利用权力之手干预微观经济活动，为权力寻租创造更广阔的空间。在监管失控的情况下，决策有时更取决于领导的个人偏好而非客观经济规律，为企业家投其所好进行勾兑、结成利益共同体创造了机会。

3. 民营企业所处的恶劣生存环境，加速了"官商利益同盟"的形成

长期以来，民营企业在市场准入、税收、贷款、融资等方面都遭受歧视性待遇，与公共部门之间的交易机会远少于国有企业和外资企

---

② 参见吕斌：《企业家犯罪背后》，载《法人》2013 年第 3 期。

业。在企业规模小、资产技术实力不强的情况下,采取正当竞争手段往往难以取胜。对于民营企业来说,市场准入门槛高,而有关部门官员则享有较高的自由裁量权,一些民营企业家为打开市场、突破瓶颈转而采取商业贿赂等不正当竞争手段。民营企业与国有企业待遇上的悬殊,也造成了相应企业家所触犯罪名的差异,受贿类犯罪是国有企业家最常见的犯罪类型,而行贿类犯罪的主体大多为民营企业家。③掌握公用资源的多寡,一定程度上决定了企业家在利益链条中的位置。

总而言之,我国转型期所出现的制度缺陷与不公,是某些官商勾结利益链条存在的根源,并已造成了市场竞争环境的严重异化。巨大的收益差值,促使某些试图走捷径的企业家竞相行贿,而缺乏权力制约的一些有关部门官员,为谋取私利而降低甚至放弃对产品质量、价格的要求,使得市场交易中的质量、价格、服务等正当竞争让位于商业贿赂的恶性竞争。④

(二)现有法律惩处力度欠缺,使得贿赂行为法律成本较低,威慑力不足

1. 我国针对贿赂行为的刑法防线设置偏后⑤

我国刑法体系采取定性加定量的立法模式,因而存在行政违法和犯罪两个层次。商业贿赂既是行政违法行为,情形严重也可能构成犯罪。根据《中华人民共和国反不正当竞争法》(以下简称《反不正当竞争法》)及《关于禁止商业贿赂行为的暂行规定》,商业贿赂属于不正当交易的违法行为,手段既包括财产性利益,也包括其他利益,且对具体数额没有规定。刑法相关条文除对构成犯罪的金额作出限制外,还规定贿赂犯罪的标的为财产性利益,而将其他性质的利益排除在外;对于行贿犯罪,构成要件包括"为谋取不正当利益",非法收受型受贿犯罪则要求"为他人谋取利益"。虽然刑法具有最后性、谦抑性,但在

---

③ 参见《2012中国企业家犯罪媒体案例分析报告》,载《法人》2013年第3期。
④ 参见何增科:《关于依靠制度遏制商业贿赂的若干思考》,载《论法治反腐——"反腐败法制建设"国际学术研讨会论文集》,第221—222页。
⑤ 参见屈学武:《完善我国打击商业贿赂法制体系的法律思考》,载《河北法学》2006年第6期。

能够通过金额等因素区分违法性严重程度的情况下,刑法又增加了贿赂标的的形式、谋取利益的正当性等构成要件,以区分罪与非罪,其科学性值得商榷。事实上,官商勾结的方式日益复杂多样,除财产性利益外,还可通过安排就业、入学、医疗等其他形式的利益交换实现。就"谋取不正当利益"而言,我国市场体系尚不健全,行政审批、决策缺乏程序性规定,部门领导享有很大的自由裁量权,即使公事公办也不乏相互勾兑,因而利益的正当性尤其是在程序正当性方面很难判断;而是否"为他人谋取利益",理论界一般主张严格解释,以"承诺"为判断标准,即只要接受贿赂即符合"为他人谋取利益",因此该构成要件对于区分罪与非罪的意义不大,反而增加了理论与实践的差距。无论是否具备上述构成要件,商业贿赂行为都在不断强化着"官商潜规则",恶化着市场生态,其危害性不容小觑。我国刑法对贿赂犯罪的规定门槛偏高,增加了司法实践中认定与举证的难度,为官商勾结制造了过多的灰色地带。

2. 现有法律对商业贿赂的处罚设置欠妥

(1) 行政处罚力度不足。《反不正当竞争法》对于商业贿赂行为,除没收违法所得外,处以罚款1万元到20万元。这与行贿可能获得的百万元、千万元利润相比,显得微不足道。

(2) 刑罚手段单一,缺乏针对性。我国刑法对贿赂犯罪虽采取了自由刑甚至生命刑这些更为严厉的刑种,但不符合财产犯罪人趋利的心理特征,在利益权衡中直观感受不强烈,使得刑罚效益不尽如人意。

(三) 社会风气的默许和官场环境的封闭性,大大降低了道德代价

由于民营企业遭受的不公正待遇和体制性障碍客观存在,社会对处于竞争劣势的民营企业家或多或少持有同情态度。"官商潜规则"甚至取代企业实力,成为决定一个企业能否立足的关键因素。当"潜规则"阻碍"显规则"时,整个社会也就更加缺乏对公平竞争原则的坚持,缺少对基本商业道德的敬畏。⑥ 民营企业家的商业贿赂行为,多被公众理解为适应官场潜规则的无奈之举,而不会承受太多的社会谴责

---

⑥ 参见潘滨:《商业潜规则下企业家如何起舞》,载腾讯新闻(http://news.qq.com/zt/2008/my30/11.2.htm),2013年9月12日访问。

和道德负担。

虽然社会公众普遍对官员受贿行为深恶痛绝,但我国权力运行仍较为封闭,透明度低。在官方媒体的正面宣传下,官员的经济问题往往被政绩光环所掩盖,一些民众甚至对政绩显赫的贪官比碌碌无为的清官的接受度更高。即使民众对官员的行为或决策有意见,舆论批评也难以渗透到权力内部,更难以对被批评者的政治前途产生影响。当"官商潜规则"已经根深蒂固时,对于置身相对封闭官场的官员来说,选择随波逐流迎合规则所付出的道德代价,甚至小于洁身自好、独树一帜。选择不受贿的精神收益也相应大打折扣。

(四)商业活动缺乏监管,执法难度大,受制裁可能性低

1. 企业内部管理混乱与外部监管缺失,助长了商业贿赂"泛滥成灾"

(1)企业内部管理制度混乱,公司治理结构虚化,无法发挥公司制治理结构对企业家的制约。这造成了在企业内部,"一把手"对人事安排、财物调配享有绝对的决定权,加上财务管理制度不完善,上下级往往相互配合,掩盖违法犯罪事实。⑦

(2)政府对商业活动监管的手段、方式和重点落后于市场经济发展的现实要求。政府经济部门惯于采用计划管理和行政审批的方式管理经济,前置性行政审批成为行业监管的首选方式,而事中和事后监管机制则残缺不全。政府对企业的财务审计、税务稽查等方面发展严重滞后。⑧ 监管缺失、管理混乱,不但造成企业家行贿时有恃无恐,更使执法部门难以取得有力的证据,降低了商业贿赂行为被查处的可能性。

2. 法力度不足,使违法企业家、官员逃脱制裁

一方面,贿赂行为本身具有隐蔽性,形式复杂多变,知情人往往限于行贿人与受贿人之间,而双方在这一点利益趋于一致,因而相互隐瞒、掩饰,在行为认定和证据收集方面都有较大难度。另一方面,执法机关面对普遍存在的"官商潜规则"难以一一打击,选择性执法降低了

---

⑦ 参见《2012中国企业家犯罪媒体案例分析报告》,载《法人》2013年第3期。

⑧ 参见何增科:《关于依靠制度遏制商业贿赂的若干思考》,载《论法治反腐——"反腐败法制建设"国际学术研讨会论文集》,第223页。

惩罚的确定性,并且在实践中偏重打击受贿犯罪而忽视了对行贿犯罪的制裁。⑨ 行贿与受贿本为一对"孪生体",实证研究表明,行贿者往往攫取了贿赂所得利益中的大部分。⑩ 作为利益链条中的一端,对行贿者的放纵很可能助长其侥幸心理,强化其利用潜规则勾兑的行为模式。

由此可见,市场制度的不完善,使行贿与否的收益差值极其可观,为企业家行贿提供了源源不断的动力,也为官员权力寻租创造了空间,而社会环境和立法执法现状,又导致"官商勾结"可能付出的代价较低,机会成本不足,远远不足以抵制利益的诱惑。

三、打破官商勾结的对策探讨

基于上述分析,打破"官商勾结",应把握经济活动参与者以利益为导向的心理,对行贿和受贿的收益与成本进行控制,改变收益与成本的关系,遏制商业贿赂行为。

(一) 深化市场体系改革,缩小钱权交易的利润空间

市场体系不健全,政府取代市场进行资源配置,由此产生的寻租空间是"官商勾结"形成的根本推动力。只要市场体系特别是生产要素市场和公共资源交易市场还没有完全形成,市场机制还没有在资源配置中真正发挥基础性作用,各级政府的权力之手还继续干预微观经济活动,"官商勾结"便仍有着肥沃的土壤。要从根本上打破资本与权力的不正当结合,就必须深入市场化改革。⑪

(1) 建立健全公共资源交易市场,提高交易过程的透明度,竞争的公平性、开放性。工程建设、产权交易、土地出让、资源开发等领域都应纳入公共资源交易市场,通过公平、公开的竞争进行商业交易,实现资源配置市场化、投资和贸易自由化。此外,应完善生产要素和公共资源的价格形成机制,消除不合理的行政定价和价格管制,使生产

---

⑨ 参见余红、邓纯华:《行贿非罪化探究——基于实务中破解行贿与受贿同盟的思考》,载《江苏警官学院学报》2009年第4期。

⑩ 参见任建明:《治理商业贿赂:必须行贿受贿一并打击》,载《检察日报》2006年9月26日。

⑪ 参见何增科:《关于依靠制度遏制商业贿赂的若干思考》,载《论法治反腐——"反腐败法制建设"国际学术研讨会论文集》,第229—232页。

要素和公共资源价格充分反映市场供求关系,从而缩小行政定价与市场价格的落差。

(2) 加强对公共部门权力的监督与制约。建立对重大事项的集体决策制度,规范决策程序,尊重市场规律,提高决策的透明度、科学性;完善公共部门权力设置,实现决策权、执行权与监督权的分离、制衡,防止一人专断;完善对决策的评价和审计制度及决策问责制度,实现权责统一。[12]

(3) 消除民营企业参与市场竞争的体制性障碍。废止各种限制竞争、待遇歧视的政策和法律、法规。同时,深化垄断行业改革,鼓励民间资本进入国有企业独占的市场,实现公平准入和平等竞争。

(二) 完善相关法律,提高商业贿赂的法律成本

1. 严密贿赂犯罪的刑法法网

结合《反不正当竞争法》《关于禁止商业贿赂行为的暂行规定》及《联合国反腐败公约》中的相关规定,对刑法中贿赂犯罪的构成要件进行修改和完善,如将贿赂标的由财产性利益扩大到包括其他利益,行贿犯罪去掉谋取的利益须具有不正当性的限制条件,非法收受型受贿犯罪中去掉"为他人谋取利益"这一行为构成要件,使刑法中贿赂犯罪的规定与经济法、行政法中商业贿赂的规定紧密衔接,与国际公约中相关刑事犯罪的构成要件相协调。

2. 对处罚手段和力度进行调整

就行政处罚而言,应加大处罚力度,罚款金额应当与贿赂金额、贿赂行为所得的利益挂钩,如处以非法所得数倍的罚款,并增加吊销营业执照等处罚措施。至于刑罚,应改变单纯倚重自由刑、生命刑的立法思路,加强刑种的针对性。一是增加财产刑,与行政处罚一样应保持处罚强度,不得低于贿赂行为所得利益的一定倍数;二是增加资格刑,对于官员应当剥夺政治权利,而对于企业应适当参考其他国家的立法经验,丰富资格刑的内容,如永久性取缔经营资格。[13] 对于贿赂犯罪,罚金的代价比剥夺自由或生命更为直观,而资格刑则意味着企业

---

[12] 参见许耀桐:《改革和完善政府决策机制研究》,载《理论探讨》2008 年第 3 期。
[13] 参见屈学武:《完善我国打击商业贿赂法制体系的法律思考》,载《河北法学》2006 年第 6 期。

家被永久逐出市场或相关领域,能够提高刑法的威慑力,并矫正过分倚重自由刑、生命刑而带来的刑法"抓大放小"的心理暗示。

(三) 加强宣传和舆论批评力度,提高"官商勾结"的道德代价

英国哲学家罗素认为,法律如果没有舆论的支持几乎毫无力量。

一方面,应当加强针对商业贿赂的宣传力度,使一般公众能够了解贿赂行为的方式并充分认识到其危害性,树立社会财富意识和社会责任感,改变社会对官商潜规则默许、容忍、妥协的态度;建立行贿企业公告制度和"黑名单"制度,建立专门网站公告行贿企业及负责人的名单,并定期向新闻媒体通报商业贿赂案件查处情况,保持强大的社会压力。

另一方面,在对官员加强道德建设的同时,注重社会舆论批评的力量,打破封闭的官场环境。官员处于相对封闭的共同利益团体之中,即使公众对受贿等腐败行为反应再强烈,也可以"听不见""看不到",逐渐丧失荣誉感、责任感,"充耳不闻""视而不见"。事实上,在不透明的政治环境下,社会声誉也很难与官员的实际作风匹配。因此,必须提高权力运行的透明度,完善政府信息公开制度,保障公众的知情权;保障社会言论自由,加强社会监督,官员应接受民众质疑和批评并及时作出回应;实现官员财产公示,公务员必须放弃财产隐私权,已成为国际社会的共识[14],在法律惩罚之外,官员应负有更高的道德义务,如果出现受贿等丑闻,应当在新闻媒体前向公众道歉、悔过,强化实施腐败行为的羞耻感。

(四) 完善监管体系,加强执法力度,提高"官商勾结"被制裁的风险

1. 应当建立健全对企业和公共部门的监管体系,增加商业贿赂被查处的风险

在企业内部监管方面,应确立现代企业管理机制,防止企业内部权力过于集中的现象。建立科学高效的内部运营机制,严格遵循不相

---

[14] 参见刘植荣:《财产公示制度是最好的试金石》,载中国改革网(http://www.chinareform.net/show.php?id=11687),2013年9月13日访问。

容职务相分离的原则,科学地划分各职责权限,将内审部门独立于财务部门或决策机构,强化内审监督,形成相互制衡机制,实现相互监督与制约;完善内部财务监管机制,建立企业内部预算管理制度,严格执行财务支出的审批程序,把财务管理中的事前预测、事中控制与具体的会计审核有效结合,实现财务监管的全面覆盖。[15] 在外部监督方面,应调整政府的监管手段,改变过分依赖前置性审批的局面,加强对企业运营过程的监管。

(1) 强化外部审计监督。坚持外部审计的独立性,对于党政机关、国有企业和事业单位财务账目和各级政府预算的审计结果,应当向人大报告并向社会公开。

(2) 应完善对企业的会计和审计标准,防止企业做假账或设立外账,同时加强对各类企业的税务稽查,以杜绝商业贿赂费用列入生产经营成本抵减税款的可能性。

2. 加强执法力度,避免"严格立法,普遍违法,选择性执法"的尴尬局面

严厉的法律和制度规定,只有通过依法严格执行才能现实转化为对官商同盟形成的抑制作用。在完善法律规范的同时,必须加强执法队伍建设。提高贿赂行为执法机构的专业化水平,成立针对贿赂等腐败行为的专门性执法机构,实现与工商行政管理机关、金融行政管理机关等行政部门执法的协调统一;针对商业贿赂的方式、手段、规律在实践中加强研究和总结,适应贿赂行为隐蔽性、多样化的特点,提高执法人员的执法能力和侦查水平;改变实践中重点打击受贿而轻视行贿的策略,提高处罚的准确性,避免法律虚置,防止企业家产生"法不责众"的侥幸心理和安全心理。

3. 应当完善对商业贿赂的揭发、检举途径和激励机制

(1) 拓宽举报途径,注重传统举报方式与新媒体平台的结合,如开通专门举报网站,使公众检举的途径多样化、便捷化,加强宣传,鼓励公民参与。

(2) 完善相关法律和政策,激励企业家、官员对贿赂行为相互举

---

[15] 参见赵广宝:《建立健全内部监督机制,促进企业健康稳定发展》,载《江苏商论》2009年第2期。

报,从内部瓦解官商利益同盟。在企业家主动行贿或官员索贿的情况下,另一方拒绝贿赂行为并进行举报的,应当予以奖励。在精神层面应进行表彰或授予荣誉,增加其拒绝贿赂行为而获得的道德满足与社会声誉;同时应当把贿赂行为被查处后所没收的违法所得、罚款、罚金等用于设立专门基金,以给予举报人一定的物质奖励。在钱权交易已经达成的情况下,完善责任减免制度。将我国刑法"行贿人在被追诉前主动交代行贿行为的,可以减轻处罚或者免除处罚"的规定,修改为"应当减轻或者免除处罚",且适用范围应适当扩大到受贿人,鼓励双方主动认罪,配合侦查。

(3)完善证人、举报人的安全保护机制。对证人、举报人的身份等应严格保密,明确提供保护的机构,规范保护程序,扩大保护范围;借鉴其他国家的立法及司法经验,丰富证人、举报人保护的方法,如确立举报人身份重置制度、重点证人贴身保护制度等[16],消除证人、举报人的后顾之忧。

综上所述,我国目前要打破"官商勾结"的关键在于,从源头切断因市场体系不完善而形成的收益差值。但是,市场体系改革必然会承受阻力,难以一步到位,在改革的同时也应从提高贿赂行为的成本和风险入手,进一步完善相关法律规定和制度建设,加强监管,发挥法律和社会舆论对商业贿赂行为的抑制。

---

[16] 参见童海宝、岳一兵:《论我国举报人保护制度的完善》,载《江东论坛》2006年第4期。

中国企业家犯罪成因分析
——以2012年媒体报道的245例企业家犯罪案例为样本

李山河[*]

前言

企业家犯罪的研究在西方国家很早就受到了重视。早在1872年英国伦敦举行的预防和限制犯罪的国际会议上,英国学者希尔(E. C. Hill)就以"犯罪的资本家"为题作了专题演讲。1939年美国犯罪社会学者萨瑟兰(H. E. Sutherland)提出了"白领犯罪"这一影响深远的概念。[①] 之后,西方国家对于企业家犯罪的研究不断走向深化。由于社会经济所处发展阶段以及所采取的制度、政策等的差异,新中国成立之后直至改革开放之前,企业家犯罪现象还不是很突出,对其的研究也没有受到重视。随着中国经济、社会的发展,企业家犯罪越来越成为一个突出的问题,成为一个重要现象,中国企业家犯罪的研究越来越受到重视。本文以"2012年中国企业家犯罪媒体案例分析报告"研究课题组所搜集到的、2012年媒体所报道的245例企业家犯罪案例为基础,参照近年来发生的企业家犯罪的有关案例,对于中国企业家犯罪的成因作一探讨。

---

[*] 李山河,北京师范大学刑事法律科学研究院讲师、法学博士,北京师范大学中国企业家犯罪预防研究中心研究员。

[①] 参见林山田:《经济犯罪与经济刑法》,台北三民书局1981年版,第5页。

就对所搜集到的案例的比对分析,概括综合,笔者认为,现阶段中国企业家犯罪的具体因素表现为体制或制度性因素、管理或者治理性因素、政策或者法律性因素、经济或者社会性因素、观念或者精神性因素。

一、体制或制度性因素

现阶段企业家犯罪有以下几个特点值得关注:

(1) 国企企业家的犯罪率居高不下。2011年企业家涉案的199例案件中,国企企业家犯罪或者涉嫌犯罪的有88例。[②] 2012年初步统计的245例案例中,涉及国企企业家的约有68例案例,国企企业家犯罪的案例数虽有所下降,但就国家总体国企与民企的数量对比而言,国企企业家犯罪在企业家犯罪中所占比重仍比较大。特别是就国企企业家和民企企业家可以正相对比的犯罪来看,国企企业家犯罪的势头强过民企企业家,如2012年国企企业家贪污犯罪涉及26例案例,民企企业家职务侵占犯罪则仅涉及17例案例;国企企业家受贿犯罪涉及40例案例,民企企业家的非国家工作人员受贿犯罪仅涉及9例案例。只有民企企业家的挪用资金犯罪(涉及12例案例)案例数量多于国企企业家挪用公款犯罪(涉及11例案例),但两者也基本持平。

(2) 企业家犯罪与政府官员犯罪的伴生现象比较突出。2011年行贿类案例有16例(行贿罪9例,单位行贿罪7例),2012年行贿类犯罪有13例(行贿罪8例,单位行贿罪5例),连续两年基本持平。在现行对行贿犯罪从宽处理的政策导向之下,企业家的行贿犯罪率是比较高的。而行贿犯罪的相对面便是国家工作人员的职务犯罪、腐败犯罪。这些年来,政府高官犯罪与企业家犯罪互相牵出、相伴相生的现象非常突出,特别是影响深远的重特大案件,无一不具有这一特征。前些年发生的陈良宇案,就有企业高管犯罪与之相伴。2012年王立军徇私枉法、叛逃、滥用职权、受贿罪案,就牵出大连实德集团有限公司董事长徐明,以及大连世源贸易有限公司法定代表人于俊世向王立军

---

② 参见王荣利:《2011年度中国企业家犯罪报告》,载《法人》2012年第2期。下文所涉及的2011年企业家犯罪的相关情况、数据,也均采自该报告。

行贿的事实。③ 再如,2012年引发关注的铁道部部长刘志军案件,也非常具有典型性,该案目前至少有中铁集装箱运输有限公司董事长罗金宝、中铁电气化集团总经理刘志远、山西煤炭进出口集团董事长杜建华、京博宥投资管理集团公司董事长丁羽心(原名丁书苗)牵涉其中,既有国有企业家也有民营企业家。一些国有企业家同时兼有行政职务。集中展现出特定行业中这种企业家犯罪与政府官员犯罪的伴生现象。企业家犯罪与政府官员犯罪的伴生现象,从一个侧面反映出权力与资本媾和的非正当关系,其反映出的深层次体制性或者制度性因素值得反思。

（3）融资类犯罪数量激增。2012年非法吸收公众存款罪33例,比2011年的10例左右有了大幅度的增加。实际上,企业家的其他一些犯罪,例如诈骗罪,金融诈骗罪,合同诈骗罪,骗取贷款罪,抽逃出资、虚报注册资本罪等,也大多与融资和资金有关,如果将这些犯罪（总数约有55例）也算进来,融资或者资金类的犯罪就有88例,犯罪数量可谓惊人,比2011年的58例有了大幅度的提高。

上述企业家犯罪特点反映出了产生企业家犯罪的一些体制或者制度性成因:

（1）政府与市场的关系与边界问题、国企发展与民企发展的关系问题,仍是我国政治和经济体制改革的核心内容与重要问题。由于种种原因,近些年来,经济发展总体呈现出政府对企业、经济发展干涉过多,政府与市场、企业边界不明,政府权力不当侵入企业和市场领域等不正常现象;"国进民退",国有企业蓬勃发展,民营企业举步维艰,在政策、融资等方面都遇到难题。上述这些问题所反映出的体制或者制度性环境因素,决定了国企企业家犯罪数量居高不下的情况与趋势。可以说,政企不分、"国进民退"等体制或者制度性因素,决定了企业家犯罪,特别是国企企业家犯罪的滋生蔓延,难以禁绝,也决定了民企企业家融资类犯罪的数量激增,难以避免。

（2）政府与市场边界不清,政府不当插手企业、市场、经济活动,导致企业经营活动对于政府权力的依赖,促成政府官员权力寻租的条

---

③ 参见《官方媒体首次证实徐明花285万元为王立军在北京买两套房》,载凤凰网(http://finance.ifeng.com/news/people/20120919/7056802.shtml)。

件,从而导致企业家犯罪与政府官员犯罪的伴生现象,即政府官员的职务犯罪后面有企业家犯罪的推波助澜,或者企业家犯罪后面潜藏着政府官员职务犯罪的支撑。上述发生在铁路系统的串案窝案即为适例。

二、管理或者治理性因素

社会以及政府管理、企业治理的状况对于企业运行以及企业家犯罪产生发挥着不可忽视的影响与作用。简单说来,一方面,企业家犯罪的产生,就社会环境而言,表明我们的社会管理还存在着问题,比如企业家相关黑社会性质组织犯罪问题,就与社会管理的水平高低密切相关。一个管理良好的社会是没有黑社会性质组织生存的土壤的。另一方面,绝大多数企业家犯罪,都与企业治理问题存在联系。企业的良好治理会大大减少企业家犯罪的条件或者机会;而在一个治理存在问题的企业中,各种企业家犯罪就会接踵而至。认真考察各种企业家具体犯罪情况,从中可以清晰映照出企业治理存在的问题。

例如,随机抽取应国权贪污罪、挪用公款罪、私分国有资产罪、受贿罪案件,可以看到,在应国权的犯罪活动中,一是存在政府管理问题,例如应国权指使集团公司副总经理何永莲等人,向市政府会议纪要具体拟稿人汤颐和以及分管副秘书长冯鸣送礼行贿,而上述政府部门人员在何永莲等人的"活动"下,将纪要中的"集团"二字直接改为"发展",从而使发展公司于 2006 年 1 月取得商业用途划拨土地 325 余亩。由此,1.15 亿余元价值的土地便被应国权等人轻松收入囊中。应国权的问题很早就有举报,但一直未引起有关方面的重视。二是企业治理的问题。应国权一手遮天,监督机制缺乏,使得其犯罪活动畅通无阻,大行其道。

可以说,中国企业家犯罪反映出社会普遍存在管理或者企业治理程度不高的问题。

三、政策或者法律性因素

政治、经济、社会发展方面的政策,可能导致企业家相关犯罪的产生。例如,长期以来,我国实行严格的金融管制政策,金融业基本上为国家所垄断。国有企业因其天生的条件和政策的倾斜,在资金和融资方面,国有企业得天独厚,基本上不会存在太大的问题;而民营企业则遭遇到融资和资金的困难,由此引发了民营企业的相关犯罪,也突出反映了现行经济、金融等政策存在的问题。金融是经济的血液,血液血脉不通,必会产生病变。

刑事政策也对企业家犯罪产生着影响。现阶段企业家犯罪的发案方式、罪名结构也反映出刑事手段介入市场经济领域的泛化现象。2012年企业家犯罪的相关统计表明,人们对于用刑事手段解决市场经济领域的问题依然过度迷恋,并因此导致刑事手段介入市场经济领域的泛化现象。

(1) 许多所谓的受害人,寄希望于通过刑事手段解决经济纠纷,往往将经营中的纠纷作为刑事案件报案。2012年115例关于民企企业家犯罪的案例中,有37例为受害人报案,占总案发原因的32.2%,其中的诈骗罪、合同诈骗罪、非法吸收公众存款罪等,大都是受害人报案。在上述民企企业家犯罪的案例中,非法吸收公众存款罪、职务侵占罪、诈骗罪和合同诈骗罪是民企企业家犯罪或涉嫌犯罪最集中的罪名,在158例民企企业家犯罪案例中,非法吸收公众存款罪31例,占到案件总数的19.6%;民企企业家涉案诈骗罪15例,占案件总数的9.5%;合同诈骗案件13例,占案件总数的8.2%。3个罪名占总案例数的37.3%。即是说,民企企业家犯罪罪名的1/3多集中于上述三个犯罪,而非法吸收公众存款罪、诈骗罪或者合同诈骗罪的案件,大多是因为经济纠纷被"受害人"报案从而形成刑事案件,大多存在是犯罪还是合法的融资行为和正当经营行为的争论或者界限的把握问题。

(2) 相关党政机关出于维稳的考虑,也往往倾向于以刑事手段处理,甚至向司法机关施压,从而形成企业家的刑事犯罪案件,越是涉案数额大、涉及人数多的案件越是如此。

(3) 司法机关不能恪守刑法谦抑精神,不能严格把握正常市场经济活动与犯罪的界限,往往以刑事手段对相关纠纷作出处理。这样的问题可能暂时、表面上得到了解决,但从长远看,这种处理方式对于我国司法的公信力、刑法人权保障机能、公平正义的损害,对于经济发展的破坏,对于社会稳定的危害,必将是十分巨大的。总之,企业家特别是民营企业家犯罪罪名,主要集中在非法吸收公众存款罪、诈骗罪或者合同诈骗罪方面,这种现象是不正常的,在一定程度上表明,我国市场经济领域犯罪的刑事政策存在问题。企业家犯罪基本上属于市场经济领域犯罪,对于该类犯罪的刑事政策的确定,大体上决定了对于该类犯罪惩处与预防的概貌与基本走向。

法律性因素也会对犯罪产生影响。

1. 就刑事司法而言

(1) 实践中法律界限掌握得宽严尺度会直接影响定罪量刑问题。例如就企业家涉黑犯罪而言,2011年约有17例,2012年在企业家犯罪总量增长的前提下,黑社会性质组织犯罪仅有7例,绝对数量大大降低,除了社会治理的成效之外,法律对于黑社会性质组织犯罪的标准严格掌握、慎重司法、避免"黑打"的努力,不能不说是一个重要的因素。

(2) 对于不同法律关系性质把握的准确程度,会对企业家犯罪产生影响。2012年民企企业家犯罪罪名主要集中在非法吸收公众存款罪、诈骗类犯罪,主要发生在融资领域(占总案件数量的36.4%),在这些罪名与领域中,民事法律关系和刑事法律关系密切交织在一起,属于典型的刑民法律关系交织领域的犯罪。另外,其他民企企业家的犯罪,包括一些黑社会性质组织的犯罪,其行为也多涉及刑民法律关系交织的领域。刑民法律关系交织领域民企企业家犯罪罪名占多数情况的出现,除了经济体制、制度、政策以及刑事政策的因素之外,也反映出相关法律因素所产生的问题,如刑民不分、误民为刑的问题。具体就企业家犯罪中的各类诈骗、欺诈类犯罪而言,2011年约有45例,2012年约有55例,数量呈上升趋势。这种数量的上升,不可否认地受到了以刑事手段处理民事性质的问题的情况的影响。司法实践中,因为种种原因,对于一些本属于民事、经济行为或者纠纷性质的案件,作为刑事案件处理,混淆了刑法和民事经济法律的界限,这类问题在司法实践中比较突出,具有一定的典型性,反映出法律因素对于企业家犯罪的影响。

(3) 我国刑事司法的体制与机制存在的弊端,也使得对企业家犯罪的处罚存在一些问题,例如,企业家犯罪的刑事司法活动受其他部门与人员干预过多,刑事司法的独立性、中立性欠缺。刑事诉讼的线性结构或者说流水线型结构使得公检法机关配合有余,制约不足,一旦启动刑事司法程序便很难停止下来,往往是以定罪量刑结束案件。

倒三角结构,也使得控辩地位不平等,辩护权不能得到有效保障,无形中增加了企业家(甚至辩护律师)的刑事风险。

(4)不正常的刑事司法方式,如运动式执法和司法,也直接影响到企业家犯罪的情况。例如,2012年与2011年相比,企业家黑社会性质组织犯罪大幅降低,这与对于运动式司法方式的调整不无关系。

2. 就刑法立法而言

(1)我国对于市场经济犯罪采用刑法的立法模式,这种模式有其科学性,但也存在缺陷:一是导致刑法频繁修改,影响其稳定性;二是普通犯与法定犯、刑事犯与行政犯放在一起规定,容易模糊相互之间的界限,例如普通的诈骗罪与市场经济活动中的欺诈行为或者诈骗类犯罪一起规定于刑法中,就容易相互发生混淆。2012年民企企业家有多起普通的诈骗罪,这一现象很值得深思。

(2)我国刑法对于犯罪的规定,主要采用定量模式而非定性模式,也即违法与犯罪的区别主要在于严重程度不同而非行为类型的差异,严重违法即为犯罪。这种立法特点,导致违法行为与犯罪行为的表现形式都是一样的,区别仅在于量的不同,从而也就容易混淆罪与非罪的界限。

(3)由于市场经济领域犯罪的特点,刑法不得不采用概括立法的方式,以尽可能适应经济社会的发展,维护刑法的稳定性,但这一做法同时不可避免地又导致了立法的模糊性,导致企业家犯罪罪与非罪、刑事处罚边界的模糊性。例如,为了消解1979年《刑法》"投机倒把罪"这一"口袋罪",1997年《刑法》取消了该罪,却规定了"非法经营罪",但该罪罪状中"其他严重扰乱市场秩序的非法经营行为"这一概括条款的规定,使得尽管司法解释不断对这一条款的外延予以明确,"非法经营罪"仍然成为一个实际的"口袋罪"。再如,作为2012年民企企业家犯罪触犯罪名最多的非法吸收公众存款罪,对"非法吸收公众存款或者变相吸收公众存款"如何理解,也是众说纷纭,莫衷一是,尽管有司法解释出台,但仍不断产生问题,大有"剪不断,理还乱"之势。这一犯罪中民事法律关系和刑事法律关系交织在一起,使得罪与非罪界限非常模糊,难以界定。对于市场经济领域犯罪的刑法立法而言,政府与市场、企业家的边界到底在哪里,对于企业家的活动空间如何规划与规制,是值得深入思考的问题。

四、观念或者精神性因素

如果说上文所论述的是企业家犯罪的客观社会原因的话,这一部分主要是企业家犯罪的主观个人原因。

(一) 企业家刑事法律风险意识淡薄

企业家自身法律意识尤其是刑事法律风险意识淡薄,也是目前企业家犯罪的重要个体性原因。2012年企业家犯罪案件中,企业家"不知法""不懂法""不知不觉犯罪",或者视法律为儿戏的情况依然存在。例如,2012年7月2日,检方对美籍华人博士梁某伟以非法吸收公众存款罪提起公诉。指控梁某伟成立公司以投资有高回报为由,从事商铺等物业租赁、买卖的投资,变相吸收公众存款高达6 354万余元,最终造成数十名被害人损失共计5 919万余元。梁某伟和其律师则辩称,他不懂中国法律才导致涉嫌犯罪。

梁某伟辩称不懂法而犯罪,在企业家犯罪中具有一定的普遍性。在2012年企业家犯罪有教育背景的74例案件涉及的74人中,具有大专、本科及研究生教育背景的共48人,占大多数,按理应该具有一定水平的法律知识和法律意识。但在相关案件中,当事人或者辩称不懂法、不知法,或者在相关的企业经营活动中,管理混乱不规范,例如,决策程序混乱、相关会议不作记录、企业家乱签字、财务制度不规范,等等。如此,一旦出现问题,是个人决定还是集体意志,是否承担监督或者管理过失等,便会产生问题,从而使企业家自身陷于刑事法律风险之中。而上述问题,一定程度上表明,企业家刑事法律风险意识非常淡薄。甚至一些企业家视法律为儿戏。如2012年6月中旬,全国政协委员、山西建峰集团董事长郝建秀,因涉及一起吸毒命案而被拘捕调查。2012年5月,福建籍山西煤老板、山西巨能集团副董事长罗明福在太原小店区星河湾酒店吸毒嫖娼。其间,一名小姐因吸毒过量意外猝死,为掩盖事实真相,罗明福通过关系请求郝建秀出面协助处理。郝建秀通过个人渠道请托太原市公安局小店分局负责人、太原某医院负责人疏通。公安部门和医院出具虚假死亡证明和病例,制造小姐自行吸毒死亡假象,在没有通知家属的前提下当即火化。像郝建秀这样根本不把法律放在眼里,更是企业家刑事法律风险意识淡薄的极端例子。

(二) 企业家精神、文化缺失

观念或者精神性的因素,主要指与企业经营发展相关的企业和企业家的理念、文化、精神、道德等主观性因素。就单个企业或者企业家而言,这些因素是主观的、内在的因素,但这些观念或者精神性因素整体形成了一种外在于企业或者企业家的环境因素,对于企业家的行为以及企业家犯罪的发生,产生着深层次的影响。

由于历史传统、现实体制等因素的影响,从整体而言,中国尚欠缺企业文化与企业家精神、气质、道德。

在2011年的119例企业家犯罪中,违反忠实义务的犯罪约100例,违反勤勉义务的犯罪约2例,违反社会责任的犯罪约95例。可以看到,违反勤勉义务的犯罪数量极少,而违反忠实义务的犯罪和违反社会责任的犯罪,基本上各占半壁江山。

在2012年的约240例企业家犯罪中,违反忠实义务的犯罪有118例,违反勤勉义务的犯罪只有3例(重大责任事故罪3例),违反社会责任的犯罪有119例。可以看到,违反勤勉义务犯罪的数量极少,而违反忠实义务的犯罪和违反社会责任的犯罪基本上各占半壁江山,基本情况与2011年完全相同。

忠实义务是企业家对于企业及股东忠诚不贰,是企业家道德品质的体现。违反忠实义务的犯罪,如贪污受贿、侵占挪用、滥用职权等,是企业家对企业和业主无德的表现;社会责任是企业家对于企业所有者之外的利益相关者或者社会所应负的责任,而违反社会责任的犯罪,例如内幕交易、环境污染、制售假冒伪劣商品等,是企业家对社会无德的表现。勤勉义务是指企业家要对企业的业务尽职尽责、谨慎注意,而违反勤勉义务的犯罪,如各类责任事故类犯罪,仅是企业家无能的表现。在各种义务之中,忠实义务、勤勉义务、社会责任都很重要,但比较起来,"德"是第一位的,"能"是第二位的,因为无德有能之人要比有德无能之人更可怕,造成的危害更大。而在中国企业家的犯罪中,违反忠实义务及社会责任的"无德"犯罪是大量的,违反勤勉义务的"无能"犯罪数量非常之少,这种现象突出反映了中国企业家文化、精神、气质、道德的缺失,而这形成一种观念或者精神的环境,构成一种底色,深深影响着中国企业家犯罪的发生。

余论

企业家犯罪的致罪因素不可能排除经济或者社会性因素的作用,例如对于2012年企业家犯罪特征的分析表明,从涉案企业的行业特征来看,涉案企业主要集中在能源与矿产、金融投资、房地产或者建筑行业;从地域上看,高度集中在北京、广东、浙江和江苏等地。这一企业家犯罪的行业与地域性特征,反映出企业家犯罪与经济和社会发展阶段、水平的密切关系。中国现阶段的经济结构、经济发展阶段与水平,决定了企业家犯罪主要集中在资金、资源密集型行业,这恐怕是今后一定时期内企业家犯罪在行业、领域方面的基本态势与走向。同时,2012年企业家犯罪主要集中在经济与社会发展水平较高的地区,2012年企业家犯罪高度集中的北京、广东、浙江和江苏,在2012年中国省、区、市GDP质量指数排名中居于前六位。经济社会发展水平较高的地区,企业家犯罪数量也较多,这恐怕也是今后一定时期内企业家犯罪的一个特点。④

本文在分析企业家犯罪的环境因素时,主要采用了孤立、静止的分析方法,即对案件析离出主要的环境因素进行分析。但从全面、动态的角度,上述企业家犯罪因素在企业家犯罪中所起的作用并非完全相同;同时,企业家犯罪的大多数案件是多种环境因素共同作用的结果,因而需要结合各种因素进行完整分析,切不可以偏概全,或者一叶障目。

(1)综合衡量上述致罪因素对于企业家犯罪的作用,笔者认为,就目前中国的实际情况看,体制性或者制度性致罪因素应该是占首位的重要因素。

(2)就企业家涉黑案件而言,2012年比2011年有了大幅度的降低,我们将之主要归于政策或者法律界限从严把握的结果,但涉黑犯罪的减少,与社会管理、企业治理、司法惩治等的成效也是密不可分的。即是说,涉黑案件的减少,是管理、治理与法律、政策等多种因素

---

④ 但居于2012年中国省、区、市GDP质量指数排名前六位的上海、天津两个地区,企业家犯罪数量较少,这其中所反映的情况,还是一个值得探究的问题。

综合作用的结果。在强调法律、政策因素的同时,切不可忽略管理、治理的因素。而各种因素对于企业家犯罪发生影响、作用的主次、大小、发生作用的机制等,则是需要进一步深入考察的。

(3)就企业家与资金、融资相关犯罪的环境因素而言,上文分析时主要将其归于政策或者法律的因素,但是,这些犯罪,又何尝不是制度性或者体制性环境因素的产物呢?

(4)就行贿犯罪而言,2011年和2012年都不超过17例,笔者却认为这个比例已经不少,主要是考虑到现时期对于行贿类犯罪的法律规定以及处罚政策等因素的实际情况,结合相关体制或者制度性因素,从动态的角度进行综合考察所得出的结论。

(5)就管理和治理的因素而言,可以说,几乎每一个企业家犯罪,都有管理和治理的环境因素。如果管理和治理工作做好了,企业家犯罪也就不可能发生了。

(6)绝大多数企业家犯罪,从根源上都不能排斥观念或者精神性因素的作用,或者说,观念或者精神性因素,几乎就是企业家犯罪环境因素的通用项。

因此,在分析企业家犯罪的环境因素时,切忌孤立、片面、静止地看问题,而应该系统、全面、动态地分析各种环境因素对于企业家犯罪的影响与作用。

近几年上海市国有企业家犯罪相关情况解读[*]

严 励[**]

现有研究显示,2009 年企业家落马的是 95 位,到 2010 年上升到 155 位,到 2011 年已经达到 202 位,其中 3 例通缉在逃而且这里面又分为两个类型:一个是国企,国企占了 88 位,民营企业占了 111 位。更重要的是,近几年企业家贪腐的金额在不断上涨。2010 年,数据显示贪腐金额是平均每人 957 万元,到了 2011 年已经达到 3 380 万元。有一个非常突出的是上海光明集团的创始人,他涉案的金额高达 7.9 亿元。这里面还有一个需要注意的现象是,国企和民营企业的犯罪类型不同。国企现在就是钱多,民企钱少、缺钱。钱多的通常贪腐问题比较严重,钱少的主要是融资犯罪比较突出。

一、2008—2010 年上海国企犯罪的几个特点

1. 国企犯罪的数量和人数比较稳定,大致在 150 例案件左右,人数也是在这个数量左右。

2. 从国企犯罪来看,涉及的犯罪类型主要有四个类型,即受贿罪、贪污罪、挪用公款罪和私分国有资产罪。其中受贿罪占 50%,贪污罪占 33%,挪用公款罪占 12%,私分国有资产罪占 2%,四类案件占案件的总数达到 97%,这也可见国企犯罪的特点。

3. 在国企职务犯罪中,在本单位担任领导职务的占 80.4%,主要

---

[*] 本文是根据作者2013 年 9 月 21 日在"首届企业家刑事风险防控与经济发展高端论坛"(北京)的主题演讲整理修改而成。

[**] 严励,上海政法学院副院长、教授。

是他们手上都掌握着本单位行政管理的权力。在基建、资金管理、物资采购方面都有决策权,特别是在社会资源分配中处于优势地位,在对他们的权力制约相对薄弱的情况下,就容易导致贪污、受贿。

4. 群体腐败、窝案、串案现象比较突出。2008年以来,窝案、串案占案件总数的25%,一些单位或者部门集体贪污受贿、私分国有资产的现象非常突出,涉案人员相互勾结、相互效仿,在利用职务实施职务犯罪的过程中达成默契,形成群体的腐败。群体的腐败从形态上看有两种:第一是管理层集体犯罪,也就是整个管理层共同犯罪,这个比较多的就是受贿、贪污和私分国有资产;第二是工作衔接环节上的集体犯罪,也就是经办人员和管理人员共同作案。

5. 涉案金额比较大,犯罪的时间跨度大。近3年来,国际职务犯罪涉案金额动辄百万、千万甚至上亿元,特别是犯罪分子利用手中的权力,在职务任期相当长时间内持续牟取私利,有的贪污受贿长达10年之久,这也反映了这一类智能型犯罪的特点。智能型犯罪有以下几个特点:

(1) 利用职务掩护,具有隐蔽性。往往他们的犯罪行为在职务行为之中,不是直接参与该职务行为的人一般很难发现,即使发现了也不好举证。检察院在侦查时就发生了这个问题。

(2) 利用专业的业务知识进行犯罪,把自己的职务行为与犯罪行为结合起来,具有专业性、多样性的特点。

(3) 这一部分人有很强的反侦查能力。由于职业的特点,他们在作案之前往往经过周密的考虑,对犯案后可能出现的情况采取了一定的反侦查措施,在犯罪得逞后为了逃避打击,往往挥霍、隐匿、转移赃款赃物,销毁有关证据。

6. 在国企犯罪中,有些人利用手中的职权买官、跑官、钱权交易、编织关系网,这也使对这类案件的侦查存在很大的阻力。这部分人,社会关系复杂,神通广大,有较深的社会关系网和保护层,人际关系多、部门保护多、行政关系多,牵扯了特别腐败的领导,也为其犯罪活动撑起了保护伞,使对这类案件的查处也比较困难。

7. 案发主要有六个环节:

(1) 在国企改制的过程中,进行资产评估、审计的环节,通过转移财产、隐瞒收入或债权、虚设债务等方法,故意低估、漏估或者故意随企业财产予以隐匿,在改制后直接或间接予以侵吞、私分。

(2) 在企业经营活动中通过编造虚假交易合同,侵吞单位财物,或者在代表企业订立合同过程中,故意抬高价格,截留回扣,以侵吞公款。

(3) 在基建环节,包括项目招标、发包等方面,收受承建单位和供应商的贿赂。

(4) 在采购环节,收受业务单位的贿赂。

(5) 应用管理单位资金的便利,采取虚构、隐匿、套现等手段挪用、侵吞国有财产,或者私设小金库。

(6) 利用技术支持指导迫使供应商给予好处。

二、国企犯罪的原因

1. 政府转型工作没有做好。计划经济时期,政府控制资源的配置,进入市场经济时期以后,政府仍然控制着一定的资源,而且把这部分资源直接给了国企,国企便利用这个资源进行寻租。比如说市政公司就把它的项目给下边市政工程的一些单位。这些单位通过收取管理费的方式再发包给个体。所以现在就形成了国企和个体之间的寻租。他们收了18%的管理费,然后就转移下去了。这就出现了很多问题。国企现在存在的问题是政府转制没有转好,怎样进一步解决政府转制,把资源交给市场来配置,好多问题就可以解决了。现在还存在着政府寻租的空间,也给国企创造了这个条件。

2. 现在的公司制度存在问题。虽然我们现在形式上构建了公司制度,实质上还是由5个人或者少数几个人控制国有公司的命脉,没有形成有效的法人治理结构,企业没有建立起以出资控股作为权利义务出发点的公司内部管理机制。现在企业"一支笔"的现象比较突出,形成了董事不管事,监事不监事,经理变总裁,股东成摆设的局面。还有财会的控制制度、审计等也流于形式。这样看来,企业制度的建立是非常必要的。

3. 在规章制度上执行得不严,部分工作环节缺少制度的监控,特别是在工程管理、款项结算、技术服务等环节,都缺乏规范性的流程和标准。工程质量要求的松紧、结算款快慢、技术的好坏等的差别很大,这些都给索贿、行贿提供了空间。

4. 法律的威慑不足,违法成本相对太低。目前我国经济活动中还存在不少法律空白点,由于缺少足够快速有效的司法技术手段,使得法律规制的力度还弱于实际的需要,而且大多数停留在经济惩罚上,大大降低了法律的威慑力和惩罚的效果。国企高管作为理性的经济人,希望以最小的投入、最低的成本、最快的速度获得最大的利润。犯罪成本低、效率高是一些企业高管铤而走险的重要原因。

企业家犯罪的发展趋势与治理思路*

李曙光**

实际上,在中国,无论是从刑法学还是犯罪学来讲,企业家的范围是非常广的,我国目前有1 200万家法人企业和500万家公司制的企业,如果说我们要把企业家定义为企业的高管人员,中国的企业家群体是比较庞大的。

一、近两年中国企业家犯罪情况

从经济发展的角度来看,中国近十年的社会经济转型发展得非常快速,但与此同时,这两年经济型的犯罪也在快速增长,这种增长有几个数据:最高人民法院5年的地方各级法院受理案件的报告有5 600多万件,这些案件中涉及企业家犯罪的案件——审结的一审刑事案件,414万件,其中,判处的罪犯是523万人;涉及一审的民商案件1 630万件,这两个加起来有2 000多万件。最高人民检察院2012年1月到10月共批捕破坏市场经济秩序犯罪5.3万人。这几个数据同比上升都非常快速。前面数据的上升在30%以上,后面数据的上升达到60%。企业家犯罪或者说经济领域的犯罪在几个领域内是快速爆炸式的增长。

1. 金融领域,金融包括银行、证券、保险、期货、信托。2012年上海受理一审的金融商事案件2 030件,涉及2 299人,上升了75%。

---

* 本文是根据作者2013年9月21日在"首届企业家刑事风险防控与经济发展高端论坛"(北京)的主题演讲整理修改而成。
** 李曙光,中国政法大学教授、博士生导师。

2013年上半年，仅上海黄浦法院受理的金融案件就达到266件，标的额是12亿元，上升212%，这个幅度是非常大的。2012年温州市的各级法院受理金融类的案件增长了4倍，达25 990多件，标的额是338亿元，上升了375%。

2. 知识产权领域，全国各级人民法院新收刑事一审案13 104件，审结的是12 794件，分别增长129%、132%，其中与企业家最相关的非法经营罪是2 587件。由此可见，在知识产权领域，企业家犯罪也是不少的。

3. 食品安全领域，2010年到2012年全国法院共审结生产、销售不符合安全卫生标准的刑事案件与生产销售有毒食品的刑事案件1 533件，生效判决人数达2 000多人，案件同比增长179%和224%。

二、当前企业家犯罪的特点

我们看到，犯罪在这几个领域都是成倍的增长。大家都在讨论经济类犯罪的特点或企业家犯罪的特点，2011年有一个关于企业家犯罪的报告，从"红、黄、灰"这几个角度来探讨，笔者归结这两年的企业家犯罪情况，认为当前企业家犯罪具有以下六个特点：

1. 二元结构。一方面表现在高层次、高智商、新领域，比如说金融类的、资产类的、网络类的、公关类的，这几类公司的高管犯罪增长是非常快的，这跟企业创新相关，企业创新是永恒的。企业创新、金融创新必然会带来一些高智商、高智能和新兴领域的犯罪。另外一个结构是民间性、低端化、传统型的犯罪，例如，制假、贩假、地沟油、毒奶粉就属于这一类犯罪。

2. 体制的对应性。国企的犯罪为什么会这么多？这跟产权模糊化和它的代理人链条过长相关。我们经常看到"儿子公司""孙子公司""重孙子公司"这一类企业的犯罪比较多。国企和民企企业家的犯罪对应性非常强，"国企的受贿，民企的行贿；国企的贪污，民企的诈骗；国企的职务侵占，民企的偷税漏税；国企的以权谋私，民企的黑社会化"。这个对应性非常强，这跟不同的体制环境是相关的。

3. 交换性犯罪，犯罪的低成本化，与企业家犯罪能获得更高的利润相关。传统的犯罪更多的是以公权力换钱，新型的犯罪是以私权换钱，对犯罪的量刑有很多不确定性，量刑轻、成本低，利益交换很容易实现。

4. 争议型、不确定型犯罪较多。比如说欺诈上市在证券类市场比较多,什么叫虚假陈述,什么叫欺诈发行股票?虚假陈述很难界定,比如说民间集资哪些是合法的哪些是非法的;现代金融类的理财很多是有争议的,如金融衍生领域、网络领域都是有争议的。

5. 隐蔽性。这与我们要素市场的发展相关。现在很多要素市场,在高新技术领域、金融领域发展得非常快。最近证监会在处罚万福生科违规披露重要信息行为,这个是新兴的领域。又比如最近光大证券的乌龙指事件,到底是操纵市场还是内幕交易,具有非常大的隐蔽性。

6. 跨国性、跨境性。现代企业家犯罪不仅仅是传统的国企、民企犯罪,现在带有跨国性、跨境性。比如美国证监会正在调查的我国一个涉嫌行贿的企业家,这是2008年奥运会期间的商业贿赂问题。还有反向收购,VIE这种模式,收购中的财务报表的造假,美国证监会一直关注着中国的公司,都是企业家、高管,还有一些中介机构。

三、企业家犯罪的治理思路

从治理的角度来讲,有以下几个方面:

1. 改变大的证监环境,特别是如何减少行政审批,构建公平竞争的商业环境。

2. 商业交易规则要更加透明、公开。现在我们很多商业交易都是桌子底下的交易、黑幕交易。为什么有那么多的内幕交易市场,就是由于商业规则不透明。

3. 立法在企业家犯罪刑事方面的责任有很多空白。现在全国人大也在考虑修改《证券法》,《证券法》关于证券犯罪违法的处罚更多的是行政责任。48条中有46条是行政责任,1条民事责任,1条刑事责任。我们在立法上是空白的,好多新型的金融犯罪、破产犯罪、跨境的金融交易犯罪,我们的法律都没有规定。另外,最高人民法院应当加强司法解释,允许法官适当造法,否则无法应对日新月异的经济发展。若刑法固守以前的条文,则根本顾及不上且打击不力。

4. 在司法实践中提高犯罪成本。10年前的处罚太低了,包括刑法、行政处罚、法律责任。现在企业家犯罪有双罚的特征——刑事处罚与民事赔偿,但这还是不够。应扩大经济学在企业家犯罪领域的应用,把集团诉讼、辩诉交易引进来,有助于犯罪人更好地认罪。

5. 应该加强企业的法律风险评估。很多企业对企业家犯罪的风险点的认识是比较弱的,重大的决策都不经过法律的论证。因此,在建立法律风险评估点方面,我们要进一步加强。

国有公司企业人员职务犯罪的特点、成因及防治对策

赵武安[*]

随着社会主义市场经济的飞速发展,国有公司企业改革不断深入,惩防腐败体系的建立完善,国有公司企业人员职务犯罪问题有所好转,但仍然比较严重。2007年至2011年,全国检察机关共立案侦查国有公司企业工作人员35 362人,占全部立案数的21.5%,位列易发多发人群第二位。之所以说有所好转,是指5年来,国有公司企业人员职务犯罪呈现逐年下降之势:2007年10 314人,2008年9 409人,2009年7 924人,2010年7 594人,2011年7 163人,5年下降了30.55%(2012年6 766人,继续下降)。

一、国有公司企业人员职务犯罪的主要特点

(一)以贪财型职务犯罪为主

涉案罪名主要集中于贪污、受贿、挪用、私分国有资产等罪名,其作案所得大多用于投资营利或个人开支。贪污罪数量低于农村基层组织人员,贿赂罪、受贿罪低于行政机关工作人员,其中行贿罪、对单位行贿罪、单位行贿罪、介绍贿赂罪总量虽然不多但位列第一,挪用公款罪和私分国有资产罪均位列第一。安徽和县农委原副主任、县种子公司原经理赛晓峰(副科级)在任期间,累计9年将公司日常经营和生产收入700余万元纳入账外收入,每年以给职工发奖金和节日加班费等名义,私分400余万元。

---

[*] 赵武安,最高人民检察院职务犯罪预防厅预防处处长。

（二）涉案金额大，大官大腐、"小官大腐"现象较为突出

2011年立案侦查大案占立案总数的68%；大案数量比2007年上升了12.7%。犯罪数额上千万元的案件由2007年的111件上升到2011年的161件，过亿元的案件屡见不鲜。中石化原总经理陈同海受贿数额高达1.9573亿余元。温州菜篮子集团有限公司董事长、总经理应国权利用职权，伙同他人共同贪污、挪用、私分国有资产4亿多元，共涉案16人，9人涉案金额在1000万元以上。其中应国权涉嫌贪污2.2亿元、参与挪用公款9000余万元、私分国有资产1.1亿元，个人受贿25万元。天津市物资集团总公司原副经理陈克勇涉嫌贪污5720.8万元人民币、178.7万美金，挪用公款4250万元人民币，受贿212万元人民币，涉案金额1.14亿元人民币。在职务犯罪大案中，"小官大腐"现象也较为突出。新疆有色金属工业公司出纳于海泉挪用公款、贪污1.4亿元。浙江漓铁集团有限公司出纳高泳挪用国有资金2.65亿元，受贿20余万元。这些涉案人员级别不高，但身处关键岗位和重要环节，手握"实权"，位小权大，加之日常管理疏于监管，案发时往往已由"小官"变成"硕鼠"。

（三）犯罪主体以企业中高级管理人员及重点岗位人员居多

涉及的人员集中，主要以单位领导、管钱管物人员、购销人员等为主。这些人长期在同一企业担任"一把手"或分管同一工作，在企业内部、工作领域都有比较高的权威和影响力，有比较大的话语权和决定权，权力相对集中，对他们又缺乏监督制约，容易导致"一支笔、一言堂"现象，自然成为行贿人重点关注的关键人物。福建2010年查处拥有单位事务决策权的董事长、总经理和财务总监、业务部门经理等重要岗位涉案人员75人，占国企涉案总人数的45.7%。北京查处的82名国有企业犯罪人员中，企业管理层人员50人，占犯罪总人数的近61%。其中董事长、总经理、副总经理、厂长、副厂长、党委书记、党委副书记等企业高层领导人员犯罪的有25人，占30%以上；项目部经理、科长、办公室主任、业务主管等中层领导干部犯罪的有25人，占30%以上；会计、出纳、核算员等人员犯罪的有13人，占16%。

（四）窝案、串案、共同犯罪严重

近年来，查办的职务犯罪案件，常常是查一案，挖一"窝"，带一"串"，由一个行贿人带出一大批受贿犯罪嫌疑人，或者是在同一单位、同一系统或项目中有多人被一并查处，表现为多人参与、共同行动、相互配合、合伙谋私的形式。国企职务犯罪中出现"结伙作案"趋势，包括企业负责人之间、重点岗位人员之间、企业领导与财务人员之间、集团领导与下属企业负责人之间、业务负责人与客户之间等相互勾结共同作案的情况。这些案件往往涉及人员广，涉及罪名多，共同犯罪行为普遍。中石化广州分公司、广州石化总厂贪污受贿窝案、串案涉案人员37人。安徽皖投资产管理有限公司总经理沈明与公司副总经理、财务部经理、办公室主任等共5人，利用职务之便，共同挪用单位公款910万元归个人使用，进行营利活动。中国电子进出口公司业务部业务员刘纯，通过利用本单位资金为其他企业融资往来开展业务，并继而索取、收受贿赂。而刘纯开展业务必须得到上级领导和财务部门的支持与配合。在案件中，张斌系中国电子进出口总公司业务部业务经理，是刘纯的主管领导，被告人马建房系中国电子进出口总公司财务处总经理，姚军廷系中国电子进出口总公司财务部副总经理，孟志刚系中国电子进出口总公司资金科科长，以上四人均与刘纯开展以融资为主的业务有着直接的制约关系，这是刘纯以各种手段向上述人员行贿的根本原因，也是该公司层层审批最终流于形式的主要原因。

（五）发案环节多

涉案环节包括企业改制环节，工程建设环节，物资采购、经营、资产管理环节，财务、资金管理、融资环节，非法融资、非法担保，安全生产监管和人事安排等诸多环节。

1. 企业改制重组环节

在产权改革、资产重组中，在国企重组、改制、破产、转让、租赁和承包经营过程中，采取故意隐瞒、虚假评估、低估的手法侵吞、转移、隐匿国有资产。据一些省份统计，每年查办发生在国企改制、重组过程中的贪污贿赂案件约占国企案件总数的15%。国企的改制、重组，由于政策和制度不完善，一旦放松监管、运作不规范，便会诱发犯罪，且涉案数额往往十分巨大。上海华盖建筑装饰工程有限公司经理文福金,在公司转制期间,隐匿国有资产,不列入转制评估范围,侵吞国有资产价值共222万余元。有的利用国企改制之机,采取"先隐匿,后核销,再转股"的手段侵吞国有资产。济南市饮食服务总公司原总经理田茂才等在公司改制期间,在已收回下属单位372.2万余元欠款的情况下,向主管机关谎称该单位无力偿还,按不良资产申请予以核销,将上述国有资产作为改制后的公司资产。有的在国有企业改制、拍卖过程中,为请托人谋取利益,收受巨额贿赂。如原华闽资产管理公司总经理陈亚辉,在华闽集团公司转让华商公司过程中,利用职务便利,使天元公司作为唯一竞买人,以4100万元的低价取得华商公司全部股权,陈亚辉先后分多次收受天元公司董事长何某某贿赂1359万元。吉林省国资委原助理巡视员杨雨庭、企业改组处原处长徐爱丽、产权处原处长田学军利用职务便利,在国有企业改制、拍卖过程中,为请托人谋取利益,收受巨额贿赂。有的管理人员将自己承包经营的固定资产、库存生产资料进行变卖后,将款项贪污。

2. 采购供销环节

一些国企采购、供销人员通过与供应商或客户串通,故意抬高、压低产品价格,或暗箱操作,虚设中间环节,从中收受贿赂、贪污、截留收入。如河南省舞钢公司供应处原副处长杨晓森伙同他人私设中间供应环节,侵吞公款1000万元。平煤集团天宏焦化公司供应站原书记侯玉龙在负责物资采购工作期间,先后接受多家物资供货商送来的"提成款",为物资供货商牟取利益,受贿金额高达290万元。有的利用回收销售款之机,挪用公款;有的国企供销人员既负责采购又负责验收,违规指定设备、材料供应商,甚至受贿后采购使用假冒伪劣产品,造成严重后果。如上海安装工程有限公司采购中心主任吴维德等三人受贿串案,吴维德于2005年2月至2009年5月,利用负责采购建筑材料的职务便利,先后收受业务单位钱物共计人民币24万元,还使一定数量的假冒伪劣钢管进入了公司承接的世博工程项目,造成恶劣影响。

3. 工程项目建设环节

利用负责企业基础设施建设和改扩建工程的机会相互串通,权钱交易。当前建筑市场竞争激烈,一些投标人在招投标过程中为拿到工程项目,不惜血本千方百计拉关系,以不正当手段谋取私利。如天津市地下铁道总公司总经理、党委副书记高怀志,从 2004 年至 2008 年间,在地铁一号线工程招标、土地开发和合作投资过程中,利用职务便利为他人谋取利益收受贿赂 400 余万元。新粮集团总经理马腾(副厅级)利用职务便利在单位工程建设及粮食购销等环节中收受贿赂 201 万元、贪污公款 82 万元。青海省盐湖集团股份公司驻西宁办事处原主任李树青、副主任李新海在负责监管青海盐湖大厦装修改造项目过程中,利用职务便利收受施工方项目负责人徐某某贿赂共计 25 万元。

4. 业务管理环节

一些国企人员在从事经营业务过程中,利用掌握某些业务审批权、销售权的职务便利索取或收受好处费;通过虚设业务项目侵吞公款。如原上海市政协委员、长江集团公司董事长焦自纯,利用担任长江集团下属上海长江浩远房地产有限公司董事长的职务便利,与浩远公司总经理李之红共谋,以虚增业务费用等方法侵吞公款 100 余万元,用于支付购房款和装修款。原上海申茂物业管理有限公司董事长杨白明等 3 人,利用负责办理直管公房出售手续的职务便利,采取虚构承租人的方法,将 13 套公房产权非法转至其亲属名下,非法获利数百万元。吉林市铁合金集团公司财务部原部长宋丽洁,伙同吉林市建设银行工作人员赵恩卿,借为公司办理房产手续之机,虚构事实,将办理房产手续费用剩余的 250 余万元侵吞。

5. 业务往来环节

在与其他企业、单位发生经济关系时,利用职权虚报业务支出进行贪污或者让利给对方,从对方获取巨额回扣、好处费;有的利用职务便利透露企业相关业务信息收取好处费;有的在受委托追缴企业欠款的过程中,采取欺骗手段截留、挪用公款。青海云天化国际化肥有限公司(国有公司)员工赵泊仲利用该公司委派其购置车辆的职务便利,伙同青海省合众汽车贸易有限公司业务员郑立新在购置车辆过程中,以抬高购车价的手段,套取公款 10 万元后据为己有。

6. 财务管理环节

有的财务人员通过伪造合同、涂改账面、虚假报销、编造支出等方式贪污、挪用公款;有的利用"小金库"管理上的漏洞,大肆贪污、挪用或集体私分"小金库"的资金;有的利用内部核算之机,故意降低下属单位上缴的利润基数,侵吞、挪用公款。中铁十六局集团有限公司西格二线工程部出纳陈璐利用职务之便,采用大额取款、小额下账,用转账支票套取现金等手段,贪污单位资金832万余元。

二、国有公司企业职务犯罪产生的原因

(一)制度层面

1. 政企不分

一些国有公司企业与政府管理部门、事业单位之间仍然存在着密切的利益关联,有的由行政机关的职能部门调转而成,有的本身就是一体。它们既有行政机关的部分监督管理审批职能,同时又有独立核算、自主经营的特征。这种独特的法律地位使得这些单位实际上处于管理的真空地带,既可以借助市场配置资源的手段,获取商业利益,又可以依靠行政机关享受行政机关工作人员的福利。典型的如交通、铁路、市政公司等。上海2010年查处的黄浦区市政工程管理署、上海雅乐市政实业有限公司、卢湾区市政工程有限公司的系列窝案、串案中,市政管理署和市政公司原来都是建交委下的单位,虽然进行了政企分离,但市政工程基本上都由原建交委下的市政公司承接,由市政管理署作为工程管理方,市政公司在收取18%的管理费后将工程发包给别的承包方。类似的关系还广泛存在于绿化、环卫等行业和领域。这些历史上的渊源与现实的利益关系,使得部门和企业相互利用、结成利益共同体,因疏于监管,使相应领域成为职务犯罪的多发地带,2010年"11·15"特大火灾事故也暴露出了这一问题。

2. 国有企业改制管理制度尚不健全

我国正由计划经济转向市场经济,国有企业大多进行重组改制和转轨,并逐步形成现代化的企业管理模式,而当前企业改制重组过程中的法律、法规及配套政策相对滞后,主要表现在有些行为甚至出现法律、法规和政策上的"真空",相关的产权分拆和审计评估等监督管理方面法规不健全,亦助长了职务犯罪现象的发生。

3. 法人治理结构不完善

股东大会、董事会、监事会等"三会"不健全,内部监督制约不力。云铜集团1996年组建董事会至案发,半数董事多年缺位,董事会名存实亡。外派监事会主席到位晚,长期无人监管或监管不力。股东大会

没有按时召开,纪检、审计、工会等部门更不能正常发挥作用。邹、余等人把集体决策演化为个人独断专行,导致董事会等企业内部机构虚设化和企业决策程序形式化。如云铜集团近几年的一些投资或担保,由于缺乏必要的科学性、可行性分析,没有向董事会或监事会提供资产或项目评估报告,致使国有资产大量流失。

(二) 企业管理层面

企业管理制度不健全、不透明、不规范

主要表现在:

(1) 企业主要负责人大权独揽,监管失控。管理权力集中在一人手中,缺乏有效的监督制约。有的企业对经营决策权、财产支配权、行政管理权监督不力,特别是"一把手"几乎不被监督,"一言堂、一支笔"管理模式在国有企业中依然存在,以致形成大权独揽的局面。国企中某些高层管理人员往往一身兼数职,常常集决策权、控制权、执行权为一体,使制约和监督有名无实。这种一人说了算的局面,是造成重大经济业务活动,如资金调拨、对外投资、资产处置等方面出现问题的重要原因。

(2) 信息不公开。突出表现在采购和工程建设领域,规则公开、过程公开和结果公开远未得到落实,如果不向有职权的人行贿,就得不到相应的信息。

(3) 管理不规范。在工程管理、款项结算、技术服务等环节都缺乏规范化的流程和标准。工程质量要求的松紧、结算款项的快慢、技术服务的好坏与快慢等差别明显,这也造成了这些环节索贿与行贿的频发态势。

(4) 财务纪律松弛。财务纪律松弛使得制度上存在很多漏洞,很多人并不需要掌握重要的职权就可以轻易进行犯罪。主要表现为:

① "小金库"泛滥。相当多的单位和部门都设立了"小金库",有些小金库在设立之初就是为了违法犯罪。如上海船舶运输科学研究所的张利鸣、徐碧华私分国有资产案。有的并非为了犯罪,但由于"小金库"本身就是一个违反财务纪律的产物,缺乏有效监管,因此,随着数额的增大,极易激发人的贪欲,诱发职务犯罪。如上海芦农园艺种植场的顾庆明贪污案。

② 财务借款制度存在漏洞。中国兵器集团财务用款频繁,所以存在相关部门负责人写借条暂借大额现金而后拿票据平账的现象。由于该单位对员工还款平账监控不力,使得不法分子贾硕有了挪用单位公款的机会。在2004年5月至2007年2月期间,贾硕利用其担任兵器集团改革办副主任、主管集团下属破产企业破产清算工作的职务便利,以集团其他破产企业用款或者个人借款等名义从其主管的该单位下属破产清算企业、原广东卫国机械厂挪用公款100万元,从原湖南洪创机械厂挪用公款280万元,从原广州光导纤维厂挪用公款70万元,用于偿还其赌债,而这其中多笔资金的使用,贾硕只是给财务部门写了一张欠条而已。

③ 用私人账户进行公务往来。上海耀华大中新材料公司的周昂受贿案,就是利用这一漏洞,虚报材料价格,公司同意5折出售,其对外报6折,让对方将钱款打入个人账户,将多余部分予以侵吞。

④ 只核对表面账目,不管是否有实际业务的发生。这一漏洞的存在,使得利用虚构业务往来、虚报项目等手段,套取、截留资金等屡屡发生,成为引发职务犯罪的一个重要漏洞。

⑤ 只核对总数额,不核对明细。如东方先导糖酒公司的业务员花艺、颜垚祺、沈启明,就是抓住这一漏洞,利用糖价调整的时间差,向客户报以高价,而对公司以调整后的价格结算,侵吞价差部分的食糖。目前,这一做法是一些国企人员作案的惯常手法。

(5) 公共财产管理混乱。这方面的问题突出表现在对于公共资产的动态管理十分混乱,使得在企业转制、清算、动拆迁等领域,在遇到偿还债务、资产评估等问题上极易发生职务犯罪。如在上海有色金属集团发生的朱浩、沈一戎等7人的贪污案中,犯罪分子就是利用集团对债务偿还情况不明的漏洞,明知历史债务已偿还,仍然虚构业务往来,侵吞国有资产。上海永开置业公司的蒋勤华、顾一丁正是利用国家对直管公房在使用和管理中实际状况的不了解,利用职务便利隐瞒两处直管公房空关的真相,虚构承租人,骗取国家动迁安置补偿款。还有很多单位出售废旧物资时,没有严格管理,装多装少差别不大,因此负有相应管理职权的人就成为行贿的重点对象,行贿者借此希望能多装一些,以谋取更多利益。

（三）内控机制层面：监督制约不足

在经济体制转轨过程中，企业拥有了越来越广泛的经营管理权限，也制定了许多切实可行的规章制度，但是防止经营权滥用的制约措施却没能有效地建立和实施，遇到具体的问题，总感到按照制度办事比较麻烦，因此在执行规章制度上随意性较大，甚至出现了随意简化程序，有章不遵、有制不循的情况。因此，经营管理权被随意支配的可能性，为职务犯罪打开了方便之门。如中石油天然气股份有限公司黑龙江销售分公司原总经理王贤泸受贿859万元，巨额财产来源不明1 090万元。他在交代材料中写道："中石油公司是按国际标准进行管理，企业内部规章制度非常健全，但企业的内控体制在执行上大多流于形式，从来没有感觉到组织上能够通过什么渠道产生实质性的监督。"原中国兵器财务有限公司副总经理邢世平，利用其主管公司投资业务的职务便利，在该公司为北京华夏创富投资公司融资5 000万元人民币收购上市公司重庆四维瓷业的过程中，非法收受了华夏投资公司给予的好处费人民币60万元。本案中如此巨大的融资项目，邢世平无须经董事会研究，也不需要履行其他审批程序，就由其一人决定并得以实施。有的企业涉及财物的关键环节无章可循或有章不循，使得一些罪犯作案能够轻易得逞。如温州龙发运输有限公司主办会计沈伟采用在自己保管的现金支票上擅自加盖自己保管的公司财务章等方式贪污公款1 355万元，作案131次，竟长时间无人察觉。

（四）社会大环境层面

市场竞争不规则，行业潜规则盛行，为商业贿赂的发生提供了机会。近年来，市场经济迅猛发展，各种类型的企业之间竞争异常激烈，加之利益主体的多元化和他们要追求个体利益的最大化，有限的资源成为众多商家争相追逐的目标，最终导致有效供给和有效需求的矛盾日益加剧，经济市场管理不规范，导致某些企业包括国有企业为推销产品、承揽工程等，往往采取一些不正当手段，致使商业贿赂产生的契机不断增多。特别是建筑行业、资源供销环节的商业贿赂行为日益公开化、复杂化，客观上也导致国有企业职务犯罪居高不下。如原中铁建设集团公司项目部经理赵孝礼利用其职务便利，在2003年4月至2004年5月间，向他人索要或收受他人钱财及回扣等共计人民币8万元;2006年8月18日,赵孝礼又利用职务便利,向分包其主管工程的河南某公司项目部经理龚小卫索要人民币2万元。这种在建设领域中普遍存在的"潜规则",也逐步蔓延到国有企业内部,并且成为国有企业领导干部权力寻租的借口。

(五)党风廉政建设工作薄弱,党内监督流于形式,强调经济效益而忽视思想道德教育

随着改革的不断深化,国有企业的责权利日趋分明,个别企业领导只看重表面的经济利益,而忽视企业人员的思想教育和法制教育。对只注重个人利益而忽视企业利益的思想,缺少行之有效的教育,加之忽视法律知识的宣传教育。因此使得一些经营者世界观、价值观发生偏移,行为也随之失控,最终导致职务犯罪。

三、国有企业职务犯罪防范措施和建议

(一)预防国有企业腐败,从落实党的"三重一大"科学决策入手

党的"三重一大"集体决策制度规定:"凡属重大决策、重要干部任免、重大项目投资决策和大额资金使用等重要问题,必须经过集体讨论作出决定。"对国有企业而言,要以国企改革为契机,健全和完善监督制约机制,切实贯彻落实"三重一大"集体决策制度,规范和强化对权力的监督。

1. 在规范中执行,避免经营风险

当前,国有企业公权过多(国有财产使用与转让等都是公权),监督成本过大,难免造成"法不责众"。其实在国有企业体制转轨的过程中出现一些腐败现象并不可怕,可怕的是腐败本身变成了一种"制度"。胡长清曾经打过一个比喻,组织的管理和监督对他而言,如同"牛栏关猫,进出自由"。这就是当前某些行业对领导干部监督的一个比较形象的比喻,关牛的地方,栏杆空隙那么大,一只猫在里面,怎么能不"进出自由"。所以我们应该看到,目前我们对权力的监督还比较乏力,我们的制度反腐还相当"粗放"。而腐败分子恰恰就钻了体制不严密和监督不到位的空子。

从国有企业职务犯罪案件中不难发现,某些企业中确立的层层审

批制度，不但无法有效地监督国有资产的合理使用，反而成了某些人为了自己得到某种"补偿"的工具，使得这些人可以重复性地利用公权得到好处，形成了一种"制度化腐败"。所以当前，在国有企业的转型时期，我们要加强如何减少和消除"制度化腐败"的生成和发展方面的研究。

我们都清楚地认识到，制度建设是国有企业形成依法、科学、民主决策机制的根本保证。所以相关部门和企业应当根据企业自身的特点，明确重大决策、重要干部任免、重大项目安排和大额度资金使用的界限范围，确定董事会、总经理办公会、党政联席会、党委会、职工代表大会以及专业委员会的决策事项，规定各类重大决策的基本运行程序，逐步形成具有企业自身特色的"集体领导、个别酝酿、民主集中、会议决定"的决策机制。

2. 在实践中不断完善，加大责任的可追溯性

为保证"三重一大"集体决策制度得到企业长期、自觉的执行，国有企业管理部门要不断加强对"三重一大"事项的监督检查和责任追究力度。可以将对制度执行情况的监督分为事前、事中、事后监督。

国有企业的上级主管部门应当发挥监督和管理的作用，制定"三重一大"操作性强的实施细则，并明确规定违反相关规定的处罚原则和规定，定期对落实情况进行监督检查。发现问题及时反馈、纠正，用制度管人。例如，针对企业中大额度资金的使用情况，应该随时了解资金的支出情况，一旦发现违规现象，及时作出处理。

3. 有效把握企业人、财、物三大管理核心要素

在用人方面，必须深化国企人事制度改革。

（1）把好"入口"。减少任命制，扩大聘任制和责任制，通过民主推荐、组织考察、公开面试、党政联席会议决策的工作程序确定人选。

（2）实行企业领导人资格审查认证制。凡选拔、任命、聘用企业领导人，或对已在岗的企业领导，都要定期或不定期地接受企业领导班子或相关专家委员会的审查。

（3）要畅通"出口"。实行经理无任期制度，企业负责人被聘用后，不受任期限制，何时解聘取决于其经营业绩和表现。

在资产管理方面，要不断完善国有资产管理体制。相关资产管理部门要对企业国有资产（包括经营性国有资产和非经营性国有资产）

的情况进行登记造册,掌握国有资产的整体情况,进行全面监管。根据现行会计制度的要求,企业应加大对无形资产的管理力度,加强对开发、购入、使用过程中无形资产的核算,防止无形资产的流失。

在资金使用管理方面,企业可以采取收支两条线的管理方式,对现金流实行集中管理,对资金使用的合法合规性进行审批,对大额度资金使用的去向进行监控,从一定程度上能够规避因分散管理出现资金使用个人随意决策的问题。

单位财会人员虽然是企业财务制度的监督者,但是由于企业领导与财会人员之间是领导与被领导的从属关系,在财务制度的具体执行上,容易出现偏差,会计监督的规定基本上形同虚设。因此要解决会计管理和会计监督存在的矛盾,笔者建议对会计实行行业化管理,由政府部门成立专门管理机构,向国有企业选派财会人员,摆脱财务人员与企业之间的依附关系,实现真正意义上的财务监督。

在设备物资采购和管理方面,可以实行集中公开招标采购,采购决策权与使用权分离,形成权力的分解和制衡,保证招标过程的合法合规。

上述决策流程可以最大限度地弱化领导人员个人因素对决策成果的影响,有效地避免公权力私权化。

(二) 加强案件易发环节的防控制度建设

从查办职务犯罪的情况看,权力相对集中的部位是职务犯罪案件易发环节,一些关键岗位多人多次出现腐败。加强对案件易发环节的防控制度建设,是有效遏制国有企业犯罪根本措施之一。

(1) 对于那些经济活动或交往活动频繁,掌管稀缺物资和有权支配巨额财产的部门和人员,以及有可能被不法商人列为拉拢对象的部门,制定相应的岗位工作流程,对关键岗位的办事程序、步骤、环节、审批权限、时限都要明确规定,并进行实时监控,防止暗箱操作。

(2) 对企业高管、中层管理者等关键岗位人员加强管理力度,实行管理人员岗位交流制度,防止关键岗位人员经营关系网,为职务犯罪创造条件。

(3) 上级主管部门对于国企经营者实行国企经营、管理者(只限重点岗位的管理者)家庭财产申报制,要求将上任、离任、任期内的家庭收支情况进行如实申报,并利用计算机进行信息管理,对他们的财产情况实施动态监督管理。

(4) 加强对基建工程项目的全程跟踪监督检查,在重大问题决策、工程招投标、劳务分包、设备材料采购和资金使用等施工建设重点环节,建立相应的管理制度,把预防的关口前移。在基建工程项目过程中实行阳光操作,推行阳光决策、阳光采购、阳光管理和阳光监督,同时对相关的负责人、材料招投标管理和采购人员实行定期交流制度。

(三)逐步建立国有企业内部完善的监督制约机制

通过对5年来国有企业案例的分析,笔者发现,国有企业基层管理人员和员工存在普遍的"重业务发展、轻风险防范"的思想,个别员工的不良行为隐藏着极大的道德风险。所以国有企业内部应尽快建立一套科学的现代企业管理制度,以企业本身的制度约束企业的员工。

为防止内部作案和内外勾结作案,国有企业应充分发挥纪检监察部门的优势,发现企业内部在监督和审查公务活动中已经出现和可能出现的腐败行为及其征兆。纪检监察工作要向一线延伸,向关键岗位延伸,坚持从体制、机制、制度、科技、教育、监督、惩处等方面全面入手,建立符合企业实际的职务犯罪风险防范管理机制和案件查处机制。

(四)强化外部监督,充分发挥审计等职能部门的作用

近年来,审计风暴年年都刮,类似的问题却屡禁不止,之所以"野火烧不尽,春风吹又生",只能说明一点,在违规违法的成本太低、监督力度过弱的现实状况下,审计风暴和企业领导人员的问责制没能有机地联系起来。长期以来,我们已经形成了审计工作对事不对人的思维定式和习惯,检查处理以经济处罚为主,且多针对单位。虽然近年来的审计风暴具有一定的权威和震慑力,但监督思路、方式、手段、处理并未发生根本性的转变,仍以财务检查为主,在处理上仍以调账、罚款为主要手段。然而罚款其实只是财政资金的"左右口袋"的关系,因此单纯罚款的手段难以发挥制约作用。所以加强对国有企业的资产经营者任期内的审计,针对国有企业改组转制等重大事项进行适时审

计，对于已经发生的国有资产流失现象进行事后审计，可以达到分清当事人责任的目的。真正发挥审计机关在国有企业改革发展和国有资产保值增值中的监督作用，对于审计中发现违法违纪问题，及时移交相关部门查处，可以确保国有资产的运作安全。

（五）建立国有企业法制教育和廉洁自律教育长效机制

通过研究国企案例我们不难发现，许多落马的领导干部都有着辉煌的过去，为党和人民作出过贡献，但他们在贡献和回报之间失去了心理平衡，因而在利欲的诱惑面前打了败仗。所以加强企业警示教育、法制教育、廉洁自律教育应当形成制度。针对国有企业管理人员的心态和现状，从实际出发，通过法制讲座、警示教育、岗位培训、廉政谈话等多种教育方式，不断增强国有企业国家工作人员的法律意识和拒腐防变能力，可以使其树立正确的权力观、地位观、价值观、利益观。

（六）加大打击力度

充分发挥纪检监察部门的作用，一方面，纪检监察部门应与检察机关密切配合，重点查办利用国有企业改制之机，侵吞国有资产的犯罪案件，特别加大对玩忽职守、滥用职权、徇私舞弊给国家造成重大经济损失的渎职犯罪案件的查处力度，加大对侵犯国有资产犯罪的打击力度，对造成国有资产严重流失的案件，不论背景多深，职务多高，都要依法一查到底，以保护国有资产的安全。另一方面，针对当前建筑市场不规范，基建项目中贿赂案件频发的特点，应加大对行贿犯罪的打击和处罚力度。同时对于利用行贿、欺诈手段承揽工程搞不正当竞争或者违法犯罪活动的，不仅要受到法律的制裁，相关部门还要通过限制或取消其进入建筑市场从事承包活动的资格、降低建筑资质等级、情节严重的可以吊销资质证书等方式强化市场管理。

广东顺德企业家犯罪实证
分析及防控对策

杨 炯 李荣楠 操宏均*

改革开放以来,我国孕育了一批具有国际视野和高度社会责任感的优秀企业和企业家,且企业运营的法治化水平得以显著提升。然而,企业家犯罪是近年来我国经济发展中十分突出的现象,一些企业和企业家因刑事法律风险而倒下的残酷现实,无不表明现阶段企业家们防范刑事法律风险的意识和能力严重缺乏。广东顺德作为改革开放的前沿阵地,聚集了一批优秀的企业和企业家,企业家犯罪①的产生、发展也有一定的规律性和代表性。2013年年初,顺德区委书记梁维东在顺德区委第十二届第三次全体(扩大)会议中指出,"企业家是顺德最宝贵的财富",为了弘扬顺商精神,服务企业的健康发展,顺德区检察院、顺德区工商联、北京师范大学中国企业家犯罪预防研究中心,联合对企业家犯罪作了专题调研,召开了企业家法律风险防范座谈会,收集了近几年来顺德区人民检察院办理的企业家犯罪案件进行实证分析,以期为改进企业成长的法制环境和推动相关立法科学化提供重要的实证素材,进而帮助企业家有效防控刑事法律风险。

---

* 杨炯,广东省佛山市顺德区人民检察院检察长;李荣楠,广东省佛山市顺德区人民检察院办公室副主任;操宏均,北京师范大学刑法学博士研究生。本文其他贡献者还有:北京师范大学硕士生夏魏予、袁梦银、田方舟。

① 本文中的企业家是指企业内部高级管理人员,包括董事长、总经理、企业的实际控制人以及财务总监、部门经理等企业高管,且企业注册地在顺德或籍贯在顺德;本文中的企业家犯罪是指企业家实施的与企业经营相关的犯罪,不包括企业家实施的与企业经营无关的犯罪。

一、2008 年来顺德区检察院办理企业家犯罪案件的基本情况及实证分析

2008 年至 2013 年 6 月,顺德区检察院共办理企业家犯罪或涉嫌犯罪案件 155 例 181 人,涉案企业 153 家,其中,2008 年 27 例 28 人,涉案企业 27 家;2009 年 19 例 20 人,涉案企业 18 家;2010 年 18 例 24 人,涉案企业 18 家;2011 年 23 例 25 人,涉案企业 22 家;2012 年 52 例 68 人,涉案企业 52 家;2013 年 1 至 6 月 16 例 16 人,涉案企业 16 家。具体情况见表 1:

表 1　2008—2013 年 6 月顺德区检察院办理企业家犯罪案件基本情况表

年份	案件数(例)	人数(人)	企业数(家)
2008 年	27	28	27
2009 年	19	20	18
2010 年	18	24	18
2011 年	23	25	22
2012 年	52	68	52
2013 年 1—6 月	16	16	16
合计	155	181	153

这些案件从企业性质及经营领域、共犯关系、案件来源、涉案罪名及涉案人的相关情况等方面来看,有以下几方面的特征:

(一)涉案人员所属企业性质及涉案企业经营规模

顺德区检察院办理的 181 名企业家犯罪或涉嫌犯罪案件中,国有企业企业家犯罪或涉嫌犯罪 20 人,占总人数的 11.05%;民营企业企业家犯罪或涉嫌犯罪 160 人,占总人数的 88.40%;集体所有制企业企业家犯罪 1 人,占总人数的 0.55%。

根据国家经济贸易委员会等四部委 2003 年 2 月 19 日发布的《中小企业标准暂行规定》,153 家涉案企业中,大型企业 8 家,涉案人员 11 人;中型企业 21 家,涉案人员 26 人;小型企业 124 家,涉案人员 144 人。

(二)涉案企业经营领域情况

素有"中国家电王国"美誉的顺德,拥有具备一定优势和规模的特色产业、集群产业,在涉案的153家企业中,经营领域主要涉及制造业(包括服装、电器、五金、机械、各种加工等)的83家,占涉案企业总数的54.2%;经营领域涉及服务业的17家,占涉案企业总数的11.2%;经营领域涉及房产建筑业、能源矿产的分别是11家、9家,分别各占涉案企业总数的7.2%、5.9%。其他涉案企业的经营领域分别依次集中在粮油食品业、物流运输业、零售百货业(包括超市、烟酒销售)、金融投资业、医药卫生业、电子信息业等。具体见表2:

表2 涉案企业主要经营领域情况(单位:个)

企业主要经营领域	数量	百分比	企业主要经营领域	数量	百分比
制造业	83	54.2	零售百货业	4	2.6
服务业	17	11.2	金融投资业	4	2.6
房产建筑业	11	7.2	医药卫生业	3	2.0
能源矿产业	9	5.9	电子信息业	2	1.3
粮油食品业	8	5.2	其他	6	3.9
物流运输业	6	3.9	合计	153	100.0

(三)共同犯罪案件中的共犯关系

顺德区检察院办理的155例企业家犯罪或涉嫌犯罪案件中,企业家单独犯罪或涉嫌犯罪的案件数为112例,占总数的72.3%,企业家共同犯罪或涉嫌犯罪的案件数为43例,占总数的27.7%。在43例共同犯罪案件中,企业家与下级共同犯罪是最常见的共犯关系,有28例,占共同犯罪案件总数的65.12%;其次为同级同事共同犯罪,有7例,占共同犯罪案件总数的16.30%;此外,商业伙伴、家庭成员共同犯罪各3例,各占总数的6.98%,朋友共同犯罪2例,占总数的4.65%(具体情况见表3)。上下级共同犯罪与同级同事共同犯罪作为企业家共同犯罪的基本人际关系特征,体现出基于不正当利益输送关系而相互配合、相互包庇等行为特征,具有较大的社会危害性与隐蔽性。

表3　共同犯罪案件中的共犯关系情况

共犯人际关系	案件数(例)	百分比
上下级	28	65.12
商业伙伴	3	6.98
家庭成员	3	6.98
同级同事	7	16.30
朋友	2	4.65
合计	45	100.0

(四)企业家犯罪或涉嫌犯罪案件来源情况

在顺德区检察院办理的154例企业家犯罪或涉嫌犯罪案件中,从案件来源看,以被害人报案和群众举报为主,总共102例121人,分别占涉案例数与人数的66.2%、67.2%;市场安全监管局、酒类专卖管理局等相关职能部门依法侦查调查的39例46人,分别占例数与人数的25.3%、25.5%。从企业性质来看,国有企业企业家的案件来源主要是群众举报,其他则分别为报案、侦查调查、纪检移送等;与国有企业企业家案件来源不同的是,民营企业企业家的案件来源的最主要原因是被害人报案、相关机构侦查调查、群众举报,其他则分别为串案、自首、有关机关移送等,具体情况见表4。

(五)涉案罪名与罪名结构

在顺德区检察院办理的企业家犯罪或涉嫌犯罪案件中,共涉及29个具体罪名。其中,20名国有企业企业家犯罪或涉嫌犯罪案件共涉及两个具体罪名,其中,贪污罪14人,受贿罪7人;160名民营企业企业家犯罪或涉嫌犯罪案件共涉及27个具体罪名,其中,合同诈骗罪17人,非国家工作人员受贿罪15人,票据诈骗罪14人,行贿罪、挪用资金罪各13人,职务侵占罪12人,假冒注册商标罪、非法吸收公众存款罪各11人,拒不支付劳动报酬罪10人,销售假冒注册商标的商品罪6人,具体情况见表5。

表 4　企业家犯罪或涉嫌犯罪案件来源情况

案发原因	民营企业家			案发原因	国有企业家			
	例数	百分比	人数		例数	百分比	人数	百分比
被害人报案	61	43.6	67	41.9	群众举报	7	46.7	12	60
侦查调查	37	27.1	44	27.5	报案	3	20	3	15
群众举报	33	23.6	41	25.6	纪检	1	6.7	1	5
串案	1	0.7	1	0.6	侦查调查	2	13.3	2	10
自首	1	0.7	1	0.6	其他	2	13.3	2	10
有关机关移送	4	2.9	4	2.5	合计	15	100.0	20	100.0
其他	2	1.4	2	1.3					
合计	139	100.0	160	100.0					

广东顺德企业家犯罪实证分析及防控对策　181

表5　企业家犯罪涉案罪名与罪名结构情况

涉案罪名	人数	百分比	涉案罪名	人数	百分比
合同诈骗罪	17	9.13	销售假冒注册商标的商品罪	6	3.23
非国家工作人员受贿罪	15	8.05	污染环境罪	5	2.69
票据诈骗罪	14	7.52	串通投标罪	5	2.69
贪污罪	14	7.53	伪造公司企业印章罪	4	2.15
行贿罪	13	6.99	单位行贿罪	4	2.15
挪用资金罪	13	6.99	生产销售伪劣产品罪	3	1.61
职务侵占罪	12	6.45	信用卡诈骗罪	2	1.08
假冒注册商标罪	11	5.91	非法倒卖、转让土地使用权罪	2	1.08
非法吸收公众存款罪	11	5.91	伪造居民身份证罪	2	1.08
拒不支付劳动报酬罪	10	5.38	重大责任事故罪	2	1.08
受贿罪	7	3.76	抽逃出资罪	2	1.08
非法经营罪	6	3.23	其他	6	3.23
			合计	186	100.0

（注：有一人犯数罪的情况，所以统计人数多于犯罪人数）

（六）企业家犯罪或涉嫌犯罪案件涉案金额及损失

在企业家犯罪或涉嫌犯罪案件的 155 例案件中，除 32 例涉案金额不详外，其余 123 例案件，涉案金额高达 22 586 万元，其中，50 万元以下的 64 例，50 万元以上 100 万元以下的 27 例，100 万元以上 500 万元以下的 22 例，500 万元以上 1 000 万元以下的 3 例，1 000 万元以上 2 000 万元以下的 4 例，2 000 万元以上的 3 例。

在企业家犯罪或涉嫌犯罪案件的 155 例案件中，经统计，造成直接经济损失的 92 例，共达 18 660 万元，其中 100 万元以下的 70 例，100 万元以上 1 000 万元以下的 16 例，1 000 万元以上的 6 例。

（七）企业家犯罪或涉嫌犯罪案件办结情况

在 181 名企业家犯罪或涉嫌犯罪案件中，除 7 人不捕、9 人不起诉、2 人撤案及 12 人正在办理阶段外，其余 151 人均作出有效判决。其中，判处拘役、缓刑或免予刑事处罚的 54 人，判处 3 年以下有期徒刑的 47 人，判处 3 年以上 7 年以下有期徒刑的 25 人，判处 7 年以上 10 年以下有期徒刑的 3 人，判处 10 年以上 15 年以下有期徒刑的 16 人，判处 15 年以上 20 年以下有期徒刑的 5 人，判处死刑缓期两年执行的 1 人，具体情况见表 6。

表 6　企业家犯罪或涉嫌犯罪案件办结情况

处理结果		人数	百分比
不捕		7	3.87
不起诉		9	4.97
撤案		2	1.11
作出有效判决	拘役、缓刑或免予刑事处罚	54	29.83
	3 年以下有期徒刑	47	25.96
	3 年以上 7 年以下有期徒刑	25	13.82
	7 年以上 10 年以下有期徒刑	3	1.66
	10 年以上 15 年以下有期徒刑	16	8.84
	15 年以上 20 年以下有期徒刑	5	2.76
	死刑缓期两年执行	1	0.55
正在办理		12	6.63
合计		181	100.0

(八) 涉案人员的社会特征

1. 职务特征

在犯罪或涉嫌犯罪的 181 名企业家中,98 人是董事长、总经理或企业的实际控制人等"一把手",占总人数的 54.14%,其中,国有企业 10 人,民营企业 87 人,集体所有制企业 1 人;财务总监、部门经理等企业高管等管理人员 73 人,其中,国有企业 10 人,民营企业 63 人。

2. 性别特征

在犯罪或涉嫌犯罪的 181 名企业家中,男性占绝对多数,有 161 人,占总人数的 88.95%,而女性仅有 20 人,占总人数的 11.05%。

3. 年龄特征

涉案人员的年龄出现"两头小、中间大"的特征,以 31 周岁至 50 周岁年龄段居多,30 周岁以下的 37 人,31 周岁至 40 周岁的 79 人,41 周岁至 50 周岁的 50 人,51 周岁至 60 周岁的 10 人,61 周岁以上的 4 人,具体情况见表 7。

表 7 涉案企业家的年龄及文化程度情况表(单位:人)

年龄	国企	民企	集体经济	受教育情况	国企	民企	集体经济
≤30	0	37	0	文盲、半文盲	0	1	0
31<X≤40	5	74	0	小学	2	21	0
41<X≤50	9	41	0	初中	4	58	1
51<X≤60	5	5	0	高中、中专	4	39	0
>60	1	3	1	大专、本科及以上	10	41	0
合计	20	160	1	合计	20	160	1

4. 文化程度特征

涉案人员的文化层次相对来说普遍较高,初中文化的有 62 人,高中、中专文化的有 43 人,大专、本科及以上的有 51 人,分别占总人数的 34.25%、23.76%、28.18%,其余 24 人为小学以下文化,具体情况见表 7。

二、广东顺德企业家犯罪的特点及原因分析

(一) 与融资有关的犯罪比重大凸显民营企业融资难

2008 年以来顺德企业家犯罪案件所涉罪名中,与融资有关的犯罪

所占比重较大,非法吸收公众存款罪就有 11 人,此外,合同诈骗罪、票据诈骗罪、挪用资金罪等与企业融资问题直接相关,分别有 17 人、14 人、13 人,触犯这 4 项罪名的犯罪人数总共 55 人,占全部人数的 30.4%。

触犯这 4 项罪名的犯罪人全部是民营企业家,这一统计结果表明当前民营企业融资困难。在我国的金融市场中,民企整体规模较小,内部治理不尽规范,加之我国证券、金融市场发展不尽完善,民企通过上市、发债及商业银行贷款等方式融资渠道较为有限。② 根据中国人民银行 2013 年 1 月发布的 2012 年社会融资规模统计数据,人民币贷款占整个 2012 年社会融资规模的 52.1%;企业债券占 14.3%,非金融企业境内股票融资占 1.6%。③ 这样,留给民营企业的融资空间就很小。此外,民营企业民间融资的法律风险高。近年来,随着民营经济的快速发展,对资金的需求量加大,民营企业往往采用民间借贷的方式进行融资。民间借贷从熟人之间的直接融资发展到易于累积风险的间接融资模式,当资金链断裂时,极易引发区域性的金融风险,从而导致一些企业家入罪。

(二) 中小企业犯罪比重大,也暴露了企业自身的特点与不足

在 153 家涉案企业中,中小企业 145 家,涉案人员 170 人,分别占总数的 94.8%、93.9%。中小企业犯罪高发率的原因较为复杂,诚然,与融资难等发展的社会大环境密切相关。但笔者认为,最根本的原因仍与企业自身特点与不足有关。

(1) 中小企业缺乏企业文化与企业凝聚力,员工缺乏归属感与责任感,再加上员工待遇较低,导致员工"离心"现象严重,普遍存在"捞一把,换单位"的心理,部分手握资金大权的员工甚至铤而走险。

(2) 部分中小私营企业,缺乏必要的法律意识,他们遇到事情首先考虑的不是合法性问题,而是所谓的潜规则——能否走后门、拉关

---

② 参见中国企业家犯罪预防研究中心:《2012 中国企业家犯罪媒体案例分析报告》,载《法人》2013 年第 3 期。

③ 参见《2012 年社会融资规模统计数据报告》,载人民银行网站,访问时间:2013 年 1 月 10 日。

系,结果被不法分子利用,成为受害人。

(3) 管理层结构不合理,制度缺失。在涉案的 145 家中小企业中,82 家为"夫妻"店或者是家庭企业,没有现代企业管理、审核制度,会计、出纳不分,财务账目混乱,人员没有培训,在管理方式上过于相信"自己人",这些漏洞都会给掌握管理权的企业管理人员犯罪留下空间。

(三) 背信犯罪的高比例,反映了企业家精神的缺失

背信犯罪是指处理他人事务或管理、处分他人财产或财产性利益的行为人,故意滥用权限或违背信托义务,损害该人财产利益的行为。④ 对企业家来说,背信犯罪就是指企业管理者违背其对企业以及投资者的信义义务,利用其职务地位谋取私利,从而发生危害企业以及投资人利益的犯罪行为。在更广泛的意义上,企业家罔顾其承担的社会责任实施的犯罪行为,也可以归于此类。从表 5 可知,在顺德区检察院 2008 年以来办理的企业家犯罪或涉嫌犯罪案件中,违背企业家应有的信义义务的人数较多,如贪污罪 14 人,受贿罪 7 人,职务侵占罪 12 人,挪用资金罪 13 人,制假售假类犯罪 20 人,信息欺诈类犯罪 7 人,环境污染罪 5 人,合计 78 人,占全部人数的 43.1%。

企业家不仅是物质财富的创造者,也是精神财富的创造者,这不仅是企业家自身发展的需要,也是社会发展的需要。因此,企业家精神的核心内涵应是创新、诚信与责任。但是,背信犯罪的频生,折射出当前我国企业家精神的缺失。企业家精神的缺失,既有复杂的社会历史原因,也有现实制度上的缺乏。一方面,社会上普遍存在的对企业家的道德质疑,影响了企业家对自我价值和社会责任的认可度。我国重农抑商的历史传统,造成了在观念上对商人的歧视心理,人们一向存有"无商不奸"的道德判断。再加上改革开放以来出现的贫富差距加大等现象,也促成了社会上较普遍的仇富心理,社会大众对于先富起来的企业家,存有一种普遍的对其致富手段的合法性、依法纳税、诚信经营等方面怀疑和否定的心态,部分企业在经营中存在的无序竞争等方面的问题,也加重了公众对企业家的道德质疑。另一方面,市场

---

④ 参见《北京大学法学百科全书》编委会:《北京大学法学百科全书·刑法学 犯罪学 监狱法学卷》,北京大学出版社 2003 年版,第 33、605—606、121 页。

经济失范打击和降低了企业家诚信经营的信心。由于市场经济发展不完善,许多行业中存在大量的"潜规则",企业家缺乏通过诚信经营获取利润的信心,从而影响了企业家精神的形成。笔者在关于企业法律风险防范的调查问卷中,近四成(35.3%)的企业家对"依法纳税后,您觉得企业还会盈利吗"问题的回答,选择了"企业要亏损"。这表明企业家对企业经营环境的信心不足,从而促进企业家通过短期行为(包括犯罪行为)攫取财富的倾向。

(四)企业家犯罪案件及涉案企业分布不均,反映了企业家犯罪与经济和执法因素的关联性

从表1可知,在顺德区检察院2008年以来办理的企业家犯罪或涉嫌犯罪案件中,从企业家犯罪的年份来看,2012年的案件明显较多,达到52例68人,而其他年份一般在27例以下;从涉案企业的行业特征来看,涉案企业高度集中在制造业、服务业、房产建筑业、能源矿产业。

(1)这一数据反映出我区经济发展在行业间发展的不平衡。犯罪高发的制造、房地产、能源等行业,所需资金量大,对于经济的拉动作用较大,垄断性较强。这些行业目前在我区经济发展中仍占有主导地位。而以信息技术、节能环保、生物技术、高端装备制造等为代表的战略性新兴产业尚处于培育和发展期。

(2)不均衡的数据分布与法律执行因素具有相关性,企业家犯罪的数量与结构特征,与某一时期的刑事打击重点与力度直接相关。如广东省2012年全年开展的"三打两建"活动,对企业家犯罪数量的上升有直接影响。据统计,顺德区检察院2012年共批捕欺行霸市、制假售假、商业贿赂三类案件207例433人,起诉173例386人,均占全部案件的近1/10。

(五)企业财务管理领域成为犯罪高发区,暴露出企业内部管理制度混乱

笔者在企业家犯罪这一课题的调查统计中发现,无论是国有企业抑或是民营企业,财务管理领域都是犯罪案件高发领域。财务管理是企业的基本制度之一,只有建立完善的财务制度,企业才有可能通过经营行为获得利润。然而,在涉案的151家企业中,财务管理制度却

成为犯罪高发区,这一现象暴露出企业内部管理制度的混乱。这种混乱主要表现在以下三个方面:

(1)企业的公司治理结构虚化。公司已经成为我国企业中的主流组织形式,公司制企业均已建立起比较完善的股东会、董事会、监事会、经理制度。然而,现实中这种治理结构对企业家的监控是十分弱化的。徒有虚名的法人治理结构难以实现对企业家的监督,给企业家犯罪提供了制度空间。

(2)企业中广泛存在"一把手"监督失控的现象。处于企业中核心地位的企业家,往往对企业有绝对的控制权,对于企业重大决策、人事安排、财务调配有不容置疑的决定和处置力。如前统计,犯罪或涉嫌犯罪的181名企业家中,98人是董事长、总经理或企业的实际控制人等"一把手",占总人数的56.22%,而43例共同犯罪案件中,属上下级关系的有28例,占共同犯罪案件总数的65.11%,这也从一个侧面说明了企业中上级意志的不受监督性。此外,企业对营利的过分追求,导致对考核机制的强调,往往超过了对风险控制机制的监督,风险控制机制的放松,正是导致企业家犯罪案件发生的重要原因。

(六)企业家自身法律意识淡薄,也是其犯罪的重要原因

企业家犯罪固然有诸多环境因素,但企业家自身法律意识尤其是刑事法律风险意识淡薄,也是目前导致企业家犯罪的重要原因。2010年6月,顺德区检察院对原佛山市顺德区工行银行行长区某宽及其子欧某胜立案侦查,当侦查人员对欧某胜录音录像固定证据后,欧某胜面对自己和母亲贪污几千万元的犯罪事实,竟还天真地问侦查人员:"事实已经交代清楚了,晚上能否回家聚餐庆祝母亲生日?"对非专业人士而言,不懂法十分正常,但缺乏基本的法律意识尤其是最基本的刑事法律意识,则难以成为辩解的理由。透过欧某胜的个案,可以看出在企业家群体中,法律意识淡漠具有一定的普遍性。诚然,改革开放三十多年来,顺德企业运营的法治化趋势显著提升,聘请法律顾问,设立专门的企业法务部门,已成为企业规范化运作的基本特征之一。但这些法务人员更多的只是专注于解决企业经营中的民商事法律问题,对企业尤其是企业家所面临的刑事法律风险,往往疏于应有的认识和有针对性的防范。⑤ 实践中,很少有企业家在经营活动中聘请刑事法专家为自己提供帮助,只是在东窗事发之后,才想到请刑事法专家或擅长刑事诉讼的律师。

三、预防和控制顺德区企业家犯罪的对策思考

改革开放三十多年来,我国企业家在经济领域取得了巨大成就。但是,在推进社会主义经济市场化改革的过程中,企业家这一特殊群体的犯罪现象日益受到关注。企业家犯罪不仅会导致其自身的终局性失败,而且更关乎其身后企业的发展和企业职工的切身利益。党的十八大报告提出:要推进科学立法、严格执法、公正司法、全民守法。这不仅对刑事法治建设提出了更高要求,而且对正确认识和处理企业家犯罪问题也具有重要的现实指导意义。⑥ 因此,针对企业家犯罪,不该停留在刑法的惩罚、打击这样一个传统的思维框架之内。为了从源头上杜绝企业家犯罪的发生,要不断提高企业家犯罪的防范意识和手段。为此,我们必须进一步增强保障经济平稳较快发展服务的观念,明确预防和控制我区企业家犯罪的对策思考,以对此类违法犯罪的发生规律和影响这类违法犯罪的主要因素进行理性分析为基础,并基于必要性和可行性原则,系统地提出事前预防和事后打击的对策和措施,建立符合经济发展要求的企业家刑事保护体制和工作机制,开创我区企业家刑事法律保护工作的新局面。

(一) 强化法制宣传,提高企业家的法律意识

随着我国法律日益完善、执法日益严格,企业家如果还缺乏必要的法律意识,则无异于"盲人骑瞎马,夜半临深池",其法律风险是不言而喻的。因此,应提升企业家的法律意识,促使和推进企业(尤其是中小企业)实现依法治企,从而实现管理和决策的合法化,避免个人和企业违法犯罪。我区各职能部门要加强配合与联动,齐抓共管,整体推进企业普法工作的深入开展,根据职能创新,开展与企业相关的形式

---

⑤ 参见中国企业家犯罪预防研究中心:《2012 中国企业家犯罪媒体案例分析报告》,载《法人》2013 年第 3 期。

⑥ 参见高铭暄:《〈企业家犯罪报告〉的刑法学启示》,载《法制日报》2013 年 1 月 30 日,第 012 版。

多样的法制宣传教育活动。如区检察院要以开展"一镇街一名企一行业协会"共建活动⑦为切入点和着力点,讲解关于侵占罪、挪用资金罪等刑法规定,及时为企业提供法律帮助和防范指导,充分发挥各镇街有代表性的企业和行业协会的示范作用,逐步全面地在区内营造诚信经营环境;区法院对带有普遍意义的与企业相关的典型案件,编发成案例与建议向全区各相关中小企业通报,促进企业做好防范工作;税务等部门应经常督促企业经常业务单位核对账目,及时发现和处理违规账目;区政法委(司法局)⑧组织律师举办企业经营管理人员、个体工商户学法培训班。通过各种法制宣传,使各种涉及企业的法律、法规能尽快传达到企业经营者之中,促进企业实现依法治企,规范企业运作,达到企业发展与法治建设协调共进的良好局面。

(二)发挥法定机构及行业协会商会的作用,强化企业决策的法律风险防范机制

顺德在2009年率先在全省县域城市推行大部制改革和简政强镇事权改革,为进一步完善党政运行机制,合理界定政府职能,提升行政效能,增强大部制改革的化学作用,建设公共治理型的责任政府,顺德又于2010年启动了行政审批制度改革、农村综合改革及社会体制综合改革。依据"宏观决策权上移、微观管理权下移"的原则,进一步减放行政审批权限,采取"委托""授权"等方式,将部分行政审批权限下放社会团体、行业协会及市场中介组织管理,从而促进了我区"一级政府、两级管理、三级服务、协同共治"的扁平化行政管理模式的建设。截止到2013年9月,顺德区法定机构、行业协会商会蓬勃发展,已成立5个法定机构,78家行业协会商会,其中专业性和联合性协会商会35家,联系会员企业13 000多家,覆盖家电、家具、机械装备、涂料、电子信息、房地产等各大产业,各法定机构、行业协会商会在为会员企业积极开展融资服务及融资担保服务的同时,积极开展各类法律培训活动,

---

⑦ "一镇街一名企一行业协会"共建活动,是指在辖区内各镇街选取一个知名度高、影响力大、示范作用强的企业和行业协会,达成共建协议,引导目标企业和行业协会诚信经营,带动周边企业和行业协会见贤思齐,积极创建社会信用体系和市场监管体系。

⑧ 顺德区在2009年率先在全省县域城市推行大部制改革后,区司法局并入区委政法委,并注为区委政法委(司法局)。

强化企业的法律意识,通过常设法律顾问或专业顾问团,在公司企业营运的整个过程中,为会员企业提供及时的专业意见及法律意见,帮助其审查合规和风险环节,对风险进行判断评估,督促企业建立与完善决策机制和风险防范机制,有效防控会员企业的刑事法律风险。

(三)强化政府职能监管,优化企业发展环境

为大力深化行政审批改革,从根本上提升顺德的核心竞争力,促进企业尤其是创新型企业的快速成立和发展,为产业转型升级提供制度保障,顺德区于 2012 年 4 月率先开展商事登记制度改革试点工作。顺德的商事登记改革主要对行政审批制度和监管体系进行重新梳理、设计,商事主体资格与经营资格相对分离,将营业执照和经营许可分开,实行住所与经营场所相对分离的登记管理方式,并将审查职能逐步转移给社会组织。这样,一般经营项目将完全开放,许可经营项目可直接凭许可证经营,企业注册将从核准制转为登记公示制。商事登记改革将带动顺德区域内出现一股创业的热潮,顺德企业和个体户的登记数量将会出现成倍增长,这些新涌现的企业将推动顺德经济再上一个新台阶。政府部门在扶持企业(尤其是中小企业)发展的过程中,既要重视解决企业资金困难等"输血性"政策措施,也要重视出台减少企业"出血点"的防范性措施,在政府各行政部门之间形成扶持合力。因此,改革后,政府行政管理职能的重心由审批转向制定政策标准及监管执法,职能部门应按照"建立标准、倡导自律、强化监管"的思路,制定系统完善的后续监管体系,要进一步强化对企业等商事主体日常的巡查监督检查,加强动态监控,掌握运营情况,但对未获得许可而擅自经营的主体以及商事主体的违法行为则要加大处罚及信息公示力度。要在管理工作中树立"亲商、重商、养商、富商"的服务理念,为商事主体(尤其是民营企业)发展创造好的环境和平等的商业机会,而不是迫使其到处求租,游走在法律的灰色地带。严厉打击侵害民营企业家的行为,查办企业经营管理者犯罪案件时,应慎重适用强制措施,对确需采取强制措施的,及时向企业通报,尽量避免企业生产经营活动受到影响。

(四)加强企业内部的管理,建立完善的规章制度

如前所述,在涉案的 153 家企业中,财务管理制度成为犯罪高发区,这一现象暴露出企业内部管理制度的混乱。企业内部管理制度的

好坏是衡量企业经营管理的一项重要指标，也是现代经营模式的重要组成部分，加强企业内部管理制度建设，对于有效营运资产、加强财务监督及提高经济效益具有积极意义。因此，制定和完善企业内部管理制度是企业（尤其是中小企业）在市场经济中生存和发展壮大的客观需要。要加强企业管理首先必须先强化企业决策人的思想观念，建立与完善用人问题的决策和责任追究机制、分工负责制度、岗位交流回避制度及强化财务管理等措施，强化授权批准控制、会计系统控制、预算控制、财产保全控制、风险控制等内部控制制度建设，加强企业队伍建设，增强责任监督意识，以提高对企业风险的控制能力和经营管理水平，从而实现公司的经营战略目标。

第三编 企业家犯罪中的罪与罚

行贿犯罪对市场经济的破坏与制度遏制

——兼论行贿犯罪档案查询制度对市场经济秩序的促进作用

柳晞春[*]

一、行贿与受贿：一对共生的腐败

在腐败的"大家庭"中，贿赂占有重要的位置，是一种最为复杂和普遍的犯罪。贿赂自古有之。《说文解字》中对贿赂有专门解释："贿，财也；赂，遗也。"贿赂是指一方送财、送物，另一方接受。西周时期《尚书·吕刑》中所谓"五过之疵"中的"惟货"，即指官吏接受贿赂。《汉书·刑法志》中也有"吏坐受赇枉法"的记载，"赇"即以财物枉法相谢也。

一般来讲，贿赂主要包括两方面：一是行贿；二是受贿。根据我国《刑法》，关于贿赂犯罪一共规定了7个罪名，即：受贿罪、行贿罪、单位行贿罪、单位受贿罪、对单位行贿罪、介绍贿赂罪、利用影响力受贿罪。《刑法》第385条第1款规定："国家工作人员利用职务上的便利，索取他人财物的，或者非法收受他人财物，为他人谋取利益的，是受贿罪。"行贿罪则是指"为谋取不正当利益，给予国家工作人员以财物"。至于介绍贿赂罪则是指向国家工作人员介绍贿赂的行为。行贿的目的是得到不正当利益，而受贿者往往通过帮助他人谋取利益而自己获利。

---

[*] 柳晞春，最高人民检察院犯罪预防厅行贿犯罪档案查询中心主任。

从犯罪结构和关系来看,行贿和受贿之间存在密切关联,如同一对孪生兄弟,连体怪胎,无法分离。无行贿无从受贿,无受贿则行贿无门。行贿是给予,也是前提;受贿是需求,也是结果。由于行贿与受贿的这种密切关系,很容易形成一种紧密的利益"共同体"和"犯罪链"。媒体所讲"官员傍人款""官款相傍"现象,以及腐败"生存链"都是"共生"现象的具体表现。

在新时期,贿赂犯罪情势依然严峻。根据数据分析,可以看出从2001年至2009年,检察机关查办的职务犯罪数量呈现总体下降趋势,贪污犯罪同样呈总体下降趋势,但是与此相反,贿赂犯罪却呈现总体上升趋势,而且贿赂犯罪占职务犯罪的比例逐年增大。尽管近些年来,我国反腐败工作取得了很大成效,但是贿赂犯罪滋生蔓延的土壤仍然未被完全铲除,在某些行业、领域贿赂犯罪仍然呈易发、多发态势,从总体上也呈逐年攀升趋势。

检察机关立案职务犯罪数量统计表(2001年至2009年)

年份	职务犯罪(例)	贿赂犯罪(例)	贪污犯罪(例)	贿赂犯罪百分比
2001	45 266	10 347	16 362	22.8
2002	43 258	10 725	15 785	24.8
2003	39 562	10 553	14 161	26.7
2004	37 786	10 572	13 308	28.0
2006	33 668	11 702	10 337	34.8
2007	33 651	12 226	9 956	36.3
2008	33 546	12 471	9 605	37.2
2009	32 439	12 897	8 865	39.8

数据来源:《中国检察年鉴》(2002年至2010年)

二、行贿犯罪的特点与成因

在新的形势下,行贿犯罪主要表现出以下特点:

(1) 发案范围广、环节多。集中发生在工程建筑、金融证券、房地产等经济热点领域,以及医药卫生、文化教育、司法等领域,发生在项目承包、工程发包、土地批租、行政许可、生产经营、产品推销、商品流通、资金拨付以及行政执法、司法执行等环节。

(2) 行贿手段花样百出,隐蔽性、欺骗性、复杂性增强。

（3）行贿犯罪数额增大。涉案数额动辄上百万元、上千万元。

（4）作案频率高。多次行贿、连续行贿、向多人行贿增多，表现出强烈的进攻性、腐蚀性和传染性。

（5）从犯罪主体看，除个人行贿之外，单位行贿、公款行贿增多。

（6）行贿动机清晰，目的明确，主要包括：一是为争取项目。一些企业为争取到国家投资项目，宁愿拿出投资额的5%～10%，甚至更多的钱作为"活动经费"。有"大跑得大项目，小跑得小项目，不跑不得项目"的说法。二是为争取工程，或者为保证工程建设顺利进行而向有关主管部门、监督管理部门行贿。三是为争取财政拨款、专项资金或者贷款而行贿。四是为职位升迁、调动而行贿。或者为了拉选票而行贿。五是为求得包庇或者通融关系而向党政领导、司法人员、行政执法官员行贿。企业经营人员向政法机关、工商、技术监督、税务等机关人员行贿以求得方便。为走私、制假、骗税、骗汇等非法活动而行贿。六是为顺利审批而行贿。七是在经营活动中行贿，主要形式是"回扣"、好处费或者其他形式。八是为了长期利益而以前期"投资"方式行贿。

行贿犯罪之所以存在，与经济、政治体制密切相关，与社会风气、生活习惯、传统文化、管理制度都有关系。

（1）对资金、项目、资源的垄断性控制和审批经济、垄断经营，为设租、寻租提供了机会和条件，经营者不得不交"租"。须先通过"活动"，"跑资金""跑项目"，才能得到资金，才能拿到项目，获得许可。另外，资源、产品、服务和生产采购的垄断经营导致价格被不法操纵，引起不正当的幕后交易。

（2）政府权力对经济活动的一些不合理干预，导致无法形成科学而公正的投资、管理机制，难以发挥市场在资源配置中的基础作用。

（3）企业、利益集团或者个人为谋求更多、更广泛利益，通过行贿主动"围攻"、诱惑有关人员，甚至设陷阱，"俘获"官员使其为己效力。

（4）市场竞争日趋激烈，形成以行贿为主要方式的恶性竞争。大量商品和服务进入市场，供求失衡，供大于求，加剧了竞争，具有选择权的消费单位成为商品和服务营销的"围攻"对象，催生了非法渠道。一些经营者暗中以金钱或其他"好处"贿赂官员、对方和相关人员，通过行贿走"捷径"，取得交易机会，获取利润。

(5) 人事管理和干部任用存在的弊端,使得一些人通过行贿谋取官位或者职位,一些人通过干部选拔任用谋财。

(6) 对行贿行为存在错误认识。有的人不以行贿为罪,而是将行贿视为搞活经济的"润滑剂";有人认为贿赂属于人际交往的正常活动,是"礼尚往来";有的人送钱送物是为了向帮助自己的人表达"谢意";有的人送钱送物时不图回报,不提要求,而是作为感情投资;有的人认为"花钱办事",天经地义,十分正常,要办事就得送礼、花钱,不送钱、不送礼不能办事;有的人认为公款行贿的"目的"不是为了个人,而是为集体、为单位,只要不把钱装进个人腰包,就没有问题;等等。

(7) 对行贿犯罪的打击力度不够。

三、行贿犯罪对市场经济的破坏与危害

行贿犯罪具有严重的社会危害性,会给市场经济发展带来结构性破坏。

(1) 由于行贿及其相关腐败利益链的原因,导致社会生产、流通、消费、分配的不公平和恶性循环,影响了资源的合理配置。

(2) 行贿是恶性竞争的必然产物,反过来又加剧恶性竞争,破坏竞争机制,扰乱市场经济秩序,使得经济规律不能正常发挥作用。

(3) 行贿犯罪助长了其他违法行为,增大了经济发展的阻力,增加了企业生产和运行成本。

(4) 行贿放大了计划经济或审批经济、管制经济对市场经济的不利影响,助长了"权力寻租"和"权力出租",直接破坏公共管理职能和管理秩序,它破坏司法公正,损害社会正义。

(5) 个人行贿是为了私利而侵害他人利益、公共利益和国家利益,公款行贿获得的是部门利益、小团体利益、局部利益,但损害了全局利益和国家、公共利益,扰乱国家资源配置计划,干扰国家宏观调控措施。

(6) 影响企业的长远发展。对于企业来说,通过行贿,即使能够帮助解决企业的一些具体问题,也只能给企业发展带来短期的好处,无法从根本上解决问题,提高企业的综合实力和竞争力。

(7) 恶化市场经济环境。行贿犯罪不断催生、助长腐败,起着腐败催化剂的作用,腐败因而愈演愈烈。经营者冒违法犯罪的风险,取

得交易机会,获取更多利润,剥夺其他经营者的机会和权利,进一步加剧了行贿流行,严重破坏了投资环境和经营环境。

四、从预防行贿犯罪着手,切断贿赂犯罪链条

在贿赂犯罪中,行贿与受贿总是相伴而生,相对而存,行贿因受贿而生,受贿因行贿而成。从行贿到受贿,构成一个犯罪链条,其中,行贿在贿赂犯罪的链条中所起的作用更加直接,是贿赂犯罪的开始,没有行贿,受贿将无从实现。行贿与受贿两相比较,行贿者往往居于弱者地位,在很多情况下行贿是迫不得已,如索贿的情形。但是,在一些情况下,有的行贿者主动对资源控制者和掌握权力者发起"围攻",行贿者成为贿赂犯罪的始作俑者,会以极大的诱惑力和腐蚀性成为促成受贿的直接根源。而且,行贿也能表现出强大的破坏性和扩张性,它可以让一个人受贿,也可以同时让多人受贿,形成区域性腐败。另外,行贿不仅促成受贿,而且还会间接引发玩忽职守、徇私舞弊等渎职犯罪,为群体腐败犯罪推波助澜。可以讲,行贿是贿赂的一个源头,要遏制受贿就得从遏制行贿开始,切断行贿向受贿的犯罪链条,从而从源头预防贿赂。

为预防行贿犯罪,进而破除腐败"共生链",可以采取以下措施:

(1)加强教育,全面提高公务人员的素质和道德修养,启发公务人员内心的廉洁信仰,抵制行贿行为,并营造良好的社会廉洁氛围。

(2)改革管理体制,健全和完善管理制度。应依法管理国家和社会事务,减少社会公共权力对经济和生活的过多干预,凡是能够通过法律、经济方法解决的问题,应避免用行政手段解决。应当规范行政行为,提高行政效率,减少审批权的数量和规模,并加强监督管理。应严格依法办事,减少随意性,避免国家工作人员"吃、拿、卡、要","乱摊派、乱收费、乱罚款"。

(3)公开权力的行使原则、程序和结果,增加透明度,保证社会和群众的知情权、监督权,减少和避免"暗箱操作"。发动公众进行监督,鼓励公众对办事中的违法违纪行为进行检举揭发。

(4)建立公平公开的规范市场,实行公平竞争。如建立规范的建筑市场,严格按规定程序运作,杜绝"暗箱"操作。对物资采购实行公开招投标,禁止私下交易,增加透明度。

(5) 加强对财务的管理,清除"小金库",杜绝公款行贿。
(6) 加强对于行贿犯罪的监督与打击力度,形成强有力的震慑。

五、行贿犯罪档案查询制度对行贿犯罪的遏制作用

为预防和减少行贿犯罪,促进诚信建设,检察机关运用计算机技术对行贿犯罪信息进行分类录入、存储和管理,建立行贿犯罪档案库,2006年1月1日起正式对社会提供查询,全面推行行贿犯罪档案查询制度。这项制度是检察机关落实标本兼治、综合治理、惩防并举、注重预防的方针,推进惩治和预防腐败体系建设的重大创新,也是积极参与加强和创新社会管理,促进社会诚信体系建设,服务经济社会科学发展的重要探索。2012年2月16日,行贿犯罪档案查询系统实现了全国联网,从而建立了全国行贿犯罪档案查询信息数据库和统一查询信息平台。在行贿犯罪档案查询工作中,检察院负责向社会单位和个人提供查询结果,有关行业主管部门对经查询有行贿犯罪记录的单位和个人,作出限制或禁止准入、降低资质等级等处置。

行贿犯罪档案查询制度,对于预防、遏制行贿犯罪具有重要功能,主要包括以下方面:

(1) 筛查功能。基于行贿犯罪信息与单位和个人之间的一一对应关系,通过查询实现筛查功能。即将已录入查询系统的行贿犯罪信息与特定的被查询对象进行比对,可以将有行贿记录的单位和个人筛选出来,即把行贿犯罪概率较高的主体甄别出来。

(2) 隔离功能与预防功能。通过行贿犯罪档案查询,将曾有行贿犯罪记录的单位和个人筛查出来,实施技术性隔离,从而可以或者尽量避免有行贿记录的单位混入投标单位和供应商之中,避免或者尽量避免有行贿记录的个人获得特定资格和商业机会,进而阻断和减少有行贿犯罪记录的单位和个人再次行贿的机会和条件,防止其实施行贿犯罪,消除行贿隐患。

(3) 警示功能和引导功能。一般讲来,行贿人总是为获取一定利益才行贿。而且,往往是通过成本、收益比较之后才作出行为选择。行贿犯罪档案查询系统的存在,使得潜在的行贿人受到一定的压力,担心被纳入行贿犯罪档案查询系统而增大经济成本、付出巨大代价,

因而可能放弃行贿,或者有所"收敛"。

(4)预测预警和服务决策。可以根据对行贿犯罪档案库大量案例、数据进行多角度、多层次的综合量化分析,揭示一定时间、范围的行贿受贿犯罪状况、特点和规律,把握犯罪总体状况和犯罪动向,对犯罪趋势、变化作出判断和预测,对行贿受贿犯罪多发、易发行业和领域预警监测,向有关部门提出提示性、警示性建议和预警报告,为惩治和预防职务犯罪提供对策、决策支持,通过加强监管、完善制度、堵塞漏洞,以促进对行贿犯罪的防控。

六、行贿犯罪档案查询制度对市场经济秩序的促进作用

总的说来,行贿犯罪档案查询工作对于市场经济具有以下几方面的促进作用:

1. 促进公开、公正、公平竞争,维护良好的市场经济秩序

竞争作为市场经济的灵魂,普遍存在于一切经济领域和相关领域。但是市场经济无序和不规范却会导致恶性竞争。如果某个公司、企业通过行贿手段获取投资、项目、贷款,对于本企业来讲,是一种收益。但是对于其他没有行贿的公司、企业、个人来讲,就是不公平。通过行贿犯罪档案查询,可以不再给行贿的公司、企业、个人机会,把这样的机会交给其他没有行贿的公司、企业、个人,也是还其他守法经营者一个公道。

通常而言,行贿行为依其"惯性",可能继续行贿行为,或者在其他行业、领域,或者向其他单位、个人行贿,存在较高的再次行贿风险。通过行贿犯罪档案查询,可以抬高准入门槛,防止曾有行贿犯罪记录的公司、企业或单位、个人混入投标人、供应商之中,不给或者减少其新的机会,并能够防止新发行贿犯罪,消除行贿隐患。根据检察机关出具的查询结果告知函,依法依规对经查询有行贿犯罪记录的单位和个人采取限制准入等处置,实际上也是一种惩戒措施。虽然算的是"旧账",但却能对当下的经济活动、商务活动进行规制,使那些有行贿犯罪记录的单位和个人承担一定的违法犯罪的代价。通过行贿犯罪档案查询制度,对行贿者进行惩罚和实行市场廉洁准入,实际上起到了维护良好的市场经济秩序的作用。

2. 促进市场信用体系和商业诚信建设

市场经济是法制经济,更是信用经济。信用制度不完善,市场经济就不可能健康发展。可以讲,行贿犯罪是一种极为严重的失信行为,行贿犯罪档案查询工作作为遏制贿赂犯罪的专门手段,必然是对失信行为的强烈抑制。失信与诚信相对应。个人失信行为是指对本应遵守执行的职业道德和纪律、法律的违背,是故意违反职业道德的违纪、违规、违法行为。一般认为,企业失信行为是指企业为了获取自身利益而不惜损害国家、社会和他人利益的不道德,甚至有可能违法犯罪的行为。① 实践证明,凡是行贿、受贿贿赂盛行、猖獗的地方,必然是不讲信用、背信失信行为猖獗的地方。行贿受贿的结果必然导致政府失去威信,司法失去公信,市场缺乏信用,社会不讲诚信。实际上,大量社会事件如三聚氰胺事件、地沟油事件、考试作弊等都与腐败、犯罪,尤其是行贿受贿犯罪有或多或少的关联。所以,通过行贿犯罪档案查询工作,以遏制行贿与受贿犯罪,必然是对失信行为的抑制和对诚信建设的有力促进。

行贿犯罪渗入经济活动,加剧了经济失信、市场失信,构成对经济秩序的严重破坏。由于行贿犯罪的影响,失信行为不断增多,如"行业垄断""价格同盟""融资欺诈""上市圈钱""股市黑幕""股市坐庄""虚假报表""暗箱操作",等等,破坏了市场经济秩序,造成资本市场混乱,严重损害了投资人利益。行贿犯罪档案查询制度可以限制有行贿前科的单位和个人进入经济领域,参与商业活动,是强化市场准入管理、廉洁管理、净化市场的重要措施,对于商业失信行为无疑是一个致命打击。

3. 引导廉洁经营和守法经营

一般来讲,市场经济活动主体都有一定的认知、判断能力,能根据事情、形势的发展、变化选择自己的行为。所以,在诚信建设中,政府应当更多地发挥规范、引导作用。通常,行贿人总是为了获取一定利益才行贿,有的是为了中标,有的是为了获得项目,有的是为了获取采购份额,有的是为了取得较高的资质,有的是为了请求拨付资金,等等。而且,在经济活动中,经营者往往都是在经过成本、收益比较之

---

① 参见陶为民:《企业失信行为与政府规制》,载《时代潮》2004年第8期。

后,在考虑后果、代价之后再作出行为选择。通过行贿犯罪档案查询,使得有行贿犯罪记录的公司、企业或其他单位、个人受到必要的惩戒,使得无行贿犯罪记录的公司、企业或其他单位、个人顺利从事经济活动,这种机制使得公司、企业或其他单位、个人在商业活动、经济活动中感到一定的压力,尤其是对那些潜在的行贿人更为明显,这些人会由于担心行贿后被纳入行贿犯罪档案查询系统而增大经济成本、付出巨大代价,因而可能放弃行贿,或者有所"收敛"。这对于诚信建设无疑是一种很好的引导作用。

4. 促进企业廉洁文化建设,改善经济发展环境

行贿犯罪采取迂回方式进行,如不送钱、物,而是假借促销、赞助、劳务、咨询、提成、奖励、节目红包等名义,或者赠送免费旅游、出国观光、海外定居、留学担保的机会,通过人情关系不断地渗透到经济、社会、文化的各个方面,败坏了社会风气,加剧了失信无碍、行贿有理等理念的传播。通过行贿犯罪档案查询,可以有效地减少和避免贿赂犯罪向社会各个层面的渗透破坏,同时还能在潜移默化之中,培育经营者抵制行贿的理念和守法意识,逐渐营造自觉守法、抵制行贿的廉洁、诚信氛围。

P2P 网络借贷中的刑法问题探讨

左坚卫[*]

P2P 网络借贷(又称人人贷,下文简称 P2P 网贷)这种资金借贷模式作为一种新生事物,由于尚缺乏完备的法律引导和规制,正面临着一系列问题。具体操作中出现的网贷平台公司倒闭、公司管理人员卷款逃匿等乱象,是这些问题的外化。有学者和实务界人士甚至认为,P2P 网贷不但违法,而且已经触犯了刑律。笔者的看法是,规范的 P2P 网贷业务并不违法,更没有触犯刑法的禁止性规定,但异化的 P2P 网贷活动则可能构成犯罪。

一、P2P 网贷与非法吸收公众存款罪的界限

P2P 网贷目前面临的最大质疑是,这种运作模式可能触犯非法吸收公众存款罪。银监会办公厅在其下发的《关于人人贷有关风险提示的通知》中明确指出,P2P 网贷中介机构有可能演变为吸收存款、发放贷款的非法金融机构,甚至变成非法集资。这里的"非法集资",主要指的是非法吸收公众存款。

笔者基于对 P2P 网贷的基本运作模式和非法吸收公众存款罪的法定成立条件的比较考察,认为正常的 P2P 网贷行为并不属于非法吸收公众存款,更不可能构成非法吸收公众存款罪。

最高人民法院于 2010 年 12 月 13 日发布了《关于审理非法集资刑事案件具体应用法律若干问题的解释》(以下简称《非法集资解

---

[*] 左坚卫,北京师范大学刑事法律科学研究院教授、博士生导师。

释》），该解释在第1条第1款对《刑法》第176条规定的非法吸收公众存款行为以及其他非法集资行为设置了4项必须同时满足的条件：（1）未经有关部门依法批准或者借用合法经营的形式吸收资金；（2）通过媒体、推介会、传单、手机短信等途径向社会公开宣传；（3）承诺在一定期限内以货币、实物、股权等方式还本付息或者给付回报；（4）向社会公众即社会不特定对象吸收资金。在设置上述4项条件后，该解释在第2条又列举了10种应当以非法吸收公众存款罪论处的具体行为和一项兜底性规定，并要求行为人只有在实施了这些行为之一，同时又符合该解释第1条第1款规定的四项条件的情况下，才应当以非法吸收公众存款罪定罪处罚。显然，《非法集资解释》第1条第1款所设立的4项条件，才是认定某行为是否构成非法吸收公众存款罪的关键标准，第2条列举的诸种情形，重在揭示非法吸收公众存款的行为方式，在表述上未必全面完整，实践当中，仍需根据《非法集资解释》第1条关于非法集资的概念和四个特征要件进行具体认定。[1]

在规范的P2P网贷业务中，各法律关系主体的业务行为都不可能同时具备《非法集资解释》规定的非法吸收公众存款罪的4项条件。P2P网贷的法律关系主体包括：（1）资金借入方；（2）资金借出方；（3）网络借贷平台；（4）资金托管方。如果有独立的提供还款担保方，则还存在第五个法律关系主体，即担保人。其中，资金借出方只是将自己的资金借出，通过放贷获利，其行为只涉及要求的利息是否受法律保护的问题，不会触犯《非法集资解释》第1条规定的4项条件的任何一项。资金借入方虽然需要筹集资金，但并不直接面向社会公众，只是与网络借贷平台以及个别或少数资金出借人接触。因此，不具备第二、第四项条件，即既不会通过媒体、推介会、传单、手机短信等途径向社会公开宣传进行集资，也不会向社会公众即社会不特定对象吸收资金。资金托管方只负责依法管理存入其账户的资金，既没有主动去吸收公众存款，也不参与网贷平台的经营活动，不会触犯任何一项条件。担保人只负责在债务人违约后承担债务代偿责任，如前所

---

[1] 参见刘为波：《〈关于审理非法集资刑事案件具体应用法律若干问题的解释〉的理解与适用》，载《人民司法（应用）》2011年第5期，第26页。

述,同样不属于承诺在一定期限内还本付息或给付报酬,不具备第三项条件,即"承诺在一定期限内以货币、实物、股权等方式还本付息或者给付回报"这一要件。即便是最受争议的网络借贷平台公司,通常也只是负责收集掌握借贷供求信息,进而促成借贷交易的实现,不会满足任何一项条件。即便它直接向社会公众吸收资金并控制借贷资金,由于它并不向资金出借人承诺在一定期限内以货币、实物、股权等方式还本付息或者给付回报,只是由第三方担保人为资金借入方提供担保,或者由平台公司为资金借入方还款提供默示性担保。两者的具体内容不同,法律性质也不同,担保行为属于典型的附条件民事法律行为,而承诺在一定期限内以货币、实物、股权等方式还本付息或者给付回报的行为,则属于附期限的民事法律行为。因此,在 P2P 网贷中,网络借贷平台提供者不会具备《非法集资解释》第 1 条规定的成立非法吸收公众存款的第三个要件,即"承诺在一定期限内以货币、实物、股权等方式还本付息或者给付回报"这一要件。

通过考察规范的 P2P 网贷平台的运营情况,并对照《非法集资解释》关于非法吸收公众存款的成立条件的有关规定,可以清楚地看到,最高人民法院关于非法吸收公众存款罪的成立条件的具体规定,已经在 P2P 网贷和非法吸收公众存款罪之间划出了一条清晰而明确的界限。

二、P2P 网贷与其他非法集资犯罪的界限

在 P2P 网贷中,就借贷双方而言,是一种借贷合同关系,本质上为民间借贷;就网贷平台公司而言,本质上是一种信贷中介服务公司,也有人将其视为从事金融理财服务的准金融机构。② 网贷平台公司这种为资金需求方和供应方牵线搭桥、促成借贷合同订立的服务属性,使得它与集资有着密切的关联性,有必要厘清这种行为与其他非法集资犯罪的界限。

(一) P2P 网贷与集资诈骗罪的界限

《非法集资解释》对集资诈骗罪的认定有了一个值得关注的变化,

---

② 参见朱琳:《对人人贷公司法律性质的分类研究》,载《金融法苑》2012 年总第 85 辑,第 192 页。

就是将集资诈骗罪的具体表现与非法吸收公众存款罪完全等同。根据《非法集资解释》第4条的规定，集资诈骗罪的成立，不但在主观上要以非法占有为目的，在客观上必须使用诈骗方法，而且通常应当表现为《非法集资解释》第2条规定的10种具体情形或者非法吸收资金的行为。这些非法吸收资金行为的一个共同特点，就是巧立名目、弄虚作假。实务中，规范的P2P网贷平台公司主要是以满足小、微企业少量、频繁、急需的贷款需求为业务内容，并且通过严格、规范的业务操作流程和资金管理模式，保证民间借贷的阳光化、规范化、市场化。其融资的用途是满足小、微企业的实际需求，与《非法集资解释》所列举的这些以弄虚作假的方式实施的非法吸收资金行为的性质是完全不同的。因此，在P2P网贷的实际经营中，只要网贷平台公司是在正常履行中介平台的职责，其主观上就不可能具有非法占有出借人资金的目的，客观上也不会实施各种虚构事实、隐瞒真相的欺骗方法筹集资金，当然也不可能构成集资诈骗罪。近年发生的淘金贷和优易贷等P2P网贷平台管理人员卷款潜逃事件，属于P2P网贷经营之外的纯粹刑事犯罪，与P2P网贷经营是性质完全不同的两种行为。

（二）P2P网贷与擅自发行公司、企业债券罪的界限

擅自发行公司、企业债券罪，是指未经国家有关主管部门批准，擅自发行公司、企业债券，数额巨大、后果严重或者有其他严重情节的行为。公司、企业债券从法律属性上看属于按券面约定在一定期限还本付息的有价证券。③ 擅自发行公司、企业债券行为，表现为未报批即发行债券、虽然上报但尚未获批即发行债券以及虽经批准但超越批准规模发行债券三种情形。④ 无论是哪种情形，其行为都以公司、企业债券为载体。在P2P网贷中，资金借入方通过P2P网贷平台借款，网贷平台公司为其借款提供信息及咨询服务，并作为中介促成借贷合同的签订，虽然借入方和出借方之间会形成债权债务关系，网贷平台公司甚至也可能充当债务担保人，但他们之间形成的债务的载体是一份或者

---

③ 参见高铭暄、马克昌主编：《中国刑法解释》（上卷），中国社会科学出版社2005年版，第1259页。

④ 参见赵秉志主编：《刑法新教程》（第三版），中国人民大学出版社2009年版，第456页。

几份各自独立的资金借贷合同或者担保合同,他们的行为都不涉及发行公司、企业债券,也不以公司、企业债券为载体,因而与擅自发行公司、企业债券之间存在明显界限,不可能发生交叉或者重合。

三、P2P网贷与非法经营罪的界限

《刑法》第225条关于非法经营罪的规定,由于其堵漏性条款的存在,自施行以来,有不断扩大适用的趋势。[5] 要求对非法经营罪的适用范围加以严格限制的呼声不断,但是,司法实务界对此似乎缺乏必要的回应,以非法经营罪定罪处罚的判例层出不穷。因此,有必要认真审查P2P网贷是否可能涉嫌非法经营罪,以免经营者无辜落入这一"口袋罪"之中。

尽管理论上对于如何限制第225条第(4)项规定的"其他严重扰乱市场秩序的非法经营行为"存在不同认识,但目前较为权威的看法认为:"'其他行为'的具体内容,应当通过立法或者司法解释逐一加以明确;未予明确的,应依照'法无明文规定不为罪'的原则不予认定。"[6]

非法经营罪的构成要件以及理论界对《刑法》第225条堵漏性条款的上述权威理解,在P2P网贷与非法经营罪之间竖起了两道"防火墙"。第一道是违规性"防火墙"。非法经营罪的成立,以行为人"违反国家规定"为前提。根据《刑法》第96条的规定,刑法中的"违反国家规定",是指违反全国人大或者全国人大常委会制定的法律和决定,或者国务院制定的行政法规、规定的行政措施、发布的决定和命令。迄今为止,没有任何这类规定禁止P2P网贷业务。即便是2011年8月银监会办公厅下发的《关于人人贷有关风险提示的通知》,也只是列举了人人贷存在的七类问题和风险,对P2P网贷行业进行风险提示,并没有认定该行业违反了国家规定。第二道是非法经营类型"防火

---

[5] 参见贾成宽:《非法经营罪堵漏条款的限制》,载《北京政法职业学院学报》2010年第2期,第55页。
[6] 周道鸾、张军主编:《刑法罪名精释》(上)(第四版),人民法院出版社2013年版,第488页。

墙"。目前法律和司法解释对非法经营的类型作出了大量规定[7]，并没有任何一项规定P2P网贷这类经营行为属于非法经营。从法理的角度分析，P2P网贷中的资金借入方和出借方之间是一种民间借贷法律关系，网贷平台公司与前两者之间是一种居间合同法律关系，担保方与资金出借方之间是一种担保法律关系，均属于私法范畴的法律关系，对这类法律关系主体应当秉持"法无禁止即自由"的原则，在目前没有法律禁止P2P网贷的情况下，无论如何不能认定其行为涉嫌非法经营刑事犯罪。

四、异化的P2P网贷的刑事法律风险

虽然规范的P2P网贷不会触犯刑法，但是，实务中的P2P网贷却呈现出了乱象。一些网贷平台公司先后关闭，还有的平台公司管理层人员甚至卷款逃匿，给人以P2P网贷行业山雨欲来风满楼的感觉。之所以会出现这种乱象，主要是因为某些经营者在开展业务时，越过法律的藩篱，使P2P网贷异化为非法经营活动。这种异化的P2P网贷面临刑事法律风险，需要引起高度重视和有效防范。

异化的P2P网贷首先面临的是非法吸收社会公众存款罪的刑事法律风险。某些P2P网贷平台公司超越居间人的角色，直接以融资者的形象出现，向社会公众募集资金，就极有可能满足《非法集资解释》第1条、第2条所规定的非法吸收公众存款罪的构成要件。例如，有的网贷平台公司推出所谓的优选理财产品，向公众募集巨额资金，并设置"锁定期"。[8] 这种行为虽然以"理财计划"替代"理财产品"，但只不过在玩文字游戏，一旦有关公司承诺在一定期限内以货币、实物、股权等方式还本付息或者给付回报，就可能构成非法吸收公众存款罪。这是P2P网贷平台公司当前最需要警惕和防范的行为。前央行官员吴晓灵在警示P2P行业的风险时，就直接指出它有可能触及非法吸收公众存款的法律红线。如果P2P网贷平台公司在筹集资金的过程中，

---

[7] 参见王作富、刘树德：《非法经营罪调控范围的再思考》，载《中国法学》2005年第6期，第141—142页。

[8] 参见郭奎涛：《人人贷被指涉嫌非法集资》，载《中国企业报》2013年2月5日，第8版。

以非法占有为目的,使用诈骗方法进行吸收资金的活动,一旦数额较大,就进一步演变成集资诈骗罪。

如果P2P网贷平台公司在筹集资金的过程中,未经国家有关主管部门批准,擅自发行公司、企业债券,数额巨大、后果严重或者有其他严重情节的行为,就构成擅自发行公司、企业债券罪。这种刑事风险也不是遥不可及的。实践中,个别P2P网贷平台不是以资金借贷为业务内容,而是以销售企业债权为内容,这就离擅自发行公司、企业债券罪不远了。再迈进一步,将销售的对象扩展到公司企业的债权凭证,就可能构成擅自发行公司、企业债券罪。

如果P2P网贷平台公司经营者利用管理资金的职务便利,挪用资金,就可能构成挪用资金罪;如果卷款潜逃,则可能构成职务侵占罪。

如果P2P网贷平台中的资金借入方以非法占有为目的进行虚假融资,则可能构成诈骗罪或者合同诈骗罪。

总之,P2P网贷是一个机会与挑战并存的新兴市场,严格规范的运作流程和监管制度,高度警惕和防范该领域的刑事法律风险,是保证该行业健康发展的护身符。

民营企业集资犯罪的现状及防治对策

傅跃建　胡晓景[*]

2007年年底,国家加强宏观调控、采取从紧货币政策后,特别是全球金融危机爆发以来,浙江中小企业融资难问题凸显,非法集资犯罪案件高发,资金密集型行业如房地产等成为非法集资活动的重灾区。浙江是国内民营经济最发达的地区之一,从2002年开始,浙江民营企业成为国民经济的主要力量,第一次超过了国有经济。2004年成为我国第四个生产总值过万亿元的省份,民营经济实现生产总值(GDP)占全省的88%,民营企业撑起了浙江经济的半壁江山。因此,浙江省民营企业非法集资犯罪[①]在一定程度上反映了当前我国民营企业在融资等方面的处境和我国民间融资的状况。改革开放以来,浙江民营企业蓬勃发展,为解决资金的短板问题,集资犯罪时有发生。从20世纪末至今,浙江每年都有集资垮台的案件,动辄数亿元的资产损失,虽然让参与集资的受害人捶胸顿足,却也没有阻挡住下一轮集资的步伐。笔者试对金融危机下民营企业集资犯罪的现状进行分析,并提出防治对策。

---

[*] 傅跃建,浙江省金华市人民警察学校教授,中国犯罪学学会副秘书长;胡晓景,浙江省义乌市人民检察院检察员。

[①] 从查处情况来看,非法集资犯罪主要表现为非法吸收公众存款罪、集资诈骗罪和非法经营罪。集资类非法经营案件一般表现为以定期还利、高额回报为诱饵吸引群众投资,并发展下线,即采取变相传销的经营模式。基于此类案件不具有民营企业主在当前经济困局下非法集资犯罪的典型性,本文重点探讨非法吸收公众存款、集资诈骗这两类典型集资犯罪。

一、特点

(一) 从办理案件情况来看

1. 发案率和涉案金额不断攀升

根据浙江省公安厅的统计,在集资案高发的2008年,浙江全省共立案非法吸收公众存款案件近200起,集资诈骗案件40多起,同比大幅上升。其中共立案1亿元以上非法吸收公众存款案件17起,非法集资类犯罪案件集中爆发,涉案金额近百亿元。② 宁波、丽水、乐清、温岭、东阳、义乌等地市相继侦破或审理了一系列特大非法集资案件。浙江十大集资案主犯,3人被判处死刑,3人被判处死缓。

浙江省义乌市是世界知名的商贸城市,民营经济发达,民间融资活跃。据统计,2003年至2012年10年间,义乌市人民检察院共批准逮捕非法吸收公众存款案件31件34人,提起公诉36件42人。其中2003年至2006年间,只在2004年办理了非法吸收公众存款案件1件1人;而2007年至2012年间,共计批准逮捕非法吸收公众存款案件30件33人,提起公诉35件41人。其中2007年批捕2件2人,2008年批捕7件8人,2009年批捕10件12人,2010年批捕5件5人,2011年批捕3件3人,2012年批捕3件3人,案件数在2009年达到最高峰后有所回落。

从涉案数额看,义乌市检察院提起公诉的36件非法吸收公众存款案件中,非法集资数额在1亿元以上的8件,1 000万元以上1亿元以下的23件,两者合计约占总数的86%,100万元以上1 000万元以下的5件。

集资犯罪案件的犯罪黑数现象十分显著。一方面,一些案件中借贷人资金链断裂后选择出逃,有的甚至逃往国外,一时无法抓获

---

② 参见金立操、王晖、杨丽:《2008年浙江经济犯罪呈现两个新动向》,载《都市快报》2009年2月20日,第11版。

归案。③ 另一方面,在被查处的案件中,有的借款人因及时"出局"没有损失或损失不大,有的借款人出于种种原因不愿意公开自己参与融资的事实,因而在公安或政府部门组织登记阶段没有参与登记。

根据募集资金用途,集资犯罪案件大致可分为两类:一类是为生产经营所需,向社会公众筹集资金,主要用于合法的生产经营活动,这类案件一旦资金链断裂极易造成严重后果,势必影响社会稳定④;另一类是向社会公众吸收资金,用于或部分用于发放贷款、赌博、炒股等营利活动或用于挥霍。从查处情况看,第一类案件占绝大多数,犯罪主体主要是民营企业和企业主,第二类案件的犯罪主体主要有融资中介、企业主、个体户和银行工作人员等。

2. 犯罪行为隐蔽,案件潜伏期长

由于民间融资基本上处于自发和隐蔽的状态,行为人筹集资金后大都表现为合法投资,一时间难以引起政府职能部门的注意和发现。而借贷人多数"借新债还旧债",一定时间内能如期兑付到期本息,投资群众也不会向公安机关报案。直到最后因为借贷人出逃、放贷本息无法如期收回引起公众恐慌时,此类案件才暴露出来。另外,银行等金融机构对大笔资金流向监管不力,行政监管部门对投资行为的资金来源缺乏审查,是导致集资犯罪案件发生的另一重要原因。此类案件的这一特点也是导致实际案件数远远超过案发数的重要因素。

(二) 从案件当事人来看

1. 犯罪嫌疑人多为本地知名企业或企业家

对集资人来说,名气就是资本,可以帮其在短期内筹集巨额资金。

---

③ 如义乌市明星企业金乌集团法人代表张政建在企业资金链断裂后出逃。据义乌市政府了解,截至2008年7月16日,金乌集团及其相关企业总共有银行融资2.98亿元,涉及8家银行。关于金乌集团董事长张政建个人的融资情况,义乌市政府尚未掌握到全面情况。有记者估计,金乌集团的民间借款总额达到13.7亿元。参见陈小莹、王芳艳:《金乌集团资金链全调查 涉及八家银行2.98亿》,载《21世纪经济报道》2008年7月22日。

④ 根据2008年12月2日发布的浙江省高级人民法院、浙江省人民检察院、浙江省公安厅《关于当前办理集资类刑事案件适用法律若干问题的会议纪要》的规定,为生产经营所需,以承诺还本分红或者付息的方法,向社会不特定的对象筹集资金,主要用于合法的生产经营活动,因经营亏损或者资金周转困难而未能及时兑付本息引发纠纷的,一般可不作为非法吸收公众存款犯罪案件处理。但对于其中后果严重,严重影响社会稳定的,应当按非法吸收公众存款犯罪处理。

如涉嫌非法集资10亿元的浦江"影视大亨"、中视新媒文化发展有限公司董事长张世强⑤，涉嫌集资诈骗的东阳本色集团法定代表人吴英，均为当地知名人士，许多人轻信其"名气"背后的"实力"，而盲目借出大额资金。

非法集资人中的相当一部分曾在当地有所作为，不少还曾是某行业的龙头企业和领军人物。如2007年在义乌市连续发生的三起非法集资案中，楼国辉有义乌市"文具大王"之称，曾任义乌市文化用品行业协会会长、金华市人大代表。叶荣兴创办的保兴汽车销售公司是义乌市"百强企业"，其本人也被称为义乌市"运输大王"。刘利辉曾被评为"义乌十大杰出青年企业家"，旗下浙江箭环电器机械有限公司为义乌科技创新型企业，"箭环"为中国驰名商标。这些企业创办者虽然是改革开放的先行者和先富群体，但因缺乏现代管理理念，随着时间的推移，逐渐显露出"创业容易守业难"的困局。如犯罪嫌疑人叶荣兴经营的保兴汽车，1996年在浙江省首创"按揭买车"的营销策略，2003年汽车公司销售额超过两亿元，但到2007年只有3 000多万元。

2. 出借人从亲到疏

集资者通常会从自己的亲戚、朋友、邻里、同乡等熟人开始集资，随着资金需求不断增加，借贷人逐渐从相对固定的人员转为不特定对象，基本遵循了一个从亲到疏的过程。在"疏"的那部分人群中，从事"资金生意"的人起到了很大作用，他们积极介绍、劝说他人放贷，并从中牟利。如东阳吴英集资诈骗一案中，林卫平、杨卫陵等7人充当"资金掮客"，向社会上募集资金近11亿元并高利放贷给吴英，其中仅林卫平1人，就放贷给吴英共计4.7亿元。⑥

3. 融资机构失范

按出借人不同，融资渠道分为两种：一种是个人通过小圈子私下借贷；另一种是以寄售行等形式开办的融资机构。近年来，义乌市除担保公司、寄售行、典当行等发展较快外，还出现了专门为借贷双方担

---

⑤ 参见王思璟：《"影视大亨"张世强的六个片段》，载《21世纪经济报道》2009年2月26日，第18版。

⑥ 参见陈东升、厉国智：《东阳富姐吴英受审，七帮凶非法集资逾11亿》，载《法制日报》2008年1月27日。

保的经纪人。大部分融资公司缺少相关的金融专家,经营不规范,有些变相挂牌经营高利贷。无论是正式的融资机构还是非正式的担保公司、典当行,其资金来源除了自有部分外,更多来自于亲友团的集资,从而形成大大小小的民间融资圈,这也使得各融资机构形成了无须成文的行业游戏规则——融资机构相互拆借。⑦

4. 金融、中介机构工作人员和公务人员参与集资

由于金融、中介和政府工作人员掌握丰富的信息和人脉资源,了解社会的经济动向,因此,比一般参与民间借贷的人更为便利。他们中有一部分人甚至不惜动用手中权力,借机为非法集资人大开方便之门。上述人员参与集资犯罪主要有三种方式:一是充当借贷人。如义乌市农村合作银行某支行副行长冯民朋,以银行客户贷款到期、资金周转困难为由,以 2~12 分的高息先后向 14 人借款 7 800 余万元用于股票投资。第二类是充当资金出借人或借贷担保人,并从中营利。如东阳吴英案中,律师杨某向他人借款 3 000 余万元,高利放贷给吴英。⑧第三类是充当介绍人,在借贷双方之间起到引荐的媒介作用。在丽水吕伟强涉嫌集资诈骗一案中,原丽水市公安局副局长陈伟达多次出面帮助吕伟强联系企业借款;丽水市国土资源局副局长李锋、丽水市委政法委副书记吴益由,也均为吕伟强借贷资金提供了方便条件。⑨

(三) 从融资流向来看

1. 融资来源

主要是企业周转闲置资金、银行抵押贷款、居民储蓄及住房公积金等。资金出借方多为已经完成原始积累的制造型企业、私营业主或个体工商户。

2. 融资流向

用于生产经营、临时资金周转、归还银行贷款(目的是还旧借新)、

---

⑦ 参见黄争鸣、毛新荣:《义乌民间融资的社会机理分析》,载科学发展观与浙江发展研究中心网(http://www.sdc.org.cn/quyjj/ShowArticle.asp? ArticleID = 713),2007 年 9 月 25 日。

⑧ 参见孙文祥:《吴英非法集资链条大白天下》,载《第一财经日报》2009 年 4 月 17 日,第 14 版。

⑨ 参见方列:《丽水:机关车队司机涉嫌集资诈骗》,载新华网浙江频道(http://www.zj.xinhuanet.com/newscenter/2009—02/06/content_15626101.htm),2009 年 2 月 6 日。

个人消费等,几乎与银行贷款模式相一致。从查处情况看,融资主要流向扩张型企业,用于扩大生产经营和还贷,这其中有绝大部分流向能够产生暴利的房地产行业。

3. 银行资金安全堪虞

从办案情况看,银行资金被挪用于民间借贷或企业集资现象突出。一方面,部分资金出借人系从银行抵押贷款获大量资金后放贷,还有的出借人将银行资金"改头换面"伪装后以亲友的名义出借,以掩人耳目,逃避银行监管。另一方面,非法集资人除了向社会上不特定的公众进行集资外,大多企业在银行也有一定数额的贷款。一些借款人先将资产抵押给银行,然后又以重复抵押或担保的方式进行非法集资或高利借贷。为了能从银行顺利贷款,不少企业互为贷款担保人。一个企业很可能在不同银行有不同企业为其提供担保,而他又给多家企业作担保,从而形成错综复杂的互保链条。因此,一旦该链条中的某个环节断裂,产生的连锁反应是难以估量的。

(四)从融资方式来看

由于非法集资案件涉及的人数多、面较其他案件广且时间相对较长,涉案的借贷人为筹集资金会千方百计用各种方法、手段和途径筹款,因此在许多案件中呈现出多种借贷方式并存的情形,主要有以下几种情形:

1. 低利率的互动式借贷

融资主体为自然人,融资双方关系密切,融资主要用于应付短期资金周转,融资规模小且不计利息或利息低微。这部分借贷数额一般不计入非法集资数额。

2. 高利率揽贷

融资主体主要是民营企业和个体经营户,以关系信誉为基础,多用于生产性周转需要。企业间信用借贷具有获取利息收益和综合收益的双重性,即借出资金的目的不仅仅是获取利息收益,同时有维护关系,建立长期合作的考虑。利率除考虑信誉、期限等因素以外,还参考同期金融机构贷款利率水平、资金供求状况而定,比较灵活,具有明显的市场化特征。从查处情况看,信用借贷月息最低1.5分,高则达1角,即1万元借款1个月的利息就是1 000元。

3. 不规范的中介借贷

包括借助于正规中介机构的融资行为和非正规中介机构为依托进行民间融资。很多放高利贷的中介机构从上线以月息 2~3 分甚至更高的利息把钱吸收进来,然后以 6~7 分月息放贷,从中赚取利息差。由于其中转了两手甚至多手,所以在很多情况下,借贷中介的上线不知道钱最终系何人、何企业所用。给办案单位在案发后的侦破带来一定难度。

(五) 从犯罪后果来看

1. 侵害公民的财产权

个人或企业出借的资金低则几万元,高则上千万元,但出借人对债务人的资产状况普遍缺少调查和了解,为巨额借贷担保的仅仅是个人信用,对企业资金风险的判断和预测能力不足。一旦债务人资金链断裂或失踪,大部分受害人的借款往往无法收回。

2. 破坏金融秩序

民间融资游离于国家金融宏观调控之外,吸收大量的居民储蓄存款,实行体外循环,失去国家信贷计划的监测和控制,资金的流量、流向及运行趋势得不到准确的预测和判断,往往与国家宏观调控的方向背道而驰,在一定程度上抵消了国家宏观调控措施的效果。

3. 扰乱市场经济秩序

一方面,民间资金在高利润的驱动下投机性较强,跟风现象比较普遍,看什么行业挣钱就一哄而上,短期行为明显,易引起一个行业的暴涨暴跌,长期下去易造成地方经济结构不合理。⑩ 如丽水市接连发生为投资开发水电站、入股房地产等"高投资回报"的行业而非法集资的案件。当地房地产投资,2001 年为 4.6 亿元;到了 2004 年,这个数字变为 11.4 亿元;而 2007 年 1—10 月的房地产投资额已达 15.9 亿元。6 年之内,涨了 4 倍。几乎所有房地产开发商都采用了非法集资的方式向社会融资,房价在一年内迅速从每平方米 6 000 多元飙升至万元,远远超过当地居民的实际生活水平。⑪ 另一方面,企业之间普遍

---

⑩ 参见嵇绍林:《当前民间融资的特点、利弊及建议》,转引自中国典当联盟网(http://www.cnpawn.cn/TradeNews/ViewTradeInfo.aspx? InfoId = 4646),2006 年 9 月 22 日。

⑪ 参见吕明合:《狂热的小城》,载《南方周末》2008 年 4 月 10 日,第 6、7 版。

实行银行贷款互保、联保,它们彼此又不知道自己担保的企业有没有民间借贷,因而只要这个网状结构中的任意一环出现问题,都会产生链条式危机,影响面将很巨大。

4. 易引发群体性甚至犯罪事件

经过资金中介层层吸存,一起非法集资案件往往牵涉广泛的借贷关系网络,涉案受害者众多。由于落差甚大,容易导致不理智行为,甚至引发群体性事件。如义乌发生的张政建、刘利辉非法集资案中,众多出借人在张政建旗下的山图酒店阻止该酒店正常经营;在刘利辉实际经营的皇朝大酒店门口摆放花圈,并有拘禁、打砸抢等过激行为,还有的受害人屡屡上访。

5. 诱发其他犯罪

从查处情况来看,与集资犯罪有关的犯罪通常表现为两种形式:一种是非法拘禁、故意伤害、故意毁坏财物、破坏生产经营等。民间融资很多是高利贷,由于法律只保护合法债务,放高利贷者,为了追讨债务,往往采取暴力手段收账,有的甚至与恶势力联手。在浙江有些城市,可以看到"债务专业快速清收"的追债公司广告。另一种犯罪是高利转贷罪。如在金华开典当公司的李某,以每月5~6分的利息借给刘利辉数百万元,其中100万元系银行贷款。

二、原因

商海大潮中,中小企业起起落落本属寻常,但近年来,一批昔日的行业明星纷纷陷入资金泥沼甚至身陷囹圄,当令企业家和管理层共同反思。处在产业升级转型期、国际经济波动期、宏观调控紧缩期三叠加的关键时期,民营企业集资犯罪的原因是多方面的,其中主要原因有以下几个方面:

(一)合法融资渠道少,民间融资充当主角

当前,浙江省大部分民营企业规模较小,资金基础相对薄弱,企业发展主要依靠自有资本的积累。但企业单靠自身资本积累发展,其缓慢的积累速度与瞬息万变的市场不相适应,容易错过发展良机。激烈的市场竞争迫使中小企业扩大生产规模、更新设备、创新品种、增加研发投入,加上原材料价格上涨、劳动力成本增加等因素,许多民营企业

存在资金缺口。为了企业的生存与发展,许多民营企业纷纷涉足民间高息融资。其原因可以归结为以下两个方面:

1. 金融主渠道资金供应不足

现时大约80%的民营企业得不到国有商业银行的贷款,流动资本主要依靠民间信贷,融资渠道一直是制约民营企业发展的一大瓶颈。融资困难是他们面临的一般或主要的制约因素(大约40%的民营企业认为),它仅次于市场需求疲软。

(1)国家实行从紧货币政策后,银行放贷规模压缩,可供的信贷又优先用于保大户、保重点,中小企业望贷兴叹,资金供求矛盾突出。

(2)正规金融内控制度日趋严格,信贷业务手续烦琐,不仅存在贷不到款的现象,而且还存在因贷款审批时间过长延误商机的情况。

(3)证券市场等融资门槛过高,而国家严格限制中小金融机构和民间金融活动。

2. 民间融资活跃

(1)浙江省民间借贷历史悠久,一度是促进民营经济发展的融资形式的必要补充。民营企业的第一桶金往往得益于民间资本,大多数民营企业主创业初期本金有限,都是靠向亲友募集资金来扩展业务。经过改革开放以来二十多年的发展,浙江民间资本雄厚,百姓手上闲钱充裕。

(2)投资渠道狭隘与借贷高利率回报的双重刺激。在当前物价上涨较快、存款利率过低的情况下,大量的、长期的资金存入银行面临的是贬值。而股票证券行业、银行个人理财业务门槛较高,品种较少,需要较高的专业知识,投资风险大。在这种情况下,一些老百姓有了闲钱后难以找到合适的投资渠道。相比之下,民间借贷利率一般都在2分利息以上,能够在短时间内获得相对较高的报酬,且就前几年经济发展势头和企业的经营情况而言,风险不明显。同时,相当一部分群众缺乏鉴别能力,盲目跟风投资的现象严重。

一面是企业融资难,一面是民资充裕;一面是银根紧缩,一面是民间借贷风险高,融资难问题成为制约民营企业进一步发展的瓶颈,也成为一些民营企业逐渐走上非法集资犯罪道路的动因。

(二)企业盲目扩张,资金缺口加剧

随着市场竞争的加剧,许多明星企业在经过多年发展后,主业业绩开始下滑,为此有相当数量的企业选择偏离主业发展,向不熟悉的领域多元化投资,盲目扩张。这些企业多元化扩张进入的行业,首当其冲的是地产业。地产业虽然回报可观,但是土地出让金、开发费用不菲,而且投资周期长,如果没有一定资金实力,反而可能被拖入资金黑洞。许多企业投资地产进行资金融通的方式是:用民间借贷支付土地出让金,待土地手续办完再向银行融资,归还民间借贷。这种环环相扣的资金链条隐含危机,若在宏观调控下遭遇银行收紧银根,最终将使企业背上沉重的高利贷债务负担。如犯罪嫌疑人楼国辉在2005年中国房地产市场进一步升温后也开始涉足房地产业,先后在兰溪、龙游等地成立了房地产项目开发公司,其中仅龙游佳美福景湾项目就占地173亩,总建筑面积5.8万平方米,计划总投资2亿元。正是这些房地产开发项目,使得楼国辉资金周转困难,2006年他开始向社会上高息借贷,用于土地投标、房产开发等。1992年至2006年,他投资、创办的企业总数达到9家。

企业盲目扩张背后一个值得深思的问题是,民营企业管理基础薄弱。这些民营企业普遍以公司的形式存在,但基本没有脱离家族式管理模式,内部法人治理机构不健全,缺乏民主科学的决策机制,财会制度落后,企业与个人账目普遍不清。企业经营所需资金大致通过三种途径募集:

(1) 以该企业名义借款;

(2) 私营业主以个人名义借款,由企业担保;

(3) 由关联企业借款或担保。

募集资金通过个人账号还是企业账号走账随意性大。如犯罪嫌疑人何迪非法吸收公众存款一案中,以义乌市恒迪不锈钢有限公司名义借款或由其担保的金额达2 000多万元,但这些所借资金基本用于同是何迪创办的金华市恒迪特种纺织有限公司的经营。

(三) 政府服务缺位,腐败助长犯罪

在当代,企业犯罪的涉入因素越来越多。现代民营企业往往有着极其复杂的社会关系网,包括政府等在内的许多单位或实体都与其有着千丝万缕的联系,而这些联系中的不少情况都会成为企业法人犯罪的诱导因素。与政府部门的联系就是最为突出的一个表现。当前,尽

管市场经济所要求的政企分开使得政府对企业法人的行政干预明显减少,但政府执法方面的一些问题极易影响企业发展,并对企业主集资犯罪客观上起到诱导作用。⑫ 政府对个体私营经济的管理,涉及工商、税务、物价、城建、环保、卫生、计量、质量监督等多个部门。以国土部门为例,土地征用、办证等行政审批和许可效率的快慢,直接影响房地产企业资金流通速度。在个别案例中,行政审批效率低下甚至直接导致了涉案企业资金链断裂。而部分公务人员参与民间融资,也在一定程度上助长了民间融资愈演愈烈,还有的公务人员通过高利放贷的方式变相收受贿赂。

浙商骆光武非法吸收公众存款案,是政府行为与集资犯罪息息相关的一起典型案例。2004年,江西省宜春市政府主要领导和骆光武商量,如果他所承包的宜春市进出口公司在2005年出口创汇达到1500万美元,当地政府就将宜春物流大市场项目交由其开发。为了获得这一诱人的项目,骆光武以支付高于国家美元汇率的方式向在迪拜经商的不特定经商人员吸收美元,并在2005年完成出口创汇1473万美元。2006年,骆光武并没有如期取得宜春的项目。2007年1月,宜春市政府明确告知骆光武项目不能开发建设。同年4月,宜春市政府赔偿骆光武等直接经济损失515万元。但由于骆光武在结汇过程中,将后面吸收来的美元结汇后支付前面客户所汇的美元及高于国家美元汇率的差价,另外还要支付承包宜春市进出口公司的管理费,在资金上产生了亏空。最终导致资金链断裂,4000余万元借款无法归还。

(四) 职能部门欠管,打击犯罪乏力

对非法集资活动监管和打击乏力是此类案件频发的又一重要原因。

1. 难以及时打击

集资企业的资金运作情况往往只有债务人等少部分当事人清楚,因而待公安机关根据群众举报立案时,企业的资金链早已断裂,借贷人也很可能失踪,而随之失踪的还有参与其中的一些借贷中介人。由于警力有限,公安机关一时间难以将犯罪嫌疑人抓获归案。

---

⑫ 参见刘长秋:《浅析当代企业法人犯罪的特点及其法律防范》,载《经济刑法》(2),上海人民出版社2004年版。

2. 相关法律法规在如何界定犯罪方面存在模糊性，影响了对非法集资犯罪的准确打击

2008年12月2日，浙江省高级人民法院、浙江省人民检察院、浙江省公安厅根据法律和司法解释，结合浙江省经济发展的实际情况，对办理集资类刑事案件法律适用问题达成共识，形成了《关于当前办理集资类刑事案件适用法律若干问题的会议纪要》，就如何界定"公众"的含义，以及因生产经营所需吸纳公众存款的行为何时应当予以刑事打击等作出了指导性意见。但会议未就如何理解"后果严重，严重影响社会稳定"[13]作出解释，具体的立案标准目前也还没有相关的司法解释，因此司法实践中各地把握标准不一。同样的案件甲地作为犯罪处理，乙地却仅作出行政处罚。实践中司法机关对"变相"的认识也不一致。如行为人开办超市高价出售商品再定期返还货款的行为，是否属于变相吸收公众存款，就存在争议。

3. 追缴非法所得和处置涉案企业资产困难

一方面，由于此类案件司法程序的启动具有一定的滞后性，非法集资人在归案前往往通过离婚、赠与、低价转让等方式将募集的资金转移或消耗殆尽，而部分资金出借人谋取高额非法利润后抽身而退，如其不构成犯罪，司法机关往往无法对其采取措施，如何及时追缴这部分非法所得，成为司法机关的一道难题。另一方面，司法机关在处置股权构成、债务关系复杂的企业资产时心有余而力不足。有的企业或个人资产在案件查处前后存在很大变动，涉及接盘人的合法权益，使得遗留资产的处置十分棘手。从办案情况来看，"先刑后民"的原则使债权人的合法利益无法得到及时有效的保障，久拖不决后，有造成债权企业资金链再度断裂的风险。

---

[13] 根据2008年12月2日发布的浙江省高级人民法院、浙江省人民检察院、浙江省公安厅《关于当前办理集资类刑事案件适用法律若干问题的会议纪要》的规定，为生产经营所需，以承诺本金分红或者付息的方法，向社会不特定对象筹集资金，主要用于合法的生产经营活动，因经营亏损或者资金周转困难而未能及时兑付本息引发纠纷的，一般可不作为非法吸收公众存款犯罪案件处理。但对于其中后果严重，严重影响社会稳定的，应当按非法吸收公众存款犯罪处理。

三、防治对策

产生民营企业非法集资犯罪的原因是多方面的,因此对其的防治对策也不能是单一的,而应是综合的。针对义乌市民营企业非法集资犯罪的上述特点和原因,笔者提出以下多管齐下的防治对策:

(一)完善投融资载体,拓宽企业融资渠道

1. 拓宽企业融资渠道

(1)发挥金融机构融资主渠道作用,加大银行等金融机构对中小企业的信贷扶持力度,同时加强贷款的跟踪管理,防止被挪用于民间借贷或企业集资,加强金融机构内部管理,严禁内部员工参与非法集资活动。

(2)积极推进符合条件的企业上市融资、发行企业债券,提高民营企业的直接融资比重。

(3)加快推进金融改革,建立为中小企业提供各种服务的小额贷款公司、地方性银行等,加大对民营企业的金融支持力度。如探索组建地方性银行,以信用社等为基础,吸收其他实力较强、信用较好的民营企业,通过股权转换、增资扩股等多种形式,增大民营资本股份。

(4)建立与完善对民营企业的担保体系,探索多种贷款担保方式,改善银行对民营企业贷款难的状况。各商业银行要把民营企业纳入服务支持的重点范围,要加强体制改革,创造灵活多样的贷款制度,为民营企业提供优质服务。各地方金融机构要发挥情况熟、联络广、机制活的优势,积极支持民营企业发展,与民营企业建立共生、共存、共荣的关系,与民营企业一道汇入快速发展的大潮之中。完善中小担保机构管理,尽快建立健全企业抵押和信用担保体系,改善信用环境,积极为中小企业融资创造条件。

2. 拓宽个人投资渠道

值得关注的是,在经济形势较好时,许多民营企业兴起了对外投资热潮,其资金数量之巨、投资领域之宽、投资企业之众,几成"井喷"行情。"做大"了的企业,在盲目扩张时往往因资金紧张而向社会集资,结果到后期大多都不同程度地出现了问题,所以有必要未雨绸缪,对这些企业和个人切实加强规范、引导。

（1）创新金融产品，增强吸纳社会资金的能力，将民间资金导入金融体系，切实满足广大城乡居民的金融需求。

（2）国家和有关监管部门要采取措施，完善股票、债券、保险等市场的管理，加强风险预警，提高和稳定收益水平，增强老百姓投资的信心。

（3）学习和引进国际上先进的投资模式，不断推出符合我国国情、适合县域居民投资的渠道和业务产品，满足多层次的投资需求。[14]

3. 规范和引导民间融资

民间借贷的活跃与发展，对中小企业的生存和发展起到了积极的促进作用，但其盲目性也给金融的发展和稳定带来了一定的影响和冲击。政府有关部门应当通过合理监管，将民间借贷引入健康发展轨道。

（1）制定"民间融资管理办法"，确立民间融资主体的权利、义务关系，设立民间融资管理机构并明确其地位、作用，规范融资额度、期限、利率、用途等，使民间融资有法可依。

（2）严格核定各类投资公司业务经营范围，加强日常经营行为的监督管理，防止其在办理自身各类业务之际从事非法金融业务活动。

（3）加强对民间融资进行全面、科学的监测和分析，特别对因民间融资行为可能引发的突发事件，要制订防范预案，及时化解纠纷和矛盾。

（4）大力宣传法律和金融知识，切实增强社会公众的投资风险意识和鉴别能力，引导和促进依法、理性投资。

（二）提高企业管理水平，加强抵御风险的能力

现阶段，我国大多数处于成长期的民营企业，是家族式治理结构，主要由家族内的亲信占据着财务、经营、销售、供应等部门要害职位。随着企业规模的扩大，这种初始的所有和管理模式，显然无法适应新情况的需要。企业在管理中，必须改变以往众多企业中存在的家族管理模式。从根本上提高企业的管理水平，加强抵御风险的能力：

（1）从单一的家族管理向家族控股、职业经纪人管理的模式过

---

[14] 参见嵇绍林：《当前民间融资的特点、利弊及建议》，转引自中国典当联盟网（http://www.cnpawn.cn/TradeNews/ViewTradeInfo.aspx? InfoId=4646），2006年9月22日。

渡,完善企业内部的法人治理机构,增加由企业直接利益相关者组成的董事会监控功能,设计必须的权力制衡制度和措施。

(2)健全企业财务机制。严格执行会计制度,依法进行信息披露,提高财务数据的真实性、准确性与完整性,为金融支持企业发展提供科学的信息参考。

(3)将企业法律事务工作前置,即在策划、决策、工作开展之前就理顺相关法律关系,做好防范法律风险方面的工作,而不是把企业法律事务工作置于发生法律问题之后。有条件的,可以配置合适的企业法律事务工作人员,负责企业日常的法律事务工作。

(三)强化政府职能,规范行政行为

当前,政府及公务人员对企业集资犯罪的促发,主要体现在行政执法方面,为此,要强化政府及公务人员的相关责任,促进依法行政;积极简化行政程序,提高办事效率;落实政务公开制度,增强行政透明度;降低相关费用,减轻企业经营、融资成本。政府应服务民营经济。引导企业主动规范自身行为,要切实抑制自身投资的冲动。

(四)加大打击监管力度,遏制非法集资势头

1. 建立联动机制

银行、工商、公安和司法机关等部门之间应大力配合,建立联络机制和备案制度,互通信息,提高对非法集资的发现能力。例如,法院在审理民事债务纠纷案件中,发现被告有涉嫌集资犯罪情况的,应通知公安机关进行备案审查,对于证据确凿涉嫌犯罪的,法院应对该案件中止审理或裁定驳回起诉,移送公安机关立案审理。

2. 出台更详细的司法认定标准

各省根据经济发展的实际状况,对定罪标准作出相应的规定。

3. 强化被害人救济机制

司法机关要注意及时扣押、冻结、追缴赃款赃物和违法所得,及时将非法集资款返还被害人。必要时,可由政府牵头组成工作组协调各相关单位,对涉案企业资产进行统一处置。

英国刑法中的商业组织不履行
预防贿赂义务罪研究

——兼论英国法人刑事责任的转变与发展方向

周振杰[*]

2011年7月1日,以有效打击贿赂犯罪为目标的英国《2010年贿赂罪法》(Bribery Act 2010)开始正式实施。[①] 在英国的法律之中,关于处罚贿赂犯罪的规定古已有之。但是,由于这些规定与现实严重脱节,而且相互之间存在冲突,所以英国司法机构在惩处贿赂犯罪方面,一直受到国际社会,尤其是经济合作与发展组织(OECD)《关于反对在国际商务活动中贿赂外国公务人员行为的公约》实施监督机构的批评。[②] 为提高打击贿赂犯罪的有效性,英国执法与立法机构自2008年起开始酝酿制定新的立法,并推动《2010年贿赂罪法》于2010年4月8日获得了皇家许可。

《2010年贿赂罪法》在废除此前诸如《1889年公立机构腐败行为法》《1916年预防腐败行为法》等相关立法的同时,规定了行贿罪、受贿罪等四项犯罪行为。其中,该法第7条规定的商业组织不履行预防贿赂义务罪,即商业组织因不履行预防义务,而致使与其相关的个人

---

[*] 周振杰,北京师范大学刑事法律科学研究院副教授、法学博士,北京师范大学中国企业家犯罪预防研究中心研究员。

[①] 该法的文本及相关文件,参见英国政府官方网站(http://www.legislation.gov.uk/ukpga/2010/23/contents)。

[②] See James Maton, The UK Bribery Act 2010, *Employee Relations Law Journal*, Vol. 36, No. 3, p. 37.

为特定目的实施了贿赂犯罪的行为,采纳了新的刑事责任判断原则,使对包括法人在内的商业组织的刑事责任趋近于严格责任与客观责任。本文的目的,就在于研究《2010年贿赂罪法》中的商业组织不履行预防贿赂义务罪,分析该罪中商业组织刑事责任的判断原则及其标志性意义,并在回顾英国法人刑事责任二次实质性转变的基础上,探讨英国法人刑事责任的发展方向。

一、商业组织不履行预防贿赂义务罪概述

(一) 构成要件

1. 积极构成要件:贿赂行为

根据《2010年贿赂罪法》第7条之规定,商业组织不履行预防贿赂义务罪的积极构成要件,指与商业组织相关的个人,出于特定目的,所实施的符合《2010年贿赂罪法》第1条规定的行贿罪与第6条规定的贿赂外国公职人员罪的贿赂行为。就此处相关术语的含义,该法解释如下:

(1) 此处的"商业组织",根据该法第7条(5)的规定,指:① 根据英国任何一处的法律获得法人资格,并开展业务的团体(业务地点勿论);② 在英国任何一处开展全部或者部分业务的其他企业组织(是否具有法人资格勿论);③ 根据英国任何一处的法律成立,并开展业务的合伙(业务地点勿论);④ 在英国任何一处开展全部或者部分业务的其他企业组织(成立地点勿论)。此处的"合伙",指英国《1890年合伙法》规制范围内的合伙,或者根据《1907年有限合伙法》登记的有限合伙,或者根据英国之外的任何一国或地区法律成立的具有类似性质的公司或者实体。

(2) 就"相关的个人",该法第8条规定,如果某人(无论所涉及的贿赂行为如何)为该商业组织或以其名义提供服务,该人就是与该商业组织相关的个人,该人为该商业组织或以其名义提供服务的职能范围,不影响定性。该人可能是该商业组织的员工、代理人或者附属人员。如果该人是该商业组织的员工,除非有相反证明,可推定该人是为该商业组织或以其名义提供服务者。同时,同条(4)规定,在判断某人是否为某商业组织或以其名义提供服务之际,应该根据所有相关情

节进行综合判断,不应仅仅根据该人与该商业组织之间关系的性质进行判断。

(3) 相关个人在实施贿赂行为之际,必须具有下述"特定目的"之一:① 为商业组织获得或保持业务;② 为商业组织获得或保持业务活动中的优势。

(4) 相关个人所实施的贿赂行为,应符合《2010年贿赂罪法》第1条规定的行贿罪与第6条规定的贿赂外国公职人员罪的规定,但是追究商业组织的刑事责任,并不以特定行为人已经根据相应的行为被起诉为前提。

就行贿罪,该法第1条规定,具有如下情形之一,行为人应承担刑事责任:① 提供、承诺给予或给予他人金钱或者其他利益,且意图利用该利益诱使后者不恰当地履行相关职责或者行为,或者作为对上述不恰当地履行职责或者行为的回报。② 提供、承诺给予或给予他人金钱或者其他利益,且该人明知或者相信接受此利益本身就构成不恰当地履行相关职责或者行为。

同时,同条(4)规定,在上述第一种情形,被提供、被承诺给予或被给予利益者,是否与将要或者已经不恰当地履行相关职责或者实施行为者为同一人,并不重要;同条(5)规定,上述规定中的利益是由犯罪人直接还是通过第三人提供、承诺给予或者给予亦不重要。

根据该法第6条的规定,行为人意图影响外国公职人员行使公职人员之职权,且具有下述目的之一而贿赂后者的,应承担刑事责任:① 为获得或保持业务;② 为获得或保持业务活动中的优势。同时,该条(3)规定,行为人的行为只有符合下述条件才构成对外国公职人员的贿赂:行为人直接或者通过第三方间接向① 外国公职人员;② 根据外国公职人员的请求、同意或者默许向第三人提供、承诺给予或给予金钱或者其他利益。

此处的"外国公职人员",根据同条(5)之规定,① 在英国之外的国家或者地区(或其内部领域)居于任何立法、行政或者司法位置者,无论是经选举还是经任命;② 为英国之外的国家或者地区(或其内部领域)或以其名义行使职能,或为上述国家或地区(或内部领域)的公共机构、公共企业行使职能者;③ 公共国际组织的官员或者代理人。此处的"公共国际组织"指其成员由下述之一构成的组织:国家或者地区、国家或者地区的政府、其他公共国际组织、上述的混合组织。

2. 消极构成要件:适当程序

商业组织不履行预防贿赂义务罪的消极构成要件,指商业组织所制定、实施的符合《2010 年贿赂罪法》第 7 条(2)规定的适当程序(adequate procedures)。根据该款规定,如果商业组织能够证明本身存在防止与之相关的个人实施贿赂行为的适当程序,则构成辩护理由,免予承担不履行贿赂义务的刑事责任。就这一"适当程序",同法第 9 条规定,国务卿必须颁布指导规则,以便相关商业组织能够据之制定、适用程序,预防相关个人实施贿赂行为,并且必须定期审订该规则或其中的相关条款。英国司法部已经于 2011 年 3 月 30 日颁布了该条规定的指导规则。③

根据英国司法部的指导规则,"适当程序"应符合以下 6 项原则:① 比例程序原则,即商业组织为预防与之相关联的个人实施贿赂行为而制定的各项程序,与其面临的贿赂风险以及其业务活动的性质、规模、复杂程度相适应。这些程序应是明确的、可操作的、可资利用的,并且得到了有效实施与执行。② 高层参与原则,即商业组织的最高管理层(董事会、所有人或者其他具有等同资格的个人或者机构)致力于预防与该组织相关联的个人可能实施的贿赂行为。③ 风险评估原则,即商业组织对其可能面临的,由与之相关联的个人对所实施外部或者内部贿赂风险的性质与范围进行评估,该评估应是定期、建立在充分的信息基础上,而且是有记载可查的。④ 适当关注原则,即为了减少已经察觉的贿赂风险,就可能或者正在为其或以其名义提供服务的个人,通过采纳与评估得出的风险相适应的方法,实施适当的关注程序。⑤ 交流沟通原则(包括培训),即商业组织通过与其所面临的风险相适应的外部或者内部交流沟通,包括培训,以保证其预防贿赂的政策与程序深入其中,并获得上下各方面的理解。⑥ 监控与审订,即商业组织应监控与审订为了预防与之相关联的个人实施贿赂而制定的程序,并在必要时予以改善。

---

③ 相关文本,参加英国司法部官方网站(http://www.justice.gov.uk/consultations/briberyactconsultation.htm)。

(二) 管辖问题

就商业组织不履行预防贿赂义务罪的管辖问题,该法第 12 条(1)规定,如果构成第 1 条或第 6 条规定之罪一部分的任何作为,或者不作为实施于英格兰、威尔士、苏格兰或者北爱尔兰,则视为该罪在英国范围内实施。同条(2)、(3)继而规定,如果构成第 1 条、第 2 条或第 6 条规定之罪一部分的任何作为或者不作为都不是在英国范围内实施,但如果是在英国范围内实施,所在英国之外实施的作为或者不作为将构成相应犯罪的一部分,而且行为人与英国具有紧密关联,则该作为或者不作为构成上述相应犯罪的一部分,而且针对该罪的追诉程序,可在英国的任何一处启动。

就此处的"与英国具有紧密关联",根据同条(4)的规定,指具有下述情形之一:是英国公民,是英国海外属地的公民,具有英国国籍(海外),是英国海外公民,根据《1981 年不列颠国籍法》属于英国管辖或者根据上述立法受到英国保护者,通常居住于英国者,根据英国任何一处立法取得法人资格的团体以及苏格兰的合伙人。

(三) 特征分析

商业组织不履行预防贿赂义务罪的构成要件与管辖原则,体现出如下特征:

1. 责任前提的灵活性

如上所述,追究商业组织不履行预防贿赂义务罪的前提,是与之相关的个人实施了构成第 1 条行贿罪或者第 6 条对外国公职人员行贿罪规定的形式。这一前提在形式上对商业组织的刑事责任作出了一定的限制,但是实质上具有非常大的灵活性。

(1)这里所谓的"相关的个人",范围非常之广,可以是任何为商业组织或以其名义提供服务者,而且在判断某人是否为特定商业组织或以其名义提供服务之际,是根据所有相关情节进行综合判断。

(2)在行为人是特定商业组织的雇员的场合,采纳了证明责任倒置的原则,即除非能够提出有效的相反证明,可推定该人是为特定商业组织或以其名义提供服务者。

(3)在追究商业组织的刑事责任之际,不需要相关个人已经被实际起诉,只要其应该根据立法承担行贿罪或者对外国公职人员行贿罪的刑事责任即可。

2. 责任判断的客观性

是指如果能够认定相关个人应该承担相应犯罪的刑事责任,除非特定商业组织能够证明"本身存在防止与之相关的个人实施上述行为的适当程序",就可以追究其刑事责任。这里对是否存在"适当程序"的判断,一方面,其证明责任在于商业组织本身;另一方面,从上述英国司法部指导规则所规定的6项原则来看,这一证明是站在第三者立场进行的事后判断,而且完全是根据客观情况进行的判断。因此,在实践中可能会产生一个自我循环的逻辑过程:如果预防程序是适当的,就不会产生贿赂行为;既然产生了贿赂行为,就说明预防程序是不适当的。这使商业组织在该罪中的刑事责任实质上成为客观责任与严格责任。[④] 因此,《2010年贿赂罪法》被认为比美国1977年的《海外反腐败法》(FCPA)更为严厉。[⑤]

3. 处罚态度的严厉性

(1)如上所述,在具体行为人是特定商业组织的雇员时,立法采纳了推定原则。

(2)通过规定"适当程序"这一要件,使商业组织的刑事责任趋近于客观责任。

(3)"商业组织"的涵盖范围非常广,不但包括公共组织,也包括私营组织。

(4)根据《2010年贿赂罪法》第11条的规定,个人一旦被认定有罪,可能面临最高10年的有期监禁,并被并处无限制的罚金;商业组织一旦被认定有罪,可能被处以无限制的罚金,而且,还可能被剥夺在欧盟范围内参与公共事业的资格。[⑥]

二、英国法人刑事责任的两次实质性转变

回顾英国法人刑事责任的发展历程可以发现,商业组织不履行预

---

④ See James Maton, The UK Bribery Act 2010, *Employee Relations Law Journal*, Vol. 36, No. 3, p. 37.

⑤ 就美国《海外反腐败法》的相关情况,参见周振杰:《美国反商业贿赂的经验与启示》,载《中国党政干部论坛》2006年第6期,第47—49页。

⑥ See Funahashi Hirokazu, UK Bribery Act, *AZ Insight*, Vol. 46, p. 1.

防贿赂义务罪中的刑事责任判断原则,标志着英国法人刑事责任的第二次实质性转变。第一次实质性转变的标志性立法,是《2007年法人致人死亡罪法》(Corporate Manslaughter and Corporate Homicide Act 2007),该法以准组织责任取代了之前判例法上法人致人死亡罪中的等同原则(Identification Principle)。

(一) 第一次转变:从等同原则到准组织责任

在传统上,英国主要依据等同原则追究法人等组织以犯意为构成要件犯罪的刑事责任。⑦ "等同原则"始于1944年的总检察长诉肯特苏克塞斯公司案(DPP v. Kent Sussex Contractors Ltd)等三个判例,就其含义,1957年的博尔顿公司案[H. L. Bolton, (Engineering) Co. Ltd v. T. J. Graham & Sons Ltd]解释认为:"法人在许多方面都与自然人相似。在法人之中,既存在支配法人行为的大脑与神经,也存在根据大脑指令实施行为的双手。法人中的某些人不过是从事业务的雇员或者代理人,但有些人是代表法人的精神与意志、支配企业行为的高级职员。后者的心理状态,就是法人的心理状态,法律也是如此规定的。"⑧从上述解释可以看出,等同原则的实质,在于将能够代表企业意志的高级职员的行为与心理等同于法人的行为与心理,以个人责任为媒介,将法人刑事责任的范围扩大到以故意或过失等犯意为构成要件的犯罪,包括传统上被视为自然人的致人死亡罪(Manslaughter)。

在等同原则之下,法人致人死亡罪实质上指能够等同于法人的高级管理人员个人所实施的致人死亡罪。根据判例,法人致人死亡罪包含如下构成要件:

(1)行为主体要件,即能够代表法人意志的高级职员。所谓"能够代表法人意志"指实际支配法人的全部或者一部分业务,在履行职责之际,无需向其他管理人员负责的法人高层。根据判例,此处的"法人"仅指具有法律人格的组织,不包括行政机构、合伙等其他组织。

---

⑦ 在等同原则之外,英国也根据严格责任追究法人的刑事责任,但仅限于轻微的行政范围之内。See Thomas J. Bernard, the Historical development of Corporate Criminal Liability, *Criminology*, Vol. 22. No. 2.

⑧ Michael J. Allen, *Textbook on Criminal Law* (9th Edition), New York: University of Oxford Press, p. 251.

(2) 行为状态要件,包括客观要件与主观要件。前者指行为人对被害人所承担的义务、行为人违反义务的行为以及行为中所存在的可能导致他人死亡的危险;后者指行为人对上述危险的认识,而且这种认识应该是基于现场情况,对于可能导致他人死亡的危险的具体认识。这一构成要件表明,在司法实践中,追究法人致人死亡罪的刑事责任,大致要经历如下逻辑过程:危害结果出现——确定具体行为人——判断行为人是否能够代表法人意志——确定行为人的刑事责任——确定法人的刑事责任。在这一过程中,有两个重要的环节:一个是确定导致危害结果的具体行为人,而且该人必须是能够代表法人意志的高层职员;另一个是行为人个人必须承担致人死亡的刑事责任。

但是,在 20 世纪 90 年代之后,随着法人规模越来越大,一方面,法人中的决策过程越来越复杂,业务程序越来越分散,责任分担者也越来越多。因此,在规模较大的法人中,要确定一个对最终结果承担全部责任的法人高层越来越难。另一方面,根据判例法,在追究个人死亡罪的刑事责任之际,必须证明行为人基于现场情况,能够对自身行为中存在的危险形成具体认识。而在法人犯罪的场合,由于法人高层通常不在具体业务活动现场,存在上述认识的可能性非常小。由于这两个难题,在 1992 年至 2002 年的 10 年间,在英国共有 34 家法人被指控犯有致人死亡罪,但最终被定罪的只有 6 家,且全部都是小型法人。⑨

为了解决司法实践中的困境,英国议会于 2007 年批准了《2007 年法人致人死亡罪法》。⑩ 该法第 1 条规定,如果某一法人的业务活动的组织、管理方式存在重大缺陷,严重违反了该法人对被害人所承担的注意义务,从而导致被害人死亡,应该追究该法人致人死亡罪的刑事责任。根据这一规定,新的法人致人死亡罪的构成要件包括:

(1) 行为主体要件,即法人。但与判例法的规定不同,此处的法

---

⑨ See Home Office, Corporate Manslaughter: A Summary of Response to the Home Office's Consultation in 2000, available at http://www.homeoffice.gov.uk.

⑩ 就该法的制定背景与过程,参见周振杰:《英美国家企业刑事责任论的最新发展》,载《河北法学》2010 年第 12 期,第 170—175 页。

人不仅包括法人,而且包括《2007年法人致人死亡罪法》附录一所列举的国防部等国家机关、铸币局等皇家组织以及合伙法人、劳动者协会等其他组织。

（2）行为状态要件,包括死亡结果、法人对被害人所承担义务的严重违反以及法人活动的组织管理方式中的重大缺陷。

可以看出,与判例法的规定相比,上述构成要件发生了两点重要的变化：

（1）个人刑事责任是否存在不再是追究法人刑事责任的前提,法人致人死亡罪的责任判断根据只存在于法人本身。

（2）法人高层管理人员对最终死亡结果的具体认识被排除在构成要件之外,法人刑事责任的判断基础基本上变成了法人的组织结构、经营方式等客观要素。

就如何判断法人是否严重违反了相关注意义务,该法第8条规定,陪审团在判断是否存在重大义务违反及其程度之际,应当考虑法人是否违反了卫生安全法规、法人内部是否存在滋生违法行为的政策、制度以及惯例。上述规定表明,在法人致人死亡罪的案件中,无需再确定具体的违法行为实施人,只要能够证明法人的组织结构、经营方式之中存在缺陷,并且此缺陷与死亡结果之间存在实质的因果关系,就可以追究法人的刑事责任。

因为上述判断原则的关注核心,是法人本身的组织状况与管理方式,而非法人高层的刑事责任,所以英国内政部将之称为组织责任,以区别于传统的等同原则。但是,从该法第1条(2)"只有在法人管理人员的行为构成上述注意义务违反的实质要素之际,才能追究法人的刑事责任"的规定来看,新的责任原则并没有完全脱离法人高层管理人员行为的影响,所以将之称为准组织责任原则更为贴切。因此,在法人致人死亡罪中,法人刑事责任的判断原则,从等同原则转变为准组织责任,这是英国法人刑事责任的第一次实质性转变。

（二）第二次转变：从准组织责任到组织责任

从商业组织不履行预防贿赂义务罪的构成要件可以看出,在积极要件这一责任前提出现之后,商业组织刑事责任的有无,完全取决于特定程序的有无及其实施情况,与管理人员的个人行为无关。而特定程序的有无及其实施情况,在宏观上,不过是法人组织管理与经营活动的一个组成部分而已。就此而言,不履行预防贿赂义务罪中商业组织的刑事责任,既非传统的等同原则,亦非法人致人死亡罪中的准组织责任,而是组织责任,这是英国法人刑事责任的第二次实质性转变。这一转变的发生绝非偶然,而是有着深刻的国际背景。

20世纪90年代之后,随着科技的日益进步,法人对社会生活的影响越来越大。为了遏制法人可能对社会造成的危害,各国在处罚法人犯罪方面的态度日趋严厉。在英美法系国家,新的法人刑事责任判断原则陆续登场,除上述准组织责任与组织责任,还有:

(1) 美国联邦司法机关所采纳的集合责任(Collective Knowledge)。根据这一原则,即使没有具体法人雇员或者代理人实施犯罪行为,也可以追究法人的刑事责任。如果多个法人成员的意识与行为可以集合于法人本身,如果集合后的意识是由法人一方掌握,行为是由法人一方实施,就可以据此评价法人的刑事责任。例如在美国1974年的判例中,某公司的一个雇员知晓该公司关于评估货车驾驶员健康状况的程序中存在缺陷,另一个雇员不知道上述缺陷,根据该程序对某一患病的驾驶员的健康状况进行了评估,并指派该驾驶员进行州际商业运输。法院判决认为,雇用上述两个雇员的公司应该承担故意指派不合格驾驶员罪的刑事责任。[11]

(2) 文化责任(Corporate Culture)。根据该原则,判断法人是否存在犯罪故意或者过失的基础,不是法人雇员个人的主观意识,也不是法人活动的具体组织方式,而是组织内部存在的法人文化,即为法人员工所共享并对之行为与选择产生影响的一系列价值观、信仰以及行为规则。例如,1995年的《澳大利亚联邦刑法典》规定,法人犯罪的构成要件包括客观要件与主观要件,在确定法人主观方面是否存在授权或允许特定犯罪行为的犯意时,如下两种事实可以成为标准:法人内部存在着引导、鼓励、容忍或者导致不遵守法律规定的法人文化,或者法人未能建立并保持要求遵守法律的法人文化。相似规定也可见于芬

---

[11] See Richard S. Gruner, *Corporate Criminal Liability and Its Prevention*, New York: Law Journal Press, p.4.02 [1].

兰、加拿大等国的刑事立法。[12]

上述准组织责任、组织责任、集合责任与文化责任的共同之处在于，对于法人而言，其承担的刑事责任相当于严格责任与客观责任，即只要客观上存在违法事实，法人被认定有罪似乎就是不可避免的结果。因此，一方面，有失于法治的公平正义精神，另一方面，也不利于发挥法人在预防犯罪方面的积极性，反而会促使法人在发现违法事实之后极力进行掩盖，甚至毁灭证据，这进而又不利于对法人犯罪的查处。所以，各国在采纳新的法人刑事责任判断原则的同时，在立法上也给法人预定了辩护理由，即企业适法计划（Corporate Compliance Programs）。

企业适法计划起源于美国，指"企业为预防、发现违法行为而主动实施的内部机制。基本的构成要素包括正式的行为规则、负责官员以及检举制度"。[13] 企业适法计划的基础理念就是注重企业自律。美国首次明确规定企业适法计划及其对企业刑事责任影响的立法性文件，是20世纪80年代美国量刑委员会制定的《美国联邦量刑指南》（United States Sentencing Guidelines）。[14] 该指南第八章第C2.5条明确规定，在犯罪发生之时，如果企业内部存在有效的适法计划，可以减轻刑事责任。[15] 也即如果特定企业的行为表明，其并没有漠视法律，而且制定并积极实施了预防性适法计划，司法机关可以减轻其刑事责任。关于上述规定的含义与意义，曾就任美国联邦地区法院法官与美国量刑委员会主席的戴安娜·E.墨菲指出，组织量刑规则为企业制定、实施适法计划提供了动力，"通过促进适法与行为计划，组织量刑指南不仅为组织行为的实质性改变提供了动力，而且推动了量刑改革法目的的

---

[12] See Allens Arthur Robinson (2008) Corporate Culture as a Basis for the Criminal Liability of Corporations, Report for the United Nations Special Representative of the Secretary-General on Human Rights and Business, available at http://198.170.85.29/Allens-Arthur-Robinson-Corporate-Culture-paper-for-Ruggie-Feb-2008.pdf.

[13] Philip A. Wellner, Effective Compliance Programs and Corporate Criminal Prosecutions, *Cardozo Law Review*, Vol.27, No.1, p.497.

[14] See United States Sentencing Commission, Federal Sentencing Guidelines for Organizations, available at http://www.ussc.gov/orgguide.htm.

[15] See Molly E. Joseph (1998) Organizational Sentencing, *American Criminal Law Review*, Vol.35, p.1018.

实现,即:预防与威慑犯罪行为。而且,组织量刑指南也使得组织中的责任个体明白,如果他们不支持或者不致力于旨在预防与威慑违法行为的计划与程序,将会承担何种潜在的责任"。⑯

目前,企业适法计划在英美国家受到了非常大的重视,在美国之外,许多国家已经明确将之规定为辩护理由或量刑情节。例如,澳大利亚的判例明确表明:"是否存在有效的适法计划,原则应该纳入量刑的考虑范围。如果存在有效的适法计划而发生了犯罪,则减轻刑罚可能是适当的。相反,未能实施适法计划则应该成为加重处罚的裁量因素。"⑰在其他国家,企业适法计划同样获得了决策机关的欢迎。例如与法国一样在传统上否定法人刑事责任的意大利,在2001年颁布了第231号法令,规定在法人员工实施犯罪的场合,也可以追究法人本身的刑事责任。但是如果被追诉的法人积极有效地实施了预防犯罪的合理措施,可以免除责任。⑱

从英国司法部2011年3月颁布的指导规则中关于"适当程序"的内容、要求及该程序作为辩护理由的法律效果来看,这里的"适当程序",其实就是保证商业组织遵守OECD的反贿赂公约与国内反贿赂立法要求的内部程序,也即上述的企业适法计划。就此而言,可以认为,英国刑事责任的第二次实质性转变,是在国际社会通过采纳新的责任原则,加大对法人犯罪的预防与处罚力度这一大背景下发生的。

三、英国法人刑事责任的发展方向

英国法人刑事责任从传统的等同原则,到法人致人死亡罪中的准组织责任,再到商业组织不履行预防贿赂义务罪中的组织责任的发展历程中,可以清晰地看到如下发展方向:

(1)在责任认定方面,从个人走向组织、从主观走向客观。在传统上,英国也是以"个人"为假想对象构建刑法理论,设定刑罚罚则的。

---

⑯ See Diana E. Murphy, The Federal Sentencing Guidelines for Organizations: A Decade of Promoting Compliance and Ethics, *Iowa Law Review*, Vol. 87, p. 699.

⑰ Jonathan Clough and Carmel Mulhern, *The Prosecution of Corporations*, New York: Oxford University Press, p. 188.

⑱ Framcesca Chiara Beviliacqua(2006) Corporate Compliance Programs under Italian Law, available at http://www.ethikosjournal.com.

等同原则选择通过个人刑事责任来确定法人刑事责任,在实质上是处罚法人的刑事政策目的与传统刑法理论的折中。根据等同原则,对法人进行刑事处罚在实践中都要经历从个人到组织的过程,在认定个人刑事责任之际,都是基于传统刑法理论,客观的构成要件与主观的构成要件缺一不可,只不过在判断法人责任之际加入了行为人是否法人的雇员,或是否能够代表法人意志的高级管理人员等处罚条件。所以,等同原则并没有超脱个人刑事责任的分析框架。

但是,在准组织责任与组织责任之下,根据传统刑法理论进行的个人刑事责任判断已经不再必要,而代之以根据法人的组织规则、管理过程进行的组织责任判断;与此相适应,行为人的犯罪故意与过失等主观要素也不再对法人刑事责任产生实质性影响,法人的守法状况以及内部管理活动等客观要素,成为判断法人刑事责任的主要依据。这表明,在责任认定方面,从等同原则到组织责任的发展,实质上,是责任判断的基础从个人到组织、从主观到客观的发展。

(2) 在处罚理念方面,从制裁走向引导、从对抗走向合作。等同原则体现出明显的注重制裁的处罚理念,并主要以法人雇员个体为预防对象。与此相对,准组织责任与组织责任以法人本身为预防对象,体现出了通过外部制裁引导法人改善内部组织管理与经营活动,通过双方合作有效预防法人犯罪的思维,《2010年贿赂罪法》中的适当程序,或言企业适法计划,就是这一思维的具体体现。

从法人的角度而言,犯罪行为不但会给社会带来危害,同样也会给其本身带来危害。而且在新的责任判断原则之下,法人一旦被发现实施了违法行为,就可能面临严重处罚。而企业适法计划,"在保证法人严格按照法律规则开展业务的同时,能够让雇员相信依法行为,对于法人及法人的每一个雇员而言,都是有利的选择"。[19] 而且企业适法计划的有效实施,能够减轻甚至免除法人的刑罚。所以,对于法人而言,主动预防违法行为,无疑是双赢的选择。

从国家的角度而言,发现法人犯罪的途径主要有两个:一是通过

---

[19] David Axelrod, etc, Corporate Compliance Programs in the Aftermath of Sarbanes-Oxley, Program of the Ad Hoc Committee on Corporate Compliance, *ABA Business Section Spring Meeting*, Los Angeles, April 4, 2003, pp.2-3.

偶然的事故；二是通过日常检查。但是，被动地等待事故发生显然不是明智之举，因为国家惩罚企业犯罪的目的并不在于处罚，而在于通过处罚预防企业犯罪，减少社会危害，而事故的发生就意味着危害已经实际发生；通过日常检查发现企业犯罪，意味着从潜在的犯罪嫌疑人手中获取证据，而且日常检查通常是在与法人进行必要的联系之后才进行，通过这一途径发现法人犯罪的难度之大可想而知。所以，对于预防法人犯罪、减少社会危害而言，法人本身的预防意志是必不可少的，"似乎可以得出与单纯的刑法对策相比，企业适法计划可能更为有效的结论。（因为）企业适法计划在照顾到企业利益的同时，承认企业具有自由构建适法计划的余地"。[20]

简言之，从制裁走向引导、从对抗走向合作的理念转向以及对企业适法计划这一法人内部措施的刑法确认，也是国家从预防、减少法人犯罪这一刑事政策目的出发的一个务实选择。

四、结语

以上在介绍英国《2010年贿赂罪法》中商业组织不履行预防贿赂义务罪，尤其是该罪的积极与消极构成要件的基础上，笔者分析了该罪中法人组织责任判断原则，并认为，这是继《2007年法人致人死亡罪法》在法人致人死亡罪中放弃传统的等同原则，采纳准组织责任原则之后，英国法人刑事责任的第二次实质性转变。其后，通过回顾英国法人刑事责任从传统的等同原则到法人致人死亡罪中的准组织责任原则，再到商业组织不履行预防贿赂义务罪中的组织责任原则的发展历程，总结了英国法人刑事责任在责任认定与处罚理念方面的发展方向，并认为，这对于国家与法人而言，都是双赢的务实选择。

随着社会转型的深入与全球化的发展，中国也正面临着危害越来越严重的环境污染、食品事故、商业贿赂等法人犯罪，立法机关也正在试图通过扩大处罚范围、加入国际公约等途径，加大对法人犯罪的预防与处罚力度。例如，2010年5月1日开始实施的《刑法修正案（八）》，在《刑法》第164条第2款增设了对外国公职人员、国际公共

---

[20] 〔日〕田口守一、甲斐克则：《企业活动与刑事规制的国际动向》，信山社2008年版，第428页。

组织官员行贿罪。与此同时,刑法中的"双罚制",仍然延续着以个人责任为法人刑事责任前提的一贯思维,并没有发生改变。上述英国法人刑事责任的两次实质性转变表明,随着法人规模的日渐增大,组织结构的日渐复杂,决策权力与业务过程日渐分散,基于个人责任追究法人刑事责任日渐困难。为了实现通过处罚法人预防法人犯罪的政策目的,需要将责任视角与预防对象都从个人转向组织。这或许也应该成为我国法人刑事责任的发展方向。

商业伦理与企业家刑事法律风险控制
——基于两例个案研究

赵 军[*]

一、问题的提出

近年来,随着大众传媒对企业家犯罪案件的强力跟进,企业家刑事法律风险控制问题开始引起法律界和企业界的关注。然纵观现有成果,大多数研究均将企业家刑事法律风险的"引爆点"锁定于企业家对相关刑事法律规范的违反,相应"风控策略"也多以相关刑法条文所规定或内隐的构成要件为设计依据。例如,针对民营企业因融资困境而引发的融资刑事风险,研究基本围绕相关刑法条文的规定展开;相应风控策略也基本局限于如何规避刑法为"非法吸收公众存款罪""集资诈骗罪""贷款诈骗罪""高利转贷罪""骗取贷款、票据承兑、金融票证罪""擅自发行股票、企业债券罪""欺诈发行股票、企业债券罪"等犯罪所设计的构成要件。[①] 然而,在现实社会生活中,实际发生作用的并不一定是法典中所载明的"法律条文之法",执法者、司法者、加被害双方、其他利益关联方乃至社会公众在具体情势下的多方互动与博弈所衍生的、在现实中发挥实际规制作用的"生活实体之法",才

---

[*] 赵军,北京师范大学刑事法律科学研究院副教授。
[①] 参见吴燕、赵询、刘春花:《民营企业融资的刑事风险及其防控》,载《财会月刊》2012年第29期;叶庆东、虞徐彬:《正视中小企业融资中的刑事法律风险》,载《法人》2012年第8期。

是需要人们真正遵守的行为准则。② 这其中,商业伦理就是一个被现有企业家刑事风险研究所忽略的考量因素,它在特定情况下有可能转化为"生活实体之法"的实质内容,从而成为企业家刑事风险的重要来源。故此,有必要对商业伦理与企业家刑事风险的关联展开专门研究,以提升企业家刑事法律风险控制的实用性、操作性及有效性。

二、研究方法

商业伦理如何在现实中影响甚或在特定情况下转化为企业家实际面临的刑事法律风险?这不是一个仅通过传统刑法解释学或教义学的规范分析方法就能圆满解答的问题,关注点由"法律条文之法"向"生活实体之法"的转移,需要经验方法的介入。本文围绕两例个案展开,与主要依据各种法律文书展开文本分析的"案例分析型"法学研究不同,笔者除了查阅相关法律文书、证据材料之外,将更多精力投放于对案件当事人、办案人及其他知情人的访谈,尤其是对案件发展的走向展开了较长时间的纵向观察。在这一过程中,我们获取了远超文本资料所载"法律事实"的诸多关键信息,相关人员刑事法律风险生成或消灭的真实机理,得以较为客观和全面的呈现。

三、简要案情③

(一) 案例一

2004年,某县酒厂(以下简称"县酒厂")以其所有的以该地某历史名人名号注册的商标(以下简称"名人商标")折价100万元作为出资,与某市酒业集团(以下简称"酒业集团")旗下的A公司(酒业集团

---

② 以虚报注册资本罪为例,按照法律及相关规定:申请公司登记使用虚假证明文件或者采取其他欺诈手段虚报注册资本,欺骗公司登记主管部门,取得公司登记……实缴注册资本达到法定最低限额,但仍虚报注册资本,有限责任公司虚报数额在100万元以上、股份有限公司虚报数额在1 000万元以上的,就应当处3年以下有期徒刑或者拘役,并处或者单处虚报注册资本金额1%以上5%以下罚金。但事实上,达到此追诉标准之虚报行为的实际追诉率却非常低。究其原委,作为"生活实体之法"而存在的"虚报注册资本罪",往往需要附加一些法律规定之外的"构成要件",比如未能满足有关部门或领导的某项要求,而这些"生活实体之法"所隐含的"构成要件",完全存在于"法律条文之法"以外。

③ 应部分信息提供者的要求,本文两例个案均隐去与身份相关的信息描述。

的子公司)、B公司(与酒业集团合作并接受酒业集团管理的白酒生产企业)合资成立酒业公司(以下简称"合资公司")以生产该品牌白酒,县酒厂占股10%。B公司董事长邓某任合资公司董事长,县酒厂老板王某挂名合资公司副董事长。合资公司取得名人商标后,董事长邓某以合资公司白酒生产许可证申请未果为由,将该商标授权给自己任董事长的B公司使用,B公司向合资公司支付使用费。这一授权使县酒厂在合资公司的利润分红无法与名人品牌白酒的实际销售利润直接挂钩,每年只能从B公司向合资公司支付的商标使用费中领取20万元的"保底分红"。在此期间,该品牌系列白酒销量增长迅速,年均增长突破50%,至2012年突破18亿元,名人商标也成为省著名商标、中国驰名商标。2007年,邓某决定由合资公司为B公司于2002年与酒业集团签订合作协议时约定支付给酒业集团的2400万元"分摊费"提供连带责任担保。2011年,酒业集团起诉B公司,要求支付该项"分摊费"及违约金,并要求担保人合资公司承担连带清偿责任。经法院调解,以邓某为董事长的合资公司,同意以其所有的名人商标专用权作价1100万元抵偿以邓某为董事长的B公司欠以邓某为副董事长的酒业公司的"分摊费",该商标专用权最终通过法院强制执行转至酒业集团。至此,当初以名人商标专用权入股合资公司的县酒厂无法获取品牌升值所带来的红利(每年仅领取20万元的保底分红),其作为投资投入合资公司的名人商标,也被转至与其无任何关系的酒业集团名下。非但如此,名人商标成为中国驰名商标后,因可进行跨类保护,导致县酒厂所在地其他企业无法利用本地历史名人效应在其他领域开展经营活动,从而对当地经济整体发展形成一定制约。县酒厂在尝试通过民事途径维权失败后,获当地相关政府部门和领导的支持。2013年4月,县酒厂所在地警方以涉嫌合同诈骗罪为由,将完成上述系列操作的酒业集团副董事长、B公司董事长、合资公司董事长邓某刑事拘留。该案虽经两地政府部门多次磋商、相关法律专家出具法律意见、上级业务指导部门协调,仍难以妥善解决。某县因取得了相关部门和领导的强力支持,先是提出"归还"名人商标,后又根据名人商标的实际市场价值和未来升值潜力提出了高达数亿元的"经济补偿",否则就要追究邓某的刑事责任。据知情人透露,在这一过程中,县酒厂老板王某的诉求并不高,他私下表示,如果合资公司能根据品牌升值的实际情况,将其分红额提高至每年50万元,他就不至于与曾经的合作伙伴邓某闹到这一步。

(二)案例二

2008年年底,某投资公司与某房地产公司签订购房协议并交付部分购房款。2009年5月,该投资公司因其他投资项目操作失误导致无力以自有资金按期支付剩余款项。其时,房地产市场火爆,房价上涨较快,为不丧失从房地产市场套利的机会,经公司3位主要负责人黄某、姜某和汪某商议,决定用购房合同为"担保",以年收益30%的"红利"吸引他人"入股投资",到期"返本分红"(分一年期、两年期两种)。为此,公司印制了介绍涉案房产升值前景、公司经济实力及"入股投资"方式的宣传资料,并召开了"投资恳谈会"。因承诺的收益率较高且有购房合同作"担保",该投资公司迅速从100余户"入股投资者"(含单位和个人)手中筹措资金2 000多万元,并于2009年7月将此笔款项打入房地产公司账户,尚有少量尾款未付。2009年10月,房地产公司以投资公司未能依约及时支付房款为由,要求解除双方签订的购房协议,此时按市场行情估算,该项物业已升值近50%。双方多次协商未果,于2010年初诉至法院。诉讼期间,部分得知消息的"入股投资者"陆续通过关系人向公司问询涉案房产及资金运行情况。为稳定"入股投资者"的情绪,投资公司将资金投入房产交易的情况、与房地产公司的纠纷及诉讼进展如实向"入股投资者"进行了通报,并请律师就诉讼前景进行了较为乐观的分析,作出了"可提前退款,但不付利息,若到期返本红利照付"的承诺。2010年6月,投资公司主要负责人之一汪某,因利用自己经营的网站传播淫秽物品牟利被警方逮捕。此消息造成"入股投资者"集体恐慌,纷纷前往公司要求提前退款,继而引发群体性事件,招致警方介入。公司负责人黄某、姜某在与律师紧急磋商后,与房地产公司迅速达成妥协和解方案,投资公司同意解除双方签订的购房合同,房地产公司退还投资公司所付购房款并另行支付500万元作为经济补偿。投资公司旋即全额退还了"入股投资者"所投资金(利息因未"到期","入股投资者"同意放弃)。这一过程,得到了警方的支持。因事态平息及时、未造成损失,警方未对该投资公司涉嫌非法吸收公众存款的问题立案侦查。

四、分析与讨论

（一）规避刑法构成要件，未必能完全阻却企业家的刑事法律风险

企业或企业家的刑事法律风险，一般是指"企业或企业家作为刑事被告触犯刑法受到法律制裁，以及作为刑事案件的受害者承受伤害或损失所必须面对的风险。包括'企业或企业家触犯刑法'和'针对企业或企业家犯罪'两种法律风险"。[④] 亦即，"企业或企业家触犯刑法"所产生的刑事法律风险，肇因于企业或企业家的相关行为齐备了刑法为相关犯罪所设定的构成要件。换言之，只要能够规避刑法设定的构成要件，企业家就可有效阻却这种刑事法律风险的生成，避免招致刑事处罚。不过，案例一却为我们呈现出另一种可能性：企业家为达到某种商业目的，小心翼翼地规避刑法设定的构成要件，但最终却仍陷于漫长的刑事诉讼程序，面临刑罚的现实威胁。

名人商标在该案中经过了两次流转。第一次流转依据县酒厂与酒业集团旗下A公司、B公司三方签署的《合资公司章程》，将该商标作为县酒厂的出资转至合资公司名下，商标原所有人县酒厂由此取得合资公司10%的股份。此次商标流转，各方意思表示真实，不存在刑法意义上的诈骗与被骗。其后，取得对合资公司控制权的邓某以合资公司未取得白酒生产许可为由，将名人商标授权给自己任董事长的B公司使用，并以B公司给付的商标使用费向县酒厂支付每年20万元的"保底分红"。该操作虽在客观上限制了县酒厂的分红数额，使后者无法分享销售增长、品牌升值所带来的利润，但却只是合资公司内部的经营问题，与诈骗犯罪无关。该商标的第二次流转起因于邓某操控合资公司为其自己任董事长的B公司此前与酒业集团合作应支付的"分摊费"提供担保，结果是通过民事诉讼将合资公司所有的名人商标转至酒业集团名下承担此担保责任。这次流转虽无法排除邓某有意操盘的可能，但仅从刑法角度分析，B公司与酒业集团的合作协议、合资公司事后所签担保合同均非虚假伪造，各合同主体均未受骗，该操

---

④ 王荣利：《企业家的法律风险与防范》，载《上海国资》2007年第9期。

作在法律层面也未诈骗案外第三人县酒厂所有的任何财物。与涉案商标的第一次流转一样,邓某在第二次商标流转过程中的行为,也不符合诈骗犯罪的构成特征。⑤ 据了解该案发生过程的人士披露,与该名人商标有关的关键操作步骤,均有专业律师谋划、评估或直接参与,酒业集团及邓某方面在事前、事中均对包括刑事风险在内的整体法律风险进行了有意识的控制。按酒业集团相关人员的话说,"这个事件的整个操作,都是在法律框架下进行的"。然而,案件发展的实际轨迹却脱离了他们所预定的轨道:邓某被某县警方以涉嫌合同诈骗罪为由逮捕并长期羁押,其所任职的酒业集团及当地政府部门花费了大量人力进行协调,仍难妥善解决。也就是说,酒业集团方面以法律条文,尤其是以刑法所设构成要件为依据而采取的(刑事)法律风险控制策略,并未完全奏效。即便该案最终通过各种法律程序之内及之外的努力而作无罪、疑罪或其他处理,长期羁押对当事人邓某所造成的巨大痛苦、企业为避免遭受最终的刑事处罚而耗费的精力和财力,都已无法挽回。类似这种企业家并未实际触犯刑法条文但却在现实生活中不得不面对的刑事法律风险,很难从"法律条文之法"得到合理解释,极易被企业家群体及其法律智囊所忽略。

(二)符合刑法构成要件的行为,未必为企业家招致实际的刑事处罚

在商业领域,风险往往与利润成正比,企业家如果在每一点上都按法律的要求循规蹈矩,就可能错过稍纵即逝的商机,从而在激烈的市场竞争中居于下风,时刻面临出局的危险。对企业家而言,各种各样的"擦边球"在现实中难以回避。不过,同样是"擦边球",同样是实施了符合某一犯罪构成要件的行为,有的企业家被追究刑事责任,有的企业家却安然无恙。犯罪与刑罚在刑法条文中相对恒定的对应关系,在现实生活中却存在相当的变数。

在案例二中,投资公司的3位主要负责人为筹措资金从房地产市场套利,以与房地产公司签订的购房合同为"担保",采取"入股投资"、到期"返本分红"的方式,吸收一百余户"入股投资者"的资金,共

---

⑤ 以上分析参考了相关专家为该案出具的论证意见。

计2000多万元。依案发时执行的最高人民检察院、公安部《关于公安机关管辖的刑事案件立案追诉标准的规定(二)》,该行为已达非法吸收公众存款罪的追诉标准,应予立案侦查。⑥ 但在投资公司与房地产商因购房合同引发纠纷,尤其是公司负责人之一的汪某因其他原因被逮捕,继而导致"入股投资者"群体性恐慌事件后,介入事件处理的警方并未按照上级机关明定的追诉标准立案侦查。显然,在这个案例中,投资公司的决策者在律师的帮助、斡旋及警方的支持下,采取了正确的应对措施,用与房地产商和解所收回的资金及时退还了"入股投资者"的资金,平息了事态,有效化解了投资公司3位主要负责人因非法集资所生成的刑事法律风险。在当时房地产市场异常火爆房价上涨迅速的背景下,投资公司为解"入股投资者"要求提前退款的"城下之围",而同意与房地产商解除购房合同,虽然放弃了主张履行合同而可能带来的巨大预期收益,但却化解了已经迫近的刑事法律风险。此外,通过房地产商支付补偿款的形式,投资公司还是获得了500万元的毛利,扣除资金成本,仍有不小利润空间。投资公司这个"擦边球",尽管波折不断,最后却仍有惊无险、善始善终。可见,在企业家刑事法律风险控制实务中,并非所有符合法定标准的"犯罪行为",最终都会导致行为人对刑事责任的承担。

(三) 遵循基本商业伦理,是降低企业家刑事法律风险的有效路径

规避刑法构成要件未必能完全阻却企业家的刑事法律风险,而符合刑法构成要件的行为亦未必为企业家招致实际的刑事处罚,其中机理很难一言以蔽之。就案例一来说,酒业集团邓某被某县警方长期羁押,有地方保护主义、政府介入具体经济活动、司法独立性欠缺等多方面原因;就案例二来说,投资公司相关人员最终涉险过关,则是律师及相关人员"应对得当"、房地产市场行情看好(投资公司未发生实质亏

---

⑥ 最高人民法院《关于审理非法集资刑事案件具体应用法律若干问题的解释》第3条规定:"非法吸收或者变相吸收公众存款,主要用于正常的生产经营活动,能够及时清退所吸收资金,可以免予刑事处罚。"该规定出台于本案发生之后,当时处理这一事件的警方所依据的是追诉标准,亦即,警方未予立案的依据,其实是自己对个案社会危害性的判断,而非明确的法律条文或司法解释。况且,最高人民法院有关及时清退可免刑的规定,也只是一种具有相当弹性的政策性考量,不是对非法吸收公众存款罪构成要件的解释。

损或无法修复的资金断裂)、警方以维稳为其首要诉求(投资公司以"壮士断腕"的方式迅速平息事态)等多项因素复合的结果。但从企业家刑事法律风险生成及消灭机制的角度考察,两例结局迥异的个案折射出一个颇具共性的规律:并不由刑法条文直接设定的商业伦理,对企业家现实面临的刑事法律风险具有重大影响,遵循基本商业伦理是企业家降低其刑事法律风险的有效路径。

一般认为,"商业伦理是人们在追求商业利益过程中应当遵循的道德原则,即:商业活动以追求利益为目的,但在追求自己的利益时不得损害其他利益相关者的利益"[7],各种利益相关者之间的利益均衡,是商业伦理的焦点与核心。

在案例一中,酒业集团旗下的 A、B 两公司,在与县酒厂合资成立合资公司时,因持股优势而成为"控制性股东",有权对企业所拥有资源进行决策和支配。就商业伦理而论,B 公司作为控制性股东,本应利用其所掌握的控制权改善合资公司的经营,让包括小股东县酒厂在内的所有利益相关者,共同分享企业增值所带来的收益,这是控制性股东因其对公司的支配地位和控制权,而必须对公司其他利益相关者尤其是对相对弱势的小股东所应承担的诚信义务,是商业伦理中诚实信用道德规范的当然要求。然而,与商业伦理对控制性股东这一要求相背离,B 公司利用其控制权操控合资公司,将名人商标授权自己使用,这至少在客观上限制了名人商标原所有人、合资公司小股东县酒厂的分红数额,让后者无法合理分享品牌升值所带来的利益。之后,B 公司再次利用其控制权,操控合资公司为 B 公司欠酒业集团的"分摊费"提供担保,并通过民事诉讼将合资公司的核心资产——名人商标,以承担担保责任的方式剥离至酒业集团名下,从而使合资公司的核心资产与该资产的原所有人县酒厂之间的关联完全断绝,合资公司也因而在事实上被"掏空"。控制性股东利用其控制权"掏空"公司的行为属于典型的"不道德控制",其本质是通过侵占公司其他利益相关者的利益获取"控制权私人收益"。[8] 于是,在名人商标不断升值,先后成为省著名商标、中国驰名商标,B 公司通过对该品牌的强力营销使其

---

[7] 黎来芳:《商业伦理 诚信义务与不道德控制》,载《会计研究》2005 年第 11 期。
[8] 黎来芳:《商业伦理 诚信义务与不道德控制》,载《会计研究》2005 年第 11 期。

年销售额突破 18 亿元的情况下,该商标原所有人、合资公司利益相关者县酒厂,却只能依据最初的合资协议每年受领 20 万元的保底分红。

如前所述,控制性股东 B 公司及邓某的行为不符合合同诈骗罪的构成要件,同时,合资公司不是上市公司,涉案行为也不属于《刑法》第 169 条之 1 背信损害上市公司利益罪的规制范围。⑨ 尽管从罪刑法定原则出发,邓某的行为在理论上及"法律条文之法"上不构成犯罪,但其滥用控制性股东对合资公司支配地位、严重损害公司利益相关者利益、为其所在的 B 公司及酒业集团攫取"控制权私人收益"的商业伦理悖德性却是显而易见的。在这种情况下,刑法条文中的灰色地带和解释空间,很容易在现实法律环境中倾向于保护伦理上无过错或曰"道德正确"的一方。加之涉案商标取得中国驰名商标地位后保护范围的扩张,又导致邓某行为的不利后果从先前对小股东县酒厂经济利益的损害,延及对名人故里地方经济整体发展的制约,在此态势下,当地政府相关部门介入,是很容易理解的。更值得玩味的是,两地政府相关部门及其共同上级之间的"互动":在有关法律专家的论证意见明确否定邓某行为构成犯罪之后,县酒厂所在地政府部门在磋商中并未立即退让;上级部门负责协调该案的工作人员,在对专家意见表示理解的同时,未对有"插手经济纠纷"之嫌的某县警方发出强硬表态;而帮助邓某"维权"的酒业集团所在地政府官员在得到专家意见这一"尚方宝剑"后,仍选择相对低调的方式与某县相关部门展开协商式沟通。显然,邓某行为在商业伦理上的悖德性、"不地道",为某县警方对之启动刑事诉讼程序采取刑事强制措施提供了部分"正当性"与"合法性"理由。当然,这里的"法"是指现实生活中被实际认可且执行的"生活实体之法"。

案例二的情况与此相对。投资公司的 3 位主要负责人为筹措资金虽实施了刑法禁止的非法集资行为,但他们在整个事件的演进中较

---

⑨ 该条规定,"上市公司的董事、监事、高级管理人员违背对公司的忠实义务,利用职务便利,操纵上市公司……(二) 以明显不公平的条件,提供或者接受资金、商品、服务或者其他资产的……(四) 为明显不具有清偿能力的单位或者个人提供担保,或者无正当理由为其他单位或者个人提供担保的",构成背信损害上市公司利益罪。该条第 2 款规定:"上市公司的控股股东或者实际控制人,指使上市公司董事、监事、高级管理人员实施前款行为的,依照前款的规定处罚。"

好地遵循了诚实信用、合理兼顾各方利益的商业伦理。

（1）他们在吸引"入股投资"时，向相对人如实披露了投资标的状况，与房地产商发生纠纷后又及时通报了资金去向及诉讼前景，对涉及相关方重大利益的关键信息均未虚构或隐瞒。

（2）在与房地产商的纠纷进入诉讼程序后，投资公司对"入股投资者"作出了可提前退款的承诺，这一超出事前约定的承诺起到了"稳定军心"的作用，否则其非法吸收公众存款的行为，极可能在此时就已遭到"入股投资者"的举报。

（3）当投资公司个别负责人因个人原因被逮捕致"入股投资者"集体恐慌并继而引发群体性事件后，投资公司以损失部分预期利润为代价收回资金，满足了"入股投资者"提前退款的要求，兑现了此前承诺，回应了"入股投资者"在特定境况下保证资金安全的"底线诉求"。

非法吸收公众存款罪作为某种基于行政及经济管理目的而设立的"法定犯"，其基本构成行为并不当然构成对普遍认可之商业伦理的违反，投资公司及其负责人的行为即如此。可见，企业家在经济活动中遵循基本商业伦理，具有排除某些危害后果不太严重的犯罪行为之犯罪性的功能，是降低企业家刑事法律风险的有效路径。

（四）扩展视角调整方法是提升企业家刑事法律风险研究水准的关键

一方面，现有企业家刑事法律风险的研究成果，大多围绕相关犯罪的构成要件展开。说得更直白一些，有关企业家刑事法律风险的研究与围绕相关犯罪的刑法解释学或教义学研究并无实质差异。由本文两例个案不难发现，以"法律条文之法"为依据、以犯罪构成要件为中心、以规范分析为工具的传统刑法解释学或教义学的视角与方法，对于现代企业家刑事法律风险研究与控制实务具有一定的局限性。立于传统视角与方法所得出的结论通常是：企业家必须小心翼翼地规避刑法条文为相关犯罪所设定的构成要件，如此才能，也定能消解刑事法律风险对自己的威胁。这种普法宣传式的刑事风险控制策略，在实用性、操作性和有效性上存在明显缺陷。在实用性上，若完全按照法条规定，必将丧失某些稍纵即逝的商业良机，此与企业行为逐利本性过于背离；在操作性上，企业家不可能成为刑法专家（大多数企业法律服务人员也未必能达到这一点),不可能对相关犯罪的构成要件烂熟于心、了如指掌,并将之作为自己行动的绝对指南;在有效性上,规避刑法构成要件未必能完全阻却企业家的刑事法律风险,而符合刑法构成要件的行为,又必然为企业家招致实际的刑事处罚。事实上,企业家在刑事法律风险控制问题上,真正需要了解和规避的并非"法律条文之法"所规制的"理论之罪",而是"生活实体之法"所规制的"现实之罪"。这种让企业家陷于实际刑事法律威慑的"现实之罪",其实是"法律条文之法"所规定的犯罪构成要件在诸多实践性因素影响下的变形,本文所重点探究的商业伦理,即是这些实践性因素最为重要的侧面之一。发现、解析影响企业家现实刑事法律风险的商业伦理,将之作为企业家评估其商业行为现实刑事风险的重要依据,能大大提升企业家刑事法律风险控制的实用性、操作性和有效性。申言之,企业家刑事法律风险控制的实践需求,推动了该领域研究视角的扩展——由"法律条文之法"扩展至"生活实体之法",由构成要件所决定的"理论之罪",扩展至受诸多实践性因素影响的"现实之罪"。

另一方面,研究视角扩展对研究方法的调整提出了强制性要求。传统刑法解释学的规范分析,显然难以关照到法律条文之外的诸多实践性因素,而这些实践性因素,往往会对企业家现实刑事法律风险的生成或消灭发挥关键性作用。如果不对实际案例中的当事人、办案人以及其他关联者、知情者展开深度访谈,如果不对案件发生、发展的具体走向展开纵向的追踪考察,仅凭学者对法律条文的梳理,或对一纸裁判文书的研习,恐怕很难对推动案情演进的现实机理、对实际发生的博弈互动有较为客观、全面、准确的把握。在案例一中,邓某被羁押后,负责磋商、协调该案的政府官员、知情人,对邓某及其法律智囊决策与操作过程介绍道,邓某本人在不同际遇中(案发前后)对自己行为的不同认知以及"被害人"县酒厂老板王某与所在地政府的不同诉求,所有这些法律卷宗之外的信息,都有助于理解这一本不构成犯罪的民商事纠纷是如何演化为"刑事案件"的。在案例二中,只有了解集资对象在当时特定情势下的心理状态及诉求,投资公司律师在发生群体性事件后的具体斡旋,以及处理该群体性事件的警官对投资公司相关行为的真实态度,才可能合理解释警方为何未对已发现的、符合追诉标准的犯罪未予立案侦查。总之,这些对探究企业家刑事法律风险生成及消灭机制至关重要的信息,并不一定呈现于正式的法律文书或卷宗材料,甚至原本就没有形成相应的法律文书或卷宗材料。可见,新的经验方法的介入、传统法学方法的调整,是提升企业家刑事法律风险研究水准的另一个关键要素。

结语

本文的研究表明,规避刑法构成要件未必能完全阻却企业家的刑事法律风险,符合刑法构成要件的行为亦未必为企业家招致实际的刑事处罚。在刑法规定的犯罪构成要件之外,尚存在诸多影响企业家现实刑事法律风险的实践性因素,而企业家在商业活动中能否遵循基本的商业伦理,是这些实践性因素最为重要的侧面之一。不遵循基本商业伦理的企业家,即便小心翼翼地规避刑法构成要件,也未见得能确保自己不陷于刑事诉讼的纠缠;相反,诚实守信、兼顾相关方利益的企业家,却可能在刑罚威慑的边缘地带涉险脱身。为提高企业家刑事法律风险控制的实用性、操作性和有效性,该领域研究有必要将视点由"法律条文之法"扩展至"生活实体之法",由构成要件所决定的"理论之罪"扩展至受诸多实践性因素影响的"现实之罪"。相应的,对实践性因素具有更强探测力的经验方法的介入,将成为提升企业家刑事法律风险研究水准的重要推力。

混合所有制企业中的国家工作人员认定

贺 丹[*]

混合所有制企业是指由公有资本（国有资本和集体资本）与非公有制资本（民营资本和外国资本）共同参股组建而成的新型企业形式。自"十五大"以来，一直是我国经济转型和发展的重要经济形式之一。1997年"十五大"报告提出，公有制实现形式可以而且应当多样化，"股份制是现代企业的一种资本组织形式，有利于所有权和经营权的分离，有利于提高企业和资本的运作效率，资本主义可以用，社会主义也可以用"。之后，十五届四中全会《决定》提出，国有大中型企业尤其是优势企业，宜于实行股份制的，要通过规范上市、中外合资和企业互相参股等形式，改为股份制企业，发展混合所有制经济，重要的企业由国家控股。2002年党的"十六大"提出："积极推行股份制，发展混合所有制经济。""除极少数必须由国家独资经营的企业外，积极推行股份制，发展混合所有制经济。"2003年党的十六届三中全会进一步指出："要适应经济市场化不断发展的趋势，进一步增强公有制经济的活力，大力发展国有资本、集体资本和非公有资本等参股的混合所有制经济，实现投资主体多元化，使股份制成为公有制的主要实现形式。"根据这一政策指引，大量国有企业、国有金融机构进行了股份制改造，引入外资、民间资本，并有多家大型国有企业和国有金融企业在境外和中国证券市场先后上市。目前，混合所有制已经成为我国市场经济中一种重要的经济所有制形态。

---

[*] 贺丹，北京师范大学讲师，北京师范大学中国企业家犯罪预防研究中心研究员。

然而,随着国企改革的逐步深化,混合所有制企业的发展,给刑法中职务犯罪的认定带来了难题,由于犯罪嫌疑人是否属于国家工作人员,是我国刑法中对于贪污、受贿罪与侵占罪、非国家工作人员受贿罪此罪与彼罪的界限,而不同罪名在法定刑规定上存在着较大差别。因此,混合所有制企业工作人员身份的认定,往往成为实践中争议的焦点。

一、2010年49号《意见》:定分止争还是新的争议起点

为解决存在国家出资的混合所有制企业中的贪污、受贿等职务犯罪案件办理中遇到的新情况、新问题,2010年最高人民法院、最高人民检察院联合发布《关于办理国家出资企业中职务犯罪案件具体应用法律若干问题的意见》(法发〔2010〕49号)(以下简称2010年49号《意见》),对国家出资企业中国家工作人员认定作出了指导意见,其主要条文如下:

六、关于国家出资企业中国家工作人员的认定

经国家机关、国有公司、企业、事业单位提名、推荐、任命、批准等,在国有控股、参股公司及其分支机构中从事公务的人员,应当认定为国家工作人员。具体的任命机构和程序,不影响国家工作人员的认定。

经国家出资企业中负有管理、监督国有资产职责的组织批准或者研究决定,代表其在国有控股、参股公司及其分支机构中从事组织、领导、监督、经营、管理工作的人员,应当认定为国家工作人员。

国家出资企业中的国家工作人员,在国家出资企业中持有个人股份或者同时接受非国有股东委托的,不影响其国家工作人员身份的认定。

七、关于国家出资企业的界定

本意见所称"国家出资企业",包括国家出资的国有独资公司、国有独资企业,以及国有资本控股公司、国有资本参股公司。

是否属于国家出资企业不清楚的,应遵循"谁投资、谁拥有产

权"的原则进行界定。企业注册登记中的资金来源与实际出资不符的,应根据实际出资情况确定企业的性质。企业实际出资情况不清楚的,可以综合工商注册、分配形式、经营管理等因素确定企业的性质。

2010年49号《意见》在国家出资企业概念方面,引用了《中华人民共和国企业国有资产法》(以下简称《企业国有资产法》)对于国家出资企业的界定,同时规定了"实际出资标准"。在国家工作人员的认定方面,仍然沿用了"委派"与"从事公务"两个要件并存的做法,在"委派"方面,除了规定较为宽泛的标准①,即"具体的任命机构和程序,不影响国家工作人员的认定"外,还特别增加了一条,将"经国家出资企业中负有管理、监督国有资产职责的组织批准或者研究决定"的人员也纳入国家工作人员范围。

2010年49号《意见》力图严密法网、解决实践中关于国家工作人员认定的争议,然而并未使实践中围绕混合所有制企业中国家工作人员认定的模糊地带变得清晰,而是引发了新的模糊和争议。主要争议焦点集中在如何认定国家出资企业的范围,以及如何认定"国家出资企业中负有管理、监督国有资产职责的组织",也涉及在"经国家机关、国有公司、企业、事业单位提名、推荐、任命、批准"后,在不含有国有成分的企业中工作的人员,能否认定为国家工作人员的问题。②

二、在国家出资企业范围认定上的模糊之处

在2010年49号《意见》中,"经国家出资企业中负有管理、监督国有资产职责的组织批准或者研究决定,代表其在国有控股、参股公司及其分支机构中从事组织、领导、监督、经营、管理工作的人员,应当认

---

① 所谓委派,即委任、派遣,其形式多种多样,如任命、指派、提名、批准等。不论被委派的人身份如何,只要是接受国家机关、国有公司、企业、事业单位委派,代表国家机关、国有公司、企业、事业单位在非国有公司、企业、事业单位、社会团体中从事组织、领导、监督、管理等工作,都可以认定为国家机关、国有公司、企业、事业单位委派到非国有公司、企业、事业单位、社会团体从事公务的人员。如国家机关、国有公司、企业、事业单位委派在国有控股或者参股的股份有限公司从事组织、领导、监督、管理等工作的人员,应当以国家工作人员论。

② 参见张宁、桑爱红:《国家出资企业人员职务犯罪研讨会综述》,载《人民法院报》2013年1月23日,第6版。

定为国家工作人员"的表述,似乎意在将国家出资企业再投资的二级企业、三级企业也纳入"国家出资企业"范围中。对 2010 年 49 号《意见》起草过程进行综述的文章印证了这种猜测。最高人民法院刑二庭刘为波在《〈关于办理国家出资企业中职务犯罪案件具体应用法律若干问题的意见〉的理解与适用》一文中,综述了整个《意见》起草过程中的争议和《意见》制定的考量。关于此节,该文作如下论述:

> 该意见认为,在国有控股公司、企业中从事管理工作的人员,除受非国有单位委派到国有控股公司、企业,代表非国有投资主体行使职权的人员外,应以国家工作人员论。受国有控股公司、企业委派到公司、企业,代表受委派的国有控股公司、企业从事管理工作的人员,也应以国家工作人员论。

然而,此种将二级、三级企业也纳入国家出资企业的做法,与《企业国有资产法》和《中华人民共和国公司法》(以下简称《公司法》)的规定存在出入。

2010 年 49 号《意见》引用了 2009 年开始实施的《企业国有资产法》的"国家出资企业"的概念,即包括国家出资的国有独资公司、国有独资企业,以及国有资本控股公司、国有资本参股公司。《企业国有资产法》中规定的"国家出资企业",应为国家直接出资的一级企业。《企业国有资产法》规定,国家出资企业,是指由国务院和地方人民政府履行出资人职责、享有出资人权益的企业(《企业国有资产法》第 4 条),而出资人职责和出资人权益的具体行使,是指"履行出资人职责的机构"[③],代表本级人民政府对国家出资企业依法享有资产收益、参与重大决策和选择管理者的权利(《企业国有资产法》第 12 条)。国家出资企业再行投资入股的企业——"国家出资企业所出资的企业"——并非《企业国有资产法》所规定的国家出资企业,《企业国有资产法》第 21 条规定:"国家出资企业对其所出资企业依法享有资产收

---

③ 按照《企业国有资产法》,这里"履行出资人职责的机构",具体包括"国务院国有资产监督管理部门"和"地方人民政府按照国务院的规定设立的国有资产监督管理机构",以及"国务院和地方人民政府根据需要,可以授权其他部门、机构代表本级人民政府对国家出资企业履行出资人职责"。简言之,"履行出资人职责的机构",包括中央和地方国资委以及中央和地方政府授权的部门和机构。

益、参与重大决策和选择管理者等出资人权利。国家出资企业对其所出资企业，应当依照法律、行政法规的规定，通过制定或者参与制定所出资企业的章程，建立权责明确、有效制衡的企业内部监督管理和风险控制制度，维护其出资人权益。"这说明，国家出资企业所出资的企业，其出资人是国家出资企业，自然也不存在"履行出资人职责的机构"行使出资人权利的空间。

国家出资企业仅为中央或者地方政府出资的一级企业的界定，早在2007年10月1日实施的《中华人民共和国物权法》（以下简称《物权法》）中即已明确。根据《物权法》第55条的规定，国家出资的企业，由国务院、地方人民政府依照法律、行政法规的规定，分别代表国家履行出资人职责，享有出资人权益。同时，2007年12月23日，全国人大财经委副主任委员石广生在第十届全国人民代表大会常务委员会第三十一次会议上所作的《关于〈中华人民共和国国有资产法（草案）〉的说明》中明确："本法适用于经营性国有资产，即国家对企业的出资和由此形成的权益。国家对金融类企业的出资和由此形成的权益，也属于经营性国有资产，应当纳入本法的统一规范和保护范围"；"根据党的十六大有关精神，依照物权法的有关规定，凡是国家出资的企业，都应由政府代表国家履行出资人职责"。

"国家出资企业"的范围与国家工作人员认定的内在联系是，国家出资企业的管理职能是"从事公务"。然而，这一论断也受到《公司法》和《企业国有资产法》相关规定的挑战。

《企业国有资产法》第2条规定："本法所称企业国有资产（以下称国有资产），是指国家对企业各种形式的出资所形成的权益。"第16条规定："国家出资企业对其动产、不动产和其他财产依照法律、行政法规以及企业章程享有占有、使用、收益和处分的权利。国家出资企业依法享有的经营自主权和其他合法权益受法律保护。"这两条规定，表明企业国有资产（国家资产）与国家出资企业的财产是有明确界限的。即使在国家出资企业中，企业也拥有对其财产的完整所有权。国有资产的范围是国家对企业各种形式的出资所形成的权益。这两条规定明确划分了企业国有资产——国家财产与国家出资企业的财产。即使在国家出资企业中，企业也拥有对其财产的完整所有权。国有资产的范围是国家对企业各种形式的出资所形成的权益。这也符合《公司法》的有关规定。《公司法》第 3 条规定,公司是企业法人,有独立的法人财产,享有法人财产权。《公司法》认可公司的独立法律人格,严格区分公司的财产与股东的财产。

三、委派机关的模糊状态

2010 年 49 号《意见》在委派方面采用的宽泛做法,以及首次提出的"国家出资企业中负有管理、监督国有资产职责的组织"在实践中均会引发争议。为论述方便,我们将前者概括为"不问机构程序论",后者概括为"监管国资职责组织论"。

(一)"不问机构程序论"引发的问题

不问机构程序论即"经国家机关、国有公司、企业、事业单位提名、推荐、任命、批准等,在国有控股、参股公司及其分支机构中从事公务的人员,应当认定为国家工作人员。具体的任命机构和程序,不影响国家工作人员的认定"。由于具体的任命机构和程序不问,此一规定极有可能在实践中扩大国家工作人员的范围。

以银行金融机构为例。我国金融监管部门一直对金融机构高级管理人员实行任职资格许可。2003 年 4 月 28 日银监会成立之前,这一职权由中国人民银行行使。当时中国人民银行发布了《金融机构高级管理人员任职资格管理办法》(中国人民银行令〔2000〕第 1 号),该办法所称金融机构高级管理人员,是指金融机构法定代表人和对经营管理具有决策权或对风险控制起重要作用的人员。担任金融机构高级管理职务的人员,应接受和通过中国人民银行任职资格审核。中国人民银行对金融机构高级管理人员任职资格的审核,分核准制和备案制两种。适用核准制的高级管理人员任职,在任命前应获得中国人民银行任职资格核准文件;适用备案制的高级管理人员任职,在任命前应报中国人民银行备案。

银监会成立后,根据《中华人民共和国银行业监督管理法》《中华人民共和国商业银行法》《中国银行业监督管理委员会中资商业银行行政许可事项实施办法》(中国银行业监督管理委员会令 2006 年第 2 号)对中资商业银行的高级管理人员进行任职资格管理。根据《中国银行业监督管理委员会中资商业银行行政许可事项实施办法》第 121

条的规定:"中资商业银行董事长、副董事长、独立董事和其他董事等董事会成员以及董事会秘书,须经任职资格许可。国有商业银行、股份制商业银行、城市商业银行行长、副行长、行长助理、总经理、副总经理、总经理助理、总审计师、总会计师、内审部门负责人、财务部门负责人,分行(分行级专营机构)行长(总经理)、副行长(副总经理),支行行长,城市信用社股份有限公司总经理、副总经理,城市信用社股份有限公司分社经理,城市信用合作社理事长、副理事长、主任、副主任等高级管理人员,须经任职资格许可。未担任上述职务,但实际履行前二款所列董事和高级管理人员职责的人员,应按银监会有关规定纳入任职资格管理。"

银行业监督管理部门的任职资格管理不应当被认为是对"国家工作人员"的委派。其理由如下:

(1)银行业监督管理部门的任职资格管理是基于《中华人民共和国银行业监督管理法》进行的,该法明确规定,银行业监督管理的目标是促进银行业的合法、稳健运行,维护公众对银行业的信心。银行业监督管理应当保护银行业公平竞争,提高银行业竞争能力。银行业监督管理部门的监督管理是对整个银行业进行,而并非只针对国有或国家出资银行进行,即使是外资银行驻华代表处,也需要进行任职资格许可。这种行业监管本身不具有国有资产的监管功能。

(2)如果认为这种特定的行业监管构成委派,无异于将一切金融机构的高级管理人员都认定为国家工作人员。

(二)"监管国资职责组织论"引发的问题

监管国资职责组织论是指,经国家出资企业中负有管理、监督国有资产职责的组织批准或者研究决定,代表其在国有控股、参股公司及其分支机构中从事组织、领导、监督、经营、管理工作的人员,应当认定为国家工作人员。

然而,在一个国家出资的公司中,实际上并不存在这种"负有管理、监督国有资产职责的组织"。在前引刘为波文《〈关于办理国家出资企业中职务犯罪案件具体应用法律若干问题的意见〉的理解与适用》中提到,负有管理、监督国有资产职责的组织,主要是指上级或者本级国有出资企业内部的党委、党政联席会。

实际上，无论是党章还是党内下发的规范性文件，都不曾赋予党组织监督管理国有资产的职责。中共中央组织部《关于加强股份制企业中党的工作的几点意见》(1994年4月23日)中对于股份制企业中党的基层组织的任务提出了要求："股份制企业中党的基层组织，处于政治核心地位，发挥政治核心作用，围绕生产经营开展工作。其主要任务是：(1)贯彻执行党的基本路线，保证监督党和国家的方针政策的贯彻执行；(2)对企业生产经营、技术开发、行政管理、人事管理等方面的重大问题提出意见和建议，参与企业重大问题的决策；(3)加强党组织的思想、组织、作风建设，在企业的改革和发展中充分发挥基层党组织的战斗堡垒作用和共产党员的先锋模范作用；(4)领导企业思想政治工作和精神文明建设，培育适应现代企业制度和企业发展要求的有理想、有道德、有文化、有纪律的职工队伍；(5)支持股东会(股东大会，下同)、董事会、监事会和经理(总经理，下同)依法行使职权，领导职工代表大会和工会、共青团等群众组织，协调企业内部各方面的关系，引导、保护和发挥各方面的积极性，同心同德办好企业。"

在该份文件中，特别提出股份制企业党组织在人事管理方面的职责，即"股份制企业党组织在人事管理方面的主要职责是：从组织上保证监督党的干部路线和有关方针、政策的贯彻执行；会同有关方面，对董事会拟聘任的经理、经理提名的副经理和管理部门负责人的人选进行考察，提出意见和建议；抓好企业领导班子的思想作风建设；会同有关方面，做好企业管理人员的日常培训、教育、考察、监督工作，发现和推荐优秀人才；负责管理党群系统领导班子和工作人员"。

可见，在股份制企业中，党组织的任务仍然是也只能是以思想政治工作为核心，支持企业内部治理结构的正常运行，不负有国有资产管理、监督职责，不应认定为"负有管理、监督国有资产职责的组织"。

要构成此种《刑法》所规定的"国家机关、国有公司、企业、事业单位委派到非国有公司、企业、事业单位、社会团体从事公务的人员"需同时具备受委派和从事公务两个要件。其中受到适格单位委派是程序要件；代表国有单位从事公务活动是实体要件，代表国家机关、国有公司、企业、事业单位在非国有公司、企业、事业单位、社会团体中从事组织、领导、监督、管理等公务活动，体现的是国有单位意志的直接代表性。在股份制企业中，我国有专门文件确立相应的国有股权代表

（又称国有产权代表）制度，如1991年国家国有资产管理局、国家体改委、财政部、中国人民银行、国家税务局《关于在股份制试点中加强维护国有资产权益的通知》（国资综发〔1991〕21号）第6条规定："受委托的公司和部门应向有国家股的企业委派股权代表，发给委派证书，明确权力和义务，并报送国有资产管理部门备案。国有资产管理部门也可以直接向有国家股的企业委派股权代表或董事。国家股的股权代表直接向委派机构负责并报告工作。"又如1992年《股份制试点企业国有资产管理暂行规定》（1992年7月27日国家国有资产管理局、国家体改委发布）第13条规定："国有资产管理部门可以委托控股公司、投资公司、企业集团的母公司、经济实体性总公司及某些特定部门行使国家股权和依法定程序委派股权代表。经国务院或省、自治区、直辖市人民政府批准，国有资产管理部门也可以按法定程序向有国家股的企业委派股权代表。国家股权代表的委派办法由国有资产管理部门和人事部门另行制定。国有法人股代表由投资入股的法人单位委派。"

　　随着公司制的建立和国资委的成立，国有股权代表大量以派驻的董事、监事等高级管理人员形式出现。部分地方政府制定了关于国有产权代表派驻的相关办法，在这些办法中，将国有产权代表认定为国家出资企业的董事、监事等高级管理人员。如《珠海市市属国有企业产权代表请示报告工作暂行办法》第2条规定，国有企业产权代表是指"珠海市人民政府国有资产监督管理委员会（以下简称市国资委）向由其直接履行出资人职责的国有独资企业、国有独资公司和国有控股公司（以下统称市属企业）派出的国有产权代表"。具体包括："（一）股份有限公司和有限责任公司中，由市政府或市国资委推荐并依法产生的董事长和董事、监事会主席和监事、财务总监。（二）国有独资企业和国有独资公司中，设董事会和监事会的，为由市政府或市国资委委派的董事长和董事、监事会主席和监事、财务总监；未设董事会和监事会的，为由市政府或市国资委聘任的总经理、副总经理和财务总监。上述产权代表中，董事长或总经理为首席产权代表。董事长或总经理不能履行职责的，接受委托的其他产权代表为首席产权代表。

四、可能的出路

上述 2010 年 49 号《意见》在适用中遇到的疑难,究其根本,是由于我国的社会经济成分已经发生极大变化,企业的经营方式和所有制形态均发生了重大变化,原有的基于所有制性质对罪名、罪行轻重进行划分的刑法规制思路已经不适应当前的要求。沿着原有思路进行的"查缺补漏",有可能会扩大刑法的打击范围,从而造成一种混合所有制企业工作人员"人人自危"的状态。

从社会危害性而言,侵吞全部股权由社会公众持有的上市公司财产的危害性,并不小于侵吞全部股权由国家持有的国有企业财产的危害性。从这个角度上,完全可以将国有企业、国家出资企业的工作人员从《刑法》第 93 条"以国家工作人员论"的人员中剔除出去,其贪污、受贿行为归入职务侵占罪与公司企业人员受贿罪。同时,对于职务侵占罪和公司企业人员受贿罪的法定刑可以进行适当调整,从而达到法律适用准确与惩治腐败的有机统一。

试析对刑事涉案企业家的涉案财产处置

——刑事司法中的公权异化与建构性的民刑关系

王志强　张　锦[*]

一、刑事司法中公权介入背景下的涉案企业家的财产处置

在互联网的使用日趋生活化的信息社会,媒体愈发显现出无可替代的社会发现与社会整合功能。例如,随着近年来我国一些公共媒体对企业家[①]犯罪现象的揭示,以企业家为主体的犯罪现象逐渐成为令社会关注的一个焦点。当然,除了媒体的作用以外,企业家犯罪之所以能被关注,还与该种犯罪现象呈现的社会特征有关。笔者认为,在这些社会特征中,有三个方面是不可忽视的:

(1) 该种犯罪现象已开始趋向于主体特性同质的类化,也就是说,企业家犯罪不再是个别的或偶然的现象,在某种意义上可以看做是出现在企业家这个社会阶层中的一类现象。比如,就犯罪量[②]来看,据近年来媒体的披露,企业家犯罪的数量呈上升之势,如据《2011年

---

[*] 王志强,北京师范大学刑事法律科学研究院 2013 级博士研究生,天津商业大学法学院副教授、硕士生导师,主要研究方向为犯罪学研究;张锦,天津商业大学法学院 2011 级硕士研究生。

[①] 所谓企业家,笔者认为是一个习惯性的称谓,可以理解为主导企业经营、发展的决策人或决策的主要执行人,包括国有企业的法定代表人、高级管理人员以及民营企业的法定代表人、高级管理人员或实际控制人。

[②] 此处所讲的犯罪量并非是指对企业家真实犯罪发案情况的测量结果,至少不包括此类犯罪的暗数。

中国企业家犯罪报告》显示，相比 2009 年中国可统计的企业家犯罪案例 95 例和 2010 年的 155 例，2011 年的企业家犯罪则上升到 202 例③，而《2012 中国企业家犯罪媒体案例分析报告》则显示，2012 年，企业家犯罪案件为 245 例。④

（2）该种犯罪的主体构成特征明显区别于传统意义上的大众式犯罪主体——平民。例如，这些人一般都具有较为雄厚的个人经济实力、企业经营方面的决策权、较为广泛的社会交际圈，企业家犯罪的社会文化震动效应也较强，按照《法人》杂志特约研究员王荣利的话讲，企业家是人才、是社会精英，企业家犯罪的影响很大。⑤

（3）该类犯罪现象具有特有的揭示社会不适的空间构造功能。也就是说，通过企业家犯罪现象，不仅可以在一般框架的角度解释犯罪的影响因素，而且，由于企业家代表了我国在市场经济建构中出现的一个重要阶层，所以，通过企业家犯罪，还可以从犯罪角度发现相关的一系列社会宏观问题，而这些问题往往突破了解释平民犯罪的一般框架性的常态社会因素，包括企业的运营模式、市场规制漏洞，以及政策、法律制度对企业的作用机制与效果、企业家阶层的社会文化构造，等等。

对现象的认识可以着眼于不同的维度，如果从刑事司法过程的角度讲，笔者认为，在企业家犯罪现象中还涉及另外一个需要关注的事实，即对刑事涉案企业家⑥涉案财产的处置，其主要理由如下：

（1）涉及直接的经济收益是企业家犯罪的重要特征之一。例如，据《2011 年中国企业家犯罪报告》的数据显示，在 76 例当时基本确定罪名的国企企业家实施的犯罪案件中，不属于直接获得经济收益的案件为 7 例；而在当时已确定罪名的由民营企业家实施的 109 例案件

---

③ 参见陈晶晶：《去年企业家犯罪案超 200 例》，载《法制日报》2012 年 1 月 16 日。
④ 参见中国企业家犯罪预防研究中心：《2012 中国企业家犯罪媒体案例分析报告》，载《法人》2013 年第 3 期。
⑤ 参见王荣利：《我为什么要关注企业家犯罪》，载《法人》2011 年第 8 期。
⑥ 笔者在此之所以称之为刑事涉案企业家而不称之为犯罪企业家，是因为本文的研究主题——涉案财产处置并非完全发生在企业家被定罪之后，而且，后文的论述中还会揭示一种现象，即在民事上的财产纠纷背景下，有关部门却动用了刑事司法权，如此情形下的企业家之犯罪，可能更近乎一种形式意义上的贴标签。

中,除17例为涉黑案件外,在另外92例案件中,属于各类诈骗的41例、非法吸收公众存款的10例,仅此二者,即占92例非涉黑案件的55.43%。⑦再据《2012中国企业家犯罪媒体案例分析报告》的显示,在所统计的245例案件中,属于国有企业企业家犯罪的第一大罪名为受贿罪,属于民营企业企业家犯罪的第一大罪名为非法吸收公众存款罪。⑧因此,在处理企业家犯罪案件的刑事司法过程中,处置涉案财产是一个重要内容。

(2)处置企业家刑事涉案财产存在一定程度的社会风险。就已发现的企业家犯罪案件来看,尤其在民营企业家中,其经济性的犯罪往往与企业自身的"经营"存在直接关系。如非法吸收公众存款、集资诈骗,相应的,其犯罪过程中所涉及的经济收益也可能与企业的财产或财产利益产生关联,加之民营企业家中存在着企业财产,即其个人财产的认识,因而,民营企业家犯罪案件中涉及的经济收益还可能与企业及相关的利害关系人之间形成权利型的财产利益关系,典型的如企业的职工。所以,对企业家刑事涉案财产的处理,不仅是对涉案人财产的处理问题,同时也会涉及当事人所在的企业,以及与其他债权人、债务人的关系,尤其在案件涉及的财产或财产利益关系到企业职工的经济收益时,如若处理不当,就会引发社会的不稳定因素。

(3)处置刑事涉案企业家涉案财产的过程中存在不当现象。就我国现行法律规定来看,对刑事涉案人涉案财产的处置,可以发生在以下刑事诉讼阶段:

① 在刑事诉讼的侦查、审理阶段的财产处置。根据我国《刑事诉讼法》的规定,在刑事诉讼过程中,有关司法机关可以依法对涉案犯罪嫌疑人与被告人的财产进行处置;在犯罪案件的侦查过程中,侦查机关可以将用以证明犯罪嫌疑人有罪或者无罪的各种财物予以查封、扣押;人民检察院、公安机关根据侦查犯罪的需要,可以依照规定查询、冻结犯罪嫌疑人的存款、汇款、债券、股票、基金份额等财产,有关单位和个人应当配合;在审理案件的过程中,人民法院调查核实证据,可以

---

⑦ 参见王荣利:《2011年度中国企业家犯罪报告》,载《法人》2012年第2期。
⑧ 参见中国企业家犯罪预防研究中心:《2012中国企业家犯罪媒体案例分析报告》,载《法人》2013年第3期。

进行勘验、检查、查封、扣押、鉴定和查询、冻结。可以看出,在刑事诉讼的侦查、审理阶段,司法机关对涉案人员财产的处置是一种非实体性的处理,即只是暂时控制相关财产,并不作出实体所有权方面的处理,而其他任何组织或个人在判决生效前,都无权对该部分财产作出实体性的处理,另外,司法机关还对这些财产具有保护义务。如《刑事诉讼法》第139条第2款规定,对查封、扣押的财物、文件,要妥善保管或者封存,不得使用、调换或者损毁。《刑事诉讼法》第142条第2款规定,犯罪嫌疑人的存款、汇款、债券、股票、基金份额等财产已被冻结的,不得重复冻结。

② 在刑事裁量后的财产处置。我国《刑事诉讼法》第234条第4款规定,人民法院作出的判决生效以后,有关机关应当根据判决对查封、扣押、冻结的财物及其孳息进行处理,对查封、扣押、冻结的赃款赃物及其孳息,除依法返还被害人的以外,一律上缴国库。《刑事诉讼法》所规定的这种处置是具有实体性的,即可以转移、改变或进一步确认被司法机关在刑事诉讼过程中处置的财产的所有权。另据我国《刑法》的规定,没收财产以前,犯罪分子所负的正当债务,需要以没收的财产偿还的,经债权人请求应当偿还。根据《侵权责任法》的规定,侵权人因同一行为应当承担行政责任或者刑事责任的,不影响依法承担侵权责任;因同一行为应当承担侵权责任和行政责任、刑事责任,侵权人的财产不足以支付的,先承担侵权责任。所以,综合相关法律规定,《刑事诉讼法》中所指的对已决案件当事人的财产处置,应包括四种情况:一是指在对犯罪人判处罚金、没收财产情形下的财产处理;二是对于犯罪分子违法所得的一切财物,应当予以追缴或者责令退赔;三是对被害人的合法财产,应当及时返还;四是违禁品和供犯罪所用的本人财物,应当予以没收。上述这四种情形主要分为两大部分,即财产的刑事执行和民事执行,并且是有先后顺序之分的,也就是说,民事执行应当优先于刑事执行。

应当说,《刑事诉讼法》及《刑法》关于处置刑事案件涉案人员财产的相关规定,是司法机关依法、公正查处、裁定案件的保障,是实现司法正义的表现。进一步讲,就处置企业家刑事涉案财产的情形而言,一方面,这种处置具有法定专属性,也就是说,只有司法机关依据法律规定才能对犯罪嫌疑人、被告人、犯罪人的财产进行处理;另一方面,这种处置具有刑事裁决的附随性,即只有被告人最终被确定为犯罪,才能在实体上处理其在诉讼阶段被处置的财产。然而,在现实生活中,一些地方、部门在处置企业家刑事涉案财产的过程中,却出现了越权的不当现象,干涉或直接干预对企业家刑事涉案财产的处理。

依据前面的分析可知,类似上述案件中出现的对犯罪嫌疑人、被告人或犯罪人的财产处置,并未完全符合现行的法律规定。一方面,有些处置犯罪嫌疑人、被告人或犯罪人涉案财产的主体不是司法机关;另一方面,对财产的实体处理发生在刑事裁量作出终局决定之前。另外,还存在着在处理企业家的财产时没有遵循相关法律规定的问题。如《公司法》第105条规定,本法和公司章程规定公司转让、受让重大资产或者对外提供担保等事项必须经股东大会作出决议,董事会应当及时召集股东大会会议,由股东大会就上述事项进行表决,而企业财产的变更,显然属于公司的事项之一。

应然与实然是法律运行的两个现实层面。如果忽略现行法律规定本身的漏洞,一段时间以来社会上出现的某些随意处置企业家刑事涉案财产的现象,就会更多反映出法律在现实层面的运行状况。不难看出,在上述不当处置企业家刑事涉案财产的过程中,处置主体有些为政府及有关权力部门,相应的,在刑事司法过程中,也衍生出了一类特殊的民刑关系——建构性的民刑关系。

民刑关系是一个涉及层面较多的议题,不过,如果就民刑关系提出的价值而言,笔者认为,主要在于如何公平、均衡地设置对司法实践中出现的行为主体、行为对象、行为性质发生交错而导致的民事法律关系与刑事法律关系发生交叉现象的处理原则与方式。所以,一般来讲,民刑关系是在民、刑法律关系发生交叉的意义上讲的,换言之,刑事、民事法律制度以及行为主体、行为对象、行为性质同时或分别发生交错,是出现民刑关系的前提;或者还可以认为,这种民刑关系因法律制度的设定与行为人本人的行为而生。因而,我们可以将其称为制度性的民刑关系。而笔者在此提出的建构性的民刑关系则不同,如果以类似前面提及的处置刑事涉案企业家涉案财产的例子为背景,此类民刑关系有一个重要特点,即它的形成是以刑事司法过程中公权非正当⑨介入为动力因素的。换言之,是因为出现了非正当的公权介入,才会提出对刑事涉案企业家的财产予以处置的权利合法性问题。再进一步讲,这种所谓的民刑关系,是由刑事司法过程中的公权异化引发的——具有建构性,至于其中的民刑关系中的"民",可以看做是对"刑"这种处理方式可能带来的消极结果的救济或对抗。

二、对刑事涉案企业家涉案财产予以不当处置的相关影响因素

就形式而言,对企业家刑事涉案财产的不当处置,是对财产的分割,但在实质上,反映的是一种权力主体对利益关系的构造。笔者认为,类似现象的出现,是我国在社会管理转型与法治建设的矛盾作用中出现的一种必然。

1. 现阶段仍存在"以权力为主导"的社会管理惯性

我国的社会主义市场经济建设是转型于计划经济的,虽然说市场经济和法治经济是现阶段社会与经济构造的主旋律。但是,计划经济时期所具有的以行政统领经济与社会事务的管理模式尚未完全消除,法律在社会生活中的权威性,并没有完全对权力的运行形成有效制约。在处置企业家刑事涉案财产的案件中还有一种现象,就是将单纯的民事案件转化为刑事案件。《新华网》曾作了这样的报道:2008年10月16日,涉嫌假冒商标罪的犯罪嫌疑人、在业内鼎鼎有名的牧羊集团大股东许荣华,为了走出看守所,在股权转让协议书上签下了自己的名字,签字后的第二天,许荣华重获自由。而这起案件的起因是,许荣华与他人之间出现了知识产权与商标权的争议。⑩根据报道,许荣华的股权转让是在刑事司法权的干预下完成的。这是一起典型的民转刑案件,或者说,本来可以通过平权型的权利关系加以处理的民事案件,在司法机关的权力介入下演变成了刑事案件。

当然,在这种类型的处置企业家涉案财产的过程中,所谓的犯罪在事实上可能是不存在的,我们可以将这种司法中的犯罪化处理称为"贴标签"。在一定意义上,通过刑事手段干预民事案件,其本质是公

---

⑨ 所谓正当与非正当,是以刑法、刑事诉讼法的法定性为判断标准的。
⑩ 参见新华网(http://news.xinhuanet.com/2010-07/25/c_12370974_2.htm)。

权力干预私权利的行为,其中起主导作用的,往往是以司法工作人员代表的司法机构以及间接干预司法的其他有权力的部门。就应然层面言之,在与权力的"博弈"中,法律是占优的,也就是说,案件本身究竟归属于民事或刑事,应当依法而定。不可否认,一个公平、稳定的社会需要公权力的介入,但是并不表明拥有公权力的个人或者机构可通过"纵权"而"虐权"——权力的介入必须通过法律的形式予以确认——才能积极推动经济社会的发展。在许荣华一案中,将民事纠纷作为刑事案件处理,虽在形式上看似解决了一起案件,但实质上却可能引发潜在的社会矛盾,而这些矛盾又会以寻求均衡的循环方式构成破坏社会和谐的不稳定因素。

2. 物质生活观念与等级文化的交融,使权力变为了可交换的商品

市场经济是组合经济与社会资源的一种体制形式,市场主体的平等、竞争的规则与有序、遵从法治,是市场经济应有的优势。然而,市场经济也有其不足,其中之一就是对物质文化的推崇,以及由此导致的对物质生活占优的机制性设置。我国当前正处于市场经济建设阶段,对市场经济建设的经验探索,决定了在某些方面可能存在缺陷。应当承认,近年来,人们的物质生活得到了改善,但同时也陷入了物质生活的怪圈,经济性的因素成为日常生活观念的主要构造内容。如据《中国城市居民生活观念和生活状况调查》对 2011 年全国 18 个城市市区的抽样调查数据显示,物价是当前城市居民最关注的社会热点问题,得到的关注度为 48.1%,排在首位,排在第二位的是就医难、看病贵问题,为 38.7%,居于第三位的是对房价的关注,为 35.0%。⑪ 生活的物质化构造,导致人们在观念上易形成金钱拜物。

有观点指出:"中国改革以来,社会分层结构的变化并不就是简单的差距迅速拉大的过程,而是经济上的不平等取代了政治上的不平等。"⑫ 不过,在某种意义上,中国现阶段的经济不平等,并非完全是由

---

⑪ 参见《中国城市居民生活观念和生活状况调查》,载中财网(http://www.cfi.net.cn/p20120104001217.html)。

⑫ 李强:《中国社会分层结构的新变化》,载李培林、李强、孙立平等:《中国社会分层》,社会科学文献出版社 2004 年版,第 25 页。

经济杠杆导致的,而是渗透着权力的因素。权力与经济收益可以互换,这是中国现阶段官员腐败的表现形式,如果说在处置企业家刑事涉案财产的过程中充斥的是权力的商品化,而这些现象的出现则可以看做是合法形式中的另类腐败。在现实生活中,将权力与经济收益予以置换的主要表现之一,体现在对于涉案财产的变卖方面。例如,在陕西瑞康源乳业有限公司的房产被陕西省咸阳市中级人民法院拍卖的过程中,在瑞康源公司及其债权人自称"毫不知情"的情况下,瑞康源乳业有限公司的房产被卖给了陕西省杨凌示范区管委会直属的一家农业开发公司,成交价也从评估价的 1 600 余万元"缩水"为 880 万元。[13] 司法机关对涉案财产的处置过程应当是透明的,这样才可以保证结果的公平与公正。但事实上,有些企业家的刑事涉案财产都被"秘密"处置了,究其原因,可以看做是权力的经济置换。而一旦某些人利用这种形式获利,不仅滋生腐败,且企业家自身、与该企业命运相关的关系人,如企业职工也都会产生利益上的损失,甚至形成"官商勾结"的局面,从而在社会中混淆了经济生活与社会生活、权力者与权利者的界限与适用规则。

3. 有些司法机关中存在重刑轻民的观念

在历史上,我国具有民、刑不分的法制与文化传统,无论在立法还是司法上都是如此。虽然现阶段在强调法治建设的进程中逐渐突出了民、刑平等,权利与权力并行的观念。但在现实生活中,权利的实现需要借助于权力的状况,强化了权力优位。按照法理学的观点,公权与私权的属性不同,二者在法律生活中遵循的规则相异,如前者突出的是法律关系主体之间的隶属与强制,而后者突出的则是法律关系主体之间的平等与自治。就应然而言,平权型的法律关系与强权型的法律关系之间互不影响。如在我国,财产所有权主体依照意思自治处分财产与司法机关追究犯罪嫌疑人的刑事责任,在实体与程序法上的法律依据不同,但在现实生活中,当平权法律关系与强权法律关系交叉时,先刑后民的规则就出现了。应当说,这是当前一些部门在处置企业家刑事涉案财产时的一个最为重要的影响因素。在这种情形下,如

---

[13] 参见中国日报网(http://www.chinadaily.com.cn/hqcj/zxqxb/2013 - 02 - 20/content_8302225.html)。

果监督机制不健全,就容易导致对民事权利的侵害。

4. 现行法律制度、规定存在瑕疵

在现实中,影响违法犯罪出现的因素有三种情形:一是公开对抗法律;二是认为侥幸可逃避法律;三是现行法律及制度规定没有对某些危害行为作出清晰约束。

在处置企业家刑事涉案财产的过程中,应当说,这三种情形都存在。但笔者认为,如果涉及法律本身的完善,应当注重第三种情形,其具体反映在两个层面:一是法律规定模糊;二是司法解释或规定自成体系。如前述提到的我国《刑事诉讼法》第234条第4款的规定,即人民法院作出的判决生效以后,有关机关应当根据判决对查封、扣押、冻结的财物及其孳息进行处理,对查封、扣押、冻结的赃款赃物及其孳息,除依法返还被害人的以外,一律上缴国库。在这一规定中,有一处模糊的地方,就是"有关机关"。一方面,在实践中,由于对犯罪人的财产的控制可能集中或分散在公安机关、检察机关与法院,也就意味着,这些机关可以自己将有关财产上缴国库而没有经过一些必要的审查;另一方面,有关机关是否可以指司法机关以外的机关呢? 在司法解释或规定的层面看,其缺陷也是存在的,公、检、法相互制约的原则没有完全体现。如有观点认为,最高人民法院《关于适用〈中华人民共和国刑事诉讼法〉的解释》、最高人民检察院《人民检察院刑事诉讼规则》、公安部《公安机关办理刑事案件程序规定》,都涉及不宜移送的涉案款物问题,但由于上述规定是各司法机关自行制定的,缺少统一标准。因此,在实践中,移送款物的范围是由具体办案机关根据案件的具体情况自行掌握的,侦查机关不全部移送涉案款物的情况很普遍,对于不移送的部分,法院也没有实际控制权,如果法院想调取或在庭审中出现该份证据,必须与公、检机关协商。⑭ 另外,由于对涉案财产的处理往往会影响办案经费,因此,在现实中,实现全部移送的实际效果较差。《关于适用〈中华人民共和国刑事诉讼法〉的解释》中明确指出,查封、扣押的赃款、赃物依法不移送的,应根据生效判决,由法院通知对财产进行处分。但是,如若使法院在不具备对财产实际控制权的情

---

⑭ 参见王建、王鼎:《经济犯罪案件涉案款物管理问题研究》,载中国法院网(http://www.chinacourt.org/article/detail/2011/12/id/102.shtml)。

况下实现对财产的最终处置权,往往是很难的。再者,在没有明确"有关机关"为何的情况下,就难以找到处置财产的实际责任主体。此外,《刑事诉讼法》虽规定了已判决的处置财产问题,但并没有明确规定在终止审理情形下的财产处置,这也是法律规定模糊所存在的隐患。

三、依法、合理处置刑事涉案企业家涉案财产的建议

如果说近年来存在的不依法处置企业家刑事涉案财产的现象是一种腐败,治理该现象是需要纳入反腐败整体体系的,而且,对权力的制约也并非可以通过某一个环节完成。所以,笔者仅就经验与法律层面所涉及的问题,就处置企业家刑事涉案财产这个问题,提几点浅显的建议。

1. 树立民生刑法的观念,防止刑法的社会扩张风险

法律来源于现实生活,但又超脱于现实生活,因为法律不是简单地复制现实,而是需要对之加以调整。在市场经济社会,法律有其调整社会关系的强势,但是其原则性与滞后性,也决定了法律有其规范作用的风险。当然,在弥补这一缺陷的同时,既需要政策的补充,也需要在立法与司法技术上符合现实生活需要。现代社会具有风险性,其特征之一即是社会生活的不确定,因而,法律在调整社会风险的过程中就需要减少自身的风险。具体就刑法风险的减少而言,笔者认为,可以借鉴市民刑法的观念,即"刑法的立法及实施必须以个体的生存需要为起点和皈依"[15],强调刑法的民生保障本位,防止因过分强调刑法对社会生活的过度控制与干预而造成权力对权利的侵犯。

2. 完善《侵权责任法》,塑造"民事侵权法"与"刑事侵权法"合理衔接的体系

先刑后民,符合公权力在维护国家、社会、个人利益方面的需求。但在先刑后民这个法理的背后,是将权力机关置于一个具有支配民事法律关系的绝对地位,实质上,这违反了民事法律关系运行中的意思自治原则。应当说,《侵权责任法》的实施是我国在规范民事侵权方面

---

[15] 郑飞、解添明:《经济发展视野中的市民刑法》,载《东北师大学报》(哲学社会科学版)2013年第1期。

的一个进步，然而，这种规范事实上只限于平等主体之间，换言之，非平等主体之间的法律关系，难以适用《侵权责任法》。就此，一方面，可以在现行《刑事诉讼法》的特别程序中设置对有关机关进行责任追究与财产处理不当的赔偿条款，防止有关机关滥用权力，以突出对权力滥用的救济；另一方面，在《侵权责任法》中增加因刑事案件中对财产处理不当的责任承担条款。

3. 合理设置、处理民刑交叉案件，明确民转刑案件的具体标准

以民转刑、民刑交叉是发生企业家刑事涉案财产处置不当的重要基质。在日常经济生活中，民事纠纷，尤其是经济纠纷，往往因当事人双方缺乏诚信而使平等自治的民事法律关系处理原则形同虚设。于是，一些当事人为了挽回损失而借助刑事司法机关的权力，从而使民事案件上升为刑事案件。另外，也有一些具有刑事司法权力的机关，为了满足地方利益而滥用刑事司法权力干预民事法律关系，人为地将民事案件转化为刑事案件。再者，还有些案件则是在民事中夹杂刑事，在刑事中夹杂民事，对于此类案件，是否最终确定为刑事案件，其主动权在司法机关。

就现行法律规定来看，尤其是《刑法》的罪刑法定原则，使犯罪在构成上趋于明确，但是，有些犯罪，尤其是涉及经济类的犯罪，犯罪的构成与否在涉案的财产数额与情节上较难以把握，这是造成民、刑交叉的一个因素。另外，在司法实践中，一些司法机关为了自身利益，甚至是出于某种交易而故意制造司法的真空，利用权力为自己牟利。为此，在我国相应的刑事立法与司法解释中，应就经济类犯罪案件的犯罪化处理设置明确的、具有可操作性的标准，防止在司法中以所谓"自由裁量"制造法律的空隙。

犯罪是社会组构的结果，它同样也可以完成社会的组构。企业家犯罪现象的出现，反映了我国在发展经济和规范社会管理过程中出现的一些漏洞，虽然这些漏洞的弥补带有长期性，同样也折射出了一些长期没有予以重视或解决不彻底的问题。因此，如何就企业家犯罪现象科学地认识其中存在的各种问题，而非仅仅停留于所谓对企业家犯罪的预防与控制上，应成为合理认识企业家犯罪现象的一条主线。

第四编 企业家犯罪典型案例评析

宋文代贪污、挪用公款案

左坚卫[*]

一、案情简介

被媒体称为"黄金大盗"的宋文代，在担任内蒙古乾坤金银精炼股份有限公司（以下简称"乾坤公司"）董事长、总经理期间，利用职务之便，通过预留、低价收购乾坤公司股权等手段，非法获取乾坤公司股份517万多股，将股份溢价1 000多万元非法占为己有。2002年下半年到2003年1月间，宋文代挪用乾坤公司1 000万元资金为自己注册成立公司。同时，宋文代在与莫力达瓦达斡尔族自治旗政府签订的投资协议中，将莫力达瓦达斡尔族自治旗国土资源局为乾坤公司投资发放的、面积为2.9万多亩土地的19个国有土地使用证的使用权人，变更到自己公司名下，将土地向外出租耕种并收取租金。8年间，宋文代共计收取租金1 700多万元并占为己有。2005年3月至2007年12月期间，宋文代利用职务便利，挪用乾坤公司公款300万元用于注册成立圣坤公司，并将乾坤公司购买的某金矿以圣坤公司名义非法转卖，贪污2 500多万元。2005年年底到2006年，宋文代以投资办厂为名，挪用赤峰某高新技术产业开发区管委会借给乾坤公司的800万元公款，以自己亲戚名义注册成立公司并开展经营活动，同时将乾坤公司价值1 200多万元的黄金等财物非法占为己有。经审理，法院判决被告人宋文代犯贪污罪，判处死刑，剥夺政治权利终身，并处没收个人全部财

---

[*] 左坚卫，北京师范大学刑事法律科学研究院教授、博士生导师。

产;犯挪用公款罪,判处有期徒刑9年;决定执行死刑,剥夺政治权利终身,并处没收个人全部财产。

二、案例分析

近年来,各地政府急于招商引资,有的地区甚至给各级领导"人人头上压指标""招商引资一票否决"。不少地方为了招商,突破国家政策法规,把土地、矿产资源等作为筹码吸引投资。"黄金大盗"宋文代正是利用地方的"招商政策",最终将由地方政府为招商引资而划拨土地的使用权、低价转让的金矿据为己有。此外,乾坤公司作为内蒙古重点培育的企业,曾被评为"中国黄金行业之首",最红火时年度营业额达30亿元。但就是这样一个国有企业,管理极度混乱,监管形同虚设,这为宋文代贪污、挪用公款提供了便利,也最终导致这样一个"黄金企业"濒临绝境。本案在法理上有以下几个问题值得关注:

(一)通过预留、低价收购公司股权手段占有公司股份溢价的行为,是否符合贪污罪的客观特征

本案中,法院认定,宋文代在担任乾坤公司董事长、总经理期间,利用职务之便,通过预留、低价收购乾坤公司股权等手段,非法获取乾坤公司股份517万多股,将股份溢价的1 000多万元非法占为己有,其行为属于贪污。

法院的这一认定能否成立呢?关键是看宋文代获取乾坤公司股份的行为是否合法。首先应当肯定,股份和股份溢价均属于财产,可以成为贪污罪的犯罪对象。但是,如果宋文代是在乾坤公司股份制改造过程中,以合法的形式或者根据得到批准的股改方案,预留或者低价收购乾坤公司的股权,取得该公司股份,并且因此获得股份溢价,尽管其收益存在一定的不合理性,但应当认定为合法有效,而不宜认定为是非法占有公共财产,更不能认定其取得股份溢价的行为就是贪污。如果宋文代是利用其担任乾坤公司董事长、总经理的职务之便,在公司股改过程中,通过侵吞、骗取等手段,非法预留或者低价收购该公司股权,进而非法获取该公司股份,占有股份溢价,其行为就具备了贪污罪客观方面的构成特征。

可见,在国有企业股份制改造过程中,预留、低价收购公司股权并

不当然违法，更不会当然构成贪污罪，是否构成贪污罪关键是看这种预留和低价收购在当时是否合法，或者是否得到有关管理部门的批准。因此，法院要认定宋文代的行为构成贪污罪，必须有确实、充分的证据证明宋文代的行为是非法的；而宋文代及其辩护人要想脱罪，则必须找到足够的证据证明他在预留、低价收购公司股权时，有充分的法律根据或者政府文件或者纪要等证据，证明其行为的合法性或者合理性。

（二）将国有土地使用证的使用权人变更为自己，收取土地租金，是否符合贪污罪的客观特征

本案中，法院认定，宋文代在与莫力达瓦达斡尔族自治旗政府签订的投资协议中，将莫力达瓦达斡尔族自治旗国土资源局为乾坤公司投资发放的、面积为2.9万多亩土地的19个国有土地使用证的使用权人变更到自己公司名下，将土地向外出租耕种并收取租金。8年间，宋文代共计收取租金1700多万元并占为己有。宋文代的上述行为属于贪污。

法院的这一认定是否正确呢？关键是看宋文代名下的公司取得本属于乾坤公司的土地使用权的行为是否合法，以及收取租金的行为是否属于单位行为。

如果宋文代是通过合法的途径或者得到政府有关部门批准的方案，将乾坤公司国有土地使用权变更到自己公司名下，就应当认定这种变更是合法有效的。在这种情况下，宋文代将已经变更到自己公司名下的土地使用权予以出租并收取租金就是合法的，至少不存在构成贪污罪的可能。如果宋文代是以非法的方式将乾坤公司国有土地使用权变更到自己公司名下，这种变更应当认定为无效，其收取的租金应当认定为乾坤公司的公共财产。相应的，宋文代非法占有通过出租这些土地使用权而收取的租金的行为，就属于利用职务上的便利非法占有公共财物，应当定贪污罪。

但是，如果变更土地使用权的行为，以及出租、收取土地租金的行为是以宋文代名下公司的名义实施的，且该公司有其合法正常的经营业务，并非为了实施违法犯罪活动而成立，收取的土地租金也归该公司所有，这种非法变更土地使用权以及收取租金的行为就属于典型的

单位行为。而单位并非贪污罪的主体。根据罪刑法定原则,就不能认定宋文代的行为构成贪污罪,只能认定这是一种单位非法侵占公共财产的行为,可以依法采取其他措施进行纠正。

(三)挪用公款成立公司后,公司经营收入属于公款还是公司财产

本案中,法院还认定,2005年3月至2007年12月间,宋文代利用职务便利,挪用乾坤公司公款300万元用于注册成立了圣坤公司,并将乾坤公司购买的某金矿以圣坤公司名义非法转卖,贪污2 500多万元。2005年年底到2006年,宋文代以投资办厂为名,挪用赤峰某高新技术产业开发区管委会借给乾坤公司的800万元公款,以自己亲戚的名义注册成立公司并开展经营活动,同时将乾坤公司价值1 200多万元的黄金等财物非法占为己有。

法院的这一认定能否成立呢?关键是看圣坤公司是否依法取得了乾坤公司的金矿,价值1 200多万元的黄金等财物是否属于乾坤公司,以及相关行为是否属于单位行为。

如果宋文代是挪用乾坤公司的公款购买了乾坤公司的金矿,然后再转卖,进而获利并占有,就不应当认为该金矿仍属于乾坤公司,因而不能认定宋文代的行为属于贪污,只能追究其挪用公款罪的刑事责任。如果宋文代是挪用乾坤公司的公款,以其亲戚的名义注册成立公司后,以该公司的名义购买了乾坤公司的黄金等财物,进而获利并占有,也不应当认为涉案的黄金和财物仍属于乾坤公司,因而不能认定宋文代的行为属于贪污,只能追究其挪用公款罪的刑事责任。

即便宋文代挪用公款成立的公司确实非法占有了乾坤公司的金矿并转卖获利,或者直接非法占有了乾坤公司的黄金等财产,只要是以单位的名义实施,非法获利以及获得的财产归单位所有,且该单位不是为了违法犯罪而成立,或者在成立后主要不是从事违法犯罪活动,仍然不能认定宋文代构成贪污罪。

只有宋文代为了违法犯罪而成立公司,或者在公司成立后主要从事违法犯罪活动,然后利用职务上的便利,通过这样的公司将乾坤公司的金矿非法占有并转卖获利,或者直接非法占有乾坤公司的黄金等财物,才构成贪污罪。

徐明行贿案

赵 军[*]

一、案情简介

徐明于1992年创建了大连实德集团,任大连实德集团总裁。2005年,徐明曾在"福布斯中国富豪榜"上排名第八。2011年,在胡润机构发布的首个《东北财富报告》中,徐明以130亿元资产位列第五。

2012年3月15日,新华社下属的《财经国家周刊》透露,徐明因涉嫌经济案件被相关部门"控制"。这一变故发生在与徐明关系密切的重庆市原副市长王立军被调查之后的次月。同年9月,王立军被提起公诉,徐明涉案。经查,2009年4月,王立军在担任重庆市公安局局长期间,其一直系亲属调北京某部门工作,因为没有房子,收受大连实德集团有限公司董事长徐明出资人民币285万余元在北京购置的两套住房,并以其岳父名义办理了购房手续。事后,王立军当面向徐明表达了感谢。同年7月,王立军接受徐明的请托,指令办案部门将已羁押的潘某、王某、张某予以释放。期间,徐明在重庆的生意畅通无阻,仅在2010年,徐明旗下的重庆公司就拍下3个地块,包括两块建造高档别墅住宅的居住用地,合计逾27.8万平方米;一块8.4万平方米的商业金融用地。实德还通过一家全国性公募基金会下属的资产管理公司,以底价拍下另一块2.6万平方米的医疗卫生用地,与重庆市公安局一起运作项目,项目开工时,王立军到场出席。而当时,正是

---

[*] 赵军,北京师范大学刑事法律科学研究院副教授。

无数民营企业家锒铛入狱的时候。

徐明也是薄熙来案最主要的行贿人,据该案判决书显示:2000年,薄谷开来提出欲购买位于法国戛纳松树大道7号的枫丹·圣乔治别墅,徐明表示由他支付全部房款。为隐瞒薄家在国外购买房产的事实并避税,薄谷开来委托其法国朋友帕特里克·亨利·德维尔(Monsieur Patrick Henri Devillers,以下简称"德维尔")设计了一套复杂的以公司名义购买该别墅的方案,并成立了由薄谷开来实际拥有并控制的罗素地产公司(Russell Properties S. A.)。同年11月7日,徐明指示实德集团下属企业赛德隆国际电器(中国)有限公司(以下简称"赛德隆电器公司")利用虚假的进口合同,向交通银行大连分行申请开立了金额为323万美元的不可撤销跟单信用证,受益人为美国东方有限公司。同月29日,信用证项下的323万美元经里昂信贷银行上海分行议付扣除费用后,汇至薄谷开来指定的罗素地产公司账户。2001年7月9日,薄谷开来委托德维尔以罗素地产公司实际拥有并控制的枫丹·圣乔治房产公司的名义,使用上述款项中的2 318 604.70欧元(折合人民币16 249 709.18元)购买了枫丹·圣乔治别墅。2002年的一天中午,被告人薄熙来回家时,遇到薄谷开来、徐明正在观看该别墅的幻灯片,便共同观看。薄谷开来告诉薄熙来,该别墅系由徐明提供的资金购买。

2004年至2012年,被告人薄熙来之子在国外读书期间,徐明为薄谷开来及其亲友支付往返国内外的机票费用人民币1 864 630.80元、住宿费用人民币148 424元、旅行费用102 241美元(折合人民币654 056.13元)。2008年7月28日,应薄熙来之子的要求,徐明安排其公司员工以人民币85 710元的价格购买了一辆"赛格威"牌电动平衡车送给他。2011年11月,薄谷开来以其子信用卡透支为由,安排薄熙来家勤务人员张某某要求徐明为其还清信用卡所欠外币,并明确提出具体数额;同月25日,徐明委托其朋友王季倬花费人民币335 400元兑换美元、英镑后,由薄熙来家勤务人员杨某某将2万美元、17 900英镑存入薄谷开来中国银行的存折,剩余英镑交由张晓军保存。薄谷开来将徐明为其子在国外学习、生活等方面提供资助的情况告诉了薄熙来。

法院判决认定,薄熙来在大连万达实德足球俱乐部有限公司转让、引进定点直升飞球项目、实德石化项目等事项上，对徐明予以关照和支持。

二、案例评析

（一）刑法设置行贿罪的目的

行贿罪是指为谋取不正当利益，给国家工作人员以财物的行为。在经济往来中，违反国家规定，给予国家工作人员以财物，或者违反国家规定，给予国家工作人员以各种名义的回扣、手续费的，以行贿论处。虽然从理论上讲，行贿罪与受贿罪是"对合犯"，但两者入罪的标准略有差异——行贿罪的成立以"谋取不正当利益"为前提，受贿罪仅要求"为他人谋取利益"。同时，因被勒索给予国家工作人员以财物，没有获得不正当利益的，不以行贿罪论处；行贿人在被追诉前主动交代行贿行为的，可以减轻处罚或者免除处罚。这些规定都体现出国家重点打击在贿赂犯罪中掌握国家公权居于主导地位的受贿人的立场。在司法实践中，出于刑事政策和分化瓦解的考量，许多行贿者被从轻、减轻甚至免予刑事处罚，这又在一定程度上弱化了反腐力度。为此，最高司法机关对实践中"放纵行贿"的倾向进行了纠正。1999年3月4日，最高人民法院、最高人民检察院专门下发了《关于各地在办理受贿犯罪大要案的同时要严肃查处严重行贿犯罪分子的通知》，第1条规定："要充分认识严肃惩处行贿犯罪，对于全面落实党中央反腐败工作部署，把反腐败斗争引向深入，从源头上遏制和预防受贿犯罪的重要意义。各级人民法院、人民检察院要把严肃惩处行贿犯罪作为反腐败斗争中的一项重要和紧迫的工作，在继续严肃惩处受贿犯罪分子的同时，对严重行贿犯罪分子，必须依法严肃惩处，坚决打击。"2013年全国检察机关在推进反贪办案工作电视电话会议上又明确提出："对行贿与受贿犯罪统筹查处，加大对行贿犯罪的查处力度。要转变办案观念，调整办案思路，注重办案策略和方法，克服和纠正重视查处受贿犯罪、对行贿犯罪执法不严、打击不力的做法和倾向，坚持把查处行贿犯罪与查处受贿犯罪统一起来，做到同等重视、同步查处、严格执法，形成惩治贿赂犯罪高压态势，有效遏制贿赂犯罪的滋生蔓延。"据此，企业家因行贿国家工作人员被追究刑事责任的风险在加大，徐明案发就是明证,这应成为企业家刑事法律风险防控的重要方面。

(二) 立法和司法中成立本罪的要点

行贿罪的成立需要行贿者为谋取不正当利益给国家工作人员以财物,换言之,为了谋取正当利益或者没有任何利益需要谋取而给国家工作人员以财物的,不成立行贿罪。徐明通过王立军的不当职务行为,将已由重庆办案部门羁押的潘某、王某、张某予以释放,明显属于行贿罪中的"谋取不正当利益"。但其通过薄熙来的关照与支持所取得的利益,是否也成立刑法上的"不正当利益"呢?据法院认定的事实,徐明在四件具体事项上获得了薄熙来的帮助:一是经时任中共大连市委书记兼市长薄熙来的同意,实德集团收购了大连万达实德足球俱乐部有限公司,徐明成为大连实德足球俱乐部有限公司的法定代表人;二是经薄熙来同意,实德集团得以引进定点直升飞球项目,并以租赁方式办理用地手续;三是薄熙来先后以辽宁省人民政府省长及商务部部长的身份协调、支持、推动实德集团筹划与台湾地区台塑集团及沙特基础工业公司合作建设大型石化项目;四是经时任商务部部长的薄熙来同意,将实德集团列入商务部成品油(燃料油)非国营贸易进口经营备案企业名单。在一般意义上说,该四件具体事项本身很难说是"不正当利益"——徐明入主大连实德足球队并建直升飞球项目,虽对提升其企业形象有利,但对发展大连足球事业打造大连城市名片更具促进作用;拟与台塑集团及沙特方面合作的石化项目,有利于大连地方经济的发展;而实德集团参与成品油(燃料油)非国营贸易进口经营并不违法。正如此,当企业家在类似事项上请求相关国家工作人员帮助并给予对方一定好处时,通常都不会认识到行为的违法性。但事实上,刑法上行贿罪中所界定的"不正当利益"有更为特殊的内涵。为强化对行贿行为的打击力度,最高人民法院、最高人民检察院曾在《关于各地在办理受贿犯罪大要案的同时严肃查处严重行贿犯罪分子的通知》第2条明确:行贿罪中的"谋取不正当利益",是指"谋取违反法律、法规、国家政策和国务院各部门规章规定的利益,以及要求国家工作人员或者有关单位提供违反法律、法规、国家政策和国务院各部门规章规定的帮助或者便利条件"。根据这一司法解释的规定,不正当利益不仅包括获得的利益本身不正当,而且还包括国家工作人员违反法律、法规、规章规定而谋取的不确定利益。这里所谓的不确定利益，是指需要通过竞争获得的利益。在这种情况下，利益是否正当，取决于程序是否正当。因此，要求国家工作人员违反程序获取这种利益，就是一种不正当利益。如此一来，向国家工作人员行贿而出罪的空间被大大压缩，这对于维护国家工作人员职务廉洁性具有积极作用，但也意味着企业家刑事法律风险防控难度的提升。

（三）应当注意和防范的主要风险点与经验教训和启示

作为一个精明的商人，徐明并非毫无刑事风险控制意识。正相反，从其行贿王立军等人的具体过程看，徐明的精明也体现在行贿刑事风险的规避上。从贿赂的给付对象上看，徐明至少在形式上未直接对国家工作人员"行贿"，其出资人民币285万余元为王立军在北京购置的两套住房，是以王立军岳父名义办理的购房手续。而从贿赂的给付方式上看，徐明既没有采取给付巨额现金这种让受贿人心生忌惮且"有辱斯文"的方式，也没有采取直接向对方账户转账这些较易发现的方式。最大的一笔贿赂是为薄谷开来在法国购买别墅支付的房款，为掩人耳目，徐明利用虚假进口合同，在银行开立了以美国东方有限公司为受益人的不可撤销的跟单信用证，之后才经里昂信贷银行上海分行议付扣除费用，将信用证项下资金汇至薄谷开来指定的罗素地产公司账户。

不过，当其所攀附的对象失势时，徐明对行贿所做的这些精明处理，并未帮助他有效消解刑事法律风险。一旦进入刑事司法程序，只要控方能够证明这些给付与国家工作人员的职务之间存在某种关联，行贿人事前所设想的这些"防火墙"就会失去作用。在现实司法实务中，这种关联的证明标准，正随着中国官场腐败的升级而急剧下调。

徐明案只不过是近年来落马的民营企业家群体的一个缩影。从2003年上海首富、农凯集团董事长周正毅被捕，到2010年中国首富、国美电器主席黄光裕锒铛入狱，再到如今身陷囹圄的徐明，众多知名企业家落马背后的权贵阴影挥之不去。在中国现实的政商生态中，有些民营企业家攀附政治权贵寻找靠山，成为其发家致富的捷径，无论是获取资金、项目，还是得到地块、矿山，只要有"领导关照"就能一路绿灯。但另一方面,依靠这种手法生存发展的企业家,也面临着巨大的刑事风险,一旦其所攀附的权贵倒台,便很难置身事外。整肃吏治、营造良好的市场经营环境是政府的责任,适当保持与权力的距离、寻求不依附于权力的商道,是企业家要密切关注的问题。

邮储银行行长陶礼明案

贺 丹[*]

一、案情简介

2012年6月11日,中国邮政集团和中国邮政储蓄银行(以下简称"邮储银行")同时公告,邮储银行行长陶礼明、邮储银行资金营运部金融同业处处长陈红平,因涉嫌个人经济问题正在协助有关部门调查。[①] 2013年年初,据媒体报道,陶礼明已于2012年12月底因涉嫌违规贷款、收受贿赂、非法集资等罪被正式批捕。[②] 由此,陶礼明成为继国家开发银行副行长王益、中国建设银行行长张恩照之后,涉案级别最高的金融系统官员。

陶礼明是邮储银行成立以来的首任行长。邮储银行于2006年年底获得中国银监会的批准,成立于2007年3月20日,是中国邮政集团公司全额控股的国有独资商业银行,组织形式为国有独资有限责任公司。该行是在改革邮政储蓄管理体制基础上组建的商业银行,承继原国家邮政局、中国邮政集团公司经营的邮政金融业务及因此而形成的资产和负债。2012年1月21日,该公司经国务院批准,整体变更为中国邮政储蓄银行股份有限公司,注册资本为人民币450亿元。该股

---

[*] 贺丹,北京师范大学法学院讲师,北京师范大学中国企业家犯罪预防研究中心研究员。
[①] 参见中国邮政集团公司网站(http://www.chinapost.com.cn/2/25/5392.html),访问时间:2013年10月27日。
[②] 《中国邮政储蓄银行行长陶礼明违规贷款受贿被批捕》,载中国法院网(http://www.chinacourt.org/article/detail/2013/01/id/810670.shtml),访问时间:2013年10月27日。

份公司依法承继原中国邮政储蓄银行有限责任公司全部资产、负债、机构、业务和人员,依法承担和履行原中国邮政储蓄银行有限责任公司在有关具有法律效力的合同或协议中的权利、义务,以及相应的债权债务关系和法律责任。[3] 截至2011年年末,邮储银行全行资产总规模已近4万亿元,位列中国第六大商业银行。

截至2013年10月,尚无关于该案进展的进一步公开信息。凭借此前媒体的相关报道,可以勾画出此案的大致轮廓。

陶礼明一案与此前的湖南高速陈明宪系列案件相关。2012年3月,原湖南省交通运输厅党组书记、副厅长陈明宪被湖南省纪委带走调查,次日相关部门宣布,陈明宪涉嫌在高速公路工程招标等环节严重违纪问题,已被立案调查。陈明宪一手缔造了湖南高速公路的"大跃进"神话。据《2011年湖南省高速公路工作会议纪要》(以下简称《湖南高速会议纪要》),截至2011年年底,湖南高速公路在建里程4064公里,在全国排名第一;在建和通车总里程达6450公里,从2007年全国排名第十七位跃至全国前三。[4]

据媒体报道,此次陶礼明被调查,是因为"陈明宪被抓后,供出了一位神秘中间人,在这位神秘中间人被调查期间,牵出了陶礼明,说是湖南高速的一个200亿元大项目中,邮储放了50亿元,有人私下收了钱"。从中收钱的人据称是陶礼明的弟弟,其从中索要好处费1.9亿元。湖南高速同意首笔支付1500万元,后改为垄断经营洞(口)新(宁)高速材料的形式。洞新高速2009年开工,预计2012年年底通车,全长117.9公里,预计投资82.35亿元。在80多亿元的总投资中,钢材、水泥、沙石等材料费一般占比两成也就是16亿元,材料供应商按10%利润计算,就是1.6亿元,再加上1500万元已付现金,总额接近1.9亿元。[5]

据媒体查证,这50亿元或涉厦蓉高速湖南段,也可能另有违规之

---

[3] 参见《中国邮政储蓄银行股份有限公司成立》,载第一财经(http://bank.hexun.com/2012-02-27/138699923.html),访问时间:2013年10月27日。

[4] 参见《邮储行长陶礼明被调查祸起湖南高速50亿元贷款》,载新浪财经(http://finance.sina.com.cn/money/bank/bank_hydt/20120616/012212328665.shtml),访问时间:2013年10月27日。

[5] 同上注。

处。2009年之后,根据相关规定,公路投资项目的自有资本金比例降至25%,湖南在高速公路资金来源中一直声称"35%国家补助和自筹,65%银行贷款"。从厦蓉高速湖南段来看,银团贷款116.38亿元,占总投资额的59%,自筹占比41%。2008年至2010年间,邮储银行独立为湖南高速相关项目发放了总计50亿元的贷款,且该笔贷款被湖南高速作为了自有资本金。⑥

在媒体报出行长陶礼明被中纪委协查后,邮储银行向银监会上报了银行应急处置预案。相关知情人士透露,一直以来,邮储银行在公司治理方面存在诸多缺陷,内控制度建设和执行也不到位,行长出事或非偶然。⑦

在陶礼明被调查半年之后,2013年2月,中国邮政储蓄银行股份有限公司发布公告,宣布了董事会、监事会和高级管理人员调整任免决定。董事会决议聘任吕家进担任行长。⑧

二、案例评析

(一)陶礼明一案反映出金融系统企业家犯罪的一些共有特征

1. 金融系统企业家犯罪案件往往与经济周期或者经济宏观调控背景具有相关性

在2008年金融危机之后,我国采取了4万亿元投资计划与10万亿元放贷计划相结合的促进经济增长的手段,在2012年,宏观调控开始收紧流动性,在这一放一收之间,金融系统存在的问题易于被显现出来。应当说,每次金融周期都会使金融系统企业家的犯罪案件得以显现。

---

⑥ 参见《邮储行长陶礼明被调查祸起湖南高速50亿元贷款》,载新浪财经(http://finance.sina.com.cn/money/bank/bank_hydt/20120616/012212328665.shtml),访问时间:2013年10月27日。

⑦ 参见《邮储银行上报应急预案 公司治理被指存缺陷》,载(http://finance.sina.com.cn/money/bank/bank_hydt/2012061 4/020812307043.shtml),访问时间:2013年10月27日。

⑧ 参见《中国邮政储蓄银行股份有限公司公告》,载中国邮政集团公司网站(http://www.chinapost.com.cn/2/25/6645.html),访问时间:2013年10月27日。

2. 金融行业的特殊性，使其易于"设租"，从而成为贪腐犯罪的"高危区域"

经济发展使得金融行业已经成为经济发展的核心，金融业之外的企业的发展与其融资能力息息相关，金融机构控制大量资金的能力，使其在与其他企业谈判过程中处于优势地位，这使得金融机构的高管得以利用其权力索取贿赂。在金融系统的企业家犯罪中，违法发放贷款罪是一个被触及最多的罪名。违法发放贷款罪，是指银行或者其他金融机构的工作人员违反国家规定发放贷款，数额巨大或者造成重大损失的行为。而大额贷款的违法发放，背后往往与贿赂犯罪密切相关。

3. 金融行业犯罪往往涉及金融创新与违法犯罪之间的界限问题

在陶礼明涉嫌的三宗罪中，令人费解的罪名是非法集资罪。非法集资罪是对我国刑法中四种非法集资类的犯罪——非法吸收公众存款罪，集资诈骗罪，欺诈发行股票、债券罪和擅自发行股票、公司、企业债券罪的统称。一般而言，是指公司、企业、个人或其他组织未经批准，违反法律、法规，通过不正当的渠道，向社会公众或者集体募集资金的行为。非法集资行为破坏了国家的金融管理秩序，损害了投资者的利益，危及社会稳定，因此有必要追究其刑事责任。而作为邮储银行行长的陶礼明，握有百亿元资金，似乎并无任何非法集资的必要。因而，其涉嫌非法集资一罪，若非个人行为，极有可能是在金融产品的创新方面，触碰到了我国《刑法》与2011年最高人民法院《关于审理非法集资刑事案件具体应用法律若干问题的解释》所划定的红线。

4. 金融系统企业家犯罪，往往呈现出一定的"窝案"特征

为避免系统性风险，政府对金融机构有较为严密的监管。以贷款为例，目前我国金融机构贷款需要符合《流动资金贷款管理暂行办法》《个人贷款管理暂行办法》《固定资产贷款管理暂行办法》和《项目融资业务指引》("三个办法一个指引")的贷款业务法规框架，这些法律框架以及银行内部的内控机制，往往设计了较为复杂的风险控制机制，如审贷分离等机制。然而，在贪污贿赂犯罪存在的前提下，银行内部的内控机制往往形同虚设，本应担任监控职责的岗位人员，往往会积极或消极地参与到违法违规甚至犯罪行为当中。在陶礼明案中，资金营运部金融同业处处长陈红平同时被调查，不排除这种窝案的

可能。

(二) 陶礼明案反映出邮储银行内部的一些特有问题

1. 邮储银行信贷方面能力欠缺,贷款扩张过快,从而引发问题

在历史上,邮政储蓄网点一直"只存不贷",不经营贷款业务。直至邮储银行成立,才开始发展成为业务功能完全的银行。与此同时,邮储银行拥有大量资金。截至2006年3月,全国邮政储蓄存款余额已达1.48万亿元,邮政储蓄网点超过36 000个,市场占有率高达8.99%。是银行间市场少有的几家资金净拆出行,有大量待运用的资金。但2006年、2007年,银监会才开始先后批准邮储银行开办定期存单小额质押贷款和小额贷款业务的试点。一直到2008年,银监会才允许邮储银行开办对公业务即批发业务。与其他已经开办信贷业务数十年的大型商业银行相比,邮储银行在这方面的经验缺乏。

2. 邮储银行公司治理存在缺陷

在2012年改制为股份有限公司之前,邮储银行只有唯一一家股东,即中国邮政集团公司,使该行公司治理和决策机制存在严重问题。邮储银行董事会和监事会中的大多数人都来自邮政集团公司,从而导致独立经营、自主决策的能力很弱,在内控和风险管理能力、激励约束机制与同业差距较大。与此同时,邮储银行尚未上市,其资本补充一直都是依靠邮政集团的注资,对邮政集团有较大的依赖性。2010年下半年,邮储银行资本充足率未达银监会最低监管标准,最后是在银监会多次督促下,由财政部出资,通过邮政集团向银行注资。此外,邮储银行内控制度建设并不到位。该行内部审计独立性不高,覆盖面不足,对违规问题的处理和整改落实不到位,导致同质同类问题屡查屡犯,违规操作问题也较突出。⑨

金融机构公司治理问题一直以来广受关注,2013年7月,银监会首次发布《商业银行公司治理指引》,新内容主要包括:① 规范董事会运作及董事履职要求;② 做实监事会职责;③ 加强对主要股东行为约束;④ 强化商业银行战略规划和资本管理;⑤ 增加对风险管理与内部

---

⑨ 其公司治理问题的概括主要来自《邮储银行上报应急预案 公司治理被指存缺陷》,载(http://finance.sina.com.cn/money/bank/bank_hydt/20120614/020812307043.shtml),访问时间:2013年10月27日。

控制的具体规定,对建立科学的激励机制、有效的问责机制和透明度建设提出明确要求;⑥ 明确监管部门对商业银行公司治理的评估、指导与干预职能;⑦ 确保该指引与国际最佳实践同步。

该指引使用新的公司治理定义,提出了利益相关者的概念,即银行的公司治理应履行对存款人、雇员等的权利保护责任等。这一指引理应成为邮储银行完善公司治理、避免企业家犯罪的路径与方向。

刘济源金融诈骗案

赵　军[*]

一、案情简介

刘济源，上海全福投资管理有限公司董事长、总经理，2010年"齐鲁银行案"主角，2013年6月14日被济南市中级人民法院数罪并罚一审判处无期徒刑。法院认定，从2002年至2010年，刘济源用不同的手法，诈骗银行等单位资金100余亿元，案发后追缴赃款赃物合计82.9亿余元，损失近20亿元。

刘济源的第一项罪名是贷款诈骗罪。自2002年至2010年11月，刘济源以支付高息及向相关人员行贿等手段，利诱企业到其指定的银行存款，而后采取虚构贸易合同、承兑证明文件、伪造存款单位质押保证合同、董事会决议等手段，利用存款企业的定期存款作虚假质押贷款，诈骗银行资金人民币71.6亿元用于证券投资。2006年8月以前，刘济源的证券投资收益平稳，但因其在齐鲁银行城南支行的累积贷款融资数额过高（28亿元），引起齐鲁银行总行的注意。在总行营业部的压力下，城南支行针对刘济源进行了"破坏性测试"，要求刘济源在两个月之内把所有贷款余额全部提前还清。刘济源不得不在股市低点出售股票，还清贷款。之后，刘济源在股市的投资亏损巨大。

在无偿还能力的情况下，刘济源继续骗贷，并使用了新的手段。2008年至2009年间，刘济源以支付高息、好处费等方法，诱骗企业到

---

[*] 赵军，北京师范大学刑事法律科学研究院副教授。

其指定的银行存款后,在存款企业不知情的情况下,私刻企业印章,冒开企业活期账户,并伪造银行转账支票,将存款企业的资金共计20.1亿元转入其控制的账户,骗取银行资金,构成票据诈骗罪。

2010年7月至11月,刘济源以支付高息等方法,利诱企业到其指定的银行存款后,分别采取私刻、窃取存款企业及银行印章,伪造银行"存款证实书"、电汇凭证等手续,提前支取企业的定期存款,或者将存款转到他冒用企业名义开立的账户,构成金融凭证诈骗罪,该部分涉案金额共计约13亿元。

2010年5月至10月,刘济源以支付高息的方式,诱骗诸城市服装针织进出口公司、山东经济学院到中信银行济南分行存款后,利用两单位委托其帮忙开户之机,私刻两单位印章,伪造开户资料,冒用两单位名义开立了由其控制的账户,然后诱骗两单位向该账户存款。其中,山东省诸城市服装针织进出口公司被骗1亿元,山东经济学院被骗3000万元。为了隐瞒真相,刘济源临时装修了位于济南泉城广场西南角的中信广场大厦830房间,将其伪造成中信银行贵宾室,并找人冒充银行的员工。在那里,假的银行员工为诸城市服装针织进出口公司办理了假的单位定期存款开户证实书、进账单,使其认为1亿元已存入中信银行并已转为定期存款。该部分犯罪被法院认定为诈骗罪。

刘济源全案共形成1883本案卷,为中国司法史上罕见。该案还引出了系列"反腐副产品",一批金融机构、大型国企高管以及政府官员在该案查处过程中被追究刑事责任。综合官方公开的各种零散的消息,涉及齐鲁银行案而被追究刑责的还有:淄博矿业集团原董事长马厚亮,受贿3931万元,终审被判死缓;新汶矿业集团原董事长郎庆田,被控涉嫌贪污受贿1亿多元,被判无期徒刑;枣庄矿业集团原总会计师霍玉生,因受贿罪一审被判有期徒刑14年;山东省财政厅监督检查局原副局长李福禄,因受贿3135万元,一审被判死缓;山东省商务厅原副厅长郭伟时,涉嫌受贿272万元被审;"揽储介绍人"、山东省直机关原干部韩桂英已判刑;山东省国资委原副主任孔凡太因受贿罪,被判有期徒刑12年;中国光大银行济南某支行原副行长牟国庆在逃,某涉案银行业务经理许刚被判刑。

二、案例评析

（一）刑法设置金融诈骗罪的目的

金融诈骗罪是以非法占有为目的,采用虚构事实或者隐瞒事实真相的方法,骗取金融机构、其他机构或个人的信用或财产,破坏国家金融管理秩序的犯罪行为,具体包括集资诈骗罪、贷款诈骗罪、票据诈骗罪、金融凭证诈骗罪、信用证诈骗罪、信用卡诈骗罪、有价证券诈骗罪、保险诈骗罪等8个罪名。这些犯罪原本包括在诈骗罪中,但随着中国市场经济的建立和金融体制改革的深入,发生在金融领域的诈骗犯罪逐年增多,犯罪金额越来越大,造成的经济损失远超传统的诈骗犯罪。非但如此,发生在金融领域的诈骗犯罪,除对被害单位和个人造成严重财产损失外,还会威胁、破坏正常的金融秩序,严重的甚至引发大规模群体性事件,影响社会稳定。为此,立法机关将此类犯罪从诈骗罪中分离出来专门规制,以强化国家对金融秩序的保护力度。刘济源案所涉四项犯罪中有三项属于金融诈骗罪,分别是贷款诈骗罪、票据诈骗罪和金融凭证诈骗罪。

（二）立法和司法中成立本罪的要点

与普通诈骗罪一样,金融诈骗罪的成立要求行为人主观上以非法占有为目的,客观上采用了虚构事实或者隐瞒事实真相的诈骗方法。本案中,刘济源虚构贸易合同、虚构承兑证明文件、伪造存款单位质押保证合同、伪造董事会决议、私刻企业印章、冒开企业活期账户、伪造银行转账支票、伪造银行"存款证实书"及电汇凭证,乃至伪造银行贵宾室、冒充银行员工等行为,均属于虚构事实或者隐瞒事实真相的诈骗方法。然而,诈骗罪的成立,不仅要求行为人实施了欺诈行为,还要求该欺诈行为致使被害人产生错误,并基于该错误处分相关财产从而被骗。亦即,在行为人欺诈行为与被害人错误处分财产之间存在因果关系。故从理论上讲,如果发放贷款的银行工作人员明知行为人伪造相关文件"骗取"贷款,仍基于某种利害予以配合并积极协助行为人获取贷款,则不能成立贷款诈骗罪,但有可能成立其他犯罪。

此类案件的更大难点是对非法占有目的的认定。根据《全国法院审理金融犯罪案件工作座谈会纪要》的规定:"对于行为人通过诈骗的方法非法获取资金,造成数额较大资金不能归还,并具有下列情形之一的,可以认定为具有非法占有的目的:(1)明知没有归还能力而大量骗取资金的;(2)非法获取资金后逃跑的;(3)肆意挥霍骗取资金的;(4)使用骗取的资金进行违法犯罪活动的;(5)抽逃、转移资金、隐匿财产,以逃避返还资金的;(6)隐匿、销毁账目,或者搞假破产、假倒闭,以逃避返还资金的;(7)其他非法占有资金、拒不返还的行为。但是,在处理具体案件的时候,对于有证据证明行为人不具有非法占有目的的,不能单纯以财产不能归还就按金融诈骗罪处罚。"本案中,行为人以欺诈手段从银行及相关单位获取的资金,除支付高息、"好处费"外,大多投入了证券市场,没有携款潜逃、肆意挥霍等较易认定非法占有目的的情节。尤其是在其有偿还能力的时间节点上,面对银行的"破坏性测试",即便亏本抛售股票也能按照要求偿还银行贷款。从银行和相关单位套取资金,投入证券市场获利后偿还,似乎是刘济源内心的真实想法。然而,在自己的资金状况因投资亏损急剧恶化后,刘济源以欺诈手段骗取资金的行为,便符合"明知没有归还能力而大量骗取资金"的特征,法院正是基于这一点判定其诈骗犯罪成立。

(三)应当注意和防范的主要风险点与经验教训和启示

齐鲁银行案涉案金额如此之巨,涉案官员如此之众,在我国金融诈骗类案件中实属罕见,从中折射出当前金融业、大型国企管理及民企资本运营上的诸多问题:

1. 银行内控机制有漏洞、风险考核缺失,以及金融监管乏力

近年来,大型商业银行管理水平有了较大提高,中小银行成为金融犯罪的高危侵害对象。本案所涉银行业务,大多存在贷款主体虚假、未到企业实地调查、未双人面签、未留存企业存款证实书、存款企业董事会决议、股东会决议没有董事和股东的手写签名等问题,但银行方面却长期视而不见。更有甚者,2009年年底,齐鲁银行原外部审计机构——普华永道中天会计师事务所对齐鲁银行共计48亿元"存款质押"贷款的合理性、借款人还款能力的充分性等问题提出疑问,并为此出具了保留意见。但遗憾的是,齐鲁银行此后更换了审计师,并将贷款资产打包出售,希望就此隐瞒问题,从而错过了纠错机会。可以说,银行风险控制的任何一个环节出现问题,类似案件都可能发生,甚至造成巨大损失。当然,银行业的恶性揽储乱象,也为刘济源这类金融掮客提供了生存土壤。如果不是为了违规揽储,很难想象相关银行会陷入这场持续多年的金融骗局。

2. 大型国企巨额存量现金的管理漏洞,以及政府主管部门官员对国企老总的非正常影响力

2009年前后,煤炭市场行情高涨,国有矿企资金丰裕,巨额闲置资金与银行揽储饥渴的结合,促使淄博矿业集团原董事长马厚亮、新汶矿业集团原董事长郎庆田、枣矿集团原总会计师霍玉生等一批国企高管,逐一被刘济源成功"公关拿下"。当然,这其中还需要有关键领导的助力,马厚亮此前并不认识刘济源,他们之间的"合作",就是在马厚亮的"领导"——时任山东省国资委副主任孔凡太的斡旋下达成的。如何完善国企监管机制、提高国企自身管理水平,如何避免政府主管部门对企业的不当影响,都是亟待破解的难题。

3. 民营企业家在资本运营中只讲操作可能性、不顾刑事风险、没有底线意识的赌徒作风

事实上,刘济源在整个融资过程中所使用的大量虚假证明文件,已大大超越了法律底线,其在投资巨亏之后继续孤注一掷骗取巨额资金,更成为压垮他的"最后一块砖头"。如果刘济源知难而退,在翻盘无望的情况下懂得放弃,至少不用承担如此重的刑事责任。

值得一提的是,企业家刑事法律风险的引爆,其实具有很强的不可预测性。本案中,刘济源的案发牵出了提供巨额存款的淄博矿业集团原董事长马厚亮,马厚亮则牵出了介绍刘济源揽储的山东省国资委副主任孔凡太,而孔凡太的落马,又牵连到了与刘济源案毫无关联的山东省另一位大型国企的副总。这位落马副总无论如何也想不到,与主管部门领导的私下交易,居然会因为一起与自己毫无关联的金融诈骗案而暴露。按照犯罪学中差异交往理论的说法,系统的犯罪行为是在与那些实施犯罪的人的密切交往过程中习得的,正所谓"近朱者赤,近墨者黑"。因此,企业家一般会认为,与领导干部一类的"正面人物"交往,往往有助于自己事业的发展,只有与"黑社会"或社会下层人士交往,才会为自己带来麻烦。况且,拥

有更高社会地位和更多社会资源的领导干部,必然具有更强的自我保护能力,理当属于相对安全的交往对象。然而,在官场腐败存在的现实环境下,各种贪腐交易已将这些居于社会上流的精英层连接为一个巨大的贪腐网络,一旦这个网络节点上的任何一个环节出现问题,刑事风险就有可能借由这张大网快速传导。

聂磊组织、领导、参加黑社会性质组织案

赵 军*

一、案情简介

1983年9月,尚未成年的聂磊在"严打"中,因"抢劫"同龄少年的1.30元钱被判处有期徒刑6年,两年后改判拘役6个月;1986年7月,又因斗殴被劳动教养3年;1992年8月,再次因抢劫罪被判处有期徒刑6年;于1995年减刑出狱;2012年3月20日,聂磊因组织、领导、参加黑社会性质组织罪,故意伤害罪,开设赌场罪,寻衅滋事罪,强迫交易罪,妨害公务罪,非法买卖枪支罪,非法持有枪支罪,窝藏罪等多项罪名被一审法院判处死刑,剥夺政治权利终身,并处没收个人全部财产。2012年8月20日,二审维持原判。2013年9月17日,经最高人民法院核准,聂磊被执行死刑。

法院判决书显示,自1995年起,聂磊以狱友、邻居、亲戚等关系,先后纠集姜元、卢建强、史殿霖、王群力等人成立青岛群力置业有限公司开发房地产,在青岛市开办红星游乐城、福满多娱乐城等游戏、赌博场所,聚敛了大量财富。1998年后,聂磊等为维护组织利益、扩张势力范围,吸纳、招募部分社会闲散人员、劳改劳教人员进入开办的实体,逐步形成了人数较多、成员基本固定、内部层级分明、组织结构较为严密的黑社会性质组织。聂磊为组织规定了明确的纪律,对外统称"聂磊公司"。

---

* 赵军,北京师范大学刑事法律科学研究院副教授。

聂磊及其黑社会性质组织为取得经济支撑,成立全濠实业有限公司,开发、购置如意大厦、明珠花园等多处房地产,攫取了巨额经济利益;开设新艺城夜总会,组织妇女异性陪侍、卖淫,非法经营夜总会,获利数千万元;开设地下赌场,牟取暴利;成立暴力团伙,大肆实施故意伤害、寻衅滋事等违法犯罪活动,为组织提供暴力保护。

1999年7月16日,有3人为安某经营的龙山游戏室发广告,来到聂磊开办的红星游乐城,双方发生打斗。聂磊当晚得知情况后训斥了安某,之后才将被其手下打伤的3人送往医院救治,其中一人抢救无效死亡。案发后,聂磊对被害人家属进行安抚,为死者购买墓地,并向死者父母提供一套住房,每月付给他们5 000元钱。

2009年4月7日,因怀疑妻子周某与朱某有不正当关系,聂磊指使手下将朱某带到某茶楼,将其打伤。后聂磊感觉朱某并未收敛,便指使他人用硫酸将朱某烧伤。

2000年4月10日凌晨,聂磊在某迪厅娱乐时,王某等人误入其包间。聂磊的手下便持枪冲进王某的包间,并朝王某开枪,击中其颈部、胸部,致重伤。事后,聂磊命手下与王某谈判,以赔偿25万元为条件,换取对方不向公安机关报案。

2000年10月12日凌晨3时,聂磊因怀疑青岛辉煌人间娱乐有限公司经理李某打伤自己一名手下,指使手下将李某强行挟持到宁夏路东段的一处山坡进行围殴,打断了对方的双腿。

2006年12月5日,因33路公交车队停车等原因,影响其经营的新艺城夜总会的生意,聂磊指使手下殴打车队队长,造成对方轻微伤。

2010年3月27日,犯罪嫌疑人聂磊指使多名犯罪嫌疑人持械窜至山东省青岛市颐中皇冠假日大酒店夜总会打伤员工多人,并损坏物品若干。

十多年来,被告人聂磊及其黑社会性质组织实施违法犯罪活动40余起,致2人死亡、1人重伤、13人轻伤、8人轻微伤,非法买卖枪支1支,非法持有枪支13支。

聂磊及其黑社会性质组织,为树立非法权威,实现"聂磊公司"在社会上长期称霸一方的目的,以给组织成员购买高档车辆、发放公司报酬、装备通信工具、购置枪支弹药、给予经济补偿等手段,笼络人心,强化控制;通过拉拢、腐蚀国家工作人员,打压竞争对手,疏通关系,包庇、纵容违法犯罪的组织成员逃避法律制裁。

二、案例评析

（一）刑法设置此罪的目的

黑社会犯罪是国际上最为严重的犯罪之一，是有组织犯罪最为典型的一种形式。黑社会组织往往通过贩卖毒品、走私军火、绑架人质、开设赌场、妓院等犯罪活动聚敛巨额财富，并通过腐蚀拉拢收买官员、操纵选举等手段控制地方政权、影响国家决策，其社会危害性极为严重，是各国刑法打击的重点。在我国，虽然尚未出现那种能够控制地方政权、影响国家决策的典型的黑社会组织，但是带有黑社会性质的犯罪组织已经出现并且日趋严重。他们在某一区域或者行业范围内，称霸一方，为非作恶，欺压、残害群众，严重破坏社会经济秩序，危害人民群众的人身、财产安全，必须坚决予以打击，减少并遏制黑社会性质组织犯罪。在这一背景下，《中华人民共和国刑法》（以下简称《刑法》）第294条第1款规定了"组织、领导、参加黑社会性质组织罪"，以强化对黑社会性质组织犯罪的打击力度。

（二）立法和司法中成立本罪的要点

根据2011年5月1日施行的《中华人民共和国刑法修正案（八）》，将《刑法》第294条修改为："黑社会性质的组织应当同时具备以下特征：（一）形成较稳定的犯罪组织，人数较多，有明确的组织者、领导者，骨干成员基本固定；（二）有组织地通过违法犯罪活动或者其他手段获取经济利益，具有一定的经济实力，以支持该组织的活动；（三）以暴力、威胁或者其他手段，有组织地多次进行违法犯罪活动，为非作恶，欺压、残害群众；（四）通过实施违法犯罪活动，或者利用国家工作人员的包庇或者纵容，称霸一方，在一定区域或者行业内，形成非法控制或者重大影响，严重破坏经济、社会生活秩序。"据此，黑社会性质组织的认定只要求有一定的组织特征、有一定的经济实力、有组织地多次进行违法犯罪活动、在一定区域或行业内形成非法控制或重大影响即可，并不要求组织的经济来源非法，不要求实施暴力活动，也不要求一定要有所谓的"保护伞"。显然，为有效打击黑社会性质组织犯罪，立法机关对该罪成立的门槛进行了下调。

另外，本罪为行为犯，只要实施完毕了组织、领导、参加黑社会性质组织之一的行为，即构成本罪且为既遂，并不要求行为人实施其他违法犯罪行为，也不要求组织、领导、参加行为本身造成何种具体的危害结果。不过，最高人民法院为了限缩打击面，重点打击领导、组织者，在2000年12月10日的《关于审理黑社会性质组织犯罪的案件具体应用法律若干问题的解释》第3条第2款中规定，对于参加黑社会性质组织，没有实施其他违法犯罪活动的，或者受蒙蔽、胁迫参加黑社会性质的组织，情节轻微，如参加黑社会性质组织后虽有不良行为或者一般性的违法活动但危害不大的，可以不作为犯罪处理。

（三）应当注意和防范的主要风险点与经验教训和启示

从社会底层打拼为成功企业家的例子，在中国改革开放的不同阶段都不鲜见。但另一方面，这些企业家中最终因各种原因而身陷囹圄者也非个别。聂磊幸运地由一名"劳释人员"变身为一位拥有数家公司的商人，但却没能及时褪去其"黑帮老大"的本色，转型为一个真正意义上的现代企业家，这成为他最大的人生悲剧，至少有以下三点值得深思。

（1）聂磊在通过房地产积累巨额财富之后，未及时调整经营方向，反倒是利用其"江湖地位"，强力向赌博、色情这些蕴含暴利但也潜藏巨大刑事风险的边缘行业推进。在中国现实的商业生态中，这些边缘行业既需要黑道实力，也需要政界，尤其是警界的强力支持。循着这一路径，聂磊自然而然地打造起其"黑白通吃"的组织体系和人际网络。于黑，他吸纳、招募各色社会闲散、劳改、劳教人员进入其开办的实体，逐步形成人数较多、成员基本固定、内部层级分明、组织结构较为严密的黑社会性质组织——"聂磊公司"；于白，聂磊除了在警界领导层打通关节外，还在执法系统重点扶持"能力和上进心较强，但自身尚无靠山的普通警员"，动用人脉与金钱为其铺平晋升之路，后者一旦被提拔重用，便会加倍回馈。聂磊案发后，受其恩惠的"警界模范"、时任青岛市特警大队副大队长的王晓青，为帮助其组织成员逃亡，甚至不惜亲自驾车，左冲右突，接连撞毁多辆警车。聂磊多年编织的黑白网络，在助其获取边缘行业垄断利润的同时，也把自己塑造为刑法重点规制的黑社会组织的领导者。

（2）在个人行为模式上，聂磊始终未脱打打杀杀、逞凶斗狠的"江湖底色"，而这对于一个企业家来说无疑是致命的。事实上，故意伤害、故意杀人、寻衅滋事、聚众斗殴、抢劫等暴力犯罪一直是刑法规制的重点，针对这些犯罪，警方很容易"露头就打"。由此，（严重）暴力犯罪便成为黑帮及其成员生存发展最主要的风险来源之一，尽量避免（严重）暴力也就成了黑帮"可持续发展"的必要策略。一些有黑道背景的企业在经营边缘行业的初期，可能会将暴力作为排挤竞争对手、占据市场的常规手段，但这样的企业一旦具备一定实力，就要尽快放弃对暴力手段的依赖，唯此才可能最终"洗白"，修成正果。遗憾的是，聂磊并未及时抓住转型机会。非但如此，他甚至在许多与经营无关的事项上使用暴力（如情感纠葛、娱乐过程中争强斗狠），无谓增大企业及个人的刑事风险。这是其人格缺陷，也是"聂磊公司"的最大软肋。

（3）以错误的方式解决经营纷争，是聂磊最终案发的直接导火索。聂磊在青岛警界"深耕"多年，每次"出事儿"后均能通过各种手段"摆平"，这使得聂磊出现了"自我膨胀"的倾向，对下属以暴力手段排挤竞争对手的做法缺乏有效管控。青岛颐中皇冠假日酒店是青岛市知名的涉外五星级酒店，常年承接青岛市政府的接待活动，该酒店位于聂磊控制的新艺城夜总会斜对面，在经营上形成相互竞争关系。2010年3月下旬，由国际泳联举办的"李宁杯国际跳水系列赛"在青岛举行。前来参加比赛的国内外运动员，均被安排入住颐中皇冠假日酒店。3月26日晚，青岛市高层在该酒店宴请参赛运动员及来宾，酒店及警方随之加强了安保工作。但就在当晚，聂磊的20多名手下持刀闯入酒店三楼的夜总会内，砸碎花瓶和茶几，并对夜总会服务经理孙某施暴十多分钟，孙身中八刀，昏迷不醒。这次看似普通的"砸场"，让青岛高层颜面扫地，公安部随即对聂磊下发B级通缉令，之前为聂磊提供保护的"无形之手"亦随之瓦解。十多名公安民警被先后查处，其中不乏青岛市高级警务人员，如原青岛市北区公安分局局长于国铭、原李沧区公安分局局长冯越欣等。如何"从严治警"、如何"从严治吏"？都是亟待破解的难题。

林春平涉嫌虚开增值税专用发票案

周振杰[*]

一、案情简介

林春平,温州商人,中国春平集团董事长。林春平自称2011年6月收购了特拉华州美国大西洋银行,后改名为新汇丰银行,成为首家温商控股银行。后经媒体调查确认:林春平的 USA NEW HSBC FEDERATION CONSORTIUM INC(美国新汇丰联邦财团)在特拉华州没有金融牌照;特拉华州美国大西洋银行不存在。2012年6月9日,因涉嫌特大虚开增值税发票犯罪,林春平被警方抓获归案;同年7月17日,林春平被依法逮捕。涉案的6名公司高管、财务、出纳和中介人亦于同日被批准逮捕。2013年6月13日,林春平等7人虚开增值税专用发票一案在温州中级人民法院开庭审理。

公诉方指控林春平于2011年7月至2012年5月间,利用其设立的温州春平丽泰米业有限公司、温州哈同商贸有限公司、温州双频实业有限公司、温州中寿进出口有限公司、温州唐古实业有限公司等5家公司,为赚取4%~6%的开票手续费,指使被告人(其公司员工)李某、徐某、程某、余某,在没有货物销售的情况下,向全国315家公司虚开增值税专用发票1226份,价税合计约5.2亿元,税额合计7600多万元。

---

[*] 周振杰,北京师范大学刑事法律科学研究院副教授、法学博士,北京师范大学中国企业家犯罪预防中心研究员。

二、案例评析

在短短数月时间,林春平走完了从神话到笑话的历程,从光环遍身的企业家变成了身陷囹圄的犯罪人。从法律层面讲,根据《刑法》第205条"虚开增值税专用发票或者虚开用于骗取出口退税、抵扣税款的其他发票……虚开的税款数额巨大或者有其他特别严重情节的,处十年以上有期徒刑或者无期徒刑,并处五万元以上五十万元以下罚金……"的规定,林春平及其同案共犯的行为,构成虚开增值税专用发票罪,且因为数额巨大,受到严厉处罚,是毫无疑义的。但是,林春平案给我们带来的思考,却远远超出了该案本身。

(一)本案折射出了现行发票制度的弊端

根据国家税务总局、公安部、最高人民法院等部门于2011年5月16日召开的全国打击发票违法犯罪活动新闻发布会公布的数据,截至2010年12月,全国破获发票犯罪案件9 490起,捣毁发票犯罪窝点3 291个,打掉作案团伙1 593个,抓获犯罪嫌疑人9 319名,缴获假发票6.6亿余份。同时,司法机关对于发票犯罪的处罚也日趋严厉,重刑率逐年上升。2008年,全国法院判决生效的发票犯罪案件中,判处拘役、有期徒刑以上刑罚(不包括缓刑,下同)的被告人数为1 092人;2009年,判处拘役、有期徒刑以上刑罚的被告人数为1 266人;2010年,判处拘役、有期徒刑以上刑罚的被告人数为2 064人。②

在此严厉背景下,为什么林春平还敢于顶风作案呢?其中重要的原因之一,就是现行发票制度的弊端导致庞大的潜在发票买卖市场的存在。在现行发票制度下,发票是财务会计核算的原始凭证和税务稽查的重要依据。在实践中,由于过分强调"以票抵税",导致只要取得发票,就代表一项经营活动的存在或终结,使得增值税发票的重要性大增,甚至相当于人民币的作用。如此,整个企业的收支情况都会因为发票的取得而改变,企业如果想偷逃税款,只要取得发票,便万事大吉,苟且之事就可以堂而皇之。巨大的经济利益诱发企业千方百计去获得发票,这在客观上造成了发票买方市场的存在,就如同林春平在

---

② 参见全国打击发表违法犯罪活动新闻发布会官方网页(http://www.chinatax.gov.cn/n8136506/n8136593/n813 7681/n11550115/index.html)。

庭审时所言,市场有需求,那就会有合理的存在。2011年下半年,因为经济状况不好,他在广州开办分公司,承接虚开增值税发票业务,在广州,这样的业务很普遍,这是市场化运作,也是市场潜规则。③ 所以,如果想从根本上解决发票犯罪问题,除了执法机关加大打击力度外,必须通过转变税制和征管方式设计观念,减轻纳税人的过重负担,合理设计征管流程和征管方式,从根本上杜绝假发票赖以生存的需求市场。只有解决了税收体制中的诸多弊端,才能实现真正的依法治税,减少发票违法行为。

(二) 本案体现出中国企业所承担的税负之重

作为从事生产经营活动的企业,不可能不明白实施购买增值税专用发票等犯罪行为的后果。但为什么还会有那么多的企业挺身犯险呢?企业所承担的沉重税负,有时候使得它们为了生存而不得不为之。根据公开报道,中国企业的平均税负在40%以上,有的甚至高达60%。税种包括增值税、城市维护建设税、教育附加费、印花税、房产税等,仅增值税一项就占营业额的10%,还有名目繁多的其他附加税、水利基金、职工水利基金、职工教育基金等,合计起来要占到公司营业收入的30%~40%。福布斯发表的2005年度"税负痛苦指数"中,中国的宏观税收负担指数以160居全球第二位。可以看到,企业在目前的税收制度下,根本没法做大做强,也无余力进行投资。④ 所以,有的学者才会感慨地说,到江浙、广东特别是浙江的一些小微企业去看过,确实生存很困难。不光是小微企业,2013年笔者到浙江和江苏两个地方比较过,制造业确实是很困难,但江苏的制造业为什么还能有一点生存的空间?因为很多的制造业是外向型的,减了一大批增值税。"如果说现在让我办一个企业,社保费率占工资的50%,再加上所得税等肯定会倒闭,90%的企业不偷税、漏税可能会倒闭。"⑤因此,减轻企业税负,尤其是增值税,也是减少发票犯罪的必然之举。只是持续

---

③ 参见温萱、解亮:《温州大忽悠林春平,神话堕为笑话》,载《今日早报》2013年6月14日,A10版。

④ 参见郑磊:《中国企业不堪税负之重》,载 http://finance.sina.com.cn/g/20110111/17309235751.shtml。

⑤ 周天勇:《不偷税漏税九成企业可能倒闭》,载《新京报》2011年12月21日,B02版。

进行严厉打击,只能增加企业的犯罪成本,难以实现减少犯罪之目的。

(三)本案反映出了执法、司法等部门之间信息交流匮乏,相互闭塞

根据案发后的调查,林春平其实早有案底,他因信用卡诈骗罪,曾被判处3年零6个月有期徒刑,后减刑8个月,于2000年8月18日刑满出狱。另外,在2005年之前,林春平没有出过国。在林春平大肆宣扬其收购美国银行业绩、到处开设公司之际,执法部门并没有对其信息进行调查;他同时在一地开设了多家公司,虚开出数额巨大的增值税专用发票,却没有一个执法部门予以核实。这说明,我们的执法、司法部门之间的信息交流匮乏,相互之间信息闭塞。如果跨地域、行业的信息交流、公开工作得到重视,林春平的弥天大谎其实是很容易被戳穿的。

(四)本案反映出国内投资市场的艰难

林春平案从开始到案发,也反映出某些地方政府与官员在GDP的影响下,是多么容易轻信投资神话;同时也反映出国内投资市场的艰难,资本困于寻找稳定安全的投资渠道。王卫国指出,在当前的政治框架内,如果一个市长、市委书记在任期内的GDP增长率比前任领导增长一个标准,市委书记升迁的可能性会提高4.76%,市长升迁的可能性会提高10%。⑥ 所以,林春平编造的很荒谬且很容易被戳穿的投资神话,才会在经济增长困难的2011年,很快得到地方政府领导的赞赏,作为典型予以推广,给予大力支持,并将之推上了政协委员的宝座;同时,在民营企业获得贷款非常困难的环境下,银行争着给林春平贷款。⑦ 因此,林春平的犯罪经历与案发过程,也从一个侧面反映了在目前的政治框架下,地方政府对GDP增长的渴望与投资环境的艰难。

林春平案不过是每年发生的经济大案中的一起,并且已经成为历史长河中一朵普通的浪花。但是,林春平案的发生不是孤立的,在一定程度上可以说是现行税收制度以及经济环境下一个必然的畸形产

---

⑥ 参见王卫国:《GDP增速提高0.3%官员升职概率高于8%》,载《南方都市报》2013年3月31日,A11版。

⑦ 参见骆海涛、樊殿华:《"我向您汇报一下"——温州商人林春平的资本路径》,载《南方周末》2012年2月13日。

物。国家审计署 2010 年的审计发现,56 个中央部门已报销的 29 363 张可疑发票中,竟然有 5 170 张为虚假发票,列支金额为 1.42 亿元,更是有力的证明。⑧ 所以,要有效地防范林春平式的骗子,减少发票犯罪,最重要的不是加强刑事打击,因为刑法是事后法、惩罚法,只能起到堵截的作用,而是要通过制度改革,改变企业生存的经济环境与社会环境。就如德国刑法学家李斯特所言:"最好的社会政策,就是最好的刑事政策。"

---

⑧ 参见杨华云:《中央部门 4 503 万假发票已移送查处》,载《新京报》2010 年 12 月 23 日。

呼运集团重大责任事故案

李山河*

一、案情简介

2012年8月26日凌晨2时40分许,陕西延安境内的包茂高速公路化子坪服务区南出口73米处,发生特大交通事故,一辆呼和浩特市运输集团公司的宇通牌双层卧铺客车,与河南孟州市第一汽车运输有限公司一辆解放牌重型罐式半挂车(装有甲醇)发生追尾事故,造成甲醇泄漏、客车起火,36人遇难,3人受伤。2012年9月6日,因涉嫌重大责任事故罪,事故大客车所在单位呼和浩特运输集团(以下简称呼市公司)的8名管理人员,被公安机关刑事拘留。

二、案例评析

这是一起恶性责任事故,事故双方都负有责任。从刑事法律角度而言,双方相关人员都涉嫌构成犯罪,需要依法追究相关人员的责任。就呼市公司相关人员刑事责任而言,存在以下值得注意的问题:

1. 本案涉及的罪名问题

最初案发之时,2012年9月6日,呼市公司的8名管理人员是因涉嫌重大责任事故罪被公安机关刑事拘留的。后来除了卧铺大客车车主郭永正被取保候审之外,其余7人被逮捕,后来这7人也全部被取保候审。所有人涉嫌的罪名,到目前为止都是重大责任事故罪。

---

* 李山河,北京师范大学刑事法律科学研究院讲师。

在生产业务活动中因未尽到应有的注意义务,而发生人身伤亡与财产损失的是业务过失犯罪,其危害性往往非常严重,各国普遍规定了对于该类行为的刑事惩治。我国《刑法》第 134 条规定了重大责任事故罪。所谓重大责任事故,是指在生产、作业中违反有关安全管理的规定,或者强令他人违章冒险作业,因而发生重大伤亡事故或者造成其他严重后果的行为。该罪客观方面表现为在生产、作业中违反有关安全管理规定,也即违反有关生产安全的法律、法规、规章制度。该罪的主观方面表现为过失。

(1) 从本案来看,卧铺大客车驾驶人陈强遇重型半挂货车从匝道驶入高速公路时,本应采取安全措施避免事故发生,但因疲劳驾驶而未采取安全措施,其违法行为在事故发生中起了重要作用,是导致卧铺大客车追尾碰撞重型半挂货车的主要原因。

(2) 呼市公司客运安全管理的主体责任落实不力,未严格执行《内蒙古呼运(集团)有限责任公司驾驶员落地休息制度》,未认真督促事故大客车在凌晨 2 点至 5 点期间停车休息;开展道路运输车辆动态监控工作不到位,对事故大客车驾驶人夜间疲劳驾驶的问题失察是事故发生的另一个原因。

本案行为人都在生产、作业中违反了有关安全管理规定,造成了重大伤亡和公私财产损失,行为人均具有刑事责任能力,并应当预见到自己的行为会发生危害社会的结果,因疏忽大意而未预见,或者已经预见而轻信能够避免,因而发生了严重危害社会的后果。因此,本案行为人的行为符合重大责任事故罪主客观方面的要件,成立该罪。

不过,实践中经常发生重大责任事故罪与交通肇事等相关犯罪的竞合以及界分问题。如本案,行为人生产业务本身就是一种交通运输行为,因而必然发生重大责任事故罪与交通肇事罪的竞合问题。对此问题,最高人民法院在 2000 年 11 月 15 日发布的《关于审理交通肇事刑事案件具体应用法律若干问题的解释》第 8 条规定:"在实行公共交通管理的范围内发生重大交通事故的,依照刑法第一百三十三条和本解释的有关规定办理。在公共交通管理的范围外,驾驶机动车辆或者使用其他交通工具致人伤亡或者致使公共财产或者他人财产遭受重大损失,构成犯罪的,分别依照刑法第一百三十四条、第一百三十五条、第二百三十三条等规定定罪处罚。"根据该条解释,本案中相关人员最终是以重大责任事故罪还是以交通肇事罪认定罪名,司法机关还需斟酌。笔者认为,根据解释的精神,应该确定为交通肇事罪罪名。

2. 构成本罪需负刑事责任的人员范围

对于业务过失犯罪而言,不履行注意义务、不遵守安全生产规章制度、不按照安全规程操作的生产第一线工作人员必须承担刑事责任,这是显而易见的,就如本案中违反安全驾驶规程的驾驶人就需承担刑事责任(死亡的不必追究刑事责任)。但不在生产作业现场或者一线的人员(主要是公司、企业领导人)可能也要负刑事责任,如本案中,司法机关认为不在现场的呼市公司客运三分公司经理,以及分管客运和安全技术工作的公司副总经理和其他一些人员,都涉嫌重大责任事故罪,这实际上追究的是一种监督过失的刑事责任。所谓监督过失,指与实施直接使结果发生的过失(直接过失)的行为人(直接行为人)相对应,处于指挥、监督直接行为人的立场的人(监督人)怠于应当防止该过失的义务的情况,以及由于管理人等的设备、机构、体制等的不完备本身与结果发生有直接联系的直接过失。监督过失是为了避免"地位越高,离现场越远,越没有责任"的情况,合理分担业务过失刑事责任而提出的。本案中有限责任公司副总经理、三分公司经理以及公司安全技术部的相关人员,没有起到主管、监督、指挥的作用,因此也应承担责任事故罪的刑事责任。

3. 本案的启示

一定要花大力气切实加强安全生产经营管理,杜绝事故,避免"不知不觉"中的刑事风险。企业家一定要对自己的生产、业务善加管理,尽到监督者的职责。相关安全生产的法律、法规、规章制度必须严格遵守,不能视为儿戏。企业一定要细化这些安全生产的法律、法规、规章制度,真正将安全生产的规章制度落到实处。公司、企业的领导者们一定要身体力行,切实起到监督管理作用,这既是自己对于公司、企业所应尽的勤勉义务,也是所在公司、企业所应尽的社会责任。否则,一旦发生责任事故,不仅危及企业与社会大众,自己也会在"不知不觉"中成为犯罪人,从而对自己的人生、事业和家庭造成"重大"影响。

高乃则涉嫌伪造国家机关公文
（侵占他人煤矿）案

廖 明[*]

一、案情简介

原余家伙盘煤矿成立于1998年12月，由刘厚等人合股投资兴办，名义上挂靠余家伙盘村集体，由刘厚担任企业负责人，陕西省工商局行政管理信息中心关于余家伙盘煤矿工商登记资料显示：在当时，刘厚为余家伙盘煤矿股东。同处庙沟门镇的另一家煤矿——石岩沟煤矿原由吕全艾和杨乐平合资兴办。

2000年10月，原余家伙盘煤矿与石岩沟煤矿联并，联并后的煤矿名称仍为府谷县庙沟门镇余家伙盘煤矿，分别由刘厚和吕全艾代表原出资人各持50%的股份。

自然人杜憨和王外分别于2001年、2002年与吕全艾合伙，两人在余家伙盘煤矿都有相应投资。2002年6月，经庙沟门镇政府协调，刘厚将在该煤矿的全部股份转让给吕全艾，并签订了转让协议。至此，吕全艾、杜憨、王外和杨乐平共同拥有余家伙盘煤矿100%的投资及相关权益。但是刘厚将全部股份转让给吕全艾后，余家伙盘煤矿没有变更工商登记，法人代表和股东一直是刘厚，吕全艾、杜憨、王外和杨乐平4人的股东权利也一直由刘厚代持。

2003年10月，吕全艾和杨乐平、杜憨、王外4人在庙沟门镇政府的协调下，就余家伙盘煤矿投资份额签订了《余家伙盘煤矿内部转让

---

[*] 廖明，北京师范大学刑事法律科学研究院讲师，北京市人民检察院第二分院未成年人案件检察处副处长。

股协议书》，全部共13股，吕全艾占5.8股，其余3人各占2.4股。

2003年10月，吕全艾与其合伙人杨乐平、杜憨、王外将余家伙盘煤矿承包给杜买林。同月，杜买林在庙沟门镇政府的协调下，经吕全艾等人同意，将该煤矿承包给苏永贵、杨占明、齐忠厚，承包期限从2003年10月16日起至2015年12月30日止。

到了2006年2月，府谷县最大的煤老板高乃则出资加入余家伙盘煤矿承包经营团队。此时，余家伙盘煤矿法人代表仍未变更，仍显示为刘厚，实际股东仍然是吕全艾与其合伙人杨乐平、杜憨、王外；高乃则的身份是该煤矿承包经营者之一。并且陕西省高级人民法院民事判决书(2006陕民一终字第54号)显示，在2006年8月1日，陕西省高级人民法院对吕全艾、杨乐平、杜憨、王外是余家伙盘煤矿的事实股东身份予以确认。

2009年11月，杨乐平等人从陕西省工商局行政管理信息中心查询得知：余家伙盘煤矿股东变更为高乃则、党忠、高存标、刘建林、齐忠厚、苏永贵；高乃则由余家伙盘煤矿的承包经营者转变为企业股东；股东变更登记的主要依据为2008年8月24日庙沟门镇政府出具并加盖公章的余家伙盘煤矿实际投资人证明。陕西省工商局行政管理信息中心显示，该证明的内容是："余家伙盘煤矿的实际投资人是高乃则、党忠、高存标、刘建林、齐忠厚、苏永贵。"这份证明上有镇长郝忠林、镇党委书记张向军(应为"张向君")的签名。而该证明上的印鉴后被证实为虚假。

2010年年初，余家伙盘煤矿原事实股东杜憨、王外、杨乐平等就陕西省工商局股权登记变更行为提起行政诉讼。一审西安市未央区人民法院和二审西安市中级人民法院作出行政裁定书，以杨乐平等不具备原告诉讼主体资格为由驳回杨乐平等人的起诉。

二、案例评析

高乃则作为闻名遐迩的"陕北首富""陕北首善"，牵扯进涉嫌伪造国家机关公文(侵占他人煤矿)案，成为府谷县乃至整个陕北地区街谈巷议的话题。作为此案中被牵扯进的余家伙盘煤矿的承包者高乃则，涉嫌伙同他人伪造府谷县庙沟门镇政府出具的余家伙盘煤矿实际投资人证明，在该煤矿出资人不知情的情况下将股东变更为自己等。

因价值数亿元煤矿莫名易主,2010年年初,余家伙盘煤矿原事实股东杜憨、王外、杨乐平等就陕西省工商局股权登记变更行为提起行政诉讼。一审西安市未央区人民法院和二审西安市中级人民法院作出行政裁定书,驳回杨乐平等人的起诉,理由是杨乐平等"不具备原告诉讼主体资格"。一审、二审法院行政诉讼裁定被榆林当地媒体解读为一审、二审法院判决确定了高乃则等人对余家伙盘煤矿的股权所有。然而,此案雷声大雨点小,从当时的街谈巷议到如今的杳无消息,让人捉摸不定。鉴于此事涉及面较广,疑点颇多,值得我们回首并加以审视。

(一) 本案中工商变更登记依据是否造假的问题

本案中的工商变更依据是府谷县庙沟门镇政府出具的余家伙盘煤矿实际投资人证明,这份证明是否造假,事关余家伙盘煤矿股权的所有,也是高乃则等人是否涉嫌伪造国家机关公文的最直接证据。关于这份证明的真假一直是是非非,纠缠不清,由于某些不为人知的因素,也一直被刻意掩饰和低调处理。

这份由府谷县庙沟门镇政府于2008年8月24日出具并加盖公章的出资证明疑点重重。首先,其签名有误。时任庙沟门镇党委书记为"张向君",而非"张向军",而且该处错误签名得到当事人明确否认,"证明有假,我怎么会把自己的名字写错"。其次,该处公章也被证明上指向的工作人员明确否认,"公章是假的,签名也明显不是书记、镇长的笔迹",并表示"从没经手办理过这份证明,印鉴使用登记表上也查不到任何记录"。如果以上属实,高乃则等人的行为确实涉嫌伪造国家机关公文,具体包括伪造国家机关印章,并且模仿有权签发公文的负责人签发公文。

可惜本案被媒体曝光、社会大众广为传知后,府谷县相关部门和工作人员采取大事化小、小事化了、息事宁人的做法,让本案的查明至今仍陷于偃旗息鼓的状态。对余家伙盘煤矿股东工商变更登记的依据是否造假,也无法查明。

(二) 本案中工商变更登记是否合法有效的问题

陕西省工商局对余家伙盘煤矿股东变更登记的依据是2008年8月庙沟门镇政府出具的余家伙盘煤矿实际投资人证明。姑且不论庙沟门镇政府出具的余家伙盘煤矿实际投资人证明真假与否,陕西省工商局单单将此证明文件作为变更登记的依据,就不符合法律规定的变更登记的要件。根据《中华人民共和国企业法人登记管理条例实施细则》第38条的规定,以及陕西省政府办公厅转发省工商局《关于企业转制中私营企业登记注册有关问题的通知》第5条的规定,余家伙盘煤矿股权变更等须提供法定代表人签署的变更登记申请书、股权转让协议,须提供有权审批产权流动变动的人民政府批准转让、兼并的文件,土地管理部门出具的土地使用证明,具有法定资格的资产评估机构出具的评估报告书等。除了2008年8月庙沟门镇政府出具的余家伙盘煤矿实际投资人证明外,陕西省工商局并没有任何法律规定的对余家伙盘煤矿股权进行变更登记的材料。由此可见,陕西省工商局2008年9月28日对余家伙盘煤矿的变更登记,不符合法律规定的形式要件,是违法作出的行政行为。陕西省工商局这一行政行为是对企业法人的设立登记与变更登记的混淆,错误适用法律、法规并违反法定程序,毫无疑问,是应当予以撤销的。

(三)法院"驳回起诉"的裁定,是否判定了争议煤矿股权归属的问题

余家伙盘煤矿原事实股东杜憨、王外、杨乐平等就陕西省工商局股权登记变更行为提起行政诉讼。一审西安市未央区人民法院和二审西安市中级人民法院作出行政裁定书,以杨乐平等"不具备原告诉讼主体资格"驳回了杨乐平等人的起诉。一审、二审法院行政诉讼的裁定被榆林当地媒体解读为一审、二审法院判决确定了高乃则等人对余家伙盘煤矿的股权所有。在此可以直截了当地认定榆林当地媒体的解读是错误的。法院的行政裁定是法院对程序性问题的处理结果,并不是实体性判决,不涉及争议的实体性问题。本案中的西安市未央区人民法院和西安市中级人民法院的行政裁定,只是因"不具备原告诉讼主体资格"驳回了杨乐平等人的起诉,不涉及任何对煤矿股权归属问题的判决。依据这两级法院的行政裁定就宣称余家伙盘煤矿归高乃则所有,是对实体性和程序性问题的错误认知,也是对案件事实的主观臆断与歪曲描述。

本案中,陕西省工商局在对余家伙盘煤矿进行股东变更登记的过程中,违反了相关法律规定,属于可被撤销的行政行为。而对高乃则

涉嫌伪造国家机关公文最关键的证据——府谷县庙沟门镇政府出具的余家伙盘煤矿实际投资人证明，直到现在也没有政府及相关直接关系人员作出说明。本案至今尚未进入刑事司法程序，随着社会及媒体对本案的关注逐渐变为零，本案未来的发展，应该会渐行渐息，直至无人关心，然后大事化小、小事化了。

（四）本案的启示

首先，本案的当事人高乃则曾跻身 2011 年福布斯富豪榜，最近 3 年连续以巨额捐赠登上胡润慈善榜，是轰动一时的"陕西首富"和"陕西首善"。然而，就是这位陕西顶级民营企业家、慈善家，却出人意料地上演了伪造证明"霸占"他人煤矿的荒诞剧情。本案反映出某些知名企业家一方面通过做善事谋出名以收获良好的公众形象，另一方面不择手段地获取各种非法利益的现象，并且，在某些企业家看来，两者不但不矛盾，反倒是相辅相成、相得益彰的事情。知名企业家们这种分裂情节与人格的存在，让社会公众对这些外表光鲜的企业家们产生了新的认识。实际上，企业家们的这种行为，对于企业家的健康成长、企业的长远发展，必然不会产生任何积极作用。

其次，我们应该看到，行善做好事确实能给企业家带来社会知名度，甚至打开与政界的关系，并进而促进企业的发展。然而在现代法治社会，行善并不能折抵违法犯罪行为的罪过，该承担的法律责任最终还得由自己承担。诚然，这对企业的可持续发展来说是没有任何益处的。

再次，本案也启示我们，立法及司法机关应及时回应社会生活中的新情况、新问题，区分不同情况，对以股权等非传统财物为对象的违法犯罪行为进行有效规制。

吴英集资诈骗案

操宏均[*]

一、案情简介

2007年2月7日,吴英被东阳市公安局刑事拘留,2007年2月10日下午,金华当地警方出动了近千名警察包围了本色集团。当晚,东阳市政府发布公告称,原浙江本色控股集团有限公司及法定代表人吴英因涉嫌非法吸收公众存款罪,现已由东阳市公安局立案调查。同年3月16日,吴英因涉嫌非法吸收公众存款罪被依法逮捕。

2009年12月,检方指控吴英2005年5月至2007年2月间,以非法占有为目的,用个人或企业名义,采用高额利息为诱饵,以注册公司、投资、借款、资金周转等为名,进行虚假宣传,给社会公众造成经济实力雄厚的假象,吴英在早期高息集资已形成巨额外债的情况下,明知必然无法归还,却使用欺骗手段继续以高息(多为每万元每天40—50元,最高年利率超过180%)不断从林卫平等11名直接被害人和向林卫平等人提供资金的100多名"下线",以及包括俞亚素等数十名直接向吴英提供资金因先后归还或以房产等抵押未按诈骗对象认定的人处非法集资77 339.5万元。并且在集资诈骗的11名直接被害人中,除了蒋辛幸、周忠红2人在被骗之前认识吴英外,其余都是经中间人介绍而为其集资,并非所谓的"亲友",吴英对林卫平等人向更大范围的公众筹集资金也完全清楚。最后,在负债累累、无经济实力的情

---

[*] 操宏均,北京师范大学刑法学博士研究生。

况下,吴英将所得款项用于偿还本金、支付高息、购买房产、汽车及个人挥霍等,至案发,尚有38 426.5万元无法归还。

2009年12月18日,浙江金华市中级人民法院作出一审判决,以集资诈骗罪判处吴英死刑,立即执行,剥夺政治权利终身,并处没收个人财产。

2010年1月2日,吴英不服一审判决,提起上诉。时隔两年后,2012年1月18日,浙江省高级人民法院作出二审判决,裁定驳回吴英的上诉,维持一审的死刑判决,并报最高人民法院核准死刑。

2012年4月20日,最高人民法院未核准吴英死刑,该案发回浙江省高级人民法院重审。2012年5月21日,浙江省高级人民法院作出终审判决,以集资诈骗罪判处吴英死刑,缓期两年执行,剥夺政治权利终身,并处没收其个人全部财产。

二、案例评析

(一)刑法规制集资诈骗罪的目的

1979年《刑法》没有规定本罪,随着我国改革开放的不断深入,金融领域违法犯罪大量出现,一些新情况、新问题不断涌现,为规范金融秩序,1995年6月30日,全国人大常委会通过了《关于惩治破坏金融秩序犯罪的决定》,其中第8条就规定了集资诈骗罪,1997年《刑法》将其作为一个罪名予以规定。随后,最高人民法院专门针对这一罪名,先后颁布了《全国法院审理金融犯罪案件工作座谈会纪要》(2001年1月21日)、《关于依法严厉打击集资诈骗和非法吸收公众存款犯罪活动的通知》(2004年11月15日)、《关于审理非法集资刑事案件具体应用法律若干问题的解释》(2010年11月22日)。2011年2月25日的《刑法修正案(八)》,又对集资诈骗罪的刑罚进行了修改。

国家对该罪名如此高频率地出台相关司法解释和进行修正,体现了国家对这一类犯罪的高度关注和重点打击。主要是因为这类犯罪严重冲击了我国现有的金融制度和扰乱了金融市场秩序,而现代金融已经广泛深刻地介入我国经济并在其中发挥越来越重要的作用,成为国民经济的"血液循环系统",对于经济发展、国家安全以及社会稳定至关重要。同时,由于这类犯罪往往涉案人数众多,涉案金额巨大,社会波及面极大,不仅危害国家信用制度,侵害公民、法人和其他组织的合法权益,造成国家金融资产大量流失,而且很容易引发局部性的金融风波,形成群体性事件,直接影响社会稳定。

近年来,受国际金融危机的影响,国家采取银根紧缩政策,一大批企业家因为集资诈骗罪、非法吸收公众存款罪而受到刑事追究,表明现有融资资本供给严重不足,这当中就存在有些企业可能是为求得生存被迫走上非法集资道路,而有些企业则很可能就是基于侵犯别人财产而实施非法集资犯罪,加上日益专业化、智能化以及隐蔽性更高的犯罪手段。为了在打击这类犯罪时真正做到"稳、准、狠",国家最高司法机关频繁出台相关司法解释,以体现出对这类犯罪的审慎态度,既要防止因为规定模糊不清而扩大打击面的情形,也要防止将确实具有严重社会危害性的非法集资行为排除在外,而出现刑法对我国金融市场秩序保护不力的尴尬局面。

(二) 立法和司法中成立集资诈骗罪的要点

1. 法律规定

《刑法》在第 192 条对"集资诈骗罪"的规定是:"以非法占有为目的,使用诈骗方法非法集资,数额较大的,处五年以下有期徒刑或者拘役,并处二万元以上二十万元以下罚金;数额巨大或者有其他严重情节的,处五年以上十年以下有期徒刑,并处五万元以上五十万元以下罚金;数额特别巨大或者有其他特别严重情节的,处十年以上有期徒刑或者无期徒刑,并处五万元以上五十万元以下罚金或者没收财产。"同时,在第 199 条规定:"犯本节第一百九十二条规定之罪,数额特别巨大并且给国家和人民利益造成特别重大损失的,处无期徒刑或者死刑,并处没收财产。"对于单位犯罪,在《刑法》第 200 条规定:"单位犯本节第一百九十二条、第一百九十四条、第一百九十五条规定之罪的,对单位判处罚金,并对其直接负责的主管人员和其他直接责任人员,处五年以下有期徒刑或者拘役,可以并处罚金;数额巨大或者有其他严重情节的,处五年以上十年以下有期徒刑,并处罚金;数额特别巨大或者有其他特别严重情节的,处十年以上有期徒刑或者无期徒刑,并处罚金。"

2. 对"以非法占有为目的"的认定

根据最高人民法院《关于审理非法集资刑事案件具体应用法律若干问题的解释》第4条的规定:"具有下列情形之一的,可以认定为'以非法占有为目的':(一)集资后不用于生产经营活动或者用于生产经营活动与筹集资金规模明显不成比例,致使集资款不能返还的;(二)肆意挥霍集资款,致使集资款不能返还的;(三)携带集资款逃匿的;(四)将集资款用于违法犯罪活动的;(五)抽逃、转移资金、隐匿财产,逃避返还资金的;(六)隐匿、销毁账目,或者搞假破产、假倒闭,逃避返还资金的;(七)拒不交代资金去向,逃避返还资金的;(八)其他可以认定非法占有目的的情形。"显然,在本案中,吴英在负债累累、无经济实力偿还巨额高息集资款的情形下,通过虚构事实,隐瞒真相,虚假设立公司,骗取巨额资金,之后又挥霍集资款,充分说明其具有非法占有的故意。但与此同时,在2001年1月21日《全国法院审理金融犯罪案件工作座谈会纪要》中也指出,在处理具体案件时要注意以下两点:一是不能仅凭较大数额的非法集资款不能返还的结果,推定行为人具有非法占有的目的;二是行为人将大部分资金用于投资或生产经营活动,而将少量资金用于个人消费或挥霍的,不应仅以此便认定具有非法占有的目的。

3. 不同层级的数额标准认定

最高人民检察院、公安部《关于公安机关管辖的刑事案件立案追诉标准的规定(二)》第49条规定,个人集资诈骗,数额在10万元以上的,以及单位集资诈骗,数额在50万元以上的,应予立案追诉。《关于审理非法集资刑事案件具体应用法律若干问题的解释》第5条进一步规定:"个人进行集资诈骗,数额在10万元以上的,应当认定为'数额较大';数额在30万元以上的,应当认定为'数额巨大';数额在100万元以上的,应当认定为'数额特别巨大'。单位进行集资诈骗,数额在50万元以上的,应当认定为'数额较大';数额在150万元以上的,应当认定为'数额巨大';数额在500万元以上的,应当认定为'数额特别巨大'。"

4. 对本罪死刑适用问题

在《刑法修正案(八)》废除一些非暴力经济性犯罪死刑的情况下,立法者基于集资诈骗罪社会危害特别巨大的担忧,保留了该罪的死刑配置。在吴英案中,其集资诈骗数额特别巨大,给受害人造成了重大损失,同时严重破坏了国家金融管理秩序,危害特别严重,应依法惩处。吴英归案后,如实供述所犯罪行,并供述了其贿赂多名公务人员的事实,最后由死刑立即执行改判为死缓。这进一步说明,"数额特别巨大"不是判处这一类犯罪死刑的唯一标准,只有诈骗"数额特别巨大并且给国家和人民利益造成特别重大损失"的犯罪分子,才能依法选择适用死刑。对于犯罪数额特别巨大,但追缴、退赔后,挽回了损失或者损失不大的,一般不应当判处死刑立即执行;对具有法定从轻、减轻处罚情节的,一般不应当判处死刑。同时,废除非暴力经济性犯罪的死刑配置,已然成为我国刑法发展的大势所趋,吴英案的改判,体现了司法机关回应民意、增大司法透明度、对死刑适用的慎重态度。

(三)对企业家防范类似刑事法律风险的启示

1. 企业家在通过民间融资途径获取资本时需要保持审慎态度

受金融危机的影响,当前国家实行银根紧缩政策,以及当前我国金融国家垄断的制度设计,导致现实中大量私营企业无法从商业银行那里获得贷款,而民间融资在一定程度上与现有的融资制度存在竞争甚至对抗,往往很容易成为现有金融制度的规制对象。不可否认,高出银行利息但只要不超出银行同期利息4倍的民间借贷是合法行为。但是,现有的金融制度决定了这种集资方式随时有可能受到来自政府强力的制约与规制。因此,企业家在选择这种方式融资时,需要恪守相关底线。

2. 企业家在以高额回报的方式进行融资时,一定要量力而行

已发案例表明,多数企业尤其是私营企业在进行融资时,都会以高额回报的方式借款,以帮助企业渡过危机。如果需要资金的非法集资者能够通过各种方法渡过危机,偿还所借的高额回报借款,一般不会有刑事案件的发生。反之,当非法集资的企业盲目扩大经营,一旦资金链条断裂,难以偿还借款,相关债主紧逼上门时,尤其是引发群体性事件时,往往就会被追究刑事责任。因此,企业家在通过民间借贷融资时,一定要结合自己产业的实际情况和企业的自身实力进行,不可进行不切实际的高额回报许诺和盲目扩大经营,应该及时归还借款,防止资金链条断裂。

3. 企业应摒弃急功近利的投资心态,防止被害

吴英案以及类似相关案例无不表明,一些企业往往成为这些投机者的"猎物",在很大程度上与它们不正常的获利心态有关,有的明知对方的许诺不切实际,还怀着侥幸的心理将巨额资金投入,有的则是完全跟风不作任何评估、考察而草率注入资金,凡此种种。因此,在这类犯罪中,之所以有如此之多的受害人,而且还包括相当数量的企业,跟这些受害群体的投机、侥幸、贪利等不正常获利心态不无关系。

郭传志涉嫌组织、领导传销活动案

操宏均[*]

一、案情简介

自 2011 年 10 月份开始,温州炬森科技有限公司通过其经营的百业联盟网站和百业易购网站,以营销返利百分之百的形式进行传销活动。该公司法人代表、董事长郭传志和管某等 16 名高管一起组织、领导、策划了以省或市、县为单位发展总代理(代理),由代理发展商家,商家发展会员,会员发展新会员的传销模式。

警方调查显示,该公司以发展电子商务为名,采用满 500 元返 500 元,满 1 000 元返 1 000 元,并以每 500 元每天返还 1.1 元给会员,直到全额返还,这样整个返利过程通常能在 500 天内完成,进而引诱不特定公众通过网站注册成为会员,下单消费。同时,该公司网站默许会员虚假消费(即会员只需要通过商家上交 15% 的佣金,就可获取全额返利),并以高额佣金、奖金引诱会员继续发展会员(各层级发展新会员消费的,可提取新会员消费额的 0.2% ~ 1% 作为业绩的好处费)骗取财物,逐步形成了区域(省、市、县)代理、金牌商家、商家、一级会员、二级会员等多层次的传销组织。

2012 年 4 月中旬,郭传志开始大规模转账。5 月底,郭传志失踪。截至 2012 年 6 月 1 日案发,该公司共发展区域代理商 331 个,加盟商 4 194 家,会员人数达 49 997 人,遍布浙江、福建、湖南等全国 21 个省

---

[*] 操宏均,北京师范大学刑法学博士研究生。

市,累计经营额高达 37 亿多元,收取会员佣金达 5 亿多元。之后公安机关先后对该公司相关人员采取刑事强制措施。2013 年 4 月 22 日,温州炬森科技 16 名高管网络传销案在浙江省温州市龙湾人民法院公开开庭审理,郭传志仍在逃。

二、案例评析

(一)刑法通过修正案增加"组织、领导传销活动罪"的目的

1. 此类违法犯罪活动高发,其严重社会危害性达到"犯罪化"的必要性

最近 10 年,以"拉人头"、收取"入门费"等方式组织的传销违法犯罪活动呈高发态势,往往涉案人员众多,影响面极大,不仅严重扰乱市场经济秩序,还极易引发群体性事件,影响社会稳定。同时由于传销活动手段决定了其发展对象多为亲属、朋友、同学、同乡、战友等,不仅对商业诚信体系造成了巨大破坏,也瓦解了以亲情、友情、诚信维系的社会伦理体系,危害极其严重。

2. 在刑法中对组织、领导传销活动犯罪作出了专门规定,更有利于打击组织、领导传销活动的犯罪

(1)在司法实践中,难以按照当时法律条文对这种犯罪行为进行定罪处罚。由于缺乏法律的明文规定,但同时又鉴于这类违法犯罪行为的严重危害性,各地司法机关在处理严重危害社会秩序及稳定的传销行为时,往往各行其是,分别以非法经营罪、诈骗罪、偷税罪等罪名追究行为人的刑事责任。但是,"拉人头"、欺骗他人发展人员或者交纳一定的费用,才能取得入门资格,既没有商品,也不提供服务,不存在真实的交易标的,实际上也没有"经营活动",难以适用非法经营罪进行打击,给办案带来困难。

(2)最高人民法院、最高人民检察院司法解释冲突,给办案带来困难。继国务院发布禁止传销的通知后,最高人民法院在 2001 年 3 月 29 日给广东省高级人民法院的《关于情节严重的传销或者变相传销行为如何定性问题的批复》中规定:"对于 1998 年 4 月 18 日国务院《关于禁止传销经营活动的通知》发布以后,仍然从事传销或者变相传

销活动,扰乱市场秩序,情节严重的,应当依照刑法第二百二十五条第(四)项的规定,以非法经营罪定罪处罚。实施上述犯罪,同时构成刑法规定的其他犯罪的,依照处罚较重的规定定罪处罚。"但是,最高人民检察院于 2003 年 3 月 21 日出台的《关于 1998 年 4 月 18 日以前的传销或者变相传销行为如何处理的答复》规定:"对 1998 年 4 月 18 日国务院发布《关于禁止传销经营活动的通知》以前的传销或者变相传销行为,不宜以非法经营罪追究刑事责任。行为人在传销或者变相传销活动中实施销售假冒伪劣产品、诈骗、非法集资、虚报注册资本、偷税等行为,构成犯罪的,应当依照刑法的相关规定追究刑事责任。"两个截然相左的司法意见,给司法实务中处理这类违法犯罪行为增加了困难。

3. 突出重点打击与保持刑法谦抑性并行不悖

《刑法修正案(七)》将传销活动的组织者、领导者作为组织、领导传销活动罪的犯罪主体,打击的重点。而对"参加者"无论是主动积极参加还是受诱骗、胁迫参加传销的行为都不视为犯罪,这样打击范围不会过大。这种处理无不体现罪责刑相适应原则,既体现了刑法作为其他部门法保障法的最后手段性,也体现了刑法在介入市场经济领域时保持了应有的审慎与理性。因为实践中存在从陷入传销泥潭而不能自拔,到后来也实施非法传销活动的情形,如果将参加传销的行为也犯罪化,很不合适。

正是基于这类犯罪行为的严重社会危害性,以及司法实践中处理此类犯罪案件时存在现实困难和突出打击重点对象等方面的考虑,国家对组织、领导传销活动的犯罪加以规制。

(二) 立法和司法中成立"组织、领导传销活动罪"的要点

1. 法律规定

在《刑法》第 224 条之 1 规定了"组织、领导传销活动罪",即组织、领导以推销商品、提供服务等经营活动为名,要求参加者以交纳费用或者购买商品、服务等方式获得加入资格,并按照一定的顺序组成层级,直接或者间接以发展人员的数量作为计酬或者返利依据,引诱、胁迫参加者继续发展他人参加,骗取财物,扰乱经济社会秩序的传销活动的,处 5 年以下有期徒刑或者拘役,并处罚金;情节严重的,处 5 年

以上有期徒刑,并处罚金。

2. 对法律条文的理解

(1) 关于"传销"的认定。从《刑法》条文规定可以看出,传销应该包括以下几方面:① 以推销商品、提供服务等经营活动为名,要求参加者以交纳费用或者购买商品、服务等方式获得加入资格——这是传销组织诱骗成员取得传销资格常采用的一种引诱方式和必经程序。② 按照一定顺序组成层级——这是传销的组织结构特点。③ 直接或者间接以发展人员的数量作为计酬或者返利依据,引诱、胁迫参加者继续发展他人参加——这是传销组织计酬方式特点。④ 骗取财物——这是传销活动的最本质特征。⑤ 扰乱经济社会秩序——传销活动有多重社会危害。它瓦解了以亲情、友情、诚信维系的社会伦理体系,破坏社会的稳定基础;侵犯了公私财产,破坏社会主义市场经济秩序和金融管理秩序;引发治安案件乃至刑事案件,侵犯公民人身权利,破坏社会治安秩序;极易引发群体性事件,影响社会稳定。

(2) 对"组织、领导"行为的认定。结合司法解释对"传销活动的组织者、领导者"的解释,即所谓传销活动的组织者、领导者,是指在传销活动中起组织、领导作用的发起人、决策人、操纵人,以及在传销活动中担负策划、指挥、布置、协调等重要职责,或者在传销活动中起到关键作用的人员。因此,实践中对于"组织、领导行为"的认定,可以通过行为人在整个传销组织中的管理权限大小、在营销网络中的层级、薪酬高低等予以确定。如在传销启动时,实施了策划传销形式、制定规则、发展下线、组织分工、组建传销网络等宣传行为的;以及在传销实施中,对传销各方面的管理工作进行指挥、布置、协调的,均属于组织、领导行为。

(3) 对"情节严重"的把握。主要应从行为人组织、领导传销活动涉案金额、传销发展人员数量、传销中使用的手段、传销造成的影响等多方面综合衡量。根据立案标准,当涉嫌组织、领导的传销活动人员在 30 人以上且层级在 3 级以上的,对组织者、领导者应予立案追诉。

3. 罪与非罪区分

主要是对拉人头传销与直销活动中的多层次计酬之间的区分。虽然二者都采用多层次计酬方式,但有很大不同:

(1) 从是否交纳入门费上看,后者的销售人员在获取从业资格时没有被要求交纳高额入门费;而前者需要交纳高额入门费或者购买与高额入门费等价的"道具商品",否则不能得到入门资格。

(2) 从经营对象上看,后者是以销售产品为导向,商品定价基本合理,而且还有退货保障;而前者根本没有产品销售,或只以价格与价值严重背离的"道具商品"为幌子,且不许退货,主要以发展"下线"人数为主要目的。

(3) 从人员的收入来源上看,后者主要根据从业人员的销售业绩和奖金;而前者主要取决于发展的"下线"人数多少和新入会成员的高额入门费。

(4) 从组织存在和维系的条件看,多层次计酬直销公司的生存与发展取决于产品销售业绩和利润;而前者的传销组织,则直接取决于是否有新会员以一定倍率不断加入。

(三) 对企业家防范类似刑事法律风险的启示

1. 恪守商业诚信和依法获取财富是企业家避免刑事风险的重要保障

在郭传志案中,根据警方透露,郭传志等人在创建该网站之初,确实是实物消费,属于直销活动中的多层次计酬方式的商业活动。但是,后来郭传志利用自己的多种荣誉光环,诱人的回报承诺,以及行政机关对利用网站进行营销返利行为监管上的漏洞,取得越来越多"商家、会员"的信任,纷纷注入资金。由此可见,郭传志等人在国家已经出台相关法律、法规明文规制这种不法行为时,为了攫取财富,不惜以身试法,突破了基本的商业诚信底线和法律底线。

2. 恪守勤勉、诚信的企业家精神,坚持"君子爱财取之有道",这是防止企业成为这类犯罪被害人的有效途径

一方面,从郭传志案不难看出,非法传销具有迷惑性强、涉及面广、扩散性大、难以及时发现的特点,同时由于其"金字塔"的层级结构,利益链条的无限拉伸,一旦东窗事发,往往为时已晚,被害人大多人财两空、求救无门。另一方面,从郭传志案来看,很多被害人(包括很多企业),明知是虚假消费,而被高额的虚假回报所蒙蔽而注入巨额资金,反映出一些企业正是由于这种急功近利的获取财富心态,指望着"天上掉馅饼"。

3. 企业家应该远离任何形式的传销手段,即便是通过组织、领导之外的其他传销手段获取财富,也会为企业家带来刑事风险

尽管本罪的打击对象是传销活动的组织者、领导者,但是在实践中存在一些企业家借助传销手段实施非法集资等行为,给社会稳定和经济秩序带来了破坏。所以,不同类型的传销活动的参与人员,依然可能承担非法经营、集资诈骗等犯罪的刑事责任。因此,企业家应该深刻认识到传销犯罪的危害性,以免深陷其中难以自拔。

第五编 企业家刑事风险防控对策

中国企业家应切实增强刑事风险防控意识[*]

张远煌[**]

一、企业家群体亟须补上刑事风险防控这一课

在市场经济体中,企业家作为推动社会资源优化配置的重要力量和具有创新活力的社会精英群体,其犯罪现象应引起社会的高度关注。因为企业家犯罪,不仅仅意味着企业家昔日的财富与荣耀回归原点,职业生涯就此终结,而且与企业家犯罪密切关联的,还有企业的存续和企业员工的生计问题,以及投资者和其他关联方的切身利益。由此,企业家犯罪的消极影响,不仅及于企业家自身,而且事关经济发展乃至社会稳定的大局。正是在这种意义上,企业家们面临的刑事风险问题,已超出了企业家群体范围,理应成为社会各界尤其是法律界正视的重大现实问题。

一个基本的事实是:伴随着改革开放进程逐渐成长起来的企业家们,在追求财富、创造价值的过程中,普遍存在重经营风险防范、轻法律风险防控的倾向,尤其是对可以导致企业和企业家灭顶之灾的刑事风险防范意识十分淡薄。每年数以千计的规模以上企业高管涉嫌犯罪或因犯罪入狱,实属罕见。较之国外企业,把防控刑事风险作为企业经营发展不可逾越的底线,注重从制度、机制和资源配置上,严控企

---

[*] 本文根据作者2013年1月5日在"2012中国公司法务年会"开幕式(北京)上的主题演讲整理修改而成。
[**] 张远煌,北京师范大学教授、博士生导师,北京师范大学法学院与刑事法律科学研究院党委书记,北京师范大学中国企业家犯罪预防研究中心主任。

业经营决策和日常管理中的刑事风险环节和刑事风险高发点,无疑形成了强烈反差。

30多年来,虽然我国企业运营的法治化趋势显著提升,聘请法律顾问,设立专门的企业法务部门,已成为企业规范化运作的基本特征之一。但目前,企业内部的法务人员或聘请的律师,更多只是专注于解决企业经营中的民商事法律问题,对企业尤其是企业家所面临的刑事法律风险,往往疏于应有的认识和有针对性的防范。实践中,很少有企业家聘请刑事法专家为自己提供刑事风险事前防范方面的咨询或服务,只是在东窗事发之后,才想到请知名专家或擅长刑事诉讼的律师,但此时风险已然,为时已晚。

二、企业家忽视终局性败局的现实原因

我国企业家不乏捕捉商机的敏锐与在商业活动中开拓进取的创新精神,但为何不重视甚至漠视可能给自己和企业带来灭顶之灾的刑事风险的特别防范?或者,仅仅将刑事风险混同于一般法律风险,而在思想上疏于特别的警惕?归纳起来,大致有如下五个方面的现实原因。

1. "一俊遮百丑"的极端经济中心主义发展模式

这种发展模式导致对企业家犯罪的宽容或纵容,在长期一味强调追求GDP总量的大背景下,某些地方政府急于发展地方经济,想方设法提高本地区的GDP,并以此彰显政绩,往往对盈利企业的违规行为持不应有的"宽容"态度,即便企业有违法犯罪之嫌,在监管上也可能睁一只眼闭一只眼,甚至以保护地方经济之名,做干扰司法的地方保护主义之实。在这种只讲经济发展之"快",忽视经济发展之"好"的极端功利主义影响下,一些企业家非法逐利的动机趋于强烈,甚至产生如下侥幸心理:只要多为地方GDP作贡献,即使违法犯罪,也可以"以功抵罪",从而漠视可能招致的刑事风险。

2. 公平竞争的法治保障不力,违法成本低

我国的法治建设已结束无法可依的历史,但就法治建设进程而言,比制度设计更重要的是,社会组织和社会成员对法律本身的敬畏与遵从。从这种意义上讲,目前整体的法治化水平还有待进一步提高,尤其是市场经济的法治环境在不少方面还差强人意,诸如违法成

本过低、违法模式反而比守法模式更能获得商机或现实利益等反常情况的客观存在,也诱使一些企业家对其按"潜规则"行事,而对蕴含的刑事风险视而不见,或滋生出法不责众的错误意识。

3. 迷信权力,醉心于不正当政商关系的构建

我国传统文化中原本就存在"讲关系、不讲规则"的不良成分,这种不良因素在我国市场化改革尚未到位,经济体制和经济运行尚处于"半市场经济、半统制经济"的环境下,就有了不断蔓延的现实土壤。"在商言商、不掺和时政",是企业家的本分。但由于现阶段政府与市场和企业的边界不清晰,政府这只手在微观市场领域仍然可以伸得很长,面对由此导致的公平竞争制度供给不足、不合理的行业垄断业已形成和固化,以及企业经营的自主权难以得到充分保障等现实困境,一些企业家在心理预期和行为模式上,转而通过攀附权贵寻找靠山来开拓市场、获取资源和提升竞争力,并相信"权力无边",一旦"出事",有长期经营的关系网和权力的庇护也能舍财消灾。现实中,这种行为模式在腐败现象还比较突出的情况下,也能不时奏效。这又成了一些企业家轻视刑事风险防范的重要"经验依据"。

4. 企业家自己法律意识极为淡薄,不知"刑事风险"为何物

一些企业家因法律意识淡薄,不知道因日常违规操作或违法经营手法所引发的经济、民事纠纷中,就蕴含着现实的刑事风险,并相信即使出现了法律纠纷,大抵上都能用钱"摆平"。实际上,企业在安全生产、劳动用工、财物管理、融资渠道及其对外业务联系等领域或环节中,都可能存在或引发法律风险,而企业高管们面临的诸多法律风险一旦现实化,轻则构成一般违法,重则构成刑事犯罪。但问题在于,在我国现行立法体制下,违法与犯罪二者之间似乎泾渭分明的差别,仅仅在于程度上的不同,并无行为样态或模式上的本质差别;况且,在司法实践中,违法与犯罪的界线又并非始终清晰可辨,这在有关市场经济领域中的犯罪规定与适用方面,又尤其表现突出。如此一来,不少缺乏现代企业家法律素养的企业家,难免长期游走于刑事风险的边缘地带,并对之缺乏应有的防范意识。对他们而言,面临的问题不是有无刑事风险的问题,而是这种毁灭性的风险何时爆发的问题。从实际案例看,也确实存在不知道自己的行为是犯罪,因无法预见或判断自己行为后果的严重性,结果走上了犯罪道路的企业家。对这类企业家

而言,其创业之日,也就是其走向犯罪这条不归之路的起步之日。

企业家刑事风险意识淡薄的现实,从一个侧面也反映了我国各类工商职业培训和教育(如MBA)活动中存在的短板。从这类培训和教育机构的课程设置看,注重的也是商业思维和商业技能的训练与提高,而法律意识,尤其是刑事风险的防控意识,大体上也未纳入教学计划之列。原本是前瞻性的教育培训活动,却与市场经济及法治经济的基本命题相差甚远。法治经济的要义,不仅在于行为模式上要注重依法经营,而且更在于有基本的法治思维,能够自觉地把法律风险尤其是刑事法律风险的防控,纳入企业决策和日常运营管理之中。

5. 缺乏高水平专业力量的介入与推动,是加剧企业家刑事风险爆发的重要现实原因

企业家的刑事风险,绝不等同于企业家直接触犯刑法禁止性规定的风险。实践中,企业家面临的刑事风险,其来源众多,既可能因企业内部的日常经营管理活动不规范逐渐积累而引发,也可能因对外业务关系而深陷其中。对此,需要对企业自身所处内外环境进行系统性的诊断,才能准确评估和界定企业和企业家面临的刑事风险的范围和高发点,从而采取有针对性的防控对策。而现有事后补救型的企业内部法务人员和律师队伍,从其职能定位、专业素养与服务意识和服务能力等方面来看,都难以胜任。在实践层面,企业家刑事风险的防控,急需高水平专业队伍的积极介入与有力推动。

三、企业家刑事风险意识的强弱,决定着其能否远行

刑事风险距离企业或企业家并不远,它同商业风险和一般法律风险一样,贯穿于企业运营的全过程。作为企业家,无论是在创业阶段、发展阶段乃至企业破产清算环节,都应有优先防范刑事风险的底线意识。这种意识的强弱,决定着一个企业家究竟能走多远,也决定着一个企业家能否华丽转身或全身而退。

置身于经济快速发展和社会深刻变革时代的企业家,面对商机无限的市场环境,必须对法治建设必将全面深入推进、企业运营的法治化水平必须不断提升的大趋势有清醒的认识。企业家如果看不清这一大形势,不及时转变治理企业的基本观念和调整管理企业的传统行

为模式，必将面临更大的刑事风险。

党的十八大报告顺应社会发展对法治建设日益强大的内生性需求，彰显了全面深入推进法治建设的主题。习近平同志在纪念1982年《中华人民共和国宪法》颁行30周年的讲话中，立足于社会发展的普遍规律，明确指出：维护宪法和法律的尊严，厉行法治，关乎国家和民族的未来命运。这预示着国家法治建设的又一个春天已经来临。就刑事法治领域而言，我们已经和将要看到的是：为了加速市场经济秩序的形成、打造经济发展的升级版，国家在努力营造良好市场环境的同时，对企业行为的刑事规制将会越来越细致、越来越严格。如果企业家不注意改变自己的不良思维模式和行为习惯，在经营和决策中不注重切实加强刑事法律风险的防范，将会有一拨又一拨的企业家因触碰"高压线"而前赴后继地倒下。可以说，企业运行和企业家所实际面对的刑事法律风险正逐渐加大。这种风险横跨民企和国企，纵向贯穿企业经营的始终，可谓无处不在。

企业家犯罪的层出不穷，集中反映出现阶段某些企业家在企业经营过程中，还缺乏与市场经济相适应的基本法治观念，他们不习惯用法治思维去思考、看待和处理企业经营和发展过程中遇到的问题，对于自身可能遭遇的刑事法律风险，难以保持清醒的头脑，甚至直至刑事风险实际降临时，还不大愿意相信竟然还有用"关系"和"钱"摆不平的事。不少企业家也正是在这种"埋头经营关系或埋头赚钱"的昏昏然中，一步步地踏入了再没有翻身机会的"刑事陷阱"之中。

无论是企业家或企业，其成长和发展自然有高峰低谷之分；企业家作为市场最活跃的主体，在领导企业运行过程中，也难免会遭遇各种风险，但唯有刑事风险，才会铸成企业家无法挽回的真正败局。作为企业家，基于自身的安危和企业的可持续发展，首先应有优先防范刑事风险的底线意识。如此，才有可能有效规避前进道路上足以导致翻船的暗礁险滩。

只有安全，才能远行。刑事风险防控意识的强弱，作为一个基本的前提条件，决定了一个企业家乃至一个企业究竟能走多远。

论医药企业如何规避商业贿赂风险

王建平　张繁荣[*]

在医药购销领域,医疗机构占据了绝对有利的地位,医药企业要通过医疗机构将药品销售给患者,而患者消费药品也主要是在医生的处方指导下,以在医疗机构的药房购买为主。因此,医药企业药品的销量主要取决于医疗机构,特别是医生拥有的处方权会直接影响药品的销量,从而成为商业贿赂瞄准的对象。

医药购销领域的商业贿赂与老百姓的生活密切相关,极为敏感。近年来,商业贿赂问题在医药购销领域相当严重,"据商务部的统计,仅在全国药品行业作为商业贿赂的回扣,每年就侵吞国家资产约7.72亿元,约占全国医药行业全年税收收入的16%"。[①] 该领域的商业贿赂行为不但加剧了群众看病难、看病贵的问题,更损害了党和政府的声誉,败坏了卫生行业和医务人员的形象,成为滋生贪污、行贿受贿等经济犯罪的温床。[②]

从医药企业的角度来看,包括医药代表等医药企业的营销人员为了提高自己的药品销售业绩,谋取更大的经济利益,对相关医疗机构行贿,不仅会造成营销人员个人因涉嫌行贿而身陷囹圄的后果,也会给该营销人员所属的医药企业的声誉带来损害,甚至使企业毁于一

---

[*] 王建平,北京市房山区人民检察院检察长;张繁荣,北京市房山区人民检察院法律政策研究室助理检察员。

[①] 转引自张林鸿、李宁:《医药购销商业贿赂的法律规制》,载《贵州大学学报》(社会科学版)2009年第5期。

[②] 参见张春雷、王慰:《医药购销领域有关商业贿赂行为定性问题探讨》,载《中国检察官》2009年第2期。

旦。如全球知名药企葛兰素史克中国公司为达到打开药品销售渠道、提高药品售价等目的,向政府部门官员、医药行业协会和医院、医生等行贿,包括葛兰素史克中国 4 名高管在内,超过 20 家药企为此被警方立案侦查。③ 因此,医药企业如何加强对营销人员的管理,避免其个人行为给企业带来的刑事风险,对企业的长远健康发展显得尤为重要。

一、当前医药企业面临的商业贿赂风险的现状

随着我国社会主义市场经济的发展,竞争日趋激烈,人们的营销意识逐渐增强。但企业往往偏重于产品的销量,而忽略了对营销人员的销售管理工作,医药企业也不例外。市场经济浪潮推动了医疗体制的改革,同时,广大医务人员接受着利益和欲望的考验,医药企业也不得不面对营销人员特别是医药代表的贿赂行为给企业发展带来的挑战。当前,在医药购销领域,商业贿赂犯罪呈现了以下特点:

(一) 从犯罪主体来看,涉案人员广泛

从北京市房山区人民检察院 3 年中办理的案件看,2010 年 6 月至 2013 年 6 月,在医疗卫生系统共立案侦查职务犯罪案件 21 件 25 人,查办医药代表等医药销售人员涉嫌贿赂犯罪案件 6 件 6 人。从上述案件来看,问题主要发生在医药的采购和处方环节上。医药代表等医药营销人员为了使他销售的药品进入相关医疗机构,必须逐一"打点"科室主任、药剂科主任、药事委员会主要成员,为了顺利统计掌握某类药品的销售使用情况,还必须与医疗机构的统计部门搞好关系,而要顺利结算药品款项,还不能怠慢财务部门人员。因此,采购回扣主要是给了那些握有进药权限的医务人员及用药统计部门、财务部门的工作人员。一种药品在进入医疗机构,理顺进货、结款等渠道后,还需通过医生开出使用该药品的处方,才能真正带动该药品的销量。因此,处方回扣主要是给临床医生。为此,在医疗机构方面,与药品购销有联系而涉嫌贿赂犯罪的主要有三类人:

(1) 有决策权和管理权的领导,如药事委员会委员。
(2) 有处方权的医务人员。

---

③ 参见 http://wapbaike.baidu.com/view/10775042.htm?ssid=0&from=2001a&uid。最后访问日期:2013 年 9 月 5 日。

(3) 医院统计部门、财务部门的工作人员。

而在医药企业方面,涉嫌行贿犯罪的主体主要包括医药销售的代理商和医药企业的代表,即医药代表。

(二) 从犯罪手段来看,作案手段隐蔽

由于长时间以来药品回扣在我国医药行业已经成为一个"公开的秘密",但是其在具体运作中却具有相对的隐蔽性。从查处的案件看,贿赂过程主要是:医药代表或者销售代理商与医院握有采购药品权的关键人物私下谈好回扣比例,在实际销售中通过定期或不定期的转账、直接给付现金等方式运作,在财务账目上却无任何显示。由于药品销售人员与相关医疗机构人员往往为了共同利益,不但共同隐瞒相关情况,而且互相保护,使得药品销售的真实账目很难查清,给侦查取证工作带来一定困难。同时,部分医药营销人员还通过召开学术会议、帮助发表论文、赞助学术研究等方式将医务人员捧成"专家"。由此,找他们看病的人会更多,通过这些"专家",医药营销人员的药品的销量自然不成问题。而对这一类行为该如何查处打击,法律还没有作出明确规定,这在一定程度上影响了对商业贿赂行为的打击力度和效果。

(三) 从犯罪形态来看,贿赂行为连续化

医药购销领域的商业贿赂具有时间跨度长、次数多且连续化等特点,这是该行业与其他行业商业贿赂的显著不同之处。土地出让、工程建设、产权交易等行业的贿赂,基本上都是向对方一次性提供相当数量的财物或其他利益,而医疗药品、器械的购销是长期不间断的采购行为。对该领域的回扣则是采取按量定期结算的方式,这也使得贿赂行为呈现长期而连续的特点。北京市房山区人民检察院在办理上述医药销售人员涉嫌贿赂的 6 起案件中,6 名犯罪嫌疑人的行贿行为均是从 2006 年开始,跨度达三四年,行贿的次数少则五六次,多则十几次,行贿数额总量最高达 150 余万元。因为行贿行为具有长期而连续的特点,所以医药销售人员每月给付的回扣金额并不是很大,客观上也不容易引起行贿者、受贿者对犯罪的警惕。

(四) 从犯罪危害后果来看,贿赂行为导致药品价格虚高

医药企业把商业贿赂的支出看做是药品的生产或销售成本,从而

将商业贿赂造成的交易成本转移到医药的消费者,也就是患者身上,导致药品价格虚高,加剧了群众"看病难、看病贵"等社会问题。譬如,在房山区人民检察院办理的王某行贿案中,药厂按每瓶结核丸12元卖给王某,而医院销售给患者的零售价却为66元。医院的采购中标价为57.4元,而出厂价与中标价之间的差价,大部分都被王某通过每瓶返利7元、8元、15元不等,给予帮助其销售、使用结核丸的医务人员了。这也折射出医疗机构药品集中招标采购制度的漏洞以及医药不分等制度的弊端。

二、商业贿赂行为给医药企业造成的危害

医药营销人员用回扣,或巧立名目各种费用等促销手段,变相向相关人员实施不正当竞争来推销药品,或推销伪劣药品,谋取私利,不但干扰了药品经营秩序,更损害了广大患者的利益,而且也造成了医药购销活动中的不正之风盛行。[④] 医药营销人员通过商业贿赂等手段,片面追求药品高销量的业绩,短时间内能给企业带来一定的经济利益,但是,从长远来看,医药营销人员的贿赂行为给企业自身带来的危害是十分严重的,主要表现在:

(1)对于整个医药行业的宏观层面而言,商业贿赂行为以排挤竞争对手获取不正当利益为目的,通过贿赂手段获取交易机会,会导致医药行业内资源分布不平衡,个别从事行贿行为的医药企业能够获得更大的利益,而使大部分企业的利益受到损害,甚至有可能导致该行业内的恶性循环,催生更多的医药购销领域的贿赂行为,从而使得市场经济规律失去作用,造成整个医药市场运行不稳定,严重影响医药行业和销售行业的健康发展。

(2)对于从事商业贿赂行为的医药企业自身而言,商业贿赂会破坏医药企业内部正常的经营管理秩序,给企业的员工带来不健康的价值观、业绩观。商业贿赂是对企业道德文化的破坏,更是对企业法治文化的破坏,在增加企业交易成本的同时,也加大了企业的法律风险。一旦企业员工特别是高级管理人员的贿赂行为被查处披露,该企业在

---

④ 参见先德强、先德其、丁唯一等:《医药代表问题及其法律规制》,载《医学与哲学》(人文社会医学版)2008年第8期。

公众心目中的形象必然大打折扣,从而直接影响到企业的经营成果,尤其是上市公司更是名利俱损。并且,企业相关的工作人员也会因为严重的商业贿赂行为触犯刑法而身陷囹圄,企业自身也会因为该工作人员的行为而面临诉讼的困境。经济上的损失容易弥补,而企业的形象一旦被毁,要想修复,则需要员工付出更多的努力和更大的代价。

三、医药购销领域存在商业贿赂的原因

当商业贿赂在医药购销领域中已经成为一种潜规则时,要想从根本上遏制商业贿赂,首先就要找出造成医药购销领域商业贿赂泛滥的原因。在诸多因素中,笔者认为可以从以下几个方面进行探讨:

1. 医药企业自身的原因

商业贿赂行为虽然是医药企业的营销人员个人实施的,但与医药企业自身的经营理念、管理方式等不无关系,从医药企业自身来讲,主要有以下几个因素导致商业贿赂的出现:

(1)医药企业内部刑事法律风险防控制度的缺乏。虽然现在多数企业都建立了法律风险防控制度,采取诸多措施来避免法律纠纷的出现,譬如建立药品质量管理体系、落实合同管理制度、对员工进行法律培训、聘请法律顾问,等等。但是,这些防控制度都是侧重企业民事法律风险的防范,很少涉及刑事风险问题。医药企业的法务人员在一定程度上缺少诉讼尤其是刑事诉讼经验,这就导致在日常的法务工作中尤其是相关的营销方案的法律审查中缺少对诉讼风险尤其是刑事风险的审查。刑事法律风险的防控,成为医药企业管理的"短板"。[5]

(2)医药企业管理者经营理念中淡薄的法律风险意识。通过医药营销人员的商业贿赂行为,医药企业生产的药品可以很快并顺利进入相关医疗机构,这比通过正常的招标途径带来的不确定性要实惠得多。正是因为商业贿赂行为能顺利打开医药企业的药品销售渠道,带来巨大的经济收益,因此,部分医药企业的管理者对药品销售人员的贿赂行为视而不见,或者是暗中授意,鼓励销售人员进行商业贿赂行为。这种行为从根本上说是一味追逐经济利益而损害商业道德的行

---

[5] 参见 http://www.ecoc120.com/index.php?a=show&c=index&catid=42&id=376&m=content,访问日期:2013年8月21日。

为,也是没有意识到商业贿赂的违法性和严重性的行为。商业贿赂固然能够给企业带来暂时的收益,但是从长远来看,将给企业带来极大的法律风险。企业负责人可能因为涉嫌单位行贿罪而受到刑事处罚,企业本身也可能因为涉嫌使用不正当手段争取药品交易机会,而导致该药品交易的取消,直到被取消采购名录。同时无论是企业负责人被司法机关调查还是该不正当竞争行为被公开披露,都会给企业未来的运营产生不容忽视的影响。譬如公众不再信任该企业,导致企业股价下降,等等。

（3）医药企业重复生产药品造成供需矛盾。20世纪80年代以来,我国的制药企业急剧增长,据业内人士统计,目前全国药品生产厂家有6300余家,药品经销企业更是多达11280家,甚至出现一个品种（如氟哌酸等）的药品就有1000多家药厂重复生产的现象。[6] 相当一部分医药企业完全没有能力开发高水平的、竞争能力强的新产品,导致同一个品种的药品往往有多家药厂同时生产,而且质量都差不多。为寻求企业自身的生存和发展,许多企业把大量资金和人力投入到药品的销售方面,争取药品更大的销量,不少医药企业为了推销而不择手段,产生了诸多不正当竞争手段和非法促销药品的行为,商业贿赂之风在医药行业愈演愈烈。

2. 医药购销领域从业人员的原因

在社会主义市场经济不断深入推进发展的过程中,商业贿赂在给社会带来危害的同时,也影响了医药购销领域从业人员的思维,商业贿赂已经成为医药购销领域的"默契"。很多医药购销领域的从业人员,既包括医药代表在内的医药营销人员,也包括医疗机构的相关人员,他们并不觉得"回扣""提成""返利"等行为是违法行为,而认为是该领域约定俗成的互惠互利的商业合作。

一方面,包括医药代表在内的某些医药营销人员唯利是图,见利忘义。他们抛弃了诚实守信的商业活动的基本原则,为了能将自己代理的药品推销给医疗机构,拿到销售业绩,获取更多提成收入,医药营销人员在医药行业竞争中不择手段,不惜通过行贿实现销出药品的目

---

[6] 参见左登焕、朱勇:《医药购销中的贿赂犯罪现状及预防措施》,载《法制与社会》2009年第12期。

的,而且这些人对于其通过商业贿赂而得到多家医疗机构的药品采购指标的行为不以为然,反而认为这是自己营销能力强的表现。例如,王某行贿案中,按王某的话说,"大家都这么做,自己不做,我的药就卖不出去,卖不出去,我就挣不到钱"。王某将药品出厂价与医疗机构的招标采购价之间的差价款套取出来,其中大部分资金用于给予帮助其销售结核丸的国有医疗机构管理人员,但是由于其药品销量大,王某个人盈利高达150万元人民币。

另一方面,医疗机构的部分工作人员为了追求名利,产生了权力寻租的权力观、模糊淡薄的法制观。由于平时疏于学习提高,放松了对自己的要求,医务人员背离了职业道德。在医药代表等医药营销人员的"糖衣炮弹"进攻下,经受不住各种诱惑,从接受吃请开始,到收受贿赂,慢慢被拉下水,从而走上了犯罪道路。例如在郭某受贿案中,郭某认为收取药品"返利",是他们付出的技术或者劳务所得,也是双方"你情我愿"的事,而且是"你拿我拿大家拿",因而对医药营销人员给予的"返利"警惕性不够,使得医务人员通过处方收取医药营销人员的回扣成了行业内公开的秘密。虽然医务人员自身的文化水准都比较高,但个别医务人员的法律意识却十分淡薄。例如,在黄某受贿案中,黄某认为自己只是每月统计了某种药品的月处方量,行贿人按月给付一定的统方费,并没有去干预医院的药品招标采购事宜,让行贿人得以顺利中标,也没有让医院有损失,因而并不认为自己收取所谓统方费的行为涉嫌犯罪。

3. 当前社会环境的原因

(1)"以药养医"医疗体制及药品流通体制催生了商业贿赂。我国医院的收入主要来源于三方面:财政拨款、医疗服务收费和药品的购销差价收入。由于医院的挂号费、手术费、诊断费等医疗服务收费被国家严格控制,始终处于很低的水平,医疗服务收入在医院的总收入中所占的比重实在微不足道。在政府的财政拨款、服务收入无法增加的情况下,医院为了维持生存和发展,只能在药品购销差价方面打主意,通过提高药品的价格来弥补自己的亏空。药品生产企业抓住了医疗机构渴望得到额外收益的心理,通过各种方式进行商业贿赂争取交易机会。在患者就医时,医生往往选择价格高、回扣多的药品。因此,"以药养医"体制,为医药购销领域的商业贿赂打开了方便之门。

另外，药品采购环节的不规范，又为不正当利益的谋取创造了条件。医疗机构虽然不是药品的最终消费者，但却是最大的购买商。医药企业要将药品顺利卖到患者手中，就必须进入医疗机构的采购范围，为了有效打通医疗机构的各个环节，医药销售人员需要花费大量的人力、财力、物力，这些费用最后会通过药价来体现，并最终由患者买单。药品的出厂价与患者购买价格之间的差价，在医药企业营销人员和医疗机构之间进行分配。由此可见，药品的流通体制，也是催生医药购销领域商业贿赂的重要原因。

（2）法律不完善，"重受贿、轻行贿"的司法处罚惯例，加剧了购销领域商业贿赂蔓延。迄今为止，我国还没有一部统一的"反商业贿赂法"，规制商业贿赂的相关立法散见于《中华人民共和国刑法》《中华人民共和国反不正当竞争法》《中华人民共和国执业医生法》《中华人民共和国药品管理法》及相关司法解释中。2008年11月20日，最高人民法院、最高人民检察院联合颁布了《关于办理商业贿赂刑事案件适用法律若干问题的意见》（以下简称《意见》），《意见》第4条规定了涉及医药领域的商业贿赂。该规定传递出国家打击医药购销领域商业贿赂犯罪力度不断升级、范围不断扩展的决心，更为司法机关及时有效地惩治此类犯罪提供了法律依据。然而总体看来，我国关于商业贿赂的法律条文过于分散，立法层级不高，规定也过于宽泛，影响了对商业贿赂行为的惩处力度和效果。

除非存在免受处罚的希望，否则没人愿意去犯罪。⑦ 在司法实践中，重受贿、轻行贿也使行贿者存在侥幸心理。从上述北京市房山区人民检察院统计的数据来看，同一时期内，查处的医药购销领域内的行贿者人数不及受贿者人数的 1/3，只注重打击受贿而轻视对行贿者的追究，也是该领域内的行贿行为屡禁不止的重要原因。

四、医药企业规避商业贿赂风险的对策

治理医药购销领域的商业贿赂是一项复杂的工作，前文也提到，造成医药购销领域存在商业贿赂的原因是多方面的。目前这种"以药

---

⑦ 参见〔英〕吉米·边沁：《立法理论》，丁露、王丽、孙力译，中国人民公安大学出版社2004年版，第11页。

养医"的医疗体制及药品流通体制短时间内无法改变,由于法律的相对稳定性,不能任意修改。因此,在医药购销领域的商业贿赂的相关法律还不完善的情况下,笔者认为,医药企业要想在当前这种社会环境中谋求自身的长远健康发展,体现企业家精神的核心内涵创新、诚信与责任[⑧],可以从以下几个方面着手,来规避商业贿赂给医药企业带来的风险。

1. 树立诚信经营的理念

由于市场经济的不完善,许多行业内存在大量的"潜规则",如医药行业内的"药品回扣",这在一定程度上会影响医药企业管理者的管理决策。医药企业与其他实体企业相比,既有共同的特征,如追求经济利益的最大化,受市场经济规律调节与制约,也有自己的特点,因为医药卫生事业关系亿万人民群众的健康,是重大民生问题。医药购销领域的商业贿赂盛行是造成药品价格居高不下、医患关系紧张、医疗纠纷增多的主要原因。因此,医药企业的健康发展,是不断提高人民群众健康素质的基础。

作为医药企业的管理者,他主导着企业的经营发展方向。因此,只有管理者树立诚信经营的正确理念,在工作中通过开展查处商业贿赂案例的警示教育,深刻认识商业贿赂给企业的健康发展带来的负面影响,在企业内部构筑思想防范机制,大力加强企业诚信文化建设,才能更好地促进企业未来的发展。

2. 提高企业的创新能力

我国医药企业重复生产药品,同一种药品多家药厂都在生产,在竞争激烈的市场经济条件下,众多医药企业为了确保药品的销量,往往把企业的大部分资金和精力投入到药品的价格和销售渠道上,而不是在研发新药品和提高药品质量上下工夫,使得医药行业商业贿赂盛行。而商业贿赂的盛行,反过来又促使医药企业把主要精力投入到药品的价格和销售渠道方面,而不是研发新药品和提高药品质量方面,从而形成恶性循环,阻碍医药企业的健康发展。

为此,作为医药企业,应当适当加大科技创新的投入,提高企业的创新力,努力攻克医药科技难关,在研发新药品和提高药品的质量上

---

⑧ 参见《2012中国企业家犯罪媒体案例分析报告》,载《法人》2013年第3期。

下工夫,开发适合我国国情的医药产品、医疗器械等,才能使企业生产出的药品在同行业中更具竞争力,自然也就无须通过商业贿赂的手段争取药品的交易机会,企业自身也无须承担商业贿赂风险。

3. 建立健全刑事法律风险防控机制

长久以来,中国社会都是以"人情"社会为主,企业在经济活动中的各种行为也都是有关系才好成事,特别是在当前这种医疗体制下,医药营销人员请客送礼、惠以好处就成为家常便饭,甚至成为医药企业经营的潜规则。在这种大环境下,医药企业很容易因为医药营销人员的行贿行为而陷入被动。

总体来讲,尽管商业贿赂的方法与表现形式各种各样,但其发生,与医药企业内部缺乏刑事法律风险防控机制有很大关系。因此,医药企业应当建立健全刑事法律风险防控机制,提高医药企业人员的法律意识,确立由企业法务部门负责,各部门共同参与的防控机制。企业法务部门可以设立商业贿赂管理岗位,负责开展企业反商业贿赂的监测与培训等,同时还应健全预防和应对商业贿赂风险的行为机制。

4. 完善对医药营销人员的管理体制

我国医药行业目前采取的销售模式主要有代理商销售和通过医药代表销售。代理商销售是指医药厂家将药品以低价销售给代理商,并与其签订代理的区域和零售价格,中间所有操作环节全由代理商掌控。医药代表是指从事药品推广、宣传工作的市场促销人员,主要与医生和药房人员打交道。[9] 资料显示,美国60%以上的医生认为,医药代表是很好的信息来源;在美国食品与药品管理局收到的药品不良反应报告中,90%以上来自医药代表。因此,医药代表的资质和职业行为要受到严格的约束和规范。[10]

由于两类销售人员与医药企业之间的关系不一样,自然也应该采取不同的模式去管理。对于采取代理商销售模式的医药企业,其药品经营风险已经转由代理商承担,如果其为销售药品向医疗机构行贿,

---

[9] 也有负责药房(OTC)方向的医药代表,由于本文主要是医药营销人员向医疗机构进行贿赂的问题,涉及负责与医疗机构联系的医药代表,故在此只讨论负责联系医疗机构的医药代表。

[10] 参见富子梅:《医药代表的角色之惑》,载《人民日报》2007年9月20日,第005版。

贿赂风险由代理商承担,医药企业无须承担责任,但仍可能给医药企业的形象造成一定损害。为此,医药企业可以在与代理商签订协议时,订立相关条款,如由于代理商的违法行为导致合同无法履行,给医药企业造成的损失应由代理商承担,以此约束代理商合法经营。

对于采取医药代表销售模式的医药企业,由于医药代表是企业自身的销售人员,其行为更是代表了医药企业的形象。因此,为避免医药代表给企业带来商业贿赂风险,医药企业应当加强对医药代表的管理:① 严把招录医药代表关,保证医药代表的素质水平。② 在工作过程中要加强对医药代表的管理培训,强化其法律意识。③ 企业法务部门负责医药代表营销方案的前期审查,避免给企业带来法律风险。④ 实行公开透明机制,对医药代表所有经营活动中发生的折扣、让利等行为,全部纳入企业账户,按有关方面的规定进行处理,坚决不搞"体外循环"。

医药购销领域的商业贿赂破坏了我国医药市场的竞争秩序,严重制约了我国医药行业和药品流通行业的健康发展。由于医药领域的特殊性,决定了商业贿赂的存在势必对患者的身心健康造成严重威胁。遏制医药购销领域的商业贿赂,势在必行。在注重企业形象的当今社会,为了谋求长远健康发展,医药企业更应从自身利益出发,抵制商业贿赂,规避商业贿赂带来的风险。

企业家刑事法律风险加大的现实困境、本体动因及防范立场

——基于刑法本我、自我与超我的三维解析

梅传强　张永强[*]

近年来,随着转型期我国经济结构的变迁和社会矛盾的集中凸显,我国企业家涉嫌经济犯罪的现象愈来愈多。据北京师范大学中国企业家犯罪预防研究中心课题组的统计,仅 2012 年就有 245 例企业家涉嫌的犯罪案件,其中既有民营企业家,也有国有企业家,而且涉案的行业、地域、标的、犯罪类型都有扩大的趋势。[①] 显然,企业家涉嫌犯罪的这种高发态势,不利于当前我国经济社会的平稳发展,从刑事打击的层面来讲,也无疑加重了企业家在经济活动中的刑事法律风险,在一定程度上制约着企业家在经济活动中发挥应有的价值和功能。由此可见,协调经济发展与经济犯罪之间的关系,是当下我国刑法理论界与实务界面临的重大课题,对"风险社会"语境下企业家刑事法律风

---

[*] 梅传强,西南政法大学法学院教授、博士生导师;张永强,西南政法大学法学院 2012 级刑法专业硕士研究生。

[①] 根据《2012 中国企业家犯罪案例分析报告》指出,在明确企业所有制类型的 243 例案件(其余 2 例案件的企业所有制类型不明,故予以排除)中,国有企业家犯罪或涉嫌犯罪的案件为 85 例,占 243 例案件的 35.0%,民营企业家犯罪或涉嫌犯罪的案件为 158 例,占 243 例案件总数的 65.0%。且与 2011 年度的媒体案例(《法人》发布,下同)相比,民营企业家涉及的犯罪案件在绝对数和所占比例都有明显提升(2011 年民营企业家犯罪或涉嫌犯罪的案件为 111 例,占所有案件总数的 56.8%)。就地域分布而言,在 245 个案例中,79 家涉案企业集中于北京、上海、广州、深圳这四个一线城市,占到了涉案企业总数的 32.2%;另有 74 家涉案企业位于二线城市,占涉案企业总数的 30.2%;其余 92 家涉案企业则位于三线或四线城市。具体参见北京师范大学中国企业家犯罪预防研究中心课题组:《2012 中国企业家犯罪媒体案例分析报告》,第 7—10 页。

险进行合理控制,是法治经济建设的应有之意,也是市场经济体制下我国法制体系自身进步与完善的必然要求。因此,从当下我国所面临的企业家犯罪的现实困境出发,立足刑法规范的本体维度,探寻企业家刑事法律风险加大的本体动因,并从刑法"本我""自我""超我"的视角,确立企业家刑事法律风险防范的刑法立场,既是一种本体论视域下研究进路之选择,也是刑法解释学与教义学在冲突境遇下自身价值之检验。

一、企业家刑事法律风险加大的现实困境

不管是民营企业家,还是国有企业家,其不仅是企业日常生产经营管理活动中的核心所在,也是国家经济平稳发展的中坚力量,甚至从某种意义上而言,归因于人本因素,一国经济战略的实现与否,直接依赖于企业家人力资源的整合程度。由于受物质环境对智力资源的制约,企业家所面临的社会环境状况直接决定了企业家自身潜能的发挥。随着"风险社会"概念在社会学研究领域的兴起,人们对社会风险与安全需求的关注普遍提高,来源于外部环境的风险压力,已经成为衡量个人活动或集体活动安全程度的重要标尺。

由于经济活动的复杂性和市场环境的多变性,企业家在日常生产、经营、管理活动中会面临多方面的风险威胁,不仅有市场活动自身的不确定性带来的经济风险,也有政治、法律、文化、政策等因素的变化带来的非经济风险,在这种多变性与不确定性的风险环境中,企业家的自身行为很容易陷入风险困境。从近年来司法实践中的具体案例来看,在企业家所面临的诸多风险中,刑事法律风险是企业家所面临的严峻风险之一[2],而且刑事法律风险加大的趋势,更是企业家风险

---

[2] 有学者研究指出,企业家或者企业面临的主要法律风险可以分为刑事法律风险、民事法律风险和经营管理法律风险。其中刑事法律风险指企业或者企业家作为被告触犯刑法受到法律制裁,以及作为刑事案件的受害者承受伤害或损失所必须面对的风险。包括"企业或企业家触犯刑法"和"针对企业或者企业家犯罪"两种法律风险。参见王荣利:《企业家的法律风险与防范》,载《上海国资》2007年第9期,第66页。显然,该学者对企业家"刑事法律风险"的概念持广义解释的立场,既包括企业或企业家自身行为所引起的"主动型"刑事法律风险,也包括指向企业或企业家的他人行为引起的"被动型"刑事法律风险。鉴于本文的研究旨趣,笔者对此持狭义概念,即将企业家所面临的刑事法律风险仅限定为企业家自身行为所引起的"主动型"刑事法律风险,而且把作为法人主体的企业所面临的刑事法律风险排除在外。

困境加剧的主要原因。分析我国当下企业家法律责任风险加大的现实困境,最为突出的表现为法律滞后与市场创新需求、观念异化与时代进步、制度缺失与责任分配之间的冲突困境。

(一)法律滞后对创新需求的制约困境

在企业家面临的风险困境中,法律的滞后性与创新需求之间的冲突表现得尤为激烈。法律作为一种规范性指引,对企业家的行为具有良性约束的功能,这也是国家法律在经济领域所要实现的合理预期,是维持市场经济秩序与企业家行为规范化的必要保障。企业家在经济活动中的行为,一般意义上而言具有超自然人人格的特征,是一种群体性虚拟意志的体现,在责任主义立场下,面临着企业家个人与关联组织之间的责任分配问题。显然,这种责任分配的复杂性和专业性已超越了人类朴素的正义情感,必须依托成文法律的明确规定才能解决。虽然法律作为一种指引规范,能够对企业家的行为产生一定的导向作用,并为企业家与关联组织之间的责任分配提供现实路径,但法律自身的"时滞"缺陷却又容易削弱这种导向功能,一旦责任分配路径受阻,在行为责任的分配逻辑中责任风险往往会向企业家倾斜,形成责任风险的非制度性转移,无形中就加大了企业家风险责任。正如有学者所言:"尽管法律是一种必不可少的具有高度助益的社会生活制度,但是,它像其他大多数人定制度一样也存在一些弊端。如果我们对这些弊端不给予足够的重视或者完全视而不见,它们就会发展成为严重的操作困难。法律的这些缺陷,部分源于它所具有的守成取向,部分源于其形式结构中所固有的刚性因素,还有一部分则源于其控制功能相关的限度。"[③]所以,法律自身的滞后性缺陷和刚性的要素组合成了企业家责任风险加大的潜在威胁。

另外,由于企业家的行为面向的是开放的经济市场,经济市场本身却又处于一种动态的变化之中,这对企业家的信息捕捉能力和综合判断能力具有极高的要求,但由于市场信息的多变性和不对称性,容易使企业家产生认识错误,从结果上看,或许行为所产生的经济效益是正向的,也符合企业家与关联组织的利益诉求,但行为在法律上却

---

③ 〔美〕E.博登海默:《法理学:法律哲学与法律方法》,邓正来译,中国政法大学出版社2004年版,第419—420页。

属于无价值,容易引起否定性法律评价的风险责任。例如,从近年来民营企业家涉嫌的经济犯罪来看,大多数民营企业家都面临资金短缺、融资困难的问题,为了企业自身的生存与发展,企业家在无法通过国家正常的融资渠道获取经营所需资金时,往往会通过法律规定以外的其他方式进行融资,虽然这种做法会为民营企业自身的发展带来一定的助益,但由于法律上的否定评价,往往会产生刑事法律风险,集资诈骗罪、贷款诈骗罪、非法经营罪、非法吸收公众存款罪等成为这类案件适用率最高的罪名。这种市场自身原因诱发的责任风险,容易对企业家的创新需求形成制约,使企业家陷入市场调配失灵以后的制度困境。在企业家涉嫌经济犯罪的具体认定中,由于经济犯罪大多属于法定犯的范畴,其具体认定有别于以人类正义情感为基础的自然犯罪,即"在经济发展的复杂社会与重视人权的法治时代,不可能直接根据正义理念或自然法认定犯罪"。④ 政府易对企业家的失范经济行为产生刑法规范的机械适用,以一种"先入为主"的非理性逻辑加大企业家的刑事法律责任风险,甚至颠倒刑法规范的"保障法"地位。

(二)观念异化对时代进步的制约困境

观念作为行为表现的内在要素,对具体行为产生机理具有明显的影响作用。企业家在市场经济活动中的行为观念与社会公众对企业家行为的评价观念,是影响企业家行为的重要因素。由于观念受时代环境制约特性比较明显,而且表现出了强烈的纵向承继性,所以,观念与时代进步之间的冲突,容易使企业家陷入责任风险加大的困境。

从企业家自身的观念考察,由于受经济利益的不断冲击,传统"君子爱财、取之有道"的经济观念被不断削弱,而在我国市场经济体制不断确立和运行的过程中,一些极端个人主义、拜金主义、享乐主义等观念开始显现,这种观念反映到企业家的市场经济行为中,表现为异化的行为取向,即为了获取经济利益,不择手段地攫取公私财物,从事违法犯罪活动。⑤ 例如,非法生产、销售伪劣产品,贪污、受贿、挪用企业

---

④ 张明楷:《刑法分则的解释原理》(第 2 版),中国人民大学出版社 2011 年版,第 3 页。

⑤ 参见李永升、张二军:《关于经济犯罪的成因剖析》,载《犯罪与改造研究》2013 年第 6 期,第 3 页。

资金,在企业的招标、采购、财务管理、物流运输等环节弄虚作假等。显然,企业家自身观念的异化不符合时代进步的要求,是一种文化失范的表现,正如有学者所言,转型期市场文化的很多观念都有两重性,他们的负面效应明显能诱发经济犯罪。[6]

从社会公众对企业家行为的评价观念考察,由于我国市场经济中存在着较为严重的贫富差距问题,公众普遍表现出了不满情绪,对企业家的行为缺乏正向的关注和监督,甚至表现出漠不关心的态度。相反,一旦企业家的行为涉嫌违法犯罪,往往容易在媒体报道后被放大,形成强烈的舆论压力,不仅办案机关容易受到公众舆论的潜在影响,而且公众的不满情绪会通过舆论的压力转嫁给涉案企业家,企业家在既有的法律责任基础上还需承担额外的道德责任,且容易在无形中增加企业家刑事法律责任风险。

(三) 制度缺失对责任分配的制约困境

责任的分配直接关系到正义的实现与否,"公平正义的观念要运用纯粹程序的正义概念解决特殊境况中的偶然性问题"[7],而完善的分配制度,是实现程序正义的必要前提。在企业家风险应对机制中,完善的配套制度是责任风险进行合理分配的有效保障,包括风险预防制度、风险责任分配制度和风险责任救济制度,任何一种制度的缺失或者失灵,都会加大企业家的风险责任,使企业家陷入制度缺失造成的风险责任困境。风险预防制度主要强调企业家在企业日常的生产经营管理活动中,在实现其计划、组织、领导、控制职能时对行为的规范性指引,包括法律、行政法规、地方性法规和企业的章程等,风险预防制度的价值在于对企业家行为的潜在风险进行事前规范,阻止潜在风险的现实化,以降低企业家风险发生的可能性;风险责任分配制度主要强调现实化的风险在责任主体之间的合理分配,包括企业家与企业、企业家与其他直接责任人员之间以及不可归因于企业家行为的其他责任的分配,风险责任分配制度的缺失,容易产生责任主体不明、个体责任与企业责任不分的混乱局面,基于企业家在企业市场经营活动

---

[6] 参见李锡海:《论市场文化与经济犯罪》,载《法学论坛》2006年第3期,第8页。

[7] 〔美〕约翰·罗尔斯:《正义论》,何怀宏、何宝钢、廖申白译,中国社会科学出版社2009年版,第216页。

中的特殊地位，在这种情况下，企业家的责任范围往往容易超越合理的限度，成为"为了归责而归责"的责任牺牲品，不仅有失公平、正义，而且人为加重了企业家的风险责任；责任救济制度主要强调企业家所承担的责任已经超越了合理限度的情况下，如何通过制度设计给予企业家一定的救济途径，这也是防范企业家责任风险加大的最后一道防线。

从当前我国企业家涉嫌的经济犯罪现状分析来看，制度缺失导致的企业家责任风险加大的现象比较突出，不管是企业家风险预防制度、风险责任分配制度，抑或风险责任救济制度，由于受市场经济发展程度和责任风险认识程度的制约，都表现出了明显的不足，甚至出现了制度调控的真空状态。具体而言，一方面，在经济运行过程中调节企业家责任风险的各种政策、法律、法规、规章制度等，还不能及时适应市场经济的发展，且现有的制度依然存在着诸多漏洞，这为企业家责任风险的加大提供了客观基础；另一方面，由于市场经济自身新陈代谢容易产生新的风险，而现有的企业家责任风险预防、分配、救济制度没有直接相关的具体指引，而且市场经济活动中极易产生不正当竞争行为，对不正当竞争行为的严厉打击又易使这种制度缺失或者调控失灵所产生的责任风险向企业家转移。显然，这种市场行为的超前性与制度调控的滞后性之间的错位，为企业家责任风险的加大提供了现实可能。

二、企业家刑事法律风险加大的本体动因

犯罪不仅是一种法律现象，更是一种社会现象，犯罪的发生具有深厚的社会根源，正如刑事实证学派学者菲利所言："每一种犯罪都是行为人的身体状况与社会环境相互作用的结果"[⑧]。因此，考察企业家犯罪现象，尤其是探析企业家涉嫌经济犯罪现象增多、企业家刑事法律风险加大的原因，必然不能脱离当下我国企业家所处的政治、法律、经济、文化环境。从目前我国企业家涉嫌犯罪的总体现状分析来看，企业家刑事法律风险的加大既有政治、经济、文化结构转型的体制性原因，也有企业家自身道德观念、思想认识、教育程度、法律意识等

---

⑧ 〔意〕恩里科·菲利：《犯罪社会学》，郭建安译，中国人民公安大学出版社2009年版，第150页。

方面的原因。基于本文的研究旨趣和篇幅限制,笔者拟以刑事法律规范自身为出发点,着重剖析企业家刑事法律风险加大的刑法本体动因。就刑事法律规范本身而言,企业家责任风险加大的动因主要体现在两个方面:一是刑法适用观念的错位,容易使"刑外风险"向"刑内风险"转移;二是刑法规范自身的不足,存在着"刑内风险"加大的潜在威胁。

(一)刑法适用观念错位引发的"刑外风险"向"刑内风险"的转移

刑法适用观念,直接决定了刑法适用的公平、公正程度,不仅能够反映国家对犯罪行为的态度与立场,而且直接关系到罪与非罪、此罪与彼罪、重罪与轻罪的司法适用和行为人刑事责任的大小。刑法作为一种事后的"救济法",其对犯罪行为制裁的严厉性,决定了其必须保持应有的谦抑性,既不能在"刑法万能"主义的蛊惑下扩大刑法的适用范围,也不能在"刑法前置"思维的诱导下提前介入社会生活,形成对公民社会生活的过度干预。在我国企业家涉嫌的犯罪案件司法处理中,刑法适用观念发生了错位,存在着"刑法至上""刑法前置"及"刑罚万能"的错误观念,这无疑会加大企业家的刑事法律风险,使"刑外风险"向"刑内风险"转移。

(1)"刑法至上"观念主要表现为在整个社会行为规范体系,尤其是法律体系中,一旦出现失范的社会行为,便将规范行为的需求直接诉诸刑法,过分强调刑法的打击作用,忽略其他法律规范的防范价值。"刑法至上"观念反映到市场经济领域,则表现为刑法对市场经济主体行为的过度干预,企业家在日常生产经营管理活动中的失范行为,很容易受到刑法的优先评价,而不是其他诸如经济法、行政法等法律、法规的评价。而刑法作为犯罪认定和刑罚适用的指引性规范,又易将企业家在市场经济中的一些合理行为进行犯罪化处理,进而使企业家承担被剥夺财产、自由乃至生命的刑事责任。例如,现阶段我国民营企业普遍面临着融资困难的局面,民间借贷却能够在一定程度上缓解这种困境,如果按照"刑法至上"思维,将所有民营企业家的民间融资行为都按刑法上的非法吸收公众存款罪、集资诈骗罪、高利转贷罪、贷款诈骗罪等进行犯罪化处理,不仅不利于民营企业的生存和发展,而且会增加企业家的刑事法律风险。当然,这也并不是强调所有民间借贷行为完全非罪化的另一个极端,而是应该将合理范围之内的民间借贷行为排除在犯罪圈之外,以免增大企业家刑事法律风险。

(2)"刑法前置"观念产生于刑法社会防卫功能扩大化的错误逻辑,是对刑法的社会防卫功能过于迷信的结果,强调刑法在社会行为评价过程中的先入为主,这种观念显然与刑法的谦抑性和刑法在社会行为评价体系中的优先次序相矛盾。在整个法律体系中,刑法处于"后盾法"的位置,是在其他部门法调整社会行为无法实现预期结果时进行的救济,是整个社会行为规范体系中的最后一道防线,在未穷尽其他法律规范的情形下强调刑法的提前介入,不仅会架空其他法律规范在整个行为规范体系中的价值,而且有损刑法自身的人权保障机能。此外,在"刑法前置"观念的影响下,也易出现传统"三段论"归罪逻辑的倒置,即不再是在法律规范的大前提下考虑作为案件事实的小前提,而是在案件事实的小前提下寻找作为大前提的法律规范,这显然隐含的是一种"有罪推定"的危险逻辑。在我国企业家涉嫌经济犯罪的司法实践中,"刑法前置"观念往往表现为"入罪"逻辑而不是"出罪"逻辑,即"为了归罪而归罪"。具体而言,在市场经济活动中,随着市场竞争形势的变迁,企业家可能会做出某些法律上并未得以规定的行为,可能具有一定的社会危害性,但并未达到刑法处罚的程度,虽然这是法律滞后性无法避免的漏洞,但往往使法官产生"钻法律空子"的消极评价,进而形成有罪的预判,然后在刑法上寻找对应的罪名,甚至会出现罪刑法定原则所排斥的类推适用。而且我国现行《刑法》中依然存在着与旧刑法中"流氓罪""投机倒把罪"相类似的"非法经营罪",这种"口袋罪"的存在,为有罪预判的现实化提供了可能。显然,"刑法前置"观念,易使"刑外风险"向"刑内风险"转移,是企业家刑事法律风险加大的内在驱动。

(3)"刑罚万能"观念是早期"重刑主义"思想的残余,是一种对刑罚功能过度迷恋的表现,虽然"刑罚万能"的虚幻性早已被各国早期的酷刑史所证实,而且"刑罚万能"观念长期以来也受到了学界的诟病,但在脆弱的人性深处,其依然存在着死灰复燃的可能。正如有学者指出的那样:"犯罪不可能指望通过刑罚予以消灭,而只能尽可能地将其控制在不危及社会的根本生存条件这一社会可以容忍的限度之内。那种迷信刑罚的威慑力,尤其是迷信重刑对未然之犯罪的遏制效果以及已然之犯罪人的矫正功能的观点,是不足取的。"⑨德国著名刑法学家耶林也指出:"刑罚如双刃之剑,用之不得其当,则国家与个人两受其害。"⑩"刑罚万能"观念所反映的是"重处罚、轻保护"的犯罪处遇立场,折射到企业家的市场经济行为评价过程当中,很容易将企业家在市场经济活动中的失范行为进行犯罪化评价,进而通过刑法进行严厉打击。显然,这种"刑罚万能"观念下的处罚思维,缺乏对企业家在市场经济活动中的正向指导,而且排斥经济法、行政法等部门法对企业家市场经济行为的规范和指引,既不能够促进市场经济的发展,也不能很好地保护企业家的权益,容易使企业家的刑事法律风险加大。

(二) 刑法规范自身不足诱发的"刑内风险"加大

基于刑法规范在社会行为调控与评价体系中的特殊性,其禁止性、授权性和命令性的规定不仅具有一定的行为指引价值,而且具有行为裁判的司法认定功能。尤其是在罪刑法定原则已经成为世界各国刑法基本原则的背景下,对罪与非罪、此罪与彼罪、重罪与轻罪的认定,已经超越了人类的朴素情感和正义观念,必须依靠成文的刑法规范才能够得出合理的结论。在市场经济多变性前提下,越来越多的社会行为被纳入法定犯的范畴,这必然对刑法规范自身的科学性和明确性提出更高的要求,模糊的刑法规定不仅不利于犯罪的认定,而且存在侵犯人权的风险,也有损刑法适用的严肃性和公平、公正性。从目前我国企业家所涉及的刑事犯罪案件来看,主要集中在《刑法》"破坏社会主义市场经济秩序罪"一章,该章的大多数罪名都属于法定犯,其主要渊源是刑法规范的明确规定。由此可见,在企业家所涉及刑事案件的犯罪认定中,刑法规范自身的合理与否,直接关系到企业家刑事责任的大小,刑法规范自身的不足,同样会使企业家刑事法律风险加大。具体而言,刑法规范在企业家犯罪案件中存在以下不足:

1. 单位犯罪与个人犯罪之间的责任分配容易使企业家"刑内风险"加大

我国现行《刑法》规定的单位与个人犯罪的追诉处罚标准存在差

---

⑨ 陈兴良:《刑法哲学》,中国政法大学出版社2004年版,第7页。
⑩ 转引自林山田:《刑罚学》,台北商务印书馆1995年版,第127页。

异,在单位犯罪的罪责承担上,单位仅需承担罚金刑,而双罚时直接负责的主管人员和直接责任人员所承担的刑事责任,并没有此种限制,财产刑、自由刑、资格刑甚至生命刑都有被适用的可能。这种差异性是否有违刑法适用的公平性和公正性,近年来虽然受到了学者的关注,但还是会增加企业家的刑事责任风险。值得注意的是,司法实践中确实存在着企业家在单位合法名义的掩盖下实施违法犯罪行为的现象,为了"揭开神秘面纱",《公司法》专门规定了"法人人格否认制度",在公司与个人财产混同时实行"举证责任倒置"。1999年最高人民法院《关于审理单位犯罪案件具体应用法律有关问题的解释》第2条也规定:"个人为进行违法犯罪活动而设立公司、企业、事业单位实施犯罪的,或者公司、企业、事业单位设立后,以实施犯罪为主要活动的,不以单位犯罪论处。"显然,这种规定有利于打击企业家"借壳避罚"的犯罪现象,在犯罪意图和犯罪行为都比较明确的情况下,不会出现责任分配上的不公,但在犯罪意图指向个人利益还是公司利益、犯罪意志是个人意志还是单位整体性意志不明确,尤其是在公司人格与个人人格并非严格界分的具体案件中,却存在着刑事责任分配不公的问题,很容易在行为人责任主义的逻辑下,将本应由单位承担的责任转嫁给行为人,这必将引起涉案企业家刑事法律风险的加大。

2. 单位犯罪中自然人的责任规定与自然人犯罪责任规定的差异性,易加大企业家的刑事法律风险

在我国《刑法》分则的规定中,存在着单位犯罪中自然人的刑事责任与自然人犯罪中刑事责任不相等同的现象。一种是直接在单位犯罪的规定中明确自然人责任主体所应适用的刑罚。例如《刑法》第180条规定的内幕交易罪[11],单位犯此罪时对单位判处罚金,并对直接

---

[11] 《刑法》第180条规定:"证券、期货交易内幕信息的知情人员或者非法获取证券、期货交易内幕信息的人员,在涉及证券的发行,证券、期货交易或者其他对证券、期货交易价格有重大影响的信息尚未公开前,买入或者卖出该证券,或者从事与该内幕信息有关的期货交易,或者泄露该信息,或者明示、暗示他人从事上述交易活动,情节严重的,处五年以下有期徒刑或者拘役,并处或者单处违法所得一倍以上五倍以下罚金;情节特别严重的,处五年以上十年以下有期徒刑,并处违法所得一倍以上五倍以下罚金。单位犯前款罪的,对单位判处罚金,并对其直接负责的主管人员和其他直接责任人员,处五年以下有期徒刑或者拘役。内幕信息、知情人员的范围,依照法律、行政法规的规定确定。"

负责的主管人员和其他直接责任人员处5年以下有期徒刑或者拘役，而与之相对应的个人犯此罪的法定最高刑为10年有期徒刑，类似的情形还有走私普通货物、物品罪，诱骗投资者买卖证券、期货合约罪，高利转贷罪等。另一种是并不在单位犯罪中明确规定直接负责的主管人员和其他直接责任人员所应适用的刑罚，而是指引性地规定适用相应自然人犯罪刑罚。例如《刑法》第210条所规定的持有伪造的发票罪⑫，单位犯此罪时对直接负责的主管人员和其他直接责任人员适用自然人犯此罪时的刑罚规定，类似的规定还有非法吸收公众存款罪，骗取贷款、票据承兑、金融票证罪，伪造、变造金融票证罪等。就前者而言，企业家刑事法律风险加大之处，在于将本应属于单位主体的犯罪评价为个人犯罪，企业家不是在单位犯罪的责任范围内承担自己角色与行为所决定的刑事责任，而是要为单位犯罪承担全部责任，这会导致将单位主体应该承担的那部分刑事责任转移给企业家，增加企业家的刑事法律风险。就后者而言，虽然将全部刑事责任在单位主体与个人之间进行了分配，企业家不必承担全部的刑事责任，但由于在具体承担刑事责任时需要参照个人犯罪时的刑罚标准，而个人犯罪时的刑罚规定一般都重于单位犯罪中为自然人责任主体规定的刑罚。因此，在企业家所涉及的单位犯罪中，直接以相应的个人犯罪时的刑罚规定处罚单位犯罪中的自然人，同样会加大企业家的刑事法律风险，事实上与主张个人代替单位受罚的"代罚制"没有实质性区别。正如有学者所指出的："将主要以个人犯罪为标本设置的法定刑径直适用单位犯罪中的自然人，容易造成量刑普遍偏重甚至畸重的弊端。"⑬

3. 不同罪名之间界分的模糊性，易使企业家刑事法律风险加大

从目前我国企业家所涉刑事案件来看，主要集中在市场经济领域，表现为对规范经济活动的相关经济法律、法规的违反，大多数为经济犯罪。由于市场经济活动本身的复杂性，经济犯罪行为往往与其他正常的经济交往行为或者经济违法行为混杂在一起，使得经济犯罪行

---

⑫ 《刑法》第210条之1规定："明知是伪造的发票而持有，数量较大的，处二年以下有期徒刑、拘役或者管制，并处罚金；数量巨大的，处二年以上七年以下有期徒刑，并处罚金。单位犯前款罪的，对单位判处罚金，并对其直接负责的主管人员和其他直接责任人员，依照前款的规定处罚。"

⑬ 黄祥青：《论单位犯罪的处罚标准》，载《法律适用》2013年第7期，第60页。

为司法认定本身难度加大。从我国现行《刑法》的具体规定来看,关于经济犯罪的罪状表述中存在着许多空白罪状和兜底条款,而且不同罪名之间存在着交叉,在各罪的选择和区分上存在着较大的分歧。例如,在吴英案中,被告人是以涉嫌非法吸收公众存款罪被逮捕的,一审、二审、终审却都是以集资诈骗罪判处的,而集资诈骗罪的法定最高刑明显高于非法吸收公众存款罪,而且集资诈骗罪中没有单位主体犯此罪的规定。一般认为,是否以非法占有为目的是区分两罪的标准,集资诈骗行为表现为永久性的侵害财产,非法吸收公众存款罪是暂时性的侵害财产[14],但在具体案例中,是为个人非法占有还是为企业筹集经营资金很难查清。《2012 中国企业家犯罪媒体案例分析报告》指出,在我国民企企业家十大涉案罪名中,非法吸收公众存款罪适用频率最高,占民企涉案总数的 12.3%,是职务侵占罪、诈骗罪、合同诈骗罪等罪名的两倍之多。这一方面说明,当下我国民营企业面临着严重的融资困境,企业发展与资金供给存在着强烈的冲突;另一方面也说明,民企企业家面临着严峻的刑事法律风险。仅就非法吸收公众存款罪的刑法规范而言,《刑法》第 176 条将其界定为"非法吸收公众存款或者变相吸收公众存款,扰乱金融秩序的行为",但该条文本身对何谓"非法吸收公众存款或者变相吸收公众存款"没有进行任何说明,这种空白罪状的立法方式,极易导致该罪在司法适用中的混乱,并将法律允许的民间借贷行为[15]进行犯罪化处理。此外,兜底条款的存在,同样会加大企业家的刑事法律风险,以"非法经营罪"为例,《刑法》第 225 条通过叙明罪状的形式,对三种具体的非法经营犯罪行为[16]进行列举后,在其第 4 项中规定了"其他严重扰乱市场秩序的非法经营行为",

---

[14] 参见张明楷:《刑法格言的展开》,北京大学出版社 2013 年版,第 149 页。

[15] 我国《合同法》第十二章认可了建立在真实意思表示基础上的民间借贷合同的法律地位,明确规定了民间借款合同受法律保护,强调民法上的意思自治原则。最高人民法院《关于人民法院审理借贷案件的若干意见》第 6 条也规定,民间借贷的利率可以在超过银行同类贷款利率的 4 倍以下的范围内适当高于银行的利率。参见阎二鹏:《经济犯罪刑法适用的公众认同》,载《时代法学》2013 年第 3 期,第 18 页。

[16] 根据刑法《刑法》225 条的规定,这三种具体的非法经营行为分别是:"未经许可经营法律、行政法规规定的专营、专卖物品或者其他限制买卖的物品";"买卖进出口许可证、进出口原产地证明以及其他法律、行政法规规定的经营许可证或者批准文件";"未经国家有关主管部门批准非法经营证券、期货、保险业务,或者非法从事资金支付结算业务"。

虽然在立法技术上兜底条款是无法避免的,但在没有相关司法解释限定的情况下,该种"口袋式"的规定,会将刑法上没有进行明确规定的经营行为进行犯罪化处理。

三、企业家刑事法律风险防范的刑法立场

立场问题是制度建构的前提,在企业家刑事法律风险防范体系的建构中,必须厘清刑法所应持的立场,既要保持刑法的谦抑性,防止刑法对企业家市场经济行为的过度干预,也要对企业家严重的经济犯罪行为保持一定的打击力度,为市场经济的平稳运行提供法律保障。精神分析学创始人弗洛伊德在对人格进行分析时,提出了本我、自我、超我的概念,得益于这种分类的启发,在企业家刑事法律风险防范的刑法立场问题上,我们也可以从本我、自我、超我的三维角度去剖析,即坚持刑法保障人权的本我特色、罪刑法定的自我品性及刑法体系协调的超我表现。

(一)刑法的本我特色:人权保障机能

学界一般认为,在刑法的基本立场问题上存在客观主义与主观主义的分野,前者主要关注的是外在的犯罪行为表现及危害结果,后者主要关注的是犯罪行为人的危险性格,两者之间调和的内因是特定时期人们对刑法人权保障机能的诉求。从目前我国的刑法立法来看,向客观主义倾斜的趋势比较明显,但同时也兼顾了主观主义,这种趋势有利于刑法人权保障机能的实现。因为"向客观主义倾斜、重视行为及其实害,就清清楚楚地将处罚对象限定为违反刑法的犯罪行为,必然能够充分发挥保障公民自由的机能"。[17] 在企业家较多涉及的经济犯罪的刑法规定中,考虑到市场经济行为的特殊性,在注重行为定性分析的同时,也应注重定量分析,充分考虑涉案的数额和数量在定罪量刑中的地位,正如有学者所言:"'定性+定量'分析的立法规定在刑法修正案中得到进一步保持,大量增补的经济犯罪,不仅要求行为违反相关的经济法规和刑法法规,同时也要求达到一定的数额或数

---

[17] 张明楷:《刑法的基本立场》,中国法制出版社2002年版,第69页。

量,这无疑是刑法客观主义精神的具体体现。"⑱

因此,在处理企业家所涉及的经济类刑事犯罪案件时,要坚持刑法的本我特色,在客观主义立场下,注重刑法对企业家人权保障机能的实现,避免为了打击犯罪而将企业家并未上升到犯罪层面的经济行为进行犯罪化处理。具体而言,一方面要充分认识到企业家在我国经济社会发展中的重要地位和特殊贡献,尤其是在我国当下转型期的特殊时代背景下,经济行为本身具有相当的复杂性,应在全面分析衡量的基础上作出法律上规范化的评价,防止"刑法前置"思维对企业家合法市场经济行为的过度干预;另一方面要注意刑法适用的平等性和公正性,在对企业家的犯罪行为进行定罪量刑的过程中,不能因为企业性质的差异而对民营企业家和国有企业家区别对待,同时注意单位责任与企业家个人责任之间的合理分配,防止为了罚没财产而将单位犯罪认定为个人犯罪,或者通过其他方式,变相地将单位责任转嫁给企业家个人。

(二) 刑法的自我品性:罪刑法定原则

罪刑法定原则是刑法的基本原则之一,是刑法自身维持稳定性的前提和实现刑法人权保障机能的必备要素。罪刑法定原则要求对某种行为进行犯罪评价并给予刑罚处罚,必须依赖于刑法的明确规定,在刑法没有明文规定的前提下,反对通过类推等方式进行犯罪化评价。显然,罪刑法定原则的坚持,不仅为行为人的行为预期提供了明确指引,而且在行为评价上有效地限制了法官的自由裁量权。在处理企业家所涉及的经济犯罪案件当中,必须坚持罪刑法定原则,虽然企业家的某些行为违反了行政法律、法规,对市场经济活动造成了一定程度的干扰,但在刑法没有将该种行为明确规定为犯罪时,不能进行犯罪化评价。同时,基于刑法是其他部门法的"保障法"的品性,在市场经济领域中适用刑法时,必须注意刑法的谦抑性,在刑法对市场经济行为干预的方式和程度上应保持谨慎的态度,对那些其他部门法难以调整的具有严重社会危害性的行为,有必要进行犯罪化处理;对那些其他部门法能够调整的行为,尽量不用刑法去调整,否则,刑法必然

---

⑱ 熊永明、卢中石:《我国刑法修正的立场分析》,载《江西社会科学》2012 年第 6 期,第 141 页。

会对转型期我国市场经济的发展造成阻碍,也容易导致刑事立法与司法解释的公众认同感下降。

值得注意的是,在企业家涉嫌的刑事犯罪案件认定和处罚中,坚持罪刑法定原则,必须有明确具体的刑法规定为前提,否则一味坚持罪刑法定原则,有违实质正义的实现。正如前文所述,一方面,刑法规范本身存在"时滞"问题,而企业家的市场经济行为却处于不断变化之中,随着经济环境的变化和市场需求的更新,会出现大量的刑法并未规定的社会危害行为,对这些行为不予处罚有放纵犯罪之嫌。另一方面,现有的《刑法》规范本身依然存在着较多冲突,在其具体的适用中,过于机械适用,同样不能实现实质正义,容易对企业家的权利造成伤害。例如,对非法经营罪中的兜底性条款进行司法适用时,必须作出限制性的解释,否则很容易将企业家的一些正常经营行为纳入犯罪圈。显然,根据时代发展的需求,对刑法规范进行科学的补充和合理的修改,是弥补以上不足的解决路径,事实上,2009年的《刑法修正案(七)》增加的有关经济犯罪的规定,为此作出了示范。因此,在科学、合理的刑法规范支撑下坚持罪刑法定原则,既是刑法自我品性的展现,也是降低企业家刑事法律风险的应然立场。

(三)刑法的超我表现:法律体系协调

一部优秀的立法,不仅体现在内部组成结构的合理性上,而且体现在其适用过程与其他法律规范的外部协调性上。刑法作为行为规范和裁判规范,不仅需要通过立法对规范内部进行调整,为行为提供明确性指引,而且需要通过相关制度的设计,为其具体的司法适用提供制度保障。从市场经济活动本身来看,企业家的经济行为具有极大的复杂性,不仅具有对企业内部的计划、组织、领导、控制行为,而且具有对外的交流、谈判、贸易等行为,同时企业家在行业分布、职能分工、地域流动、资源掌控等方面都存在较大的差异。因此,对企业家市场经济行为的规范,不能仅仅依靠某一部或几部法律来调整,"刑法万能"的观点更不适合企业家在市场经济活动中的行为规律,建立一个刑法与其他部门法律相协调的制度体系,对企业家的市场经济行为进行规范,才是应然的选择。具体而言,需要通过行政法、经济法等法律、法规、企业章程、行业规章制度等,对企业家的职业行为进行规范,加强制度约束和监督机制,注重不同规范与制度之间的衔接,在刑法层面上,保持刑法的谦抑性,在罪刑法定原则下对企业家严重的经济犯罪行为进行打击,而对一般的职务违法行为或者经济违法行为予以行政法或经济法上的制裁,不应作为犯罪处理。在企业家经济行为规范方面,刑法与其他部门法律之间的协调是刑法的超我表现,是降低企业家刑事法律风险的必然要求。

四、结语

企业家犯罪现象的增多,是我国社会转型时期矛盾激化的一种表现,既有企业家自身的原因,也有市场环境的原因。在当下"风险社会"语境下,降低企业家所面临的刑事法律风险,不仅是保护企业家自身权益的个体性需求,也是我国经济社会平稳发展的时代要求。正如诱发企业家犯罪的多元动因一样,企业家刑事法律风险防范机制的建构也需要多级联动,仅就刑法层面来讲,需要摒弃"刑法至上""刑法前置"及"刑罚万能"的观念,坚持罪刑法定原则,努力实现刑法的人权保障功能,同时注重刑法规范自身的完善和其他法律制度的协调,争取在打击犯罪与预防犯罪之间达成一种平衡。

企业及企业家刑事法律风险的防控

——从美国 CCI 案说开去

李晓明*

长期以来,刑法和犯罪学界对国家工作人员的职务犯罪研究较多,但对企业犯罪(单位犯罪)及企业家职务犯罪,也即对企业及企业家所可能遭遇的刑事法律风险研究甚少。尤其是对非公有制企业的单位犯罪,以及企业家职务犯罪的问题,虽有关注,但整体性和系统性的研究甚少。即便对有些内容有所研究,也仅限于对刑法规定的具体罪名进行阐释,尚未形成系统的或整体性的理论知识体系。故本文意在从发生在 2009 年美国 CCI 公司行贿案说开去,认真和系统地研究企业及企业家刑事法律风险的具体防控。

一、问题的提出:企业及企业家刑事法律风险时代的到来

我们知道,2009 年美国控制组件公司(Control Components Inc,简称 CCI 公司)行贿案轰动全球,CCI 公司承认向多个国家官员及跨国公司职员行贿,也牵涉到中国的一些国有企业(包括中石油)和职员。这本是一件普通的商业贿赂腐败案件,但令人关注的是,这一案件的爆发并不是美国司法部门主动调查和破获的,也不是美国以外的国家及其司法部门发现的,而是 CCI 的母公司 IMI 公司在检查公司财务数

---

* 李晓明,苏州大学法学院教授、博士生导师、刑事法研究中心主任。该文是 2013 年国家社科基金后期资助项目"行政刑法新论"的阶段性研究成果,项目编号:13FFX004。

据时,发现 CCI 公司存在大量不明账目后,经进一步调查得知子公司 CCI 在商务活动中存在大量的行贿行为,其中包括多宗向中国相关企业及其职员的行贿行为。后来,美国 CCI 公司主动向美国司法部门自首,最终美国司法部根据自首情节,对 CCI 公司处以 1 820 万美元的罚金和 3 年的司法监管结案。②

实事求是地讲,在国际社会和媒体披露的跨国公司行贿弊案中,美国的 CCI 案既非偶然也非个别现象,此前在中国就发生过天津德普诊断产品有限公司贿赂案、德国西门子贿赂案、朗讯科技中国有限公司商业贿赂案等。然而,这些跨国公司行贿案的爆发,大都是行贿公司主动向其本国司法机关自首,并非案发地中国司法机关主动调查所发现,这一系列奇怪的现象,不能不引起我们的注意和反思。遗憾的是,到目前为止,我国司法机关就 CCI 公司是否涉及我国商业贿赂或腐败犯罪,以及是否展开侦查或调查等,均无公开报道和说法。包括此次有关中石油的"窝案"中,能否回答美国 CCI 案中涉及的中国问题,我们将拭目以待。

当然,这种情况一方面说明,我国司法机关和相关部门对这种国外腐败案件于我国有何启示反应不敏感、不迅速;另一方面也说明,我国很有可能至今还没有找到或尚未建立相应的法律对策,包括应否同美国签订司法合作或协助协议等。故笔者认为,借此契机加强对企业及企业家类型案件的深入研究,包括对企业及企业家刑事风险的系统研究等,都是十分必要的,也是十分可行的。

经济犯罪,美国叫白领犯罪,也即本文中所称的企业及企业家的刑事法律风险。是在人类社会发展到一定阶段,尤其是经济发展到一定阶段的必然产物,也即本文所提出的"企业及企业家刑事法律风险时代到来"的问题。中西方等许多发达国家都是这样,无法回避。因此,我们要面对这些现实,尤其是企业家要做好防控这些风险的一切准备。

---

② 相关资料来源于美国司法部网站(Department of Justice. Office of Public Affairs. http://www.justice.gov/)。

二、基本内容：企业及企业家刑事法律风险的基本分类

所谓企业及企业家的刑事法律风险，主要是指在企业成立、管理和经营过程中遇到的有关刑事性质或犯罪方面的法律风险，也即遭遇刑事追究的巨大风险。一般认为，当一个企业或企业家的事业非常成功和发达时，最怕惹上的就是刑事法律风险或牢狱之灾。因此，研究企业及企业家的刑事法律风险，包括其具体分类等，主要内容包括：

（一）《刑法》第三章第三节规定的类罪"妨害对公司、企业的管理秩序罪"罪名

具体包括虚报注册资本罪（第158条），虚报出资、抽逃出资罪（第159条），欺诈发行股票、债券罪（第160条），违规披露、不披露重要信息罪（第161条），妨害清算罪（第162条），隐匿、故意销毁会计凭证、会计账簿、会计报告罪（第162条之一），虚假破产罪（第162条之二），非国家工作人员受贿罪（第163条），对非国家工作人员行贿罪（第164条），对外国公职人员、国际公共组织官员行贿罪（第164条），非法经营同类营业罪（第165条），为亲友非法牟利罪（第166条），签订、履行合同失职被骗罪（第167条），国有公司、企业、事业单位人员失职罪（第168条），国有公司、企业、事业单位人员滥用职权罪（第168条），徇私舞弊低价折股、出售国有资产罪（第169条），背信损害上市公司利益罪（第169条之一）。

（二）《刑法》第三章第四节规定的类罪"破坏金融管理秩序罪"部分罪名

主要包括内幕交易、泄露内幕信息罪（第180条），出售、购买、运输假币罪（第171条），擅自设立金融机构罪（第174条），伪造、变造、转让金融机构经营许可证、批准文件罪（第174条），非法吸收公众存款罪（第176条），伪造、变造股票、公司、企业债券罪（第178条），擅自发行股票、公司、企业债券罪（第179条），编造并传播证券、期货交易虚假信息罪（第181条），诱骗投资者买卖证券、期货合约罪（第181条），操纵证券、期货市场罪（第182条），违法发放贷款罪（第186条），违规出具金融票证罪（第188条），吸收客户资金不入账罪（第

187条),对违法票据承兑、付款、保证罪(第189条),逃汇罪(第190条),洗钱罪(第191条)。

(三)《刑法》第三章第五节规定的类罪"金融诈骗罪"部分罪名

具体包括集资诈骗罪(第192条),贷款诈骗罪(第193条),票据诈骗罪、金融凭证诈骗罪(第194条),信用证诈骗罪(第195条),信用卡诈骗罪(第196条),有价证券诈骗罪(第197条),保险诈骗罪(第198条)。

(四)《刑法》第三章第六节规定的类罪"危害税收征管罪"部分罪名

主要包括逃税罪(第201条),抗税罪(第202条),逃避追缴欠税罪(第203条),骗取出口退税罪、偷税罪(第204条),虚开增值税专用发票、用于骗取出口退税、抵扣税款发票罪(第205条),伪造、出售伪造的增值税专用发票罪(第206条),非法出售增值税专用发票罪(第207条),非法购买增值税专用发票、购买伪造的增值税专用发票罪(第208条第1款),非法制造、出售非法制造的发票罪(第209条第2款),非法制造、出售非法制造的用于骗取出口退税、抵扣税款发票罪(第209条第1款),非法出售用于骗取出口退税、抵扣税款发票罪(第209条第3款),非法出售发票罪(第209条第4款)。

(五)《刑法》第三章第七节规定的类罪"侵犯知识产权罪"部分罪名

具体包括假冒注册商标罪(第213条),销售假冒注册商标的商品罪(第214条),非法制造、销售非法制造的注册商标标识罪(第215条),假冒专利罪(第216条),侵犯著作权罪(第217条),销售侵权复制品罪(第218条),侵犯商业秘密罪(第219条),。

(六)《刑法》第三章第八节规定的类罪"扰乱市场秩序罪"部分罪名

主要包括损害商业信誉、商品声誉罪(第221条),虚假广告罪(第222条),串通投标罪(第223条),合同诈骗罪(第224条),非法经营罪(第225条),强迫交易罪(第226条),伪造、倒卖伪造的有价票证罪

(第227条),倒卖车票、船票罪(第227条),非法转让、倒卖土地使用权罪(第228条),中介组织人员提供虚假证明文件罪(第229条),中介组织人员出具证明文件重大失实罪(第229条),逃避商检罪(第230条)。

(七)《刑法》其他章节规定的有关企业及企业家可能涉及的犯罪

具体包括重大责任事故罪(第134条第1款),强令违章冒险作业罪(第134条第2款),重大劳动安全事故罪(第135条),工程重大安全事故罪(第137条),不报、谎报安全事故罪(第139条之一),串通投标罪(第223条),强迫交易罪(第226条),非法转让、倒卖土地使用权罪(第228条),逃避商检罪(第230条),侵犯通信自由罪(第252条),打击报复会计、统计人员罪(第255条),职务侵占罪(第271条第1款),挪用资金罪(第272条第1款)。

列出和了解这些罪名,对于企业和企业家自觉有效地警觉这些犯罪和刑事法律风险是十分必要的,从而为防控企业及企业家可能遭遇的刑事法律风险奠定基础。

三、有效对策:企业内部对刑事法律风险的管控

我们经常说,最坚固的堡垒往往从内部攻破。对于腐败,如果从腐败生成的内部消除其生存根源,建立内部反腐败的法律机制,对于控制腐败或防止腐败是极其重要和可行的。所谓的企业内部反腐败法律机制,是指通过企业内部机制的构建来达到控制或防止腐败的法律体系。正如美国CCI案件中,母公司IMI发现子公司CCI行贿案后,就主动向美国司法部举报,笔者认为,这正是美国企业内部法律机制在起作用。母公司与子公司的利益一体,对其财务收支、人事监控比其他反腐败部门来说更直接和了解,所以这种从企业内部突破进行反腐败的相比国家整体外部反腐败的成本要低,效果却更加明显。正是基于这样的考量,笔者提出企业内部反腐败法律机制的建设,具体来说,应从以下三个方面展开。

（一）综合构建刑事法律风险的博弈机制和道德评价机制

法国著名思想家孟德斯鸠（Montesquieu）在《论法的精神》（On the Sprite of Law）一文中曾指出：一切有权力的人都爱滥用权力，直到有限制的地方为止，权力失去监督必然导致腐败。③ 由于权力的这种特点，即使权力掌握在廉洁的人手中，也仍然会产生滥用的可能。人类学家赫胥黎（Huxley）对人类这种滥用权力的天性也作了精辟的论述，他说人具有动物性，表现出为了自己不顾一切的行为趋向。如果我们肯定人有动物性的一面，滥用权力的腐败则是这种本能的表现，这是不因人的意志为转移的。这种本能因素存在于每个人的潜意识之中，当人拥有权力并且在条件具备时，他就可能衍生出利用权力为自己谋取个人利益的动机。④ 而边沁所称的以最小的损害追求最大利益的功利主义范式，正是这种动机的高度概括。人类具有的这种趋利避害的本能，当和权力腐败的本能相生时，就存在一种利益与风险的博弈。既然人类有滥用权力的本能，当给其一定的激励时，使得到的利益和受到的损害相比，就会主动规避大的风险而不去渴求腐败利益，从而达到防控腐败的目的。另外，欧美国家普遍重视诚信，这是一种信念机制，当诚信的机会成本大于腐败的风险时，人类趋利避害的本能便开始发挥作用。笔者认为，通过严厉惩罚腐败，使得腐败风险远远大于其所得利益，这对于克服人类自身动物性的腐败本能具有重大的作用。这种利益博弈机制和诚信的信念机制，将一起共同构筑起反腐败的篱笆。而西方的高薪养廉机制，恰恰是对风险与利益机制的实践运用。在公司里，如果做到管理层如部门经理，腐败可能性是极大的，但是反腐败法律机制通过构建一种腐败利益与风险模式，使得一旦被查出违法乱纪行为，将面临极其严重的法律责任，而且诚信的道德评价也同时产生作用。这将意味着不仅会丧失高薪，而且因为诚信污点使以后的职业机会也可能丧失。所以，笔者认为，把这种腐败风险利益机制与道德评价机制的有效结合运用到我国的立法中，必将对严重的腐败形势有所遏制，有利于对权力的监督控制。

---

③ 参见〔法〕孟德斯鸠：《论法的精神》，北京大学出版社1998年版，第252页。
④ 转引自纪瑞青：《论我国反腐败的刑事策略》，山东大学优秀研究生论文。

在西方公司治理机构中，把道德评价纳入反腐败机制中，和我们国家的做法是一致的，但是我们的反腐败机制的屡屡失效很值得我们反思。比较来看，主要在于我国和西方在进行腐败成本的计算上存在差异。清华大学公共管理学院廉政与治理研究中心副主任任建民教授曾对我国与美国的"商业贿赂"作了比较：在美国，如果通过贿赂所得的利润为10分，在处罚商业贿赂时，经济处罚可能达到100分；在中国，如果商业贿赂所得的利润是10分，接受的经济处罚可能只有1分。目前中国的经济处罚与美国相差100倍。如果采用美国的超过利润10倍或者更高的经济处罚措施，将对中国的行贿者产生巨大的震慑力。⑤ 这种分析，从一个侧面反映了我国在腐败的机会成本上和西方相差太远，腐败之所以容易发生，很大程度上是腐败收益大于腐败成本产生的巨大"剩余价值"。这其中的原因主要表现在：

1. 我们对违反诚信道德的否定性评价没有采用极其严厉的态度

很多时候我们对不道德、违反诚信的评价只停留在说教上，如同口号，没有得到具体落实。腐败行为发生后，媒体很快就会关注，但社会关注度一旦降低，腐败者往往已曲线迂回至其他相同的岗位，腐败行为几乎没有受到惩处。如曾经的某工商局局长违法乱纪后，因公众压力而被革职处分，一段时间后又东山再起，违法成本无非是换一个地方继续腐败。政界如此，商界也同样。由于对商业领域的腐败重视不够，这种东方不亮西方亮的任职，可谓比比皆是。当价值失范，道德制约乏力时，如果能够增加腐败的成本（这里主要指加大道德评价力度，一旦规则失范，行为人诚信度降低），将产生巨大的机会成本，使得行为人进行腐败时不得不掂量，最终也许会放弃腐败的想法。

西方人的法律信仰之所以坚定，法律得到普遍遵守，固然与其有极高的素质有关，但更多的是机会成本的衡量，这对我们是有巨大启示意义的。在美国CCI案件中，CCI公司已经触犯了美国《反海外贿赂法》(Foreign Corrupt Practices Act)，根据这一法律规定，海外贿赂行为一旦查实，其母公司、跨国公司的所有集团都将受到法律追究，在美国政府的采购订单中将被除名，或是剥夺出口权，被禁止股票交易。而更大的法律风险是腐败案发后的严厉法律责任。该法在有关责任

---

⑤ 参见王逸舟：《当代国际政治析论》，上海人民出版社1995年版，第370页。

部分规定,触犯反海外腐败法的条款所受刑事处罚的刑事责任是:对于公司而言处以最高 200 万美金的罚金,对于自然人如官员、董事、股东、雇员和代理人,可以处以最高 10 万美元的罚金和 5 年以下的监禁。⑥ 此外,根据选择性罚款法的相关规定,实际上的罚金数额会更高,可能是行贿图谋的利益的几倍。可能受处罚的民事责任是:美国司法部可以对上述行贿主体提前提出民事诉讼,要求处以最高 1 万美元的罚款。另外,法院还可以判决追加罚款,其最高限额为违法所得,如果违法情况特别严重,将追加罚款,对自然人罚款 5 000 至 10 万美元,对其他主体则为 5 万美元至 50 万美元。⑦ 从这里我们可以看出,美国 CCI 公司主动"自首",是在巨大利益与严厉责任之间比较后选择的结果。可以说,美国公司的积极自首是法律机制的胜利,是严格执法的压力所推动。正如朱学勤先生所言,可以选择、改造的是制度,不可选择、不可改造的是人性。⑧ 美国人与任何其他国家和地区的人都一样,一旦脱离本土制度的约束,人性中的弱点就会暴露出来。如果我国没有反腐败法这样的专门法律,对于腐败的惩罚与所得利益没有相配套,再加上我们的道德机制的逐渐失势,国外企业对于我国企业的商业贿赂将会不可避免。

2. 公司管理制度的不科学

长期以来,我国坚持社会主义平等原则,以按劳分配为原则。而这就意味着不按劳分配为极大的例外,因此,公司尤其是国有公司,很多情况下经理等高管和员工的工资相差不是很大,虽然这有助于实现企业和谐,体现我国国有企业的社会主义属性。但是不可否认,这在一定程度上助长了腐败发生的可能性,因为高管在公司里有一定的权力,在规则失控、权力滥用时,极有可能出现权力寻租,进而发生商业贿赂腐败。我国从 1992 年实行市场经济以来,企业利润增长极快,但

---

⑥ U. S. Department of Justice, Foreign Corrupt Practices Act Antibribery Provisions, in *Lay Person's Guide to FCPA* [hereinafter DOJ Guide], http://www.usdoj.gov/criminal/fraud/docs/dojdocb.html.

⑦ 转引自孙载夫主编:《治理商业贿赂对策研究》,中国方正出版社 2006 年版,第 327 页。

⑧ 参见中华工商时报:《跨国公司在华行贿的制度诱因》,载新浪网(http://www.sina.com.cn)。

是公司高管的收益却没有显著提高,这极大地增加了商业腐败的风险。而如果我们实行高薪养廉制度,从另一个层面增大腐败违法的机会成本,使权力得到控制,情况也许有所改观。如新加坡在公务员中实现高薪养廉制度后,同样的国家公务员要比许多发达国家的公务员的薪金还高,这一制度实施以来,腐败案件发生明显减少,使新加坡政府成为世界有名的廉洁政府。当然,不可否认,在特殊情况下,高薪制度的不当使用,也会产生坏的影响,如高管和职员的矛盾,然而从长远看,遏制腐败使得公司能够公平竞争,最终所得丰厚的收益,将有利于所有公司职员。

(二)借鉴美国公司有效的财务审计制度监管,建立企业法律风险的长效机制

要建立公司内部反腐败机制,必须实行内部财务制度的严格监管。美国的《反海外腐败法》规定,公司的会计账目应当合理、准确地反映交易的真实情况和资产处置行为,上市公司应当建立起有效的内部控制制度以增强会计记录的可信性,并确保其在海外投资或者控股子公司也同样遵守这样的要求,否则母公司将会因为疏于管理而受到制裁。⑨ 该条款非常严格,无论什么原因,公司做假账就可能构成犯罪,此外,母公司及公司管理人员还要承担严苛的监管责任。如管理人员对违反《反海外腐败法》的交易的不知情,也不能成为避免刑事责任的充分理由,尤其是在缺乏充分的内部控制措施的条件下,即使不存在故意或者过失,母公司及其管理人员也要因子公司或员工违反该法的行为受到严厉的制裁。⑩

相反,我国违反会计记录真实性要求的行为,只有在涉及特定主体、特定对象、特定行为并且造成特定后果时,才可以成为我国刑法规制和惩罚的对象,这也与美国《反海外腐败法》对会计记录真实性的严格规定存在着很大差距。这也从一定层面暴露出我国对公司、企业会

---

⑨ U. S. Department of Justice, Foreign Corrupt Practices Act Antibribery Provisions, in *Lay Person's Guide to FCPA* [hereinafter DOJ Guide], http://www.usdoj.gov/criminal/fraud/docs/dojdocb.html.

⑩ 参见卢建平、张旭辉:《美国〈反海外腐败法〉对中国治理商业贿赂的启示》,载《北京师范大学学报》(社会科学版)2007年第2期。

计审计责任的规定,不足以遏制做假账等腐败行为的蔓延。美国《反海外腐败法》规定,只要有公司管理不善,公司管理者就要对公司的违法行为负责。[11] 相比,我国的公司会计机制大大降低了单位直接负责的主管人员的责任,不利于督促公司的管理层恪尽职守和避免公司违法犯罪行为的发生。此外,我国法律对单位中的个人,以及总公司或母公司对下属单位的违法活动应当承担何种责任规定不明确,从而导致个人责任和上级公司监管责任的承担全部落空。笔者认为,必须借鉴美国的法律,正如上文所述,要建立起自己的反腐败法,在该法中可强调对于公司内部会计监管不力的责任,弥补我国的母子公司监管腐败的法律漏洞,从而最终建立反腐败长效法律机制。

(三)立法层面受贿行贿同维度对待,国内国际反腐败并重

长期以来,我国的立法尤其是刑事立法,对于行贿罪的处罚责任大大轻于受贿罪的处罚。例如,作为相对应的《刑法》第163条"非国家工作人员受贿罪"和第164条"对非国家工作人员行贿罪",明显无法"对应",在同等条件下,行贿人所承担的法律责任明显轻于受贿人的法律责任。这种立法的初衷,部分原因是为了获取证据而作的妥协。为了打击受贿,在其他情况难以取得证据时,给予行贿者相对轻的刑罚,有助于行贿者自首立功,但是,"法律面前人人平等"的立法的基本原则是不容忽视的。[12] 商业贿赂的动机是谋取利益,但是损害的是市场秩序和老百姓的利益,因此在打击力度上,应当把行贿和受贿同等对待,不能厚此薄彼,以放纵行贿犯罪代价换取对受贿犯罪的查处和打击。由于行贿罪与受贿罪具有对偶性,彼此是紧密相连的,两者结合形成一个完整的证据链条,如果行贿罪低于受贿罪的法定刑,就背离了刑罚的罪刑相适应原则。行贿罪的社会危害性并不亚于受贿罪的危害,而且很多时候,正是行贿者的发动(除去索贿性受贿罪)使受贿者被动承受,从这个层面来说,也不应该给行贿者以从宽的处

---

[11] Anti-Bribery and Books & Records Provisions of The Foreign Corrupt Practices Act Current through Pub. L. 105-366 (November 10, 1998).

[12] Walter Perke, *Foreign Corrupt Practices Act* [J]. American Criminal Law review, 2003, (40): 683.

罚。同时，如果对于两者给予同等打击力度，使行贿者知难而退，会在一定程度上避免一定量的腐败行为。现实立法处罚的不一致，使行贿者既有巨大的现实利益，又无严厉的法律惩处，不法分子更容易以行贿去换取更大的收益。总之，加大相关案件的行贿罪打击力度，更是从根本出发，堵住引发受贿的源头。

在打击腐败犯罪的国家立法中，美国在这方面可以说是走在前列的。美国有关贿赂犯罪的联邦立法的一个重要特色，是在法定刑上不区分行贿和受贿，两者一样处罚。由于美国法律对外国公职人员或国际公共组织官员的受贿行为不具有管辖权，因此其《反海外腐败法》只是惩罚行贿者。[13] 但是，美国对行贿罪和受贿罪一视同仁，特别是这一单方面惩罚对外国公职人员或国际公共组织官员行贿的法案，说明美国的立法者和公众将行贿罪和受贿罪置于同样的地位，意在从源头上惩治行贿之风，受贿一方也就成了无源之水。[14] 同样，虽然我国对腐败行为深恶痛绝，国内相关立法对行贿、受贿腐败有着严格清晰的规定，这是罪刑法定主义的具体要求，也反映了我国对于国内腐败的非难性评价，然而，我国立法缺失针对国内公司有关海外行贿的规定，或是我国的海外公司受贿行为的规制。由于世界经济的一体化，中国有越来越多的跨国公司"走出去"，如果对我国海外公司腐败行为不加以处罚，如在行为地国家一旦被发现，需要立案处理，由于我国的法律没有规制条款，会使中国法律尊严丧失殆尽，从而不利于对于我国企业的国内法救济。这既有害于我国的国家形象，也不利于我国企业养成公平竞争的常态机制，大大破坏市场经济的公平秩序。从另一个角度来说，这种对于国外腐败的放纵，难免在一定程度上变相鼓励腐败，一旦发生在国外的腐败行为成为公司屡屡获得丰厚回报的制胜法宝，腐败行为发生在国内也就不可避免了。

由于我国已经加入《联合国反腐败公约》（Unitde Nations Convention against Corruption），该公约第 16 条也要求缔约国采取必要的立法

---

[13] Robert. W. Tarun, *Basics of the Foreign Corrupt Practices Act*, What Every General Counsel, Transactional Lawyer and White Collar Criminal Lawyer Should Know. May 2006. 2. (Latham & Watkins, Chicago, Ill.).

[14] 转引自卢建平、张旭辉：《美国〈反海外腐败法〉对中国治理商业贿赂的启示》，载《北京师范大学学报》（社会科学版）2007 年第 2 期。

和其他措施,将贿赂外国公职人员或者国际公共组织官员的行为规定为犯罪。[15] 而我国刑法,并没有对贿赂外国公职人员或国际公共组织官员罪作出规定,这样的立法空白,造成了国内的公司、企业向本国公职人员行贿的要受到严惩,而向外国公职人员行贿的却不受到刑法处罚的不平等现象。要构建完整的反腐败法律机制,必须防止对腐败行为打击不平等现象的发生。当然,对于履行国际义务,遵守国际条约来说,建设国外腐败处罚立法,也是维护我国法治形象的重要步骤。

---

[15] *Criminal Law Convention on Corruption*, Jan. 27, 1999, T. S. No. 173.

企业家的法律风险、法律角色和法律思维[*]

刘俊海[**]

企业家犯罪是危害市场体制肌肤的重大问题,预防企业家犯罪对完善社会体制,鼓励投资兴业,维护金融秩序,推进市场经济法制建设,推进多赢共享、公平公正、诚实信用的商业生态环境,对于实现和谐社会具有重大的现实意义和深远的历史意义。

一、企业家法律风险

近几年,越来越多的企业家在经济活动中受到刑事追究,暴露出我们的企业家在法律方面的问题。大家都知道,企业家上了富豪榜等于上了"杀猪榜",不是好事,要么是犯罪主体,要么是受害人。现在的企业家也都相当不易。民营企业家为了夺取资源而丧失法律底线进而实施犯罪行为,而国企的犯罪是由于掌握的资源过多,包括人事、资金等,进而触犯法律底线构成犯罪。犯罪是源于一种文化,贪婪的恶性。好文化、好人都很重要,好制度则更是根本。因为一个好的制度的设计,使好人不敢做坏事。还有一种犯罪是源于恶法。现在非法经营罪成了"口袋罪",企业家会因为市场准入手续没有办理而被认定为犯罪。同样的,像虚报注册资本罪等罪名,也存在着一些不合理的地方。前不久,在国务院常务会议上,李克强总理提出,把资本实缴制改

---

[*] 本文是根据作者 2013 年 9 月 21 日在"首届企业家刑事风险防控与经济发展高端论坛"(北京)上的主题演讲整理修改而成。

[**] 刘俊海,中国人民大学法学院教授、博士生导师。

为认缴制,把公司注册前置程序改为后置程序,实缴资本是一块钱或是没钱,10天之后缴纳其余的都没有问题。因而,没有必要虚报注册资本,也没必要抽逃注册资本,所以笔者认为,刑法的内容也应循序渐进地作出调整。无论是源于外部法制不健全,还是源于内部治理的缺失,从公司治理角度来看,都是公司治理失灵的结果。

第一,从人治思维向法治思维的转变。从企业家犯罪的根源来看,如果是在计划经济体制下则不会出现企业家犯罪,如果是在健全的市场经济体制下也不会出现企业家犯罪。公权力压制企业家,这些弱势者不会去找法律专家,也不会找检察院、法院,他要找官员。这就是改革与法治"两张皮"中出现的问题。

第二,权力不受约束的万能型政府要向有限政府、法治政府转轨。既然是转轨,说明还没有转轨结束,所以导致万能型政府权力的滥用。

第三,由政府配置资源向市场配置资源转轨。现在很多社会资源还掌握在政府手里,钱权交易在所难免。

第四,由产业垄断格局向充分、适度市场竞争的社会秩序转轨。现在很多领域存在着垄断现象,例如,铁路、交通、保险、电信、银行都存在这个问题。像民生银行这样的民营机构很少,多数都是准垄断、半垄断的产业格局,而且利润高的基本上都是这种格局。

第五,由熟人社会向陌生人社会转型。以前对陌生人社会有期待,陌生人社会对法治有要求,但目前"法治不彰",所以人们选择熟人社会,找关系,找熟人。有的企业家被刑拘以后,最先做的就是找关系,而不是通过公安机关、检察机关等法治途径阐明自己的无辜。

第六,由潜规则盛行向法治明规则转变。现在招投标市场明规则很清楚。2006年笔者参与制定《政府采购法》,现在很遗憾地看到《政府采购法》执行得很不好,很多都是违标。现在建筑市场中的合同,基本上没有一个不是阴阳合同。只有潜规则变成了明规则才能解决这些问题。清理潜规则、治理潜规则、以明规则取代潜规则,是一个治标又治本的办法。

二、公司治理的角色定位问题

民企和国企因为犯罪性质不同,所以开的药方也不一样,但是有一些共同的东西,那就是民事责任、行政责任与刑事责任之间的互动关系。我们要善于用民事责任手段、行政责任手段甚至是市场化手段遏制道德风险，进而遏制犯罪。比如说企业家犯罪都是由道德风险引发的，如果说有民事责任预防，有民事责任追究，就能避免进一步作恶构成犯罪。比如说董事责任保险，就有助于强化董事的义务与责任。他们没钱赔，保险公司赔，保险公司对于那些经常出错的企业家会不断提高他的保险费，把他挤出去，所以一个发达的董事责任保险市场，可以淘汰滥竽充数的人、道德品质不端的人。

在担保制度方面。如果民营企业家在融资的时候给了亲朋好友必要的担保，即使超过200个人，大家都获得了清偿，也不会出现老百姓去上访、闹事的情形。笔者跟很多企业家说，你借了钱就要还人家，如果有一个不还，你必然有牢狱之灾。这是很朴素的一个观点，但是把担保制度用够、用好、用足的不多。

惩罚性赔偿方面。如果你在资本市场敢于造假，我就把消费市场的惩罚性赔偿引进去，所以人们不敢欺诈发行上市。我们可以把《公司法》第152条的股东代表诉讼制度进一步改善，若国有企业犯罪，每个中华人民共和国国民都可以起而告之。这样可以调动大家的积极性，胜诉利益归国家，当然，对有功之人可以提取胜诉利益的1/100或者0.1%作为奖赏。重赏之下必有勇夫。

建立有奖举报制度。实践中，正是因为一些企业内部员工的揭发、检举，才使得大量的企业家犯罪案件得以浮出水面。但是现在有的慑于高管淫威，不敢告；有的被收买了，不愿意告。所以要培养一批企业内部的有良知的工作人员。包括有良知的高管，包括审计、会计，甚至还有纪检、监察人员。

三、几点建议

民营企业家为什么要行贿？为什么要偷税？为什么要非法融资、非法吸收公众存款？这还是源于生存环境恶劣，若不这样，他没办法生存下去。金融是企业的血液，所以笔者认为，应当旗帜鲜明地按照以下五点建议，修改现行的法律体系：一是民企、国企地位平等。二是共同发展，不存在以谁为主，以谁为辅的问题。三是公平竞争。现在不公平竞争很多，有些民企通过各种手段，有时能取得比国企更有利的竞争优势。四是互利合作。五是平等保护。

还有一个问题就是,仍然有一些司法机关存在选择性执法情形,领导批示的重点抓,没批示的不抓,而批示的往往是有原因的。司法机关应保持中立性,构成犯罪的坚决打击,不构成犯罪的则应保持刑法谦抑性。笔者个人认为,目前包括合同诈骗在内的一些罪名用得过于泛滥,显然是在用司法手段解决民事纠纷。

首先,为了鼓励市场创新,我们要弘扬司法自治精神、物权神圣、行为自由、过错责任,鼓励金融创新,法律不禁止的都可以去做,把更多的资源交给市场。对于企业家而言,应做到诚实守信,勤勉尽责。事实上企业家犯罪没有一个不是违反诚信义务的,同样,勤勉尽责方面,包括玩忽职守罪追究的也不够。

其次,就是程序严谨、内容合法。很多企业家做的钱权交易不愿让人知道,这才是问题的实质。

再次,提高企业的透明性、民主性和问责性。很多民营企业的实际经营人把公司资产拿到自己兜里仍没意识到自己犯了事。笔者建议国企应还它作为全民所有制企业的本来面目,像上市公司那样有年报披露、中报披露、季报记录和重大信息报告制度。

最后,企业家应该对社会有感恩之心。左脑要有社会责任思维,右脑要有盈利思维。要有受公众喜爱尊重的情商,更要有信仰法治的法商,还要有商业伦理的德商。这样企业就可以远离刑事风险。树立企业家的社会服务理念,重视法律服务消费。

企业家刑事风险与罪责防范[*]

张心向[**]

在我国,由于国企企业家与民营企业家存在较大差异,因此,本文中的"企业家",主要是指民营企业家。

2009—2012年间,几份关于企业家犯罪的研究报告表明,频频发生的企业家刑事犯罪案件,并不是由于企业家缺乏法律风险防范意识造成的。从通常角度而言,企业家对于刑事法律风险的警觉程度要远高于一般民事法律风险;对于刑事法律风险的认知程度也远高于民事法律风险,在这一点上,与通常的公民法律意识状态是一致的。在具备初步的法律知识,也具有一定的法律警觉性的情况下,企业家何以频频以身试法?举例而言,笔者结识的企业家,几乎都认为"贿"与"税"是企业经营中最主要的刑事法律风险,其他风险大都与这两种风险相伴而生。而在实证数据上,这两项也恰恰是企业家的多发刑事犯罪事项。为何屡屡明知故犯?笔者认为,这与我国在改革开放过程中政治形势指引、文化形态发展、产业政策变迁、融资形势变化等具有极为密切的关系。如何帮助企业家解决这种"明知故犯"问题,应当是企业家刑事风险与罪责防范的核心之所在,也是企业家对刑事法律服务的根本性需求。鉴于此,笔者认为,从企业家刑事风险与罪责防范来看,我们应该加强以下几个方面的研究工作:

---

[*] 本文是根据作者2013年9月21日在"首届企业家刑事风险防控与经济发展高端论坛"(北京)上的主题演讲整理修改而成。

[**] 张心向,南开大学法学院教授、博士生导师。

一、研究刑事风险事后处理模式

当下企业家应对刑事风险的思维及做法,依然是"不见棺材不掉泪",面对意料之中又似乎是意料之外的刑事风险,大都是临时抱佛脚,故对刑事法律服务的要求往往以"紧急救助"为主。鉴于此,以刑法分则为基础对企业经营过程中的刑事法律风险进行类型化整理,并建立相应的法规库及案例库,在最短的时间内,以最快的速度,提供最精准的刑事法律咨询及论证风险指数高低的服务,仍是近期内为企业家提供刑事法律服务的主要方面。

根据笔者的初步调研,企业家的刑事风险主要来源于其所在或所属企业的刑事风险,除"贿""税"之外,企业的刑事法律风险成因主要包括以下几种:

(1) 企业设立中的刑事法律风险,包括抽逃出资、出资不实或虚假股东等,其中涉及的刑法罪名包括虚假出资、抽逃出资罪,提供虚假财会报告罪,为亲友非法牟利罪。

(2) 企业组织结构中的刑事法律风险,如企业的股权结构是否合理、法人治理结构是否完备、监督控制机制是否健全、高管人员之间的权力如何制衡、法定代表人选定、股东会僵局、董事会僵局的法律风险等,其中涉及的刑法罪名包括妨害清算罪,隐匿、故意销毁会计凭证、会计账簿、财务会计报告罪,非法经营同类营业罪。

(3) 合同订立、履行过程中的刑事法律风险,其中涉及的刑法罪名包括签订、履行合同失职被骗罪,合同诈骗罪等。

(4) 企业并购刑事法律风险,主要表现在企业兼并方。企业兼并涉及公司法、反不正当竞争法、税收法、知识产权法等法律、法规领域,且操作复杂,对社会影响较大,潜在的法律风险较高。其中较为常见的包括资产存在瑕疵、存在未披露债务,以及收购法律结构及条款存在漏洞等。

(5) 企业投融资的刑事法律风险,其中涉及的刑法罪名包括非法吸收公众存款罪,高利转贷罪,逃汇罪,骗购外汇罪,骗取贷款、票据承兑、金融票证罪,操纵证券、期货市场罪,诱骗投资者买卖证券、期货合约罪,内幕交易、泄露内幕信息罪等。

(6) 知识产权刑事法律风险,无论是侵权还是被侵权,都将面临巨大的法律风险,其中涉及的刑法罪名包括假冒注册商标罪,销售假冒注册商标的商品罪,非法制造、销售非法制造的注册商标标识罪,假冒专利罪,侵犯著作权罪,销售侵权复制品罪。

（7）人力资源管理刑事法律风险,一方面,从招聘开始,面试、录用、使用、签订劳动合同、员工的待遇问题直至员工离职,都有相关的劳动法律、法规约束,企业任何不遵守法律的行为都有可能给企业带来劳动纠纷；另一方面,某些骨干员工掌握着企业大量的客户资料、商业秘密、技术秘密等核心机密,在离职时也应注意风险防范。其中涉及的刑法罪名包括强迫职工劳动罪、雇用童工从事危重劳动罪、侵犯商业秘密罪等。

除此之外,还应格外重视的是,在企业家面对刑事法律风险的案件之中,相当大的一部分起因是由于股东间纠纷或者企业内部人力资源纠纷所引发的,并最终因其他的罪名导致企业家遭受刑事法律处罚。

二、完善刑事风险事先预防手段

将最新的立法、司法、社会公共政策、产业政策及结构调整、社会政治及经济形势变化等多方面的信息,通过对企业家进行培训、建立企业家会员内部信息共享平台等方式及时告知大家,使企业家能够提前对企业进行整合、整理、整顿,以防范或规避可能发生的刑事法律风险。例如,从研究中心发布的 2012 年报告所显示出来的数据可以看到,以民营企业作为统计对象的统计结论中,以直接获取金钱为目的的犯罪行为,在全部犯罪行为中占有很大的比例,其中非法吸收公众存款、集资诈骗、贷款诈骗等又在其中占据多数。而造成此类犯罪的客观原因,根据近年来的具体案例而言无外乎两种：一种是企业自身资金链断裂；一种是企业所处的产业与地域商业背景。以民间抬会作为形式的集资为例,其中具备刑事犯罪特征的有很多,但真正被依法追究刑责的只是很少一部分,这与国家政策对这种融资现象的容忍度有着密切关系。适度放开就不是犯罪,紧缩则有一部分可能被追究责任。但对于其中的区别,企业家往往难以分辨,但却是刑事法律的研究者与工作者必须研究、准确界分并在此基础上提供可行性论证意见的问题,而这也恰恰是企业家在事先最为需要的一种刑事法律服务。

三、培育研究成果市场孵化土壤

培育研究成果市场孵化的土壤，主要是应进一步完善研究中心的报告体系，使研究中心的报告不仅具有法学研究及统计学上的意义，还应具备市场价值孵化的条件。

在刑事风险防范问题上，应当进一步细化企业分类，如国有企业与私营企业、新设企业与成熟企业、上市公司或非上市公司，等等。真正把握业态不同的各类企业的不同需求，并在此基础上，为其提供专业化的服务。

企业家所面对的是企业整体的法律风险，需要构筑的是企业法律风险管理体系，以此应对包括刑事风险在内的诸多法律风险。而企业在解决这些问题时，所采取的手段只能是管理的手段，这与企业自身的运行方法是不可分离的。因此，研究成果应当是以企业自身的刑事风险作为管理对象，以合理、有效地控制风险为目标，并遵循刑事法律风险管理的一般原则和规律，并在此基础上帮助企业建立法律风险管理体系及刑事法律风险预警体系。

建立的法律风险管理体系主要包括以下几个环节：首先，要对企业面临的法律风险进行识别，明确企业面临哪些法律风险（法律风险的识别体系）；其次，要根据风险评估和分析结果确定风险控制对象，并进行风险控制（法律风险的分析体系）；最后，要针对风险控制进行评估，明确风险控制的实施情况和实施效果（法律风险的控制体系），并以此形成研究中心专有的法律服务产品与信息产品。

对于企业家来说，对法律风险的防范应从日常经营活动开始做起，提高法律意识，增加事前预防法律风险的投入；对企业定期进行法律风险评估，并在资源配置、职责权限、奖惩机制、执行者能力要求、部门内法律审查、专业法律审查、风险意识、外部法律风险环境等方面考虑，制订控制措施的实施计划。

因此，笔者认为，应分门别类地对不同企业类型进行法律风险，尤其是刑事法律风险的识别与评估；对企业经营过程中的法律风险及时提示；对具有普遍意义的法律风险问题提供有效的应对和止损措施，等等。这些将是当前减少企业家犯罪和防范刑事法律风险的一个比较现实且可行的路径。

公司治理监督机制缺失的法律危险

韩 晶[*]

公司治理是要通过构造合理的企业内部治理结构和打造有效的治理机制,最大限度抑制代理成本,解决董事、监事、经理的选择与激励,实现公司的科学化决策,并使公司的利益相关者都得到公正对待,实现公司价值的最大化。目前,我国的大多数企业普遍建立了适应现代企业制度的较为科学、规范、完整的企业组织制度和管理制度,然而,公司治理中因为监督机制缺失,管理层可能独断专行等不确定因素,因而可能存在法律风险。

一、公司治理制度的分类

市场导向型的英美模式与银行导向型的日德模式,是西方公司治理结构的两种典型模式,二者形成与发展于不同的制度环境,并因此呈现鲜明的导向差异。前者基于公司股权的高度分散与股票的流通顺畅,强调通过股东"用脚投票"机制和活跃的公司控制权市场,而实现对公司行为的约束与对代理人的选择及监控;后者则由于股票市场的有限融资与股票流通困难,呈现以银行为主的金融机构和基于相互持股的法人组织对公司及其代理人实施长期的内在控制。

(一)市场导向型的英美模式

市场导向型的公司治理结构模式信奉股东财富最大化的经营导向,其在英、美、加拿大与澳大利亚等盎格鲁-撒克逊(Anglo-Saxon)诸

---

[*] 韩晶,北京师范大学经济与资源管理研究院教授、博士生导师。

国盛行,英美模式是其中的典型。追根溯源,英美公司治理结构模式根植于18世纪末,其时,两国证券市场已非常发达,大量企业以股份公司的形式存在,其股权高度分散并容易流通。公司股东依托庞大且发达的自由资本市场,根据公司股票的涨落,在通过股票买卖的方式抑或"用脚投票"的机制实现其对公司影响的同时,促进了公司控制权市场的活跃,并以此对代理人形成间接约束。外部发达的资本市场及其作用机制,无疑是英美公司治理结构模式得以根植并在发展中得到强化的根源力量。尽管美国公司的机构持股力量在最近的二十余年增长明显,但银行、保险公司及互助基金等机构持股势力的膨胀却受到了系列相关法律与法规的抑制,其在公司治理结构中的地位与作用因此依旧弱小。

(二)银行导向型的日德模式

组织控制型的公司治理结构模式在德国、瑞士、奥地利与荷兰等诸多欧陆国家和东亚日本得到了极好的发展,组织内在控制是日德模式的典型特征:其一,银行等金融机构通过持有公司巨额股份或给公司贷以巨款而对公司及代理人进行实际控制;其二,公司及代理人决策受到基于公司之间环形持股的法人组织的支配。在日本,银行基于特殊的主银行制度,依其对公司的长期贷款与直接持股而实现对公司重大决策的参与,公司之间的相互交叉持股则抑制公司的独立决策,而公司之间与主银行之间相互交叉持股,又挡住了资本市场对其各自的压力;在德国,银行等金融机构同样主导公司融资及公司控制,大银行常依其在公司的巨额持股与对小股东投票权行使的代理,而主宰公司的重要决策机构监事会,并以此对代理人施压与激励,同时,大银行以对公司巨额投资,长期限制公司股票交易的数量。显然,日本的主银行制度、公司之间和银行之间的相互交叉持股及德国的监事会,作为不同的制度安排,实质上都已经成为某种形式与程度上的组织控制。另外,日德模式对公司长期利益与集体主义的信奉,亦使其组织控制机制得到了强化。尽管世界金融市场的介入与主银行制度自身的局限性,对公司主银行造成了巨大的冲击,但制度变迁的"路径依赖"(path-dopend)性,一时尚难以使主银行制度的核心作用很快消退。

(三)政府主导的转轨经济模式

这种模式主要存在于苏联、中东欧和中国等转轨经济国家。在这些国家,经济体制、法律制度都处于转轨时期,经济中存在数量众多、规模庞大的、需要通过资本运营实现所有制形式改变和活力再现的国有企业,公司治理的矛盾问题,表现为内部人控制问题,即在法律体系缺乏和执行力度微弱的情况下,经理层利用计划经济解体后留下的真空,对企业实行强有力的控制,在某种程度上成为实际的企业所有者,国有股权虚置。本文对转轨经济模式的分析,将主要就中国公司治理的具体问题进行研究。

关于三种公司治理模式的比较见表1、表2。

表1 金融体系与公司治理机制的国家间比较

	美国	英国	日本	法国	德国
证券市场	最重要	最重要	发达	相对不重要	不重要
银行业竞争性集中度	由弱到强 →				
主要治理机制	法律保护和公司		大投资者(大股东和大债权人,主银行系控制权市场)监管		

表2 不同公司治理模式及其关键问题

治理模式	关键问题
英美市场导向型	强管理者、弱所有者
日德银行导向型	利益相关者的利益组合
转轨经济模式	内部人控制

二、中国文化的特殊性

按照帕森斯和希尔斯的定义,所谓特殊主义,是指根据行为者与对象的特殊关系而认定对象及其行为的价值高低。普遍主义,是指对对象及其行为的价值认定独立于行为者与对象在身份上的特殊关系。

中国的特殊主义(Particularistic)文化传统,使得一些人无法用抽象、正式的理性思维来处理人际关系,不善于建立大型科层制组织。中国的特殊主义可用8个字来形容:尊卑有序,内外有别。每个人都是一个巨大关系网上的一个节点,相对于不同的节点,有不同的相对位置和相应的独特行为规范。特殊主义文化不仅把工作之外的各种关系带进公司,还会通过人际交往在公司内形成各种非正式的关系网络。哥们儿义气、拉帮结派、小团伙、小圈子像病菌一样,开始腐蚀正式组织的下行指挥链和上行反馈链。

同时,由于特殊主义经济交往和商业贸易多在同一个内部离散的族群中进行,这种经济的集体惩戒机制又被文化中的人情和伦理所强化,因而这种集体或社群主义社会,更有可能基于一定非正式约束机制(如口头传统、礼仪、惯例)的习俗经济(customary economy)或惯例经济(conventional economy)。人际关系的个人化、熟人化和不能抽象化,也会导致以倡导诚信、守德、履约的集体或社群主义社会内部人们交往与交易的半径大大缩小,即一般发生在家族、亲友和熟人圈中,从而无力拓展出 Hayek(1988)在《致命的自负》中所说的"人之合作的扩展秩序",或者说,人之合作的扩展秩序无法向生人、外人和其他族群、邦国或经济体扩展。另外,由于人们对习俗的自我恪守和非正式的惯例约束,足以维系这种离散的、分隔的并具有水平社会分层结构且经济和贸易交往半径很小的社会的运作,也就没有必要产生正式制度约束机制和作为第三者的实施机构(立法与司法系统),社会也不能向正式法律规则体系过渡与转化。这也说明,这种特殊主义社会有着保持和维系习俗与惯例经济的巨大张力。

三、中国公司治理监督机制的匮乏

(一)监事会形同虚设

我国采取的是特殊二元治理模式。我国《公司法》规定,股份公司应当建立股东大会、董事会、监事会。股东大会是公司的最高权力机构,董事会和监事会均由股东大会选举产生,在法律地位上是平等的,董事会仅对股东大会负责,无须对监事会负责;相应的,监事会无决策权,只有监督权,在公司实际运作过程中,董事会的权力要比监事会大得多,在大多数情况下,监事会形同虚设。我国公司法确定了股东大会、董事会(经理)与监事会构成的股份公司结构。这种结构从表面上看似乎采取了二元制,然而实际上,与德国公司法为代表的二元制度有着本质的不同。原因就在于,德国的董事会被置于监事会之下,董事会成员是由监事会任命的,其报酬也由监事会决定,而监事会的成员中,既有股东的代表,也有员工的代表(大型公司)。反之,我国公司中的董事会与监事会是两个互不相干的机构,分别只对股东大会负责,这样一来,在实践中,我国公司的监事会形同虚设也就不足为奇了。公司法对"二元制"的规定与"二元制"设立的目的——监督制衡就有了明显的制度冲突。

我国公司治理结构的基本特点是呈"金字塔"型的治理结构。这一结构的最底层是股东大会,它是公司的最高权力机构,决定着公司所有重大事项。该结构的中间层是董事会和监事会,分别承担着公司事务的决策权和监督权。股东大会是公司的最高权力机构,董事会和监事会均由股东大会选举产生,在法律地位上是平等的,董事会仅对股东大会负责,无须对监事会负责;相应的,监事会无决策权,只有监督权,在公司实际运作过程中,董事会的权力要比监事会大得多,在大多数情况下,监事会形同虚设。处于最顶层的经理人,承担着公司日常事物的执行权,并对公司董事会负责。该经理人处于公司的最高层,并不意味着其处于公司治理结构权力的巅峰,其重要性在于他处于公司经营的最前沿,拥有公司日常事物的执行权。在我国转轨经济中,在"内部人控制"问题十分严重的情况下,经理人的确拥有较大的权力,但其权力来自于董事会的授权,所以,处于"金字塔"顶端的应是被称为公司法定代表人的董事长。由于上面讲到的原因,在转轨时期,"内部人控制"问题使经理人掌握着较大的权力,在许多情况下,董事长和总经理是兼任的。认为董事长处于公司治理结构顶端的依据是:首先,《公司法》规定,董事长是公司法定代表人,他是唯一对外代表公司的人。公司其他人员或机构必须取得法定代表人的授权后,才能代表公司。其次,《公司法》还规定,董事会闭会期间,由董事长代行公司董事会的部分职权。我国公司的董事长事实上不同于一般董事,应该说,董事长是我国公司管理权的核心承担者,处于公司权力结构的顶端。

(二)独立董事不独立

自2000年开始,中国引入了独立董事制度。独立董事制度发源于英美,是与英美个人主义文化及股权高度分散相适应的。美国的文化为独立董事的独立性提供了一定的支撑:奉行普遍主义人际关系的美国人,往往公私分明,重视交往的物质合理性甚于情感。美国人最先考虑"法则和法律",然后是"习惯和传统",最后才是"仁慈、人道和友善"。美国人开朗外向、性格直爽。他们不喜欢拐弯抹角,有什么建议或想法,会不加掩饰地提出来,立场鲜明,直截了当,更不担心会引起他人的不快。这正是独立董事独立性的重要表现。

而中国的传统文化,从本质上是没有独立董事制度成长的土壤的:中国人的人际交往可以用"关系式"概括,人与人之间主要靠情感维系,爱面子,讲情面。人与人之间的交往,无论是工作还是私人场合,都有浓浓的人情味,为了关系不惜牺牲物质利益。中国人优先考虑"仁慈、人道、友情",其次为"习惯、传统、理性思考",最后才是"规则和法律"。中国人含蓄内向,为了体谅对方,说话礼貌而含糊。中国人很少愿意当面提出反对意见,害怕得罪人,在表达立场的时候往往固守中庸,模棱两可。所以,仅从文化角度来看,中国的独立董事不会独立,也不会起到应有的效果,花瓶董事就成为一个必然。

四、如何完善公司治理的内部监督机制

作为公司治理系统的制约机制,必须建立在整个公司治理环境之内,即内部控制的"控制环境"是整个内部控制系统的基石,制约着其他要素。如果法人治理结构不健全,公司必然缺乏一套行之有效的监督机制,使内部控制制度形同虚设;如果法人治理结构完善,内部控制制度就可以发挥其最大的效用。

内部公司治理是由所有者、董事会、监事会和高级经理人员组成的一定的制衡关系,是用来约束和管理经营者的行为的控制制度。内部控制是企业董事会及经理阶层为确保企业财产安全完整、提高会计信息质量、实现经营管理目标,而建立和实施的一系列具有控制职能的措施和程序。公司治理解决的是股东、董事会、经理及监事会之间的权责利划分的制度安排问题,更多的是法律层面的问题。而内部控制则是管理当局(董事会及经理阶层)建立的内部管理制度,是管理当局对企业生产经营和财务报告产生过程的控制,属于内部管理层面的问题。内部控制解决的是管理当局与其下属之间的管理控制关系,其目标是保证会计信息的真实可靠,防止发生舞弊行为。换言之,内部

控制是在公司治理解决了股东、董事会、监事会、经理之间的权责利划分之后,作为经营者的董事会和经理为了保证受托责任的顺利履行,而主要面向次级管理人员和员工的控制。健全的治理结构,关键在于股东大会、董事会、经理阶层和监事会之间的权力、责任和利益明确,以便形成有效制衡的机制。组织结构的建设和权、责、利的分配,是内部控制中控制环境的一个重要内容。

为了完善董事会的内部控制,首先,要完善董事会构建机制,使董事会真正成为独立行使权利和承担责任的机构。针对我国公司股权相对集中的特点,通过优化董事提名机制、董事会形成机制和董事责任追究机制等,使董事会真正成为公司治理的独立履行权利、承担责任的机构。其次,割裂董事会与经理层的人员构成,保证董事会成员的相对独立性。董事会的重要职责之一在于选聘、考评高管人员、行使决策权并代表股东监督经理层。如果董事与经理层人员高度重叠,就会形成"自己监督自己、自己考核自己"模式,董事会与经理层的制约机制就名存实亡了。最后,注重董事会专业委员会职能以及决策与监督程序,为董事会发挥其核心地位作用提供信息和技术支持。

完善内部控制可重点关注以下六条途径:

(1) 在加强董事会和监事会职能的同时,关键是要加强和重视企业文化建设,营造良好的企业文化氛围。企业文化是企业发展的内在驱动力,是企业持久竞争优势的源泉。作为一种无形的力量,企业文化会影响企业员工的思维方法和行为方式,也不可避免地会对企业内部控制环境产生重要的影响。

(2) 建立健全的反向控制机制。有关公司治理的政策法规和企业章程,应当明确规定总经理的职责,有效抵制董事会抽逃资本、利用关联交易侵犯中小投资者利益等违法违规行为,从而在治理机制上建立健全反向治理机制。

(3) 建立独立监事制度。必须是"有决定力量的群体",即监事会的结构应该是:1/3独立监事、1/3职工代表和1/3中小股东代表的三分天下模式,保证监事会决议的独立性,并制衡各方利益,同时独立董事与独立监事相互配合,形成"专家决策+专家监督"的科学模式,真正起到保护中小股东和利益相关者的作用;独立监事应由财务会计、投资金融专家等专业人士担任,这是保障独立监事科学履职和设置监事会审计委员会等专门委员会的基础;独立监事的选任和罢免权应该属于非董事股东,保证独立监事代表的是中小股东的利益;监事会应下设以独立监事为主体(2/3以上,并且独立监事担任主任委员)的审计委员会,提高监事会对大股东、董事会和高管的监督能力;由监事会提名和选聘外部审计单位。

(4)建立一套严密而科学的内部会计控制制度。内部控制的核心是会计控制,找出企业会计工作或管理工作中的关键环节,有针对性地设置相应的内部会计控制制度,主要包括:明确的授权控制,即明确规定会计负责人的职责权限,每位会计人员的责任与相应职权;岗位轮换和不相容职务分离。体现为每项业务不仅要经过不同的部门,而且还需经过上、下级不同人之手,做到下级受上级监督,上级受下级制约。严格的审核制度。主要包括真实性、合法性、完整性和正确性的审核。

(5)建立有效的内部控制评价机制。评价机制的参考标准不仅可为企业自我评估和改进其内部控制提供依据,还可以通过评价机制对整个体系的运作状况进行综合评估,使公司高层管理层找到内部控制体系中的薄弱环节,以采取相应的改进措施,促进体系的不断完善。随着经济的发展和风险管理重要性的加强,内部控制的评价机制将向自我评估发展,它将内部控制由被动转为主动,体现了内部控制的完整性和有效性,进而实现对内部控制的"再控制"。

(6)现在一些不公允的关联交易或者恶意通过委托理财方式违规操作股票等一些违规行为,可能最后都要落到赔偿上,只有引入控股股东赔偿机制,增大违规成本,才能对公司规范运作有一些帮助。为此控股股东股份锁定期定为3年,可以借鉴原来股改时的做法,如果控股股东确实不规范并给公司利益或公司其他股东利益造成了损害,则有赔偿责任,并可以用股票进行追加赔偿。

关于我国企业家刑事法律风险防范的几点思考

刘广三　刘国庆[*]

随着我国市场经济的飞速发展,作为现代经济源泉的企业,为社会发展作出了重大贡献,但由于诸多不利因素合力所致,目前我国企业家的犯罪越来越严重,造成十分严重的后果,需要认真应对并制定有效的防控措施,以降低企业家的刑事法律风险。

一、我国企业家犯罪的现状及危害

我国企业家队伍随着我国经济的飞速发展也在不断壮大,与此同时,企业家涉嫌犯罪的现象也越来越严重,比如《2012 中国企业家犯罪媒体案例分析报告》中指出,过去的一年,又有 272 位企业家告别商业舞台。在我国,企业家大体可分为国企企业家和民营企业家,由于其主体上的差异与不同,犯罪行为又有所不同。

就国企企业家犯罪的现状而言,主要表现为如下几个方面:

(1)垄断行业的国有企业成为贪腐的重灾区。从行业上来看,航空、铁路、电力、粮储、交通、能源、金融和建筑等垄断行业中,国企企业家贪腐频发,其主要原因在于,上述国企具有垄断性质,赚钱比较容易、高管的权力过大、监督制度不够完善,从而导致大多数国企企业家涉嫌贪污受贿等经济犯罪。

(2)国企企业家犯罪呈现复合化的程度,即国企企业家犯罪逐步

---

[*] 刘广三,北京师范大学刑事法律科学研究院证据法研究所所长,教授,博士生导师,法学博士;刘国庆,北京师范大学刑事法律科学研究院诉讼法专业 2012 级博士研究生。

由单项犯罪向综合性犯罪升级,多种罪名互相交织。

(3)国企企业家犯罪"前赴后继"现象仍普遍,且愈演愈烈,有增无减。

目前民营企业家犯罪的现状主要有如下几点:

(1)民营企业家资金短缺,非法融资严重。比如在2012年企业家犯罪案件所涉罪名中,融资类罪名所占比重大是一个突出特征。在统计的245例案件中,仅非法吸收公众存款罪(33例)和集资诈骗罪(11例),就占了全部案件数的近1/5。更值得关注的是,触犯这两项罪名的犯罪人全部是民营企业家,这两项罪名涉及的案例数,在本报告(《2012中国企业家犯罪媒体案例分析报告》)统计的2012年民营企业家犯罪的158例案件中,所占的比例超过了1/4。①

(2)官商勾结行贿获利。比如2012年引发关注的政府官员犯罪案件之一的原铁道部部长刘志军案件,这一案件不仅涉案的官员位高权重,更为重要的是,该案集中体现了特定行业中这种企业家与政府官员犯罪的伴生现象。这种伴生现象反映出中国权力与资本不正当的结合关系,它的深层次体制性或制度性因素值得深思。在经济转型期,政府与市场的边界不够清晰,政府部门直接掌握和控制着土地、矿产资源、税收优惠、行业准入、公共基础设施建设等一系列重要经济资源与制度资源,导致企业家经营活动对政府权力的依赖,这正是在一些领域容易产生企业家犯罪与政府官员犯罪伴生现象的重要原因。

(3)民营企业家涉黑的犯罪案件日益增多。

(4)民营企业家犯罪案件呈上升趋势,涉嫌罪名日益复杂。

总之,随着我国经济体制转型及相关制度没有及时跟进或制度本身存在缺陷而导致企业家犯罪愈演愈烈,尽管国企企业家犯罪与民营企业家犯罪所呈现出的外在表现形态有所不同,但造成的损害是类似或相同的,损害了国家和社会利益,不利企业自身的发展,也危及自身的幸福前途,需要认真思考成因并制定相关防控措施,为企业家降低刑事风险出谋划策。

---

① 参见《企业家犯罪原因透视》,载http://news.hexun.com/2013-03-01/151617621.html,访问时间:2013年8月29日。

二、我国企业家犯罪的成因及防控措施

我国经济处于计划经济向市场经济转型时期,企业发展所面临的市场环境与法制环境均不完善,部分法律的界限不清晰,监管也不够到位,给部分企业家以可乘之机。在诱惑大于风险的前提下,一些企业家通常铤而走险为己谋取私利,具体来讲,企业犯罪的原因主要为如下几个方面:

1. 就外部原因而言,主要有如下两个原因

外部原因主要集中在如下两个方面:

(1) 企业外部竞争环境的不公正。企业外部环境竞争不公是不争的事实,尤其是国企与民企。国企企业家的落马主要原因是贪污受贿,而民企企业家落马的主要原因在于融资这个环节中涉嫌诈骗,而之所以出现上述不同,主要原因在于国企与民企迥然有别的社会地位。融资类犯罪现象的遏制和消除,有赖于多层次的资本市场和融资市场的发展,有赖于政府对民营企业、中小企业融资扶植力度的加大,政府为国企与民企的竞争营造良好公平的外部环境,也有赖于法律规则的完善与明晰。

(2) 职业道德及诚实守信的缺失。当下,我国处于经济转型时期,在计划经济向市场经济的转变中,随着商品意识向社会意识形态领域中的渗透,拜金主义、享乐主义的思潮不断冲击着人们的道德观念和价值取向,而一些企业家只抓业务,认为赚取利润是其主要任务,思想工作和法制教育有所松懈,导致一些企业家拜金思想恶性膨胀,经不住金钱和物质利益的诱惑,最终铤而走险。就诚实守信而言,目前企业家中背信犯罪的高发,深层次上折射出企业家精神的缺失。背信犯罪是企业管理者违背其对企业以及投资者的信义义务,包括忠实义务和勤勉义务,利用其职务地位谋取私利,从而危害企业以及投资人利益的犯罪行为的统称。在更广泛的意义上,企业家罔顾其承担的社会责任实施的犯罪行为也可以归于此类。2012年企业家犯罪所涉及的罪名中,违背企业家应有的信义义务的罪名不在少数,如贪污受贿、侵占挪用、滥用职权、制假售假、环境污染、信息欺诈、内幕

交易,等等。② 创新、诚信与责任乃企业家精神的精髓所在,背信犯罪的大量存在,折射出当下企业家群体中企业家精神的缺失。当企业家实施背信犯罪时,就违背了其作为受托人管理企业资产的基本责任与义务,违背了诚信原则,从而使企业家的创新精神成为了无源之水、无本之木。

2. 就内在原因而言,主要表现在如下几个方面

(1) 追逐利润利益乃企业家经济犯罪的主观动机。探究企业家犯罪高发的根本原因,在落马的企业家中,无论是国企高管,抑或民营企业公司领导,追逐短期利益几乎是他们共同信奉的金科玉律。在金钱和权力的侵蚀下,企业家道德底线失守了。只讲经济而忽视了讲文化、讲法律。在我国经济迅猛发展的时候,当更多的机会和资源摆放在企业家面前时,部分企业家因无法控制自己对金钱的迷恋而不择手段,同时寻找更多的资源,并试图据为己有,结果触犯法律。

(2) 内部管理制度不完善,存在缺陷。内部管理制度的缺陷,是导致企业家犯罪的重要原因。无论是国有企业抑或民营企业,财务管理领域都是犯罪案件高发的领域。对于作为营利性组织的企业而言,财务管理是企业的基本制度之一,只有具备了健全的财务制度,企业才可能实现对资金的有效控制,通过经营行为获得利润。本应作为企业生命线的财务管理制度,却频频成为犯罪高发区,这一现象暴露出企业内部管理制度的混乱,这种混乱主要表现在如下三个方面:

① 企业的公司治理结构虚化。公司已经成为我国企业中的主流组织形式,公司制企业均已建立起比较完善的股东会、董事会、监事会、经理制度。然而,现实中这种治理结构对企业家的监控是十分弱化的。徒有虚名的法人治理结构难以实现对企业家的监督,给企业家犯罪提供了制度空间。比如在许多的贪污侵占案件中,企业家的权力范围无限,包括财务管理、人事管理及行政管理,在企业内部没有任何制衡约束,其贪污侵占行为的实施几乎没有任何障碍。

② 企业中广泛存在"一把手"监督失控的现象。处于企业核心地位的企业家,往往对企业有绝对的控制权,对于企业重大决策、人事安

---

② 参见《企业家犯罪原因透视》,载 http://news.hexun.com/2013-03-01/151617621.html,访问时间:2013 年 8 月 29 日。

排、财务调配有不容置疑的决定和处置力。企业家犯罪在表现形式上往往是上下级相互配合的"窝案",这也从一个侧面表明,企业中的上级意志不受任何监督制衡,处于失控状态。

③ 企业对营利的追求致使其对风险预警控制机制有所放松。企业通常有一套营利考核机制,据此对不同部门进行绩效考核。但与此同时,对于企业本身所存在的潜在风险认识不足,重视不够,没有及时进行评估并采取有效措施予以预防。

(3) 企业内部缺乏权力制衡机制。企业内部的权力制衡是企业治理结构的核心。它应当以公司内部的权力建构为基础,在权力行使主体之间制衡。公司作用发挥的关键是公司法人治理结构的问题,由股东、董事会、监事会和经理层组成的公司组织治理体系结构,公司内部不同机构依据不同的职权,互相制衡,形成有效的制衡机制,才能够充分发挥公司的最佳潜能。我国企业,尤其是一些中小企业近年来发展迅速,但内部规章制度与国企和外企相比仍不够健全,出现了诸多问题。比如财务制度不够健全,公司企业行为个人化,缺乏行之有效的监督制约机制,给民营公司企业的管理人员以可乘之机。

(4) 监督不力存在漏洞。在经济转型时期,市场经济体制尚未成熟,新旧体制的交替造成管理制约制度上的漏洞,一些企业,尤其是国企改制后,在逐渐脱离政府部门管理的同时,也放松了企业内控制度的健全和完善,甚至出现监管真空,为民企内部发生犯罪创造了条件。

3. 就主体而言,部分企业家本身刑事法律意识淡薄

企业家自身法律意识尤其是刑事法律风险意识的淡薄,也是目前导致企业家犯罪的重要个体性原因。一个基本的事实是,改革开放30多年来,企业运营的法治化趋势显著提升,聘请法律顾问、设立专门的企业法务部门,已成为企业规范化运作的基本特征之一。但这些法务人员更多的只是专注解决企业经营中的民商事法律问题,对企业尤其是企业家所面临的刑事法律风险,往往疏于应有的认识和有针对性的防范。实践中,很少有企业家在经营活动中聘请刑事法专家为自己提供帮助,只是在东窗事发之后,才想到请刑事法专家或擅长刑事诉讼的律师,但为时已晚。

为了更好地遏制企业家犯罪,从源头上杜绝企业家犯罪的发生,在加大对企业家犯罪打击力度的同时,还应不断完善外部市场竞争环境，健全企业内部的管理运行机制，此外还应提升企业家犯罪的防范意识和手段，具体来讲主要有以下几点：

1. 优化市场竞争机制

改革开放30年来，我国逐步从计划经济向市场经济体制转化，基本上建立了完整、统一、开放的市场体系，形成了多元化的市场竞争主体和多种形式的市场竞争方式。但仍存在诸多弊端，有待完善，国家应继续进行制度改革，有所作为，优化市场竞争环境，为企业家公平竞争营造良好的外部环境，尤其为国企与民营企业的公平竞争创设良好的外部环境，不可厚此薄彼，搞双重标准，对民企歧视，否则后患无穷。

2. 增强企业家的法律风险防范意识

随着我国法治的逐渐完善以及"依法治国"方略的实施，法律几乎涉及企业的每项活动，无论是个人还是企业的商业活动或经济行为，均越来越多地受到法律、法规的规范和约束。企业家如果不具备基本的法律知识，盲目指挥决策，必将面临危险的境地。企业家应养成决策前咨询律师的习惯，而目前在我国，一些企业家中存在一些荒诞不经的现象，比如有些企业家宁可拜佛求神也不知道或不愿意咨询律师，前者也许在心理上会给企业家提供一些慰藉，但律师却可以使企业家对于时刻悬挂在其头顶上的达摩克利斯之剑看得更清楚，更理性，更深谙如何防范企业所面临的法律陷阱。企业要长治久安，就需要具备完善的内部管理体制和风险防范预警机制，预先知道刑事风险所在，并进而设法避免刑事法律风险的发生。一言以蔽之，随着我国法治经济的飞速发展与法律的不断健全完善，我国的企业家应进一步转变观念，法律意识要有一个质的飞跃，具体来讲，就是要从救火意识向防火意识转变，从法律救济意识向法律防范意识转变，从依法维权意识向依法治企意识转变，未雨绸缪，防患于未然，从被动意识发展到主动意识。③

3. 企业内部建立风险预警机制

在转变意识观念的同时，应注重相关机制的建设完善，具体来讲，

---

③ 参见项先权、唐青林主编：《企业家刑事法律风险防范》，北京大学出版社2008年版，第45页。

就是建立企业内部法律风险评估机制,尤其是刑事法律风险评估机制的常态化、固定化、机制化。企业应当防微杜渐,在内部确定一个运转有效的风险预警机制,投入一定的人力、精力、财力,事先建立法律"防火墙",将法律风险挡在企业发展之外,从依法治企上寻找可持续发展的道路。笔者建议,企业家应定期为自己的企业进行法律风险评估。所谓法律风险评估就是指律师在受到企业委托后,入驻企业并对目标企业进行法律风险事项调查,并出具《法律风险评估报告》的一项预防性法律服务工作。通过对企业的组织结构、股权结构、治理结构、公司章程、公司各项许可证照、内部管理制度、业务流程、财务管理制度和流程、对外重大合同签署的决策和流程、劳动合同管理、固定资产管理、知识产权等项目,分别进行调查和评估,发现其中可能存在的潜在法律风险和潜在的诉讼。通过为企业出具《法律风险评估报告》,及时把企业可能存在的法律风险披露出来,以引起企业家的注意。进而在律师的帮助下,迅速采取适当措施,最终未雨绸缪,防患于未然。通过《法律风险评估报告》,使企业家提前知悉法律风险的所在,当法律风险实际发生时,企业家就能够从容应对,避免被突袭后而惊慌失措。

为了避免法律风险,企业可以在律师提交该风险报告之后,根据企业自身的实际情况构建自身的法律风险防范体系,有效降低公司的法律风险,实现公司利益的最大化。

总之,企业内部建立风险预警机制意义重大,具体为如下几点:其一,可以避免及预防企业家自身的刑事法律责任风险。由于律师的事先介入,企业家的决策变得更为谨慎,有所为又有所不为。其二,避免错误决策带来的巨大、非必要的赔偿或损失,比如在进行重大投资协议签署之前,聘请律师为已把关,可以减少自身的经济损失。其三,有助于减少纠纷和诉讼,有利于企业家安心地从事商业活动,避免疲于应付一些纠纷或诉讼。总之,企业内部建立风险预警机制意义重大,企业家应予以高度关注。

4. 健全培训教育机制

企业家可以开展形式多样的培训,以提升其综合素质,比如可以有计划地定期到国内外著名高校培训,也可以去业内知名企业考察先进的管理理念和企业管理经验,潜移默化地培育其诚实守信、公平竞争、信守法治的良好品格。

此外，无论是国企企业家抑或民营企业家均应重视加强企业内部一些行之有效的现代企业制度的建构与完善，其中比较迫切的是健全内部会计控制与内部审计制度。随着市场竞争的日益激烈，内部审计在查错防弊，保护企业财产安全及优化资源，提高经济效益和健全内部控制制度，提高经营管理水平等方面发挥着举足轻重的作用。

三、我国企业家需要处理好的几种关系

除此之外，企业家还应学会如何处理如下几层关系，此举也关涉到企业家能否有效地避免刑事法律风险，以及企业能否健康发展。

（一）企业家与政府的关系

在我国目前这样一个急剧转型、快速发展的社会中，企业家与政府在工作中维持良好的工作关系是必须的，但不可"官商勾结"。"官"代表了一种垄断性和决策性的资源。在目前我国这样一种不很健全的政治环境与商业环境中，企业家应如何处理与政府相关部门的关系呢？笔者认为，最佳的方式就是"若即若离"，既不能太远也不能太近。为了企业的良性发展，开展必要的公共关系，与政府机构和官员进行必要的沟通，此举有利于争取资源，对企业的发展是必要的。但切记不能使用非正当的手段，与政府官员保持过分密切的关系。缺乏政府的支持，企业不可能有较好的发展，但是，如果使用非法的手段换取与政府的特殊关系，获得政府的特殊关照，企业会时刻面临意外风险。企业家如果依靠"官商勾结"，快速成为商界红人，最终还将败于"官商勾结"之下，正所谓"成也萧何、败也萧何"。比如2012年引发关注的铁道部部长刘志军案件，集中展现了特定行业中企业家与政府官员犯罪的伴生现象。反映出的深层体制性或制度性因素值得深思。

（二）企业家与媒体的关系

如今是信息时代，各种媒体，比如电视、报纸及网络等每天都在传播着海量信息。媒体神通广大，能够成就一个企业，也能搞垮一个企业。既然媒体是把双刃剑，用之得当，可以节省大量的广告费用，快速树立品牌优势，收到事半功倍的效果；用之不当则可能自伤手足。企业家应如何处理好与媒体之间的关系呢？笔者认为，企业与媒体是一

对相互依赖、互相需要的主体,在处理二者关系时应掌握以下几点:

(1) 不要试图与媒体博弈,选择与媒体共赢才是明智之举。

(2) 不要试图收买媒体,任何一个企业都不要尝试以金钱等物质利益换取媒体的认同,有良知的媒体会坚持自己的新闻准则,坦诚沟通和交流方能达成共识。

(3) 不要与媒体称兄道弟。与媒体称兄道弟内含较多江湖上的虚伪,媒体更喜欢企业家把他们当做朋友看待,后者含有尊敬的成分。

(4) 不要厚此薄彼,在接待不同媒体的记者时,要一视同仁,给予同等的待遇。

(5) 企业与媒体的高层建立互访机制。

(6) 企业遇到危机之时,处理与媒体的关系最好做到四个"要":在企业遇到危机时要注意媒体的"新闻利益第一"的原则,防止危机的发生,企业公关人员不要寄希望于长期建立的记者关系而能消除一切危机。如果企业有爆炸性的危机新闻,"新闻媒体新闻利益第一"的特性就会暴露出来。危机一旦发生,企业要① 建立新闻发言人制度;② 要紧急团结媒体;③ 要特别关注互联网的传播;④ 要友好对话,不要激化矛盾。只有如此,方能最低限度地避免企业及企业家个人陷入更为被动不利的境况。

(三) 企业家与下属的关系

企业若想良性发展,一定要处理好企业内部的关系,在内部营造良好的企业氛围。为此,笔者建议,企业家应从以下几个方面入手:

(1) 尊重企业员工的人格尊严,建立有效机制,及时听取员工的意见,并疏导一些不满情绪。

(2) 保障维护员工的合法权益。

(3) 加强企业员工的综合素质培训,比如敬业意识及团队合作精神的培养。

此外,企业家应远离"涉黑"。目前我国一些企业家犯罪与"涉黑"不无关联,他们中的一些通过黑社会解决纠纷,依靠黑社会解决社会纠纷的,很可能陷入永远无法摆脱黑社会的怪圈。有的依靠黑社会发展企业,但多行不义必自毙,无数事实证明,企业家依靠黑社会发展企业的,是难以长久的。

结语

由于各种不利因素并存,我国企业家,无论国企抑或民营,均会面临各种法律风险,而能够导致企业和企业家终局性败局的,无疑是刑事法律风险。这种风险横向跨越于民企和国企,纵向则贯穿于企业的设立、经营乃至破产清算的全过程。在全面深入推进法治建设已成为时代强劲主旋律的背景下,对企业家而言,如何努力增强自身的法律意识,如何在思想和行为模式上秉持并践行"市场经济就是法治经济"的基本理念,在领导和管理企业运行过程中,时刻警惕法律风险尤其是刑事风险的高发环节,把法律风险尤其是刑事风险的防控,纳入企业风险防控体系之中,无疑已成为关乎企业家自身能否远行,以及企业能否持续健康发展的现实重大问题。

私人银行业的洗钱法律风险分析及对策

陈　捷　黄　海[*]

　　私人银行业是向高净值个人提供的、以财富管理为核心的专业化、个性化、高层次的金融服务业,具有高准入门槛、专业化服务和注重私密性的特点。由于私人银行业务是以收费产品为基础,资本占用率低、利润率高,近年来的飞速发展,已成为金融业竞争的核心领域。但私人银行的渠道、业务、人员也存在一定的洗钱法律风险,对此应高度关注。

一、私人银行的概念

　　私人银行起源于16世纪的瑞士日内瓦。一种说法为,法国一些经商的贵族由于宗教信仰原因被驱逐出境,形成了第一代的瑞士私人银行家,欧洲的皇室高官们开始享受到这种私密性很强的卓越的金融服务。还有一种说法为,17世纪的欧洲贵族出外打仗,家中财产由留守的贵族代为管理,这些贵族逐步形成了第一代私人银行家。总之,私人银行起源于一种私密性极强的、是专门提供给贵族和富人阶层的金融服务。
　　一直以来,私人银行并没有一个确切和统一的定义,专家、学者、业内机构对私人银行都有着不同的理解,详见表1。

---

[*] 陈捷,中国人民银行参事室研究员、博士生导师,高级经济师;黄海,中国人民银行中国反洗钱监测分析中心,中级经济师。

表 1　私人银行定义

学者或机构	对私人银行的定义
中国银监会[①]	私人银行服务,是指商业银行与特定客户在充分沟通协商的基础上,签订有关投资和资产管理合同,客户全权委托商业银行按照合同约定的投资计划、投资范围和投资方式,代理客户进行有关投资和资产管理操作的综合委托投资服务。
摩根斯坦利	私人银行是服务于拥有高资产净值的个人、家庭及控制巨额可投资资产的信托基金,为其提供设计精密、量身定做的财务解决方案,并让他们也能享受到只提供给大公司、金融机构和政府的公司资源。
维基百科	私人银行服务最主要的是资产管理,规划投资,根据客户需要提供特殊服务,也可通过设立离岸公司、家族信托基金等方式,为顾客节省税务和金融交易成本。因此私人银行服务往往结合了信托、投资、银行、税务咨询等多种金融服务。通过私人银行服务,客户可以接触到许多常人无法购买的股票、债券等。而享受私人银行服务的客户们,往往可以拥有投资一些私人有限公司的机会,并获得许多优先购买 IPO 的机会。
Lyn Bicker	私人银行是为拥有高额净财富的个人提供财富管理、维护的服务,并提供投资服务与商品,以满足个人的需求。
连建辉、孙焕民(2006)	私人银行是商业银行面向社会富裕人士提供的、以财富管理为核心的专业化一揽子高层次金融服务。
曹彤、张秋林(2010)	私人银行是一个"从摇篮到坟墓"的金融服务,是专门针对富人的一种私密性极强的服务,根据客户需求量身定做投资理财产品,对客户投资企业做全方位投融资服务,对富人及家人、孩子提供教育规划、移民计划、合理避税、信托计划的服务。

综上所述,私人银行在三个方面明显不同于一般银行业务:

(1) 客户特殊,私人银行所提供的服务对象都是社会中特定的富有人士及其家庭;

(2) 服务特殊,私人银行所提供的是个性化和专业化的服务,是严格根据富裕阶层的需求量身打造的,注重服务的私密性,并非大众化

[①] 参见 2005 年《商业银行个人理财业务管理暂行办法》征求意见稿。

服务；

(3) 业务特殊，私人银行业务范围很广泛，呈现综合化，凡是富裕人士有需求的都会涵盖，主要涉及财产保护、财富积累和财产传承。

二、私人银行业的现状分析

(一) 总体概况

私人银行业作为高端财富管理行业，其行业内外的竞争一直都是从业者所面对的关键性挑战。全球财富管理的年度排名显示，排名前十位的私人银行管理的高净值资产已达9.214万亿美元，详见表2。

表2　2011年全球私人银行基准十强

排名	机构名称	管理资产总额(10亿美元)	年增长率(%)
1	美国银行	1 944.74	4.20
2	摩根斯坦利	1 628.00	7.96
3	瑞士联合银行	1 559.90	6.60
4	富国银行	1 398.00	14.78
5	瑞士信贷银行	865.06	11.56
6	加拿大皇家银行	435.15	14.81
7	汇丰银行	390.00	6.27
8	德意志银行	368.55	35.31
9	法国巴黎银行	340.41	45.68
10	J.P.摩根	284.00	5.19

数据来源：《中国私人银行发展报告2012》，中国金融出版社2012年版。

随着全球财富的进一步积累以及新兴市场私人财富规模的迅速膨胀，高净值人群的财富管理目标、资产配置和服务需求也日益多元化，并且越来越倾向于使用专业金融机构进行财富管理，整个私人银行业呈现出巨大的发展潜力

(二) 中国

中国经济的快速发展和富裕人群的增加，为中国私人银行业的发展奠定了基石。2006年2月18日，花旗银行是中国第一家正式获准开业的外资私人银行，其在中国的私人银行部在上海正式营业，开户门槛为1 000万美元，私人银行正式"登陆"中国内地。之后，渣打银行、汇丰银行等外资银行和中国银行等国内银行，相继在中国内地开

设私人银行部,竞争境内高端客户。经过5年的发展,截至2012年年底,中资银行在国内成立的私人银行服务中心或分部共计158家,设立最多的是中信银行,有35家。这些私人银行中心或分部,主要集中在沿海城市或经济发达的省会城市,如北京、上海、广州、深圳、杭州、青岛、南京等城市。

中资私人银行的客户数量和客户资产规模迅速增长。2012年4月12日,中央财经大学中国银行业研究中心与中信银行私人银行中心共同发布的《中国私人银行发展报告2012》中显示:截至2011年年底,我国高净值人群数量达到118.5万人。预计到2015年,我国高净值人群(指个人可投资资产超过1 000万元的人群)数量将达到219.3万人。

表3 部分中资银行私人银行的客户数量(单位:位)

银行名称	2008年	2009年	2010年	2011年
中国银行	5 029	9 500	14 250	22 800
招商银行	6 398	8 905	12 645	16 493
中信银行	2 000	5 233	10 055	23 152
工商银行	9 289	12 000	18 000	22 000
建设银行	6 991	10 486	15 729	20 132
民生银行	608	1 229	2 485	4 650
农业银行	—	—	—	31 000
合计	30 315	47 353	73 164	140 227

数据来源:银行年报及官网公开数据。

表4 部分中资银行私人银行客户资产规模(单位:亿元)

银行名称	2008年	2009年	2010年	2011年
中国银行	1 077	1 500	2 100	3 000
招商银行	1 299	1 841	2 703	3 699
中信银行	495	1 787	2 403	3 891
工商银行	1 835	2 550	3 543	4 345
建设银行	870	1 297	1 946	2 386
民生银行	160	254	403	684
农业银行	—	—	—	3 400
合计	5 736	9 229	13 098	21 405

数据来源:银行年报及官网公开数据。

(三) 美国

美国私人银行市场是全世界最大、最成熟和竞争最激烈的市场。这主要是因为美国的财富集中度、高端客户数量比绝大多数成熟市场都要高。2005年福布斯全美富豪排行榜的前四百位所拥有的财富高达1.13万亿美元（相当于美国GDP的9.6%），私人银行潜在高端客户数量估计达249.8万人。

美国作为一个实行混业经营的典型国家，有一套十分细致和严格的法律、法规作为后盾。监管当局主要是依据美国联邦储备银行所制定的手册和指引，对私人银行在内的整个银行业务进行监管。

纽联储对一些保障私人银行健康发展的基本要素进行提炼，在《私人银行业务健全风险管理指引》和《银行控股公司监管手册》中，对于私人银行业务以及银行控股公司的子公司从事私人银行业务的风险管理作出了特别规定。[2]

1998年年底，美联储基于《私人银行业务健全风险管理指引》，对《银行控股公司监管手册》进行了修改补充，专门增设了"私人银行职能和业务的监管"一节，对私人银行的业务范围、职能及监管客体、监管程序进行了明确的规定。美联储指出："健全的风险管理流程和强有力的内部控制对于银行业务尤其是私人银行业务的安全和健康至关重要。"在监管方式上，主要通过实施现场与非现场稽核等，切实强化对私人银行业务的风险监管。

(四) 欧洲

欧洲尤其是西欧地区拥有全球很大一部分"旧"财富——即主要与遗产继承和其他更传统的资产增长相联系，而不是企业创造的财富。在欧洲，很大比例的产业公司仍然是私人所有而并未公开上市，这就在很大程度上导致了该地区的财富缺乏流动性。因此，欧洲的私人银行客户往往是保守的投资者。

欧洲私人银行对开户人审核较为严格，一般必须审核该客户是否符合开户条件，其审核的主要内容或者在开户尽职调查中，特别注意

---

[2] 参见甘功仁、王雪曼：《私人银行业务发展中的法律问题》，载《中国金融》2008年第2期。

调查客户的以下背景：

（1）客户是否来自FATF列举的"不合作国家和地区"（Non-complying Countries and Territories，NCCT），如果客户来自NCCT国家或地区，一般都会被拒绝开户。

（2）客户是否被列在国际组织黑名单上。一般银行都会建立自己的黑名单监测系统并定期更新，客户审查系统称为"World Check"系统，所有银行的合规主管会登录这个系统，严格审查客户开户资料。

（3）客户是否是重要的政治人物。各银行会建立政治公众人物（Politically Exposed Persons，PEPs）名单库，如果该客户是政治公众人物，开户审批就更为严格，一般要经过最高级的合规主管签字确认才能开户。这些政治公众人物要提供明确的收入来源证明，才能被批准开户。

（4）普通客户开户审查。客户经理要在开户申请调查报告中，详细描述客户的受教育背景、从业背景、资金来源等情况，用以证明客户拥有的资金都是合法正常的收入来源，私营企业主还需介绍他们原始资本的来源，以及每年的利润和分红是多少。

三、私人银行业的洗钱法律风险

洗钱，无论是真实的还是受到怀疑的，对私人银行的冲击都是巨大的。卷入洗钱活动，哪怕只是无意的，也意味着将被大笔罚款，以及其他来自于政府的制裁。更为严重的是，私人银行也将面临利润锐减；被媒体负面报道，名誉受损从而削弱客户及市场的信心；对私人银行的专业声望、信誉产生巨大的、持久性的破坏；产生刑事或民事诉讼费用；等等。总之，私人银行必须高度关注洗钱的法律风险。

（一）客户群体的洗钱法律风险

私人银行的客户群体一般为高净值客户。高净值客户一般指个人金融资产等可投资资产较高的社会群体。传统的私人银行客户群体一般包括：新生富裕人士、企业高管、私营企业主、体育影视明星等。私人银行客户的政治、经济和社会影响一般比较大，这使得银行更急于满足客户的要求，而不愿提出疑问。例如某客户是对银行的经营管理有影响的政府官员，银行的客户审查措施往往避重就轻，免遭抱怨。

当私人银行被问及为什么从不就某些交易对客户提出询问时,其理由是受到"礼节和协议"的约束。私人银行客户经理对客户的调查了解难以深入。

从我国私人银行业发展的现状来看,目前我国私人银行客户群体主要有三类:

(1) 以"煤老板"为代表的能源开采型企业、房地产等近年来高利润率行业的企业所有者;

(2) 从事贸易、IT等行业的民营企业家;

(3) 部分政府机关、事业单位、大中型国有企业的领导人员。

(二) 产品服务的洗钱法律风险

私人银行产品服务所具有的以下特点,蕴含着潜在洗钱风险:

1. 账户复杂,渠道多元

私人银行的客户常常在多个地点的多家银行中拥有多个投资账户,资产账户复杂分散,难以监控。同时交易渠道多元化,既有传统的柜面交易,也有大量的网上银行、信用卡等电子渠道交易。对于私人银行的客户而言,拥有多个私人投资公司,并通过该公司持有账户和进行交易的情况并不少见。有些私人银行仅为他们所掌管的私人投资公司开设账户,也有一些为其他人(如客户)掌管的私人投资公司开设账户,而后一种账户更易于涉及洗钱活动,因为私人银行并不控制甚至并不知道这些账户的活动、资产及实际拥有者等情况。

2. 跨境交易较多

由于私人银行客户资产投资的分散化、多元化需求,其账户的跨境交易往往较多,而洗钱分子总是倾向于利用不同国家、不同司法管辖区的法律、制度差异来跨境转移、藏匿资金。我国私人银行客户跨境交易的主要目的是支付子女留学费用、境外消费和投资移民等。但其中也存在偷逃税款、清洗不法资产等现象。

3. 交易金额大,交易速度快

一般来说,私人银行客户的资产规模极为可观,因此其交易还呈现单笔交易金额高、交易总金额较大且交易频繁的特点,这使得涉及大量资金的洗钱交易并不特别显眼,增大了银行卷入洗钱行为的风险。同时,私人银行客户对交易速度等服务质量要求极高,其交易要求通常会被优先满足,因此完成交易的速度相较一般银行客户要迅速得多,反洗钱部门难以实时和全面进行监控。这就往往吸引了要转移大笔资金又要不被注意的洗钱分子。

4. 提供银行贷款等融资支持服务

私人银行提供的金融服务,常常包括对客户的融资支持,即客户可以将存款、现金等价物、某些理财产品甚至包括股票和基金作为质押物,在一定比例内申请银行贷款。因此,客户可以把可疑资金存在银行,借以获得正常的银行信贷,资金贷款业务也带来了洗钱机会。此外,由于客户的贷款是用其在银行账户上的资产进行抵押或质押的,银行往往会忽视其贷款意图及放松还款来源的审查等,这可能将协助洗钱分子以看似合法的方式进行洗钱。

(三)业务流程的洗钱法律风险

私人银行业务流程中存在的洗钱风险,一般表现在两个方面:

1. 客户尽职调查工作难度大

在尽职调查中,部分客户不愿意真实说出职业、家庭住址等信息,即使说了,客户经理也难以核实其真实性。

2. 真实的"资金来源"信息难以获取

发达国家私人银行业主要是因为跨境资金转移便利、金融工具和金融产品的复杂化而难以确认资金来源。但我国高收入人群的成长路径明显有别于西方国家,尤其是民营企业有所谓"资本原罪"一说,还有个别政府官员、国有企业领导存在灰色和非法收入,我国私人银行客户普遍有比较严重的"害怕露富"心理。再加上大多没有合法的税收证明,因此我国私人银行客户对询问资金来源的问题比较敏感或反感,回答大多是模棱两可,甚至直接拒绝回答。

(四)业务人员主观意愿的洗钱法律风险

由于私人银行业务尚处于起步阶段,市场竞争激烈,私人银行业务人员的主要精力集中在客户拓展、产品创新和机构扩张上,对包括反洗钱工作在内的内控工作重视程度不高。私人银行客户对反洗钱工作的敏感度比较高,存在抵触和反感,这就导致客户经理普遍担心反洗钱工作影响私人银行业务发展,反洗钱意愿不高。如果私人银行业务人员被贿赂收买而为洗钱分子提供专业化建议和规避措施,洗钱渠道就更是畅通无阻了,这看似极端,但在现实中屡有发生。

四、政策建议

不管是从私人银行的发展历程、行业现状来看,还是从其行业特点、风险暴露来看,私人银行所面临的洗钱法律风险相对于银行一般业务更突出、更敏感,因而更需要高度关注和警惕。基于前述分析,笔者认为,应从法律政策和行业内控两个层面入手,降低和防范私人银行洗钱法律风险,促进中国私人银行市场的长远健康发展。

(一)法律政策层面

应从法律层面明确私人银行定位和相关制度安排,制定私人银行反洗钱管理办法。目前国内私人银行所适用的反洗钱监管法规,主要依据现有的《中华人民共和国反洗钱法》和《金融机构反洗钱规定》等法律、法规。

分业经营的模式,使私人银行业务涉及的多元化资产管理难以顺利开展,制定专门的私人银行反洗钱管理办法已成为当务之急。管理办法应至少包括以下内容:

(1)私人银行的界定;

(2)私人银行反洗钱工作的主管部门和协管部门;

(3)私人银行的经营范围;

(4)私人银行的内控制度要求;

(5)私人银行履行反洗钱义务不同于一般银行业务的特定职责和措施;

(6)违反反洗钱义务的处罚措施。

针对混业经营的趋势和实践中对分业经营的突破,私人银行反洗钱管理办法还须具有一定的前瞻性,将综合经营、交叉金融产品和金融工具纳入反洗钱监测,并制定相适应的反洗钱风险防控机制和资金监测手段,将私人银行跨市场、跨行业、跨地区的资金交易有效纳入监测。

(二)行业内控层面

由于私人银行业务的综合性、服务的私密性及强大的利益驱动,建立更为完善和严格的反洗钱内控制度显得尤为必要。

1. 客户身份识别

应当明确如下原则,验证和确认客户及受益人身份、获取客户有关交易目的和意图的信息,否则不应开设私人银行账户或者应终止业务关系。客户身份识别的重点环节应包括:接受客户时,应充分了解客户职业、收入状况、住所、开户原因与目的,资金的主要来源、真实受益人等,明确对空壳公司、离岸公司、政治敏感人物等高风险客户的审批权限;持续识别客户,包括掌握客户交易实质、交易背景的核实及确定主要的客户对象。

2. 强化客户尽职调查

对于高风险客户必须进行强化的客户尽职调查。鉴于私人银行业务的特殊性以及在商业银行中的特殊地位,针对私人银行的客户要履行更高、更严格的尽职调查措施。推荐客户的私人银行人员须为此承担主要责任,单纯完成内部审核程序,并不免除该人员此项基本责任。

银行必须有内部政策,界定需接受额外尽职审查的各类人士。如客户可能对银行构成高于一般的风险,尤须进行额外审查。例如,资金来自已被可信地列为反洗钱水平较低或者犯罪和贪污风险较高的某些国家和地区的人士;从事某某易被用作洗钱的商业活动或行业的人士;目前或曾经拥有政治敏感身份的人士,如个别政府官员、国有企业或事业单位的高层管理人员及其家人和密友等。私人银行应明确规定,如出现上述一个或多个类别的情况,必须由高层管理人员审批是否建立业务关系。

3. 严禁不当利用集中账户等内部账户

应借鉴国际先进立法,规定银行不可允许适用并非为客户而设的本身内部账户(有时成为集中账户),切断客户身份与客户资金流动之间的关联,即银行不得允许集中账户等内部账户被不当利用,妨碍对客户账户的有效监测。条件成熟时,可要求私人银行整合各类业务系统,建立客户电子信息数据库,提高反洗钱工作中可疑交易的分析、判断水平,提高反洗钱工作效率,推动金融机构各部门在业务经营的拓展、金融欺诈和风险预防、客户征信评级、客户关系管理等方面实现信息共享。

4. 加强员工管理培训

综观国际国内,凡是涉案金额巨大、影响极其恶劣的金融犯罪案件,绝大多数涉及金融机构"内鬼"的操控或配合,从美国瓦莱国家银行洗钱案到近期的渣打银行私人银行员工案等,几乎无一例外。从金融机构自身防范风险的角度来看,"了解你的员工"(Know Your Employee,KYE),其重要性并不次于"了解你的客户"(Know Your Customer,KYC)。对于私人银行而言,员工的专业培训、反洗钱意识的强化和综合专业素养的提升,应该是常态的、制度化的、可持续的。应加强对内部员工的管理和培训,设立针对私人银行业务客户经理的辨别及反洗钱的培训计划。定期常设培训的内容应包含判别不寻常或可疑活动的方法及处理流程。此外,反洗钱法律和法规有任何重大变化和调整,应通报各级员工。